越文化研究丛书

越地文化与阳明学

吴从祥 著

中国社会科学出版社

图书在版编目（CIP）数据

越地文化与阳明学／吴从祥著 . ―北京：中国社会科学出版社，2021.7
ISBN 978 – 7 – 5203 – 9137 – 5

Ⅰ.①越… Ⅱ.①吴… Ⅲ.①地方文化—文化研究—华东地区
②王守仁(1472 – 1528)—哲学思想—研究　Ⅳ.①G127.5②B248.25

中国版本图书馆 CIP 数据核字(2021)第 187271 号

出 版 人	赵剑英
责任编辑	张 潜
责任校对	刘 洋
责任印制	王 超
出　　版	中国社会科学出版社
社　　址	北京鼓楼西大街甲 158 号
邮　　编	100720
网　　址	http://www.csspw.cn
发 行 部	010 – 84083685
门 市 部	010 – 84029450
经　　销	新华书店及其他书店
印　　刷	北京明恒达印务有限公司
装　　订	廊坊市广阳区广增装订厂
版　　次	2021 年 7 月第 1 版
印　　次	2021 年 7 月第 1 次印刷
开　　本	710×1000　1/16
印　　张	21.5
插　　页	2
字　　数	338 千字
定　　价	118.00 元

凡购买中国社会科学出版社图书，如有质量问题请与本社营销中心联系调换
电话：010 – 84083683
版权所有　侵权必究

绍兴文理学院越文化研究院

（浙江省重点研究基地越文化传承与创新研究中心）

越文化研究丛书编委会

（以姓氏笔画为序）

顾　　问	安平秋	黄　霖			
委　　员	干春松	王志民	刘毅青	朱万曙	汪俊昌
	寿永明	李圣华	张太原	陈书录	赵敏俐
	胡晓明	柳巨波	俞志慧	郭英德	诸凤娟
	徐吉军	钱　明	黄仕忠	黄胜平	廖可斌
	潘承玉				
主　　编	寿永明				
执行主编	诸凤娟				

目　录

绪　论 ……………………………………………………………… (1)

第一章　王阳明在越地 …………………………………………… (6)
第一节　王阳明在余姚 …………………………………………… (6)
第二节　王阳明迁绍兴 …………………………………………… (17)
第三节　王阳明归绍兴 …………………………………………… (32)
第四节　王阳明晚年居绍兴 ……………………………………… (42)
第五节　王阳明在杭州 …………………………………………… (50)

第二章　越地宗教信仰与阳明学 ………………………………… (60)
第一节　越地民间信仰与阳明学 ………………………………… (60)
第二节　越地道教与阳明学 ……………………………………… (73)
第三节　越地佛教与阳明学 ……………………………………… (96)

第三章　越地地域文化与阳明学 ………………………………… (115)
第一节　越地学术风尚与阳明学 ………………………………… (115)
第二节　阳明洞与阳明学 ………………………………………… (124)
第三节　越地山水与阳明学 ……………………………………… (155)
第四节　天泉桥与阳明学 ………………………………………… (161)

第四章　越地讲学与阳明学 ……………………………………… (178)
第一节　王阳明越地讲学 ………………………………………… (178)
第二节　越地受学弟子 …………………………………………… (184)

第三节　王阳明越地论学 …………………………………（200）
　　第四节　阳明后学越地讲学 ………………………………（218）

第五章　越地文化与浙中王学 ………………………………（223）
　　第一节　越地文化与徐爱 …………………………………（223）
　　第二节　越地文化与钱德洪 ………………………………（244）
　　第三节　越地文化与王畿 …………………………………（260）
　　第四节　越地文化与董沄 …………………………………（279）
　　第五节　越地文化与黄绾 …………………………………（299）

结　语 …………………………………………………………（317）

附录　王阳明年谱简编 ………………………………………（320）

主要参考文献 …………………………………………………（331）

绪　　论

王阳明（1472—1529），名守仁，字伯安，出生于浙江余姚，后迁居绍兴。其曾于绍兴阳明洞天修炼，故世称阳明先生。王阳明是我国古代著名的哲学家，心学集大成者。王阳明在其短暂的一生中，不仅著书立说，成一家之言，而且多次建立军功，官至封侯，成为古代"三不朽"典型代表。对于王阳明的生平与思想，古今中外学者做了大量研究，成果甚丰。王阳明生于越，长于越，居于越，越地文化对其人及其学说产生了不小影响。越地文化对阳明后学，特别是浙中学派，也有着较大的影响。

一　国内外研究现状

对于越地文化对阳明学的影响，近期以来，学者们做了不少有益探索，这些研究主要集中在以下几个方面。

（一）王阳明与越地关系研究

王阳明生于余姚，后迁居绍兴，多次往来杭州。王阳明越地活动，钱德洪所编《王阳明年谱》（后简称《年谱》）中多有记载。由于各种原因，王阳明越地行迹依然有不少疑惑。对于王阳明何时迁居绍兴，学者们意见不一。《年谱》："（成化）十有七年辛丑，先生十岁，皆在越。"对此学者理解不一。陈来认为弘治十五年（1502），王阳明三十一岁时其家已迁至山阴城。[①] 傅振照的《王阳明与绍兴》一文对王阳明多次归越做了详细考辨，并认为王阳明"当在十岁时就回山阴原籍"。[②] 王阳明第十

[①] 陈来：《王阳明与阳明洞——王阳明越城活动考》，《孔子研究》1988年第2期。
[②] 傅振照：《王阳明与绍兴》，《浙江学刊》1988年第4期。

六世孙王诗棠亦持此说。① 钱明力挺王阳明十岁迁越说，并对其他说法做了详细辩驳。② 黄懿认为"王阳明迁居山阴的时间段应该是在于弘治六年至九年之间"③。束景南认为王阳明于弘治十年（1497）已迁居绍兴。④ 早期文献记载表明，王阳明修炼的阳明洞在绍兴。后毛奇龄等学者对此提出了质疑。近期，一些学者对于阳明洞的位置做了更为详细的考辨。陈来的《王阳明与阳明洞——王阳明越城活动考》一文对王阳明迁居山阴的时间、阳明洞地点及王阳明筑室阳明洞天等做了详细考辨，并认为"山阴、会稽为阳明在浙的主要讲学活动所在，会稽山之阳明洞即阳明结庐其侧所在"。⑤ 钱茂竹的《"王阳明在绍兴"考释》一文对绍兴王阳明重要史迹，如"世居山阴""阳明洞天"等做了考辨。⑥ 钱明在《儒学正脉——王守仁传》一书中认为阳明洞在绍兴会稽山。钱明的《阳明之"道场"——阳明洞考》一文坚持此说，并对阳明洞做了详细的考辨。⑦ 后张炎兴等多数学者从此说。⑧ 对于天泉桥的位置及形态，以前文献几无记载。近来学者们对此做了不少研究。傅振照认为"天泉桥是伯府花园碧霞池上的一座庭院桥"⑨。王诗棠认为天泉桥是"府第庭院内的（碧霞）池中木桥"。⑩ 钱明对天泉桥做了详细的考辨，认为"天泉楼与天泉桥原是两个同时建在碧霞池边并且紧靠在一起的建筑物"，天泉桥是"沿着楼台向河中心延伸的部分"。⑪ 对于绍兴与王阳明学说之间的关系，学

---

① 王诗棠：《王阳明世系及遗存在绍兴》，载钱明主编《阳明学新探》，中国美术学院出版社2002年版，第219页。
② 钱明：《王阳明迁居山阴辨考——兼论阳明学之发端》，《浙江学刊》2005年第1期。此观点亦可见于其著《儒学正脉——王守仁传》，浙江人民出版社2006年版。
③ 黄懿：《王阳明迁居山阴时间段新考》，《贵州大学学报》2013年第5期。
④ 束景南：《王阳明年谱长编》，上海古籍出版社2017年版，第128页。
⑤ 陈来：《王阳明与阳明洞——王阳明越城活动考》，《孔子研究》1988年第2期。
⑥ 钱茂竹：《"王阳明在绍兴"考释》，《绍兴文理学院学报》1999年第3期。
⑦ 钱明：《阳明之"道场"——阳明洞考》，载钱明《王阳明及其学派论考》，中国人民大学出版社2009年版，第1—16页。
⑧ 张炎兴：《王阳明"在越"》，《贵州大学学报》2015年第5期。
⑨ 傅振照：《王阳明"天泉证道"新探》，《越文化研究通信》1998年第9期。
⑩ 王诗棠：《王阳明世系及遗存在绍兴》，载钱明主编《阳明学新探》，中国美术学院出版社2002年版，第236页。
⑪ 钱明：《阳明之"教场"——天泉桥考》，载钱明《王阳明及其学派论考》，中国人民大学出版社2009年版，第23页。

者亦有所论说。傅振照的《王阳明与绍兴》一文较早提出"王阳明学派肇端于绍兴"。① 钱明认为,"绍兴则可以说是王阳明思想的发端与成就之地(所谓'首善之地'与'所操益熟'之地)"②,"绍兴则可以说是阳明学的发端与成熟地。从某种意义上说,绍兴的地域文化对阳明学派的形成和发展具有更直接的催化作用"。③ 董平认为"绍兴、余姚为王学的发祥地,亦为王学向外传播的中心地"④。

(二)王阳明与越地文化关系研究

越地文化丰富多元,越地文化对王阳明有不少影响。对此,学者们做了一些有益探索。柳存仁、秦家懿等学者对王阳明与道教之关系做了研究。钱明认为越地道教信仰对王阳明有不少影响,"在这种浓厚的民间道教的氛围中,早年的阳明要想独善其身几乎是不可能的"⑤。钱明对王阳明居阳明洞时所交道友王思舆、王琥、许璋等做了详细考辨。⑥ 刘聪的《阳明学与佛道关系研究》一书对王阳明家族道教信仰做了梳理。⑦ 朱晓鹏的《王阳明与道家道教》一书亦论及越地文化对王阳明修行阳明洞的影响。⑧ 钱明梳理了越地艺术(特别是越曲)对王阳明的影响,"登不了大雅之堂的越曲,也曾在阳明的悟道过程中发挥过特殊作用……其带去的用家乡方言演唱的越曲,依然流传于贵阳的大街小巷"。⑨

(三)浙中王学研究

浙中王学人物众多,其中重要代表有王畿、钱德洪、黄绾、徐爱、董沄、季本等。目前这些学者的著作大多已整理出版,有吴震整理的《王畿集》,朱炯整理的《钱德洪集》,钱明整理的《徐爱钱德洪董沄集》,张宏敏整理的《黄绾集》等。对于王畿和黄绾等人思想,各类宋明

---

① 傅振照:《王阳明与绍兴》,《浙江学刊》1988年第4期。
② 钱明:《儒学正脉——王守仁传》,浙江人民出版社2006年版,第138页。
③ 钱明:《王阳明迁居山阴辨考——兼论阳明学之发端》,《浙江学刊》2005年第1期。
④ 董平:《浙江思想学术史——从王充到王国维》,中国社会科学出版社2005年版,第239页。
⑤ 钱明:《儒学正脉——王守仁传》,浙江人民出版社2006年版,第31页。
⑥ 详情参见钱明《儒学正脉——王守仁传》,浙江人民出版社2006年版,第37—45页。
⑦ 刘聪:《阳明学与佛道关系研究》,巴蜀书社2009年版,第9—30页。
⑧ 朱晓鹏:《王阳明与道家道教》,中国人民大学出版社2009年版,第66—77页。
⑨ 钱明:《儒学正脉——王守仁传》,浙江人民出版社2006年版,第95页。

理学史、明代思想史等，都有所论述。俞樟华的《王学编年》对王畿等人行迹多有考察。吴震的《阳明后学研究》对王畿和钱德洪的思想做了研究。目前为止，学者们对王畿研究较为深入，出现专著多种，有方祖猷的《王畿评传》，彭国翔的《良知学的展开——王龙溪与中晚明的阳明学》，郑洪晓的《王龙溪心学思想研究》，李丕洋的《心学巨擘：王龙溪哲学思想研究》等。近期张宏敏对黄绾做了大量研究，出版著作多种，有《黄绾生平学术编年》《黄绾年谱简编》《黄绾道学思想研究》等。研究钱德洪的著作有张实龙的《阳明心学传播者钱德洪研究》。钱明对阳明学研究用力甚多，出版著作多种，如《儒学正脉——王守仁传》《阳明学的形成与发展》《王阳明及其学派论考》《浙中王学研究》等。《浙中王学研究》是一部专门研究浙中王学的著作，该书用专章对徐爱（附蔡宗兖、朱节）和董沄（附董穀）的生平、思想等做了较为全面的研究，对钱德洪生平、著述做了详细的梳理，对钱、王二人性格、思想等异同做了详细比较，并对学者较少关注的季本、顾应祥、孙应奎的生平和思想做了概说。研究王畿、钱德洪、黄绾的学术论文较多，这些研究往往以生平和思想为主，亦不时涉及越地文化对他们的影响。

从以上分析可以看出，学者们对越地文化与阳明学之间关系做了一些研究，取得了不少成果，但也有一些不足之处。（1）对王阳明越地行程和活动缺乏系统的梳理，以至无法全面展现王阳明在越地的活动情形。（2）对于与王阳明密切相关的越地地理，如阳明洞、碧霞池、天泉桥等，依然存有一些疑惑，值得再做深入探索。（3）对于越地文化，如民间信仰、越地宗教（佛教和道教）等对王阳明及其学说的影响，学者较少做深入研究，值得再做研究。（4）到目前为止，学术界对于徐爱、董沄等人的研究依然较为滞后，甚至连他们的生平行迹都未有清晰的梳理，他们的思想研究空白点甚多。有基于此，对越地文化与阳明学之关系做全面而深入的研究不仅是有必要的，也是颇有学术价值的。

二 研究思路及其方法

本书以越地文化、王阳明、阳明后学为核心，揭示三者之间错综复杂的关系。具体而言，包括以下几方面的内容：（1）王阳明在越地，考察王阳明迁绍兴时间，王阳明于阳明洞修炼情况，王阳明居绍兴讲学情况等。(2) 越地文化与王阳明，考察越地民间信仰、宗教信仰等对王阳明成长、性格、心态等的影响。(3) 越地文化与王阳明学说，考察越地佛教、道教对王阳明学说的影响。(4) 越地文化与阳明后学，主要考察越地文化对浙中王学代表人物徐爱、钱德洪、王畿、董沄和黄绾思想的影响。

本书研究将遵从"因需而取"的原则，综合运用多种研究方法。(1) 以历史研究方法为主，兼采用文化学、宗教学等学科的研究方法。(2) 适当采用量化统计分析方法，以可信的数据推导可信的结论。(3) 将纵向对比与横向对照相结合，将王阳明不同时期思想进行比较，将王阳明思想与其他学者思想进行比较，在比较中凸显阳明学中的越地文化因子。

三 对于相关问题的一些说明

(1) 本书所讨论的"越地文化"是广义的，即指以绍兴、余姚、杭州等地为主，其他地区为辅的浙江文化，而绍兴文化则是越地文化的核心。

(2) 本书所涉及文献较广，不乏一些较罕见文献，为了便于查找、核对，在行文中力求一一出注，标明版本、卷数或页码等。如没有卷数和页码的古籍文献，则只注明版本。

(3) 本书征引文献时，优先考虑学者本人文集，再次考虑他人文集附录，最后考虑后人所编选集、类书等。

(4) 为了节省篇幅，对于引用频率极多的常见文献，如《王阳明全集》《王畿集》等，一般在行文中标明篇名，不一一出注，标明版本、页码等，其版本参见文后"主要参考文献"。对于不同版本文字、标点有差异的，或理解有歧义的，则详细注明出处，以避免歧义或误解。

(5) 各种版本标点或有差异（特别是书名号、引号等），故文中引文标点皆以所引版本为准，如有明显错误，则酌情处理。

(6) 对于个别较罕见珍稀文献或地方文献，则注明他引之处，以示不掠人之美和所依之据。

(7) 对于现代学者的研究成果，包括著作、学术论文等，均详细注明出处，一示不掠人之美，二为便于查找核对。

(8) 本书对前贤方家研究成果吸纳颇多，在此先予以致谢，如标注或有疏误，敬请方家批评指正，以便及时纠误、致歉。

第一章

王阳明在越地

王阳明出生于余姚，自幼迁居于绍兴，余姚是其故乡，绍兴是其家乡。省城杭州是王阳明外出来往的必经之路，他多次到宁波、雁荡山等地游历，可以说王阳明的行踪遍布浙江省各地。不仅如此，王阳明一生约三分之一的时间是在余姚和绍兴等地度过的。王阳明在越地的活动是其一生最为重要的组成部分之一。

第一节 王阳明在余姚

王阳明出生于浙江余姚，幼年主要在余姚度过。迁居绍兴之后，王阳明时常回余姚省亲、讲学、游观等，在余姚留下了少行踪与事迹。

一 王氏迁于余姚

一些资料表明，王阳明祖上曾居于山阴，后徙于余姚。钱德洪编《王阳明年谱》（后简称《年谱》）：

> 先生讳守仁，字伯安，姓王氏。其先出晋光禄大夫览之裔，本琅琊人，至曾孙右将军羲之，徙居山阴；又二十三世迪功郎寿，自达溪徙余姚；今遂为余姚人。[1]

---

[1] 《王阳明年谱》，载吴光等编《王阳明全集》，上海人民出版社2012年版，第1000页。本书所引《王阳明年谱》（后简称《年谱》）皆引自此本，后不再一一注明。

这段话表明两点重要信息：其一，姚江王氏是王羲之后裔；其二，姚江王氏先徙上虞达溪，再由达溪徙余姚。据《姚江开元王氏宗谱》记载，王道南渡，居余杭仙宅界，是为王氏余杭派之始祖。其次子王补之迁居上虞达溪之虹桥，王补之曾孙王季（王阳明九世祖）由达溪迁居余姚秘图山，是为余姚秘图山派之始祖。王季生王俊，王俊生王子元，王子元生王纲，王纲生王彦达，王彦达生王与准，王与准生王杰，王杰生王伦，王伦生王华，王华生王阳明。学者认为，姚江王氏"不仅与王羲之一脉干系甚微，况且亦非从山阴经由上虞迁徙余姚，而是由余杭经由上虞迁徙余姚"。①

《王阳明全集·世德纪》对姚江王氏源于王羲之多有记载。胡俨《遁石先生传》："翁姓王氏，讳与准，字公度，浙之余姚人，晋右军将军王羲之之裔也。"② 成澜《槐里先生传》："先生姓王，名杰，字世杰，居秘图湖之后。其先世尝植三槐于门，自号槐里子，学者因称曰槐里先生。始祖为晋右将军羲之。"③ 陆深《海日先生行状》："先生姓王氏，讳华，字德辉，别号实庵，晚复号海日翁。……其先出自晋光禄大夫览之曾孙、右军将军王羲之，由琅琊徙居会稽之山阴。"④ 这些记载所出有源，或为姚江王氏移居余姚后，为了"攀附名人、彰显世族"而添加上去的。⑤

有学者认为，祖居山阴为王华所伪造。⑥ 其实不然，此说当源于王华祖上所言，决非王华所伪造。胡俨《循石先生传》："（王与准）谓其子曰：'吾先世盛极而衰，今衰极当复矣。'……王氏自汉吉、祥至祥、览，皆以令德孝友垂江左。联绵数百祀，门第之盛，天下莫敢望。"⑦ 陆深《海日先生行状》中亦载有王与准卜筮之事。戚澜《槐里先生传》："先

---

① 参见钱明《儒学正脉——王阳明传》，浙江人民出版社2006年版，第6页。束景南先生亦认为姚江秘图山王氏世系与王羲之绍兴王氏世系无涉。参见束景南《余姚秘图山王氏世系》，载束景南《王阳明年谱长编》，上海古籍出版社2017年版，第3页。
② 吴光等编：《王阳明全集》，上海人民出版社2012年版，第1140页。
③ 吴光等编：《王阳明全集》，上海人民出版社2012年版，第1141页。
④ 吴光等编：《王阳明全集》，上海人民出版社2012年版，第1153页。
⑤ 参见钱明《儒学正脉——王阳明传》，浙江人民出版社2006年版，第7页。
⑥ 束景南先生认为："王寿其人及其由山阴徙居余姚之说，实为王华所想像虚构。"参见束景南《余姚秘图山王氏世系》，载束景南《王阳明年谱长编》，上海古籍出版社2017年版，第4页。
⑦ 吴光等编：《王阳明全集》，上海人民出版社2012年版，第1141页。

君幼时，尝闻乡父老相传，谓王氏自东晋来盛江左。"① 东晋时，王羲之支系较王导支系更具有良好口碑，更合于"以令德孝友垂江左"。这些表明，王与准时可能就认定王羲之为始祖。此说可能是姚江王氏徙余姚后，为了提升其家庭地位而虚构的，很大可能源于王与准的编造。

《世德纪》中记载的最早先祖乃王阳明的六世祖王纲。张壹民《王性常先生传》："王纲字性常，一字德常……元末尝奉母避兵五泄山中。"② 胡俨《遁石先生传》："翁姓王氏，讳与准，字公度，浙之余姚人……翁因逃入四明山石室中，不归者年余。"③ 此表明，至少六世祖王纲以来，姚江王氏便一直居于余姚，与山阴无涉。《年谱》中所言"龙山公常思山阴山水佳丽，又为先世故居"，恐怕只是其徙居山阴的一个借口。当时发达后的士人多徙居郡城，王华徙居山阴亦当缘于此。

因王华等人有祖居山阴说，后世文献多承此说。杨一清《海日先生墓志铭》："上世自琅邪徙居会稽之山阴，又自山阴徙余姚。"④《嘉庆山阴县志》卷首《皇言》："守仁本山阴人，迁居余姚，后仍还本籍，其故居在山阴东光坊谢公桥之后，祠亦在焉。"⑤ 卷十四《乡贤》："王守仁字伯安，本籍山阴，迁居余姚，后复还山阴。吏部尚书（王）华之子，尝筑室会稽县南阳明洞，故自号阳明。"⑥ 卷二一《坛庙》："世皆知文成公为余姚人，越中人士则知公已迁居山阴。读马方伯《如龙碑记》，又知公世居山阴，后徙姚江。然则公之不忘山阴，即营邱反葬之谊。"⑦

二　早年余姚生活

因祖上很早便徙居余姚，而王伦、王华一直居于余姚，故王阳明出

---

① 吴光等编：《王阳明全集》，上海人民出版社2012年版，第1142页。
② 吴光等编：《王阳明全集》，上海人民出版社2012年版，第1139页。
③ 吴光等编：《王阳明全集》，上海人民出版社2012年版，第1140页。
④ 吴光等编：《王阳明全集》，上海人民出版社2012年版，第1145页。
⑤ 《嘉庆山阴县志》，《中国地方志集成·浙江府县志辑》第37册，上海书店1993年影印本，第592页上栏。
⑥ 《嘉庆山阴县志》，《中国地方志集成·浙江府县志辑》第37册，上海书店1993年影印本，第691页上栏。
⑦ 《嘉庆山阴县志》，《中国地方志集成·浙江府县志辑》第37册，上海书店1993年影印本，第800页上栏。

生于余姚。据《年谱》等资料记载,王阳明的出生具有浓郁的神奇色彩。《年谱》:

> 是为九月三十日。太夫人郑娠十四月。祖母岑梦神人衣绯玉云中鼓吹,送儿授岑,岑警寤,已闻啼声。祖竹轩公异之,即以云名。乡人传其梦,指所生楼曰"瑞云楼"。

钱德洪《后瑞云楼记》有更为详细的记载:

> 海日公夫人郑,妊先生既弥十四月,岑夜梦五色云中,见神人绯袍玉带,鼓吹导前,抱一儿授岑曰:"与尔为子。"岑辞曰:"吾已有子,吾媳妇事吾孝,愿得佳儿为孙。"神人许之。忽闻啼声,惊悟,起视中庭,耳中金鼓声隐隐归空,犹如梦中。①

后湛若水《阳明生生墓志铭》、黄绾《阳明先生行状》、罗汝芳《瑞云楼遗址记》、邹守益《瑞云楼铭并序》等中都有简单记载。

据神话传说,黄帝母怀孕二十四月而生黄帝。王阳明妊娠十四月而生,显然是不可信的。汉代纬书中便有祥云感生的记载。《易纬坤灵图·补遗》:"(尧)其母萌之,玄云入户。"② 孟子出生亦是如此。《春秋演孔图》:"孟子生时,其母梦神人乘云自泰山来,将止于峄。母凝视久之,忽片云坠而寤。时间巷皆见有五色云,覆孟子之居焉。"③ 后世有不少神人送子、文曲星下凡的传说。王阳明出生神话,当为其家人所编造。

束景南先生认为:"阳明神人授受之神话实始于王华,而成于钱德洪。"④ 束先生所言甚是。王华自己的出生便充满神异色彩。陆深《海日先生行状》:

---

① 钱明编校整理:《徐爱钱德洪董沄集》,凤凰出版社2007年版,第170页。
② 安居香山、中村璋八辑:《纬书集成》,河北人民出版社1994年版,第309页。
③ 安居香山、中村璋八辑:《纬书集成》,河北人民出版社1994年版,第580页。
④ 束景南:《王阳明年谱长编》,上海古籍出版社2017年版,第7页。

> 先夕，孟淑人梦其姑赵抱一童子绯衣玉带授之曰："新妇平日事吾孝，今孙妇事汝亦孝。吾与若祖丐于上帝，以此孙畀汝，子孙世世荣华无替。"故先生生而以今名，先生之长兄半岩先生以荣名，梦故也。①

古人取名，为求吉祥，以荣、华命名，乃是民俗，似与梦无关。此梦显然为王氏所编造。王华好编造神异故事来神化自己。王华《瑞梦堂记》：

> 明年，谢公状元及第。华时以方伯宁公良延课其子竑于梅庄书屋，夜梦归家，如童稚时逐众看迎春状，众异白色土牛一，覆以赭盖，旌纛幡节，鼓吹以导，方伯昌黎杜公肩舆随，处东门入，至予家而止。②

此梦亦可见于徐爱《梅庄书院记》和陆深《海日先生行状》。对于此梦的虚妄，束景南先生做了较好的分析："即以王华所自记而言，老师作一梦，竟要由一童子来占梦破解，匪夷所思，显是其中状元以后所造附会虚构故事，意在神化己之中状元。"③束先生所言甚是。可见，王阳明出生之奇梦，亦当为王华所编造，"其作梦记谓阳明乃文曲星下凡"④。

不仅出生神奇，王阳明幼时亦充满神奇。《年谱》载其五岁遇神僧点化故事：

> 先生五岁不言。一日与群儿嬉，有神僧过之曰："好个孩儿，可惜道破。"竹轩公悟，更今名，即能言。

邹守益《王阳明先生图谱》、黄绾《阳明先生行状》、湛若水《阳明先生墓志铭》皆有载，皆大同小异。此故事不可信，"实是竹轩公进一步神化

---

① 吴光等编：《王阳明全集》，上海人民出版社2012年版，第1154页。
② 程时用：《风世类编》，《四库未收书辑刊》3辑第29册，北京出版社2000年影印本，第752页上栏。
③ 束景南：《王阳明年谱长编》，上海古籍出版社2017年版，第17页。
④ 束景南：《王阳明年谱长编》，上海古籍出版社2017年版，第17页。

阳明之手法也。……竹轩公改王云为王守仁亦是王华本意，毋须神僧来点化也"①。

王阳明少时放荡不羁。吴肃公《明语林》卷九《自新》："王伯安十一岁，奕奕神会，好走狗斗鸡六博，从诸少年游。一日，入市买雀，与鬻雀者争。相者异之，出箧钱市雀，送伯安曰：'自爱、自爱，异日万户侯也！'伯安奋激读书，以经术自喜。"② 王阳明十岁至京师。王阳明《送绍兴佟太守序》："成化辛丑，予来京师，居长安西街。"③ 邹守益《王阳明先生图谱》："十八年壬寅，竹轩翁以龙山公辛丑及第，携先生之京。"④ 此故事可能发生于其在京师时。

民间流传着王阳明谲化后母故事。王兆云《泲石闲谈》卷下《阳明用谲化母》：

> 阳明公年十二，继母待之不慈。父官京师，公度不能免其害。以母信佛畏神，乃夜潜起，列五托子于室门。母晨兴，见而心惊，未甚也。他日又置五碗焉，母始疑，而犹不易虑。公乃郊外行求射鸟者，得异形者一枚，生缚置母衾下。日暮母往整衾，见怪鸟飞去，大惧，命公召巫媪问之。公乃怀金二星，见媪曰："彼从吾言，则以此金相饷，兼得我母谢物；不从，吾父有同年某官在，吾则告汝妖言，坐汝以死。"巫惶恐从命。公教之以变母语，巫词甚悉。入其门，即狂跃大叫："我非他鬼，乃王状元前室也。吾不幸早亡，遗此一息。与汝有姊妹之分，阴中佑汝，保护二儿。汝乃怀二心，虐及婴孺。某月某日，以杖笞之若干，有诸？"后母大怖，曰："有之。"巫曰："我以汝非他意，不过教吾儿为善耳，当寻改悔。而其后某月某日又朴以杖。我又兼汝之有悛心也，簿示一儆，列碟、列碗于门，非我也耶？"母拜泣曰："诚有之。"巫曰："汝复蛇虺其心狠百端，

---

① 束景南：《王阳明年谱长编》，上海古籍出版社2017年版，第18、19页。
② 吴肃公撰，陆林校点：《明语林》，黄山书社1999年版，第169页。
③ 吴光等编：《王阳明全集》，上海人民出版社2012年版，第872页。本书所引王阳明作品皆据此本，后不再一一注明；凡不见于吴光等编《王阳明全集》者，则一一注明出处。
④ 邹守益：《王阳明先生图谱》，《四库未收书辑刊》4辑第17册，北京出版社2000年影印清钞本，第469页下栏。

略无丝发悯念吾儿意。昨诉阴府遣兵卒藏汝魄，收汝魂魄，今必去，安能舍汝，令吾儿横死毒手。"后母大恸，扣头言不敢。公亦泣拜，曰："今母欲我作好人耳，勿怒，望舍之，令不复似前时。若一旦溘亡，儿无益籍赖，当死填沟壑也。"巫乃作恨声，曰："且看吾儿面恕汝，汝后过不改，死亡无日矣。"母泣曰："敢不从命。"巫乃蹶然苏。自是母保抱公愈于亲生，而公事母亦以孝闻。①

此故事，后冯梦龙编著的《古今谭概》和《智囊全集》中都有收录。学者对此故事的真实性表示怀疑。② 正德十六年（1521），王阳明归省祖茔，钱德洪欲从其学，"乡中故老犹执先生往迹为疑"③。钱德洪，余姚人，"乡中故老"当指余姚故老，"往迹"，当主要指王阳明早年在家乡余姚时的荒诞不经之举。④ 王阳明早年放荡，书多有载。徐爱《〈传习录〉题辞》："少时豪迈不羁。"⑤ 王阳明自己亦云："吾昔放逸，今知过矣。"⑥ 据《年谱》，成化二十年（1484），十三岁，生母郑氏卒，王阳明从京师归余姚奔丧，不久重返京师。王阳明早年放荡不羁，居丧期间，谲化后母之事，或许有之。

三 多次归余姚

自居京后，王阳明多次归余姚。孝宗弘治元年（1488），十七岁，王阳明由京师归余姚，七月，亲迎夫人诸氏于洪都。后居南昌一年余，直至次年（1489）十二月，方携夫人诸氏归余姚。束景南先生认为，"其居

---

① 王兆云：《漱石闲谈》，《四库全书存目丛书》子部248册，齐鲁书社1997年影印本，第341页上栏—342页上栏。
② 据束景南先生考证，赵氏嫁王华时年方十七岁，而王阳明时已十四岁，故钱德洪谓赵氏对幼儿阳明"委曲保育，无所不至"，恐系夸饰之辞。至于王圻《稗史汇编》卷八十九有《阳明计化后母》，冯梦龙《智囊全集·杂智部》有《术制继母》等，更是荒诞无稽之说矣。参见束景南《王阳明年谱长编》，上海古籍出版社2017年版，第54—55页。
③ 《年谱》，载吴光等编《王阳明全集》，上海人民出版社2012年版，第1053页。
④ 束景南先生认为："所谓'往事'，即主要指王阳明少年在余姚及京师诸放逸不羁、荒唐不检之行事也。"参见束景南《王阳明年谱长编》，上海古籍出版社2017年版，第42页。
⑤ 钱明编校整理：《徐爱钱德洪董沄集》，凤凰出版社2007年版，第89页。
⑥ 《年谱》，载吴光等编《王阳明全集》，上海人民出版社2012年版，第1002页。

官署一年半","疑阳明是次赴南昌,实是诸让招亲,而非迎亲……钱德洪'亲迎'云云,恐系掩饰之词"。① 束先生所言甚是。黄绾《阳明先生行状》:"年十七,至江西,成婚于外舅养和诸公官舍。"② 黄氏所言亦是此意。

弘治二年(1489),竹轩公疾,王华移病不出。陆深《海日先生行状》:"己酉,秩满九载,当迁。闻竹轩疾,即移病不出。"③ 因父疾,王阳明遂携夫人归余姚。弘治三年(1490),竹轩公讣至京师,王华归余姚奔丧。居丧期间,王华亲授王阳明。由于受到父亲的教导,王阳明学业大进。弘治五年(1492),王阳明赴杭州参加乡试,中乡试第六名。次年(1493)春,会试下第。弘治九年(1496)春,王阳明会试再次下第。四月,王阳明归居余姚。居余姚时,王阳明结诗社龙泉山寺。《年谱》:"及丙辰会试,果为忌者所仰。……归余姚,结诗社龙泉山寺。致仕方伯魏瀚平时以雄才自放,与先生登龙山,对弈联诗,有佳句辄为先生得之,乃谢曰:'老夫当退数舍。'"这次王阳明龙泉山结诗社唱酬,诗社成员皆余姚文士,大致可考者有魏瀚、魏朝端(魏瀚子)、韩邦问、谢迪、倪宗正、冯兰、陆相、牧相、宋冕、于震、严时泰以及王冕、王阶、王宫等。④

直到弘治十二年(1499),王阳明中进士,观政工部,开始了其二十余年的仕宦生涯。此后,王阳明多次归省余姚。弘治十五年(1502)十月,叔父王衮卒于余姚穴湖山。时王阳明在绍兴,故当奔丧余姚,并作《易直先生墓志》。《易直先生墓志》:"(王衮)卒之岁,太夫人岑氏方就养于京,泣曰:'须吾归,视其柩。'于是壬戌正月,太夫人自京师归。"自此,太夫人岑氏居于余姚秘图山王华为竹轩公所置房宅。

弘治十六年(1503)冬十月,王华奉命祭江淮诸神,便道归省,携王阳明一道归余姚省墓,拜见岑太夫人。王阳明在余姚,作《平乐同知尹公墓志铭》:"弘治改元,以庆贺赴京师,力求致仕以归。家居十四年,

---

① 束景南:《王阳明年谱长编》,上海古籍出版社2017年版,第63页。
② 张宏敏编校:《黄绾集》,上海古籍出版社2014年版,第457页。
③ 吴光等编:《王阳明全集》,上海人民出版社2012年版,第1156页。
④ 束景南:《王阳明年谱长编》,上海古籍出版社2017年版,第124页。

乃卒，得寿若干。……卒之又明年癸亥，将葬，骐以币状来姚请铭。"此表明，王阳明与父一起归省余姚，故有"来姚请铭"之事。

《年谱》："（正德）八年癸酉，先生四十二岁，在越。二月，至越。先生初计至家即与徐爱同游台。……遂自宁波还余姚。（黄）绾以书迎先生。……先生兹游虽为山水，实注念爱、绾二子。盖先生点化同志，多得之登游山水间也。"偕徐爱赴余姚龙泉山，避暑于清风寺，弟子来集，将作天台、雁荡之游。徐爱《游雪窦因得龙溪诸山记》："正德癸酉夏，予从阳明北归，过龙泉，避暑于清风亭。王世瑞、许半圭、蔡希颜、朱守中偕自越来，矢遂厥游。"①六月，王阳明偕弟子从上虞入四明山，观白水，寻龙溪之源，登杖锡，至雪窦，上千丈岩，至大埠，从宁波买舟还余姚。七月二日，自宁波归余姚，居永乐寺，弟子再来聚。后自余姚归绍兴。

正德十六年（1521）六月，王阳明升南京兵部尚书，参赞机务。王阳明遂上疏，乞便道省葬。九月，归余姚省茔。这次归省余姚，王阳明随处讲学。《年谱》："先生归省祖茔，访瑞云楼，指藏胎衣地，收泪久之，盖痛母生不及养，祖母死不及殓也。日与宗族亲友宴游，随地指示良知。"在余姚时，王阳明与朱同芳、朱同蓁兄弟讲论经学，题其馆曰授经堂。②《光绪余姚县志》卷十四《古迹》：

> 授经堂，在龙泉山北。正德间，朱古岩同芳治《礼》，守斋同蓁治《书》，伯仲并魁乡榜，学有渊源。时王文成讲学授徒，剖二经之旨奥，必以两先生为专门，朝夕每相订正，故题其馆曰授经堂。③

此次归余姚，钱德洪率族人多人归于王阳明门下。《年谱》：

> 德洪昔闻先生讲学江右，久思及门，乡中故老犹执先生往迹为

---

① 钱明编校整理：《徐爱钱德洪董沄集》，凤凰出版社2007年版，第78页。
② 束景南：《王阳明年谱长编》，上海古籍出版社2017年版，第1420页。
③ 《光绪余姚县志》，《中国地方志集成·浙江府县志辑》第36册，上海书店1993年影印本，第510页上栏。

疑，洪独潜伺动支，深信之，乃排众议，请亲命，率二侄大经、应扬及郑寅、俞大本，因王正心通贽请见。明日，夏淳、范引年、吴仁、柴凤、孙应奎、诸阳、徐珊、管州、谷钟秀、黄文焕、周于德、杨珂等凡七十四人。

王畿《绪山钱君行状》对此事亦有记载，但与《年谱》略有出入。《绪山钱君行状》："夫子还姚，君相率诸友范引年、管州、郑寅、徐珊、吴仁、柴凤等数十人，辟龙泉中天阁，请夫子升座开讲，君首以所学请正。"① 相较而言，《年谱》所记，更为可信。②

《年谱附录一》："辛巳年，师归省祖茔，门人夏淳、孙升、吴仁、管州……等，侍师讲学于龙泉寺之中天阁。师亲书三八会期于壁。吴仁聚徒于阁中，合同志讲学不辍。"束景南先生从此说，将此事系于正德十六年（1521）。③《年谱》将三八会讲一事系于嘉靖四年（1525），二者不一。笔者认为当从《年谱》正文，《年谱附录一》误。

其一，王阳明此行余姚讲学，初不为余姚故老所接受，故钱德洪欲投其门人，却遭到故老反对，"故老犹执先生往迹为疑"。在这种情况之下，不太可能形成会讲制度。而嘉靖四年（1525）时，王阳明归居越城多年，讲学多年，越城、余姚从学弟子甚多，故可形成会讲制度。

其二，钱德洪刚入师门，夏淳、吴仁等亦新入门弟子，似无人能承担起会讲之任。而数年之后（嘉靖四年），这些弟子入室已四五年，故能承担会讲之任。

其三，王阳明《书中天阁勉诸生》一文云："承诸君之不鄙，每予来归，咸集于此，以问学为事。"正德十六年（1521），钱德洪、夏淳等初入王门，此时王阳明不可能称"每予来归，咸集于此"。嘉靖四年（1525），王阳明再归余姚，这些弟子再聚于中天阁，故王阳明云"每予来时，咸集于此"。

---

① 吴震编校整理：《王畿集》，凤凰出版社2007年版，第585页。
② 束景南先生认为："钱德洪自谓只率二侄大经、应扬及郑寅、俞大本因王正心通贽请见，王畿所述不确。"束景南：《王阳明年谱长编》，上海古籍出版社2017年版，第1422页。束先生所言甚是。
③ 详情参见束景南《王阳明年谱长编》，上海古籍出版社2017年版，第1422页。

其四，《年谱附录一》接下来又云："丁亥秋，师出征思、田，每遗书洪、畿，必念及龙山之会。"如果中天阁会讲制度形成于正德十六年（1521），至嘉靖六年（1527）年时，经过多年，会讲制度不管运行如何，似不再值得牵挂。嘉靖四年（1525）九月归余姚，至嘉靖六年（1527）九月出征思、田，相隔仅两年，会讲制度建立不久，故王阳明牵挂此事。由此可见，中天阁会讲制度建立以及王阳明作《书中天阁勉诸生》等，皆为嘉靖四年（1525）之事，①而非正德十六年（1521）之事。九月下旬，王阳明归绍兴。

四年后，嘉靖四年乙酉（1525）王阳明再次归余省祖茔。《年谱》："九月，归姚省墓。"这次归余姚，王阳明于龙泉寺中天阁举行会讲。《年谱》：

> 先生归，定会于龙泉寺之中天阁，每月以朔望初八廿三为期。书壁以勉诸生曰："虽有天下易生之物，一日暴之，十日寒之，未有能生者也。承诸君子不鄙，每予来归，咸集于此，以问学为事，甚盛意也。然不能旬日不留，而旬日之间又不过三四会。一别之后，辄复离群索居，不相见者动经年岁。然则岂惟十日之寒而已乎？若是而求萌蘖之畅茂条达，不可得矣。故予切望诸君勿以予之去留为聚散，或五六日，八九日，虽有俗事相妨，亦须破冗一会于此。务在诱掖奖劝，砥砺切磋，使道德仁义之习日亲日近，则势利纷华之染亦日远日疏，所谓相观而善，百工居肆以成其事者也。相会之时，尤须虚心逊志，相亲相敬。大抵朋友之交，以相下为益，或议论未合，要在从容涵育，相感以成；不得动气求胜，长傲逐非，务在默而成之，不言而信。其或矜己之长，攻人之短，粗心浮气，矫以沽名，讦以为道，挟胜心而行愤嫉，以圮族败群为志，则虽日讲时习于此，亦无益矣。

此即《书中天阁勉诸生》，亦可见于《王阳明全集》。余姚此行，王阳明与乡里故人谢迁、谢丕、冯兰、倪宗正、严时泰、钱蒙、于震、管浦等，

---

① 《王阳明全集》此文题注"乙酉"（1525），认为此文作于嘉靖四年（1525）。

有诗唱酬。① 此行之后，王阳明再也没有归余姚。两年后，王阳明卒于江西南安府。

从以上可以看出，早年王阳明归余姚主要以省亲为主，晚年归余姚，除了省祖茔之外，另一重要的活动便是讲学传道。在余姚时，王阳明收了不少门徒，著名的如钱德洪兄弟。这样，余姚不仅是王阳明的出生地，也是王阳明越地讲学中心和浙中王学发展中心。

第二节 王阳明迁绍兴

众所周知，王阳明后来迁居于绍兴。② 《年谱》中虽然多"在越""归越"等记载，但并未明确记载王阳明迁居绍兴的时间。后世众多学者对此做了不少探索，但众说纷纭，意见不一。现在前贤研究成果的基础之上，对此问题做一番梳理与考辨。

一 "越"所指变迁

作为一个地域概念，"越"所指不一。春秋时期，越国主要疆域在浙江，于是人们往往把浙江称越，江苏称吴，二者合称吴越。秦朝于吴越旧地设会稽郡，东汉则析为吴郡和会稽郡。此后会稽郡越分越小。因越国建都于山阴，人们往往又把越国旧都所在地的郡、府称为越。北宋于绍兴设越州，南宋改为绍兴府，下辖八县：会稽、山阴、嵊、诸暨、余姚、上虞、萧山、新昌。南宋时，帝国疆域较狭，且以浙江为核心地带，于是"越"所指亦狭，一般多指以越国旧都为治所的绍兴府。明代承其旧制，绍兴府下辖八县不变。自明代以来，绍兴城即是府城所在地，也是山阴县和会稽县的县治所在地。《明史·地理志五》："会稽"下注"倚"，"山阴"下亦注"倚"。③《康熙绍兴府志》卷一："山阴县附府城，府治在县境内""会稽县亦附府城，去府百有三步""府城内四隅，西二隅隶山阴，东二隅隶会稽"。《康熙会稽县志》："府城即古山阴大城，

---

① 详情参见束景南《王阳明年谱长编》，上海古籍出版社2017年版，第1709—1710页。
② 为了避免误解，本书采用绍兴和余姚等现代名称，一般不使用越城、绍兴府等古称。
③ 张廷玉等编：《明史》，中华书局1974年版，第1107页。

范蠡所筑,唐末分运河为界,以东之城属会稽。"《越中杂识》:"山阴、会稽两县,附府城。……山阴县治,在府西一里……会稽县治,在府治东三里。"① 因为会稽郡或绍兴府治所一直在越国旧都,于是人们又往往把绍兴府城称为越城,简称越。陈来先生指出:"阳明及弟子所说的越城即指山阴城(亦即绍兴府城)。盖山阴乃古城之地,后越州府城又在此,故有此称。"② 这样,越既可指浙江省,也可指绍兴府,还可指绍兴府城。③ 绍兴府城,西二隅归属山阴县,东二隅归属会稽县。正因府城与山阴县有如此关系,故王阳明迁居绍兴府城,从府城的角度而言,可称为迁越,即迁居府城(即越城);其所迁地属于山阴县,从县域的角度而言,故又可称迁山阴。

二 众家"迁越"说

王阳明出生于余姚,幼年长于余姚,后来迁居绍兴。对于王阳明迁居绍兴的时间,学者们意见不一,主要有以下几种。

(一)成化十七年(1481)说

《年谱》:"(成化)十有七年辛丑,先生十岁,皆在越。是年龙山公举进士第一甲第一人。"一些学者据此,认为王阳明十岁迁越。绍兴学者傅振照据此推断,"王阳明当在十岁时就回山阴原籍"④。王阳明第十六世孙王诗棠亦持此说:"到成化十七年,海日公举家徙居越城,我姚江王氏守字辈传人遂始分居余姚、山阴两地。"⑤ 二人并没有提供多少依据。钱明先生认为"阳明也许十岁时就已随父迁居越城"⑥。钱明先生提供了一些证据,表明王阳明较早便迁于绍兴了。正德六年(1511)王阳明所作

---

① 悔堂老人:《越中杂识》,浙江人民出版社1983年版,第14、16页。
② 陈来:《王阳明与阳明洞——王阳明越城活动考》,《孔子研究》1988年第2期。
③ 张炎兴认为越"既可以指浙江省,也可以指包括山阴、会稽、余姚等八县在内的绍兴府;可以指山阴、会稽二县,也可以指包括山阴县城、会稽县城在内的绍兴府城(越城)"。张炎兴:《王阳明"在越"》,《贵州大学学报》2015年第5期。
④ 傅振照:《王阳明与绍兴》,《浙江学刊》1988年第4期。
⑤ 王诗棠:《王阳明世系及遗存在绍兴》,载钱明主编《阳明学新探》,中国美术学院出版社2002年版,第219页。
⑥ 钱明:《儒学正脉——王守仁评传》,浙江人民出版社2006年版,第126页。

《寓都下上大夫书》:"余姚分析事,不审如何?毕竟分析为保全之谋耳。"① 正德七年(1512)王阳明所作《上大人书(正德七年)》:"闻余姚居址亦已分析各人管理,不致荒废,此亦了当一事。"钱明先生据此认为:"阳明随父迁居绍兴的时间很早,以至到正德六年(1511),已出现余姚居所荒废的迹象。"② 钱先生所言甚是。张岱《陶庵梦忆》卷五《炉峰月》记有王阳明少时逸事:"炉峰绝顶,复岫回峦,斗耸相乱。千丈岩陬牙横梧,两石不相接者丈许,俯身下视,足震慑不得见。王文成少年曾趵而过,人服其胆。"③ 此"似可证明少年时(王阳明)就已移居越城说法的合理性"④。钱先生的说法显然是非常有道理的。张炎兴亦持此说。⑤ 董平先生提出一种折中的说法:"一种可能的情况是,王华成化十七年前后迁居绍兴,未必属于举家迁徙,更未改籍,所以其籍贯仍为余姚。又王华虽徙越城,然其兄王荣、其弟王衮仍居余姚,阳明夫人诸氏亦余姚人,因此阳明的青年时代乃多往来于余姚与山阴两地之间。"⑥

(二)弘治十六年(1503)或弘治十二年(1499)说

陈来先生认为王阳明弘治十六年,王阳明三十一岁时已迁至山阴,又似乎阳明二十七年时其家即已迁至山阴城。⑦ 陈来先生并未提供多少有力的证据。

(三)正德十六年(1521)说

诸焕灿认为王阳明于正德十六年(1521)迁居山阴。⑧ 诸氏之说,多有疏漏之处,钱明先生做了很好的辩驳。⑨ 在此不作赘言。

(四)弘治六年(1493)至弘治九年(1496)间说

黄懿在《王阳明迁居山阴时间段新考》一文中,对钱明等人的观点

---

① 束景南、查明昊辑编:《王阳明全集补编》,上海古籍出版社2018年版,第90页。
② 钱明:《儒学正脉——王守仁评传》,浙江人民出版社2006年版,第133页。
③ 张岱:《陶庵梦忆》,上海古籍出版社2001年版,第79页。
④ 钱明:《儒学正脉——王守仁评传》,浙江人民出版社2006年版,第133页。
⑤ 参见张炎兴《王阳明"在越"》,《贵州大学学报》2015年第5期。
⑥ 董平:《王阳明的生活世界:通往圣人之路》,商务印书馆2018年版,第27页。
⑦ 陈来:《王阳明与阳明洞——王阳明越城活动考》,《孔子研究》1988年第2期。
⑧ 参见诸焕灿《为王阳明寻根》,载秦家伦、王晓昕主编《王学之路》,贵州民族出版社2000年版,第376页。
⑨ 参见钱明《儒学正脉——王守仁评传》,浙江人民出版社2006年版,第127—136页。

做了驳斥，并提出"王阳明迁居山阴的时间段应该是在于明弘治六年至九年之间"①。黄氏主要依据王阳明和王华在绍兴和余姚的行迹来推断，虽有一定合理性，但亦未能提供有力的证据。

（五）弘治十年（1497）说

束景南先生对王阳明研究用力甚勤，成果颇丰。在《王阳明年谱长编》一书中，事景南先生认为王阳明于弘治十年（1497）已迁居绍兴。束景南先生最有力的证据便是王阳明信札中的落款"阳明山人"。王阳明弘治十二年（1499）所作《堕马行》即题"八月一日书，阳明山人"，弘治十四年（1501）所作《和九柏老仙诗》亦题"阳明山人王守仁识"，足证阳王阳明当是弘治十年（1497）移家绍兴，后即自号阳明山人。② 束景南先生考证详尽，其结论是非常可信的。束景南先生有力地证明了王阳明至少于弘治十年（1497）已迁居绍兴。但王阳明是否有可能更早已迁于绍兴呢？

很多资料表明，王阳明较早便已迁居绍兴。弘治十五年（1502），王阳明筑室阳明洞天，修炼养生术。弘治十六年（1503），王阳明作《答佟太守求雨》和《南镇祷雨文》。这些足以证明王阳明早在弘治十五年（1502）之前便迁居绍兴了。凡晚于此时的各类说法皆不可信。

对于王阳明迁居绍兴一事，学者们虽然做了大量研究，有力地推动了人们对此问题的认知，但依然有一些做进一步探讨的空间。在继承前贤研究成果的基础之上，笔者对这问题再做一些补证。

三 《年谱》中的"越"当指越城

王阳明卒后，由其多位弟子，花费数十年，三易其稿而编年的《王阳明年谱》，是研究王阳明生平最为重要的资料。《年谱附录一》对《年谱》编撰过程有详细的记载：

> （嘉靖）四十二年癸亥四月，先师年谱成。师既没，同门薛侃、欧阳德、黄弘纲、何性之、王畿、张元冲谋成年谱，使各分年分地搜集成稿，总裁于邹守益。越十九年庚戌，同志未及合并。……又

---

① 黄懿：《王阳明迁居山阴时间段新考》，《贵州大学学报》2013 年第 5 期。
② 束景南：《王阳明年谱长编》，上海古籍出版社 2017 年版，第 130 页。

越十年……洪先开关有悟,读《年谱》若有先得者。乃大悦,遂相与考订。促洪登怀玉,越四月而谱成。

《年谱》不仅记时、记事,还记地。其记地有着明显的体例。《年谱》往往于某年条目时言"在×",此表明王阳明于本年主要在某地,或任职于某地。因为一年之中,可能有外出或职务变更,故后面在月份条目中,再一一记明某月"至×"。现略举数例如下:

(正德)五年庚午,先生三十九岁,在吉。升庐陵县知县。……冬十有一月,入觐。

(正德)九年甲戌,先生四十三岁,在滁。……五月,至南京。

(正德)十有五年庚辰,先生四十九岁,在江西。正月,赴召次芜湖,寻得旨,返江西。……二月,如九江。……是月,还南昌。……六月,如赣。……是月至赣。……九月,还南昌。

现将《年谱》中所有的"越"与"余姚"罗列如下:

(成化)十有七年辛丑,先生十岁,皆在越。

孝宗弘治元年戊申,先生十七岁,在越。

(弘治)二年己酉先生十八岁……十二月,夫人诸氏归余姚。

(弘治)五年壬子,先生二十一岁,在越。举浙江乡试。

(弘治)十有五年壬戌……遂告病归越,筑室阳明洞中,行导引术。

(正德)二年丁卯,先生三十六岁,在越。夏,赴谪至钱塘。

(正德)七年壬申先生四十一岁……十二月,升南京太仆寺少卿,便道归省。……(徐爱)与先生同舟归越。

(正德)八年癸酉,先生四十二岁,在越。二月,至越。

(正德)十一年丙子,先生四十五岁……十月,归省至越。

(正德)十六年辛巳,先生五十岁……六月赴内召,寻止之,升南京兵部尚书,参赞机务。遂疏乞便道省葬。……八月,至越。九月,归余姚省祖茔。

嘉靖元年壬午，先生五十一岁，在越。

（嘉靖）二年癸未，先生五十二岁，在越。

（嘉靖）三年甲申，先生五十三岁，在越。……八月，宴门人于天泉桥。

（嘉靖）四年乙酉，先生五十四岁，在越。……九月，归姚省墓。十月，立阳明书院于越城。

（嘉靖）五年丙戌，先生五十五岁，在越。

（嘉靖）六年丁亥，先生五十六岁，在越。……九月壬午，发越中。

（嘉靖）八年乙丑，……二月庚午，丧至越。

现将《年谱》中"在越""归越"等列表展示如下：

表1—1　　　　　　　　《年谱》中的"在越""归越"

时间	年总目	月分目	余姚条
成化十七年	皆在越		
弘治元年	在越		十二月夫人诸氏归余姚
弘治二年			
弘治五年	在越		
弘治十五年		告病归越	
正德二年	在越		
正德七年		十二月归越	
正德八年	在越	二月至越	
正德十一年		十月至越	
正德十六年		八月至越	九月归余姚
嘉靖元年	在越		
嘉靖二年	在越		
嘉靖三年	在越		
嘉靖四年	在越		九月归余姚
嘉靖五年	在越		
嘉靖六年	在越		
嘉靖八年		二月丧至越	

从表1—1中可以看出：（1）《年谱》3处将"越"与"余姚"并举，特别正德十六年"八月至越""九月归余姚省祖茔"，足见"越"与"余姚"所指不同。王阳明文章亦将"绍兴"与"余姚"并提。（2）弘治十五年，王阳明"告病归越，筑室阳明洞中，行导引术"。阳明洞在绍兴城郊，是不可争议的（详见第三章），可见此条"越"指的是越城，即绍兴府城。正德二年"在越"，即在越城，故"夏赴谪至钱塘"。以后诸条中的"越"皆指"越城"（绍兴），当无异议。王阳明葬于洪溪，今绍兴县兰亭镇，距绍兴城三十里。可见"丧至越"中的"越"指的是越城，即绍兴城。弘治五年（1492）八月，王阳明赴杭州参加乡试。为了便于乡试，王阳明"在越"，当指越城。《年谱》体系有定，用语谨严。由此可以断定，《年谱》中弘治元年（1488）和成化十七（1481）年的"在越"中的"越"当指越城，即绍兴府城。

四 王阳明及其弟子文章中的"越"多指绍兴城

有学者指出，"单凭《年谱》等史料记载阳明'在越'就断定其一定在绍兴府城，会有不准确之处"①。所言甚是。"越"指绍兴府城，还可以在王阳明及其弟子的文章中找到不少例证。

王阳明《豫轩都先生八十受封序》："弘治癸亥冬，守仁自会稽上天目，东观于震泽。"此处会稽指会稽郡，即越城。

王阳明《与钱德洪王汝中》："绍兴书院及余姚各会同志诸贤，不能一一列名字……德洪、汝中书来，见近日工夫之有进，足为喜慰！而余姚、绍兴诸同志，又能相聚会讲切，奋发兴起，日勤不懈。"此处"绍兴"指的是绍兴府城（即越城），与余姚并提，可见二者不可混为一体。正如张炎兴所言："在阳明的用词习惯中，府城和越城是同一个地方。当绍兴府城和余姚同时出现之时，阳明也没有称余姚为'越'的习惯，'越'只可能是绍兴府城或以绍兴府城为核心的山阴、会稽二县的代称，而不可能指余姚。"②

王阳明正德十六年（1521）所作《祭外舅介庵先生文》："奉召北

---

① 朱晓鹏：《王阳明与道家道教》，中国人民大学出版社2009年版，第70页。
② 张炎兴：《王阳明"在越"》，《贵州大学学报》2015年第5期。

行，便道归省。"① 据《年谱》，王阳明于本年八月"至越"，九月"归余姚省祖茔"。

《重修山阴县学记》（乙酉）：教谕汪君瀚辈以谋于县尹顾君铎而一新之……今请为吾越之士一言之。……吾岂特为吾越之士一言之而已乎？

《书黄梦星卷》（丁亥）：潮有处士……其子梦星来越从予学。越去潮数千里……

《归越诗三十五首》题记：弘治壬戌年，以刑部主事告病归越并楚游作。

《归越诗五首》题记：正德壬申年升为南京太仆寺少卿，便道归越作。

《居越诗三十四首》题记：正德辛巳归越后作。

《半江赵先生文集序》：其后告病归阳明，先生方董学政，校士于越。②

这些作品中的"越"皆指绍兴府城。

钱德洪《刻文录叙说》："德洪自辛巳冬始见先生于姚，再见于越……甲申年，先生居越。中秋月白如洗，乃燕集群弟子于天泉桥上……先生自辛巳年初归越……"

钱德洪《〈传习录〉下黄直录跋》："先生初归越时，朋友踪迹尚寥落，既后四方来游者日进。"

《年谱附录一》："先是师在越，四方同门来游日众、能仁、光相、至大、天妃各寺院，居不能容。"

钱德洪《〈文录续编〉序》："德洪茸师《文录》，始刻于姑苏，

---

① 今本《王阳明全集》卷二十五《祭外舅介庵先生文》："奉召北行，便道归省。"束景南先生《王阳明年谱长编》引王阳明《祭外舅介庵先生文》作"久乃有传，便道归越"，不知据何版本。

② 束景南、查明昊辑编：《王阳明全集补编》，上海古籍出版社2018年版，第105页。

再刻于越。"

钱德洪《答论年谱书》其四:"黄久庵宗贤见师于京师,友也;再闻师学于越,师也,非友也,遂退执弟子礼。"

徐爱《游雪窦因得龙溪诸山记》:"王世瑞、许半圭、蔡希颜、朱守中偕自越来,矢遂厌游。"

吕本《绪山钱公墓志铭》:"阳明公又平宸濠归越,(钱德洪)始决意师事焉。及还姚,公率同志数十人龙泉中天阁阁,请阳明公升座开讲。"①

正德十六年(1521),王阳明归余姚省祖茔,钱德洪方入师门。王阳明归绍兴城后,钱德洪亦当来绍兴问学,故称"始见先生于姚,再见于越"。正德十六年(1521)八月,王阳归绍兴,至嘉靖六年(1527)九月出发征思、田,首尾正好七年,合于钱德洪所言事王阳明"在越七年"。可见,钱德洪此文中的"越"指的是绍兴城。再如,钱德洪《师服问》:"夫子既没于南安,宽、畿奔丧广信……夫子没于道路,执丧者弗从。宽也父母在,麻衣布绖弗敢有加焉;畿请服斩以从,至越则释,麻衣布绖,终葬则释;宽居越则绖,归姚则否,何如?"王阳明卒于江西南安府(今大余县),弟子迎丧归绍兴城,后葬于去越城三十里的洪溪。此文中的"越",显然指的是绍兴城,即越城。王畿《祭戚南玄文》:"追惟丙戌之岁,忝兄同榜,予阳明先生在越,图告南还。"②"丙戌",即嘉靖五年(1526),时王阳明居绍兴,此处的"越"指的也是绍兴城。

从以上可以看出,王阳明和钱德洪、王畿等人文章中"越"专指越城,即绍兴府城,与余姚丝毫不相混。此亦可证明《年谱》中的"越"皆指越城,即绍兴府城,而不是指包括余姚县在内的绍兴府地域。

五 王华迁居绍兴

《年谱》:"(成化)十有七年辛丑,先生十岁,皆在越。"王阳明这时尚幼,其是否迁绍兴与其父王华关系密切。

---

① 钱明编校整理:《徐爱钱德洪董沄集·附录》,凤凰出版社2007年版,第416页。
② 吴震编校整理:《王畿集》,凤凰出版社2007年版,第570页。

束景南先生认为王华于弘治十年（1497）迁于绍兴，并作《王华移家绍兴考》一文，对此做了详细考辨。① 束景南先生认为："（王华）成化十七年刚中状元入仕，一时还无财力造新屋移家；况次年阳明、竹轩均北上入京居，亦无必要无端再往绍兴造屋建家。"② 其实不然。王华虽身居余姚，但多次路过山阴，对山阴很是熟悉，故"龙山公常思山阴山水佳丽"③。以前王华虽有此想，但因贫穷而无法实现。中状元后，王华有能力实现自己想法，故有迁绍兴之举。

　　如上所说，居余姚时，王华及家人租住于莫氏的瑞云楼。王氏搬走后，钱氏租住此楼。钱德洪《后瑞云楼记》：

> 瑞云楼者，吾师阳明先生降辰之地也。楼居余姚龙山之北麓，海日公微时，尝僦诸莫氏，以居其父竹轩公与母太夫人岑……及先生贵，乡人指其楼曰"瑞云楼"。他日公既得第，先子复僦诸莫氏居焉。弘治丙辰，某亦生于此楼。及某登第进士，楼遂属诸先子。④

邹守益《瑞云楼铭并序》："其后心渔钱翁复僦诸莫氏，而吾友洪甫实生焉。洪甫第进士，专志师门之学，遂市是址，以无忘羹墙。"⑤ 可见，钱德洪中进士之后，不忘师恩，特将瑞云楼买下来。钱氏《后瑞云楼记》中隐去此节，仅云"楼遂属诸先子"。

　　钱德洪生于孝宗弘治九年（1496），其父租莫氏瑞云楼当早于此。故知在此之前，王氏便已经搬出瑞云楼。⑥ 钱德洪《后瑞云楼记》中，称其师王阳明为"先生"，而称王华为"海日公"，简称"公"。王华先时科场不甚顺。成化十六年（1480），浙江乡试第二名，次年会试高中状元。钱氏文中所言"他日公既得第"，显然指的是王华中状元一事。据钱德洪

---

① 详情参见束景南《王阳明年谱长编》，上海古籍出版社2017年版，第131—134页。
② 束景南：《王阳明年谱长编》，上海古籍出版社2017年版，第131页。
③ 《年谱》，载吴光等编校《王阳明全集》，上海古籍出版社2012年版，第1000页。
④ 钱明编校整理：《徐爱钱德洪董沄集》，凤凰出版社2007年版，第170—171页。
⑤ 董平编校整理：《邹守益集》，凤凰出版社2007年版，第927页。
⑥ 黄懿亦指出，钱德洪降生时，王阳明一家已迁离瑞云楼。参见黄懿《王阳明迁居山阴时间段新考》，《贵州大学学报》2013年第5期。

文，王华中状元之后，便搬出了瑞云楼，故其父钱蒙方得租居此楼。

王华于成化十七年（1481）三月中状元，三月二十四日，授翰林院修撰。在科举盛行的明清时期，中状元是非常荣耀之事，天子亲自召见，多有赏赐。众多资料表明，明代的房价并不高，几间房子不过几十两白银。这对于新科状元来说，应该不是什么问题。《年谱》："龙山公常思山阴山水佳丽，又为先世故居，复自余姚徙越城之光相坊居之。"故可推断，高中状元之后，王华便于绍兴城置房业，而迁家于绍兴城。

另有一些资料亦可证明，王阳年较早便迁于绍兴了。明清各类《余姚县志》对王华多有所记载，而对王阳明及其故居没有丝毫记载；相反，《绍兴府志》和《山阴县志》对王阳明事迹及其移居宅邸多有所记载。《嘉庆山阴县志》卷首《皇言》："守仁本为山阴人，迁居余姚，后仍还本籍，其故居在山阴东光坊谢公桥之后，祠亦在焉。"① 为何如此呢？笔者认为，这与王阳明幼时很早便离开余姚迁居绍兴有关。

王阳明弘治三年（1490）所作《思归轩赋》开篇便云："阳明子之官于虔也。"王阳明自称"阳明子"，当与阳明洞有关（详后文）。《年谱》记载王阳明弘治元年（1488）"在越"，二者正合。此亦表明，王阳明早已迁居绍兴城了。

王阳明《归越诗三十五首》题记："弘治壬戌年，以刑部主事告病归越并楚游作。""归越"指归绍兴城，故本年有阳明洞修行一事。《京师诗八首》题记云："弘治乙丑年改除兵部主事时作。"其七《故山》："鉴水终年碧，云山尽日闲。故山不可到，幽梦每相关。"这首诗前二句写鉴湖，后二句故山，可知故山指的是越城附近的山。其八《忆鉴湖友》："春风梅市晚，月色鉴湖秋。"《狱中诗十四首》题记云："正德丙寅年十二月，以上疏忤逆瑾，下锦衣狱作。"其十二《天涯》："留得升平双眼在，且应蓑笠卧沧州。""沧州"典出于前贤陆游。陆游《诉衷情》："心在天山，身老沧州。"可见，王阳明此时已迁居绍兴了。这些诗作都表明，王阳明早就迁居绍兴了，不仅对越城山水非常熟悉，而且非常有感情，故常流露于诗作之中。

---

① 《嘉庆山阴县志》，《中国地方志集成·浙江府县志辑》第37册，上海书店1993年影印本，第592页上栏。

六 王氏家族两地分居

王伦有三子：王荣（半严先生）、王华和王衮（易直先生）。王荣可能早卒，其有三子：王守义、王守智（四弟）和王守温（六弟）。王衮有三子：王守礼、王守信、王守恭（八弟）。王衮卒于弘治十一年（1498）八月，葬于弘治十五年（1502）十月。王阳明《易直先生墓志》：

> 自先生没，乡之子弟无所式……林栖而泽遁者，莫与遨游以处。……叔父之生，以正统己巳十月戊午，得寿四十有九，而以弘治戊午之八月廿三卒。卒之岁，太夫人岑氏方就养于京，泣曰："须吾归，视其柩。"于是壬戌正月，太夫人自京师归，始克以十月甲子葬叔父于邑东穴湖山之阳，南去竹轩府君之墓十武[①]而近，去叶孺人之墓十武而遥。

"乡之子弟"和"林栖"等表明王衮居于余姚，故后葬于余姚。王阳明正德十三年（1518）所作《与诸弟书》："知祖母康健，伯叔母在余姚皆纳福。……四月廿二日，寓赣州长兄守仁书寄三弟、四弟、六弟、八弟收看。"[②] 王阳明《寄余姚诸弟手札》："三弟、四弟、六弟、八弟同看。伯叔母二位老孺人同禀此意。"[③] 可见，王荣、王衮及二人之子，皆一直居于余姚。

《年谱》载王阳明出生于瑞云楼时，"太夫人郑娠十四月。祖母岑梦神人……祖竹轩公异之"。这表明王华居瑞云楼时，父王伦及母岑夫人皆与王华居住在一起。也就是说，自王华与其父母迁居瑞云楼时，王荣和王衮依然居于秘图山旧地，王氏家族自始便分居两地了。

王伦与王华何时迁居瑞云楼，难以考定。束景南先生认为，"王华为结婚租赁下余姚莫氏楼寓居"[④]，是非常有道理的。关于王阳明生母郑氏

---

① 古时以六尺为步，半步为武。
② 束景南、查明昊辑编：《王阳明全集补编》，上海古籍出版社2018年版，第120—121页。
③ 束景南、查明昊辑编：《王阳明全集补编》，上海古籍出版社2018年版，第142页。
④ 参见束景南《王阳明年谱长编》，上海古籍出版社2017年版，第131页。

资料较少。郑氏卒于成化二十年（1484），王阳明年仅十三岁。陆深《海日先生行状》："先生元配赠夫人郑氏，渊靖孝慈，与先生共甘贫苦。起寒微，躬操井臼，勤纺绩以奉舅姑。既贵而恭俭益至。寿四十九，先先生三十六年卒。"① 杨一清《海日先生墓志铭》："寿四十一。"② 王华（1446—1522）至本年仅三十九，而郑氏不可能大王华十岁，故当以"四十一"为是。③ 次年，王华便娶继室赵氏和侧室杨氏。束景南先生指出："郑氏初葬余姚穴湖，则是年王华与阳明均当归余姚，然均不守葬守孝，王华即娶继室、侧室，亦令人不解。"④

王阳明晚年曾多次作书与其侄郑官贤，商议郑氏财产家事。嘉靖四年（1525）正月，《与郑邦瑞书》其一："修理圣龟山庙时，我因外祖及二舅父分上，特舍梁木，听社享将我名字写在梁上。此庙既系社享香火所关，何不及早赴县陈告？直待项家承买了，然后来说，此是享人自失了事机。"⑤ 四月三日，作《与郑邦瑞书》其二："汝祖母所投帐目，可将文书逐一查出，与同去人照数讨完，封送祖母收贮，不得轻易使费。此汝祖母再四叮嘱之言，断不可违。汝祖母因此帐目必欲回家……"⑥ 十月十六日，作《与郑邦瑞书》其三："今闻已尽安好，故特差人奉迎，书到，即望将带孙女来此同住。其王处亲事，须到此商议停当，然后可许。"⑦

从王阳明晚年写给其侄郑官贤的三封书信来看，其母郑氏至少有二兄弟，郑官贤当为大舅之子，其有待嫁孙女。另外祖母、二舅母尚在。由此可以看出，余姚郑氏虽不一定是大家族，至少也非平民家庭，说其"起寒微"显然不太合乎情理。由此可以推断，当时郑氏家族尚可，王华因婚姻而租居与郑氏家族相近的瑞云楼。

王阳明迁绍兴后，其祖王伦依然居于余姚。王伦居于何处，文献并

---

① 吴光等编校：《王阳明全集》，上海古籍出版社2012年版，第1161页。
② 吴光等编校：《王阳明全集》，上海古籍出版社2012年版，第1148页。
③ 参见束景南《王阳明年谱长编》，上海古籍出版社2017年版，第51页。
④ 参见束景南《王阳明年谱长编》，上海古籍出版社2017年版，第51页。
⑤ 束景南、查明昊辑编：《王阳明全集补编》，上海古籍出版社2018年版，第161页。
⑥ 束景南、查明昊辑编：《王阳明全集补编》，上海古籍出版社2018年版，第161—162页。
⑦ 束景南、查明昊辑编：《王阳明全集补编》，上海古籍出版社2018年版，第162页。

无明确记载。束景南先生认为，迁出瑞云楼后，王伦归居秘图山王氏故居。①

如上所说，成化十七年（1481），王华高中状元，任职于京师。次年（1482）迎其父王伦及其子王阳明入京。《年谱》："（成化）十有八年壬寅，先生十一岁，寓京师。龙山公迎养竹轩翁，因携先生如京师，先生才十一。"王阳明居京数年，其间生母郑氏卒，服丧三年。直至弘治元年（1488），王阳明归绍兴，实为迎亲。②弘治二年（1489），王伦病，王华"秩满九载，当迁，闻竹轩疾，即移病不出"③。十二月，王阳明携夫人诸氏归余姚。这些都说明王伦早就归居于余姚了。竹轩公王伦何时由京师归余姚，《年谱》未载。成化十八年（1482），王阳明年仅十一岁，故由王伦送之入京。不久，王伦当便归来。归来后，王伦居于何处，史籍无载。束景南先生认为竹轩翁"居秘图山王氏故居（时瑞云楼已租赁于钱蒙）"④。束先生所言大体比较合理。

胡俨《遁石先生传》："（王与准）尝筮居秘图湖阴，遇《大有》之《震》，谓其子曰：'吾先世盛极而衰，今衰极当复矣。然必吾后再世而始兴乎？兴必盛且久。'"⑤戚澜《槐里先生传》："（王杰）居秘图湖之后。其先世尝植三槐于门。"⑥可见，王与准信筮，故移居秘图湖，其子王杰便居于秘图湖。后竹轩公王伦居于是，于是王华生于是。

笔者认为，高中状元之后，王华便置房宅于绍兴城，将其子迁于绍兴城。而其父竹轩公王伦淡泊名利，不好热闹，"视纷华势利，泊如也"⑦，不愿迁居绍兴城，故依旧居于余姚。次年，王华以送王阳明入京

---

① 束景南：《王阳明年谱长编》，上海古籍出版社2017年版，第131页。
② 束景南先生认为王阳明于成化二十三年（1487）冬便已归余姚，其归余姚实为参加浙江乡试作准备。参见束景南《王阳明年谱长编》，上海古籍出版社2017年版，第60页。其实不然。据《年谱》记地体例，王阳明当于本年归绍兴，其归绍兴实为迎亲之事。
③ 陆深：《海日先生行状》，载吴光等编校《王阳明全集》，上海古籍出版社2012年版，第1156页。
④ 束景南：《王阳明年谱长编》，上海古籍出版社2017年版，第69页。
⑤ 吴光等编校：《王阳明全集》，上海古籍出版社2012年版，第1141页。
⑥ 吴光等编校：《王阳明全集》，上海古籍出版社2012年版，第1141页。
⑦ 戚澜：《槐里先生传》，载吴光等编校《王阳明全集》，上海古籍出版社2012年版，第1142页。

为由,迎父王伦于京师。王氏所居瑞云楼本为租赁。王伦入京之后,王氏便搬离瑞云楼,于是莫氏又将此楼租赁给钱蒙(钱德洪之父)。

魏瀚《竹轩先生传》:"逮子华官翰林,请于朝,分禄以为先生养。"① 如果王伦从王华居京师,王华大可不必"请于朝,分禄以为先生养"。因为竹轩翁归余姚,故王华有"分禄"之请。王伦不惯于京师繁华生活,于是不久便归。此时瑞云楼已租赁给钱氏了,王伦只得归居秘图山老家。魏瀚《竹轩先生传》:"先生复推其半以赡弟。乡人有萁豆相煎者,闻先生风,多愧悔,更为敦睦之行。"② 分禄赡弟、风化乡人,表明竹轩公这次的确是归居秘图山老家。王华于是于秘图山王氏老家置房宅,使父王伦居之。王华至孝。杨一清《海日先生墓志铭》:

> 公性至孝。初,竹轩公病报至,当道以不受当迁官,宜出受新命,公卧家不出,日忧惧不知所为。逾月,讣始至,恸绝几丧生。襄葬穴湖山,遂庐墓下。墓故虎穴,虎时群至,不为害,久且益驯,人谓孝感。③

陆深《海日先生行状》有类似的记载。这些记载虽不乏夸饰成分,但王华孝顺当是事实。魏瀚《竹轩先生传》:"弟粲幼孤,为母所钟爱。先生少则教之于家塾,长则挈之游江湖,有无欣戚,罔不与居。逮子华官翰林,请于朝,分禄以为先生养。先生复以其半以赡弟。"④ 竹轩公能将其子王华给他的赡养费分一半给其弟王粲,可见王华所给赡养费虽不一定丰厚,但至少还可以。时王华既贵又孝,焉能让父居祖上旧居呢?

至成化十九年(1483),王伦再归余姚时,其离开秘图山故居已经十余年了,秘图山是否还有旧宅可居,值得怀疑。另外,就算有旧宅,迁离十余年,也已破败不堪了,孝子王华焉能让其父居如此之破屋。故笔者认为,王华于秘图山王氏故居地新置房屋,使父王伦居之。王阳明正

---

① 吴光等编校:《王阳明全集》,上海古籍出版社2012年版,第1143页。
② 吴光等编校:《王阳明全集》,上海古籍出版社2012年版,第1143页。
③ 吴光等编校:《王阳明全集》,上海古籍出版社2012年版,第1147页。
④ 吴光等编校:《王阳明全集》,上海古籍出版社2012年版,第1143页。

德六年（1511）所作《寓都下上大夫书》："余姚分析事，不审如何？毕竟分析为保全之谋耳。"① 正德七年（1512）所作《上大夫书一》："闻余姚居址亦已分析各人管理，不致荒废，此亦了当一事。"王华兄弟三人，上有兄王荣，下有弟王衮。如若竹轩公王伦所居为祖上旧宅，竹轩公重归之前当有人管理。竹轩公仅暂居几年，其卒后依然会有人管理，何需王阳明为此操心呢？因为是王华新置房宅，故竹轩公死后，王华和王阳明皆在外地为官，无人管理，所以得只委托王氏家族其他人管理。竹轩公卒于弘治二年（1489）年底，至正德六年（1511），已经十余年了，故房宅出现荒废，亦是情理之中的事。由此可见，竹轩公归余姚所居，乃王华所置新房宅，并非祖上旧居。

弘治三年（1490）正月，王华奔丧归余姚，后葬其父竹轩公于穴湖山。《万历绍兴府志》卷七："穴湖，在县东十里。"②《光绪余姚县志》卷八："穴湖，在冶山一都，周七顷四十五亩二角十四步，东西南三面距山，北限本湖之塘，灌田三十顷。"③ 竹轩公卒后，岑太夫人随王华居京。直至弘治十五年（1502）王衮下葬，方归居于余姚秘图山房宅。

简而言之，因与郑氏结婚，王华及父母离开祖上旧居秘图山，而租居瑞云楼。王华中状元后，便于绍兴置房产，迁居绍兴。因不惯城市热闹，于是竹轩公王伦归余姚老家秘图山居住，王华为其父新置房宅以居之。竹轩公王伦死后，其所居房宅便无人居住，只得委托他人管理。竹轩公卒后，王华和王阳明便以绍兴为家乡，以余姚为故乡。

第三节　王阳明归绍兴

如上所说，成化十七年（1481），王阳明十岁，便已迁居绍兴。自此之后，绍兴便成为了王阳明的家乡，而余姚则成为王阳明的故乡了。次年（1482），王阳明便入京，寓居于京师。此后，王阳明一生多次归

---

① 束景南、查明昊辑编：《王阳明全集补编》，上海古籍出版社2018年版，第90页。
② 萧良幹、张元忭等编纂：《万历绍兴府志》，《四库全书存目丛书》史部第200册，齐鲁书社1997年影印本，第476页上栏。
③ 《光绪余姚县志》，《中国地方志集成·浙江府县志辑》第36册，上海书店1993年影印本，第384页下栏。

绍兴。

一 纵情会稽山水

王献之曾云："从山阴道上行，山川自相映发，使人应接不暇。"①《明史·地理志五》："山阴"下注云："南有会稽山，其支山为云门山，又有法华山。西南为兰亭山。西北有涂山。北滨海，有三江口。……又南有鉴湖，长十四五里，俗称白塔洋，有若耶溪合焉。又北有白水湖，旁通运河。""会稽"下注云："东南为会稽山，其东接宛委、秦望、天柱诸山。又东有银山、锡山。旧产银砂及锡。东南有若耶山。东有曹娥江。东南有平水溪，南合剡溪。"②故王阳明年轻时常纵情于会稽山水之间。

寓住京师数年后，弘治元年（1488），年十七岁，王阳明归绍兴，欲为迎娶诸氏。此次王阳明何时归绍兴，居绍兴多久，皆不可考。七月，亲迎夫人诸氏于南昌。

《年谱》："弘治五年壬子，先生二十一岁，在越。举浙江乡试。"为了乡试，王阳明可能很早便从京师归居绍兴。此次乡试，王阳明一举高中。惜次年会试下第，于是王阳明寓居于京师。以后数年其皆寓居于京师。《年谱》："先生始侍龙山公于京师，遍求考亭（朱熹）遗书读之。"王阳明《奉石谷吴先生书》："生自壬子岁拜违函丈，即羁縻太学，中间余八九年。"③自此年（1492），直至弘治十二年（1499）中进士，王阳明皆寓住于京师，首尾正好八九年。此八九年间，王阳明多次归绍兴。

弘治九年（1496）会试下第后，王阳明便归绍兴。《太白楼赋》："岁丙辰之孟冬兮，泛扁舟余南征。"此表明，本年秋会试下第后，王阳明便南下归越。此次归载，王阳明居绍兴长达两年。

弘治九年（1496）冬，山阴萧鸣凤来学。薛应旗《广东提学副使萧公鸣凤墓表》："会稽之阴有大儒曰静庵先生者，禀赋不凡。少即颖异，甫逾十龄，修词艺文，已卓然成章。年十七，即厌弃之，从阳明王先生游，讲明圣学，穷极指归，体认践履，不务口耳。在诸生中，甚为提学

---

① 徐震堮：《世说新语校笺》，中华书局2001年版，第82页。
② 张廷玉等编：《明史》，中华书局1974年版，第1107页。
③ 束景南、查明昊辑编：《王阳明全集补编》，上海古籍出版社2018年版，第68页。

副使赵人宽所识。弘治甲子，杨文恪公廉为浙江乡试考官，得先生文，大惊，谓：'学有本原，才堪经济。'取置第一。自是遂以文名四方。……嘉靖甲午，以疾卒于家，距生成化庚子，年五十有五。"① 萧鸣凤生于成化十六年（1480），至弘治九年（1496）十七岁，故其从王阳明学当在本年。萧鸣凤是山阴人，而王阳明这时名声不显，萧鸣凤不太可能到余姚从王阳明受学。故知王阳明此次从京师归来，便居于绍兴。

弘治十年（1497）二月，王阳明居绍兴城，作《春晴散步》，末尾云："古崖松半朽，阳谷草长芳。径行穿风磴，云萝绣石床。孤吟动《梁甫》，何处卧龙冈？"此处"卧龙冈"指的是绍兴城的卧龙山。卧龙山坐落于绍兴市西隅，春秋时文种葬于此，故称种山，后称卧龙山，今称府山。《梁甫吟》，一作《泰山梁甫吟》，为乐府古辞，属《相和歌·楚调曲》。郭茂倩《乐府诗集》解题云："按梁甫，山名，在泰山下。《梁甫吟》，盖言人死葬此山，亦葬歌也。"② 现存最早的《梁甫吟》为诸葛亮隐居于隆中所作，于是《梁甫吟》渐成隐士的象征。在此诗中，王阳明流露出归隐山林之意。

本年三月，王阳明与行人秦文③游山阴兰亭，有诗唱酬，作《兰亭次秦行人韵》："十里红尘踏浅沙，兰亭何处是吾家？茂林有竹啼残鸟，曲水无觞见落花。野老逢人谈往事，山僧留客荐新茶。临风无限斯文感，回首天章隔紫霞。"④ 东晋永和九年（353），王羲之与众贤集于兰亭，依于曲水，饮酒作诗，编成《兰亭集》，王羲之作《兰亭集序》。王阳明此诗咏兰亭旧事，中间多化用王羲之《兰亭集序》中的词句。

秋，王阳明游云门山、峨嵋山，作《登峨嵋归经云门》。云门，即云门山。《明史·地理志五》："山阴"下注云："南有会稽山，其支山为云门山。"⑤ 峨嵋，即峨嵋山。《万历绍兴府志》卷四："峨嵋山，在火珠山

---

① 焦竑：《焦太史编辑国朝献征录》，《四库全书存目丛书》史部第105册，齐鲁书社1997年版影印本，第648页下栏—649页下栏。
② 郭茂倩编：《乐府诗集》，中华书局1998年版，第605页。
③ 秦行人，应是指南京行人秦文。参见束景南《王阳明年谱长编》，上海古籍出版社2017年版，第127页。
④ 束景南、查明昊辑编：《王阳明全集补编》，上海古籍出版社2018年版，第3页。
⑤ 张廷玉等编：《明史》，中华书局1974年版，第1107页。

下百余步，石隐起土中，状如峨嵋，有峨嵋庵。"① 《越中杂识》卷上："峨眉山，在卧龙山之左，火珠山之东南，山高丈余，阔三丈，长数十丈，南至轩亭，北至香橼巷，望之如蛾眉一弯，横黛拖青，浑身空翠，故名蛾眉。"② 《登峨嵋归经云门》："一年忙里过，几度梦中游。自觉非元亮，何曾得惠休。乱藤溪屋邃，细草石池幽。回首俱陈迹，无劳说故丘。"③ "一年忙中过"表明此诗当作于一年将尽之时。弘治十一年（1498）夏，王阳明至南京拜见主持顺天乡试的父亲王华；冬，王阳明随父一起归京师，准备来年的会试。故此诗不可能作于弘治十一年（1498），只可能作于弘治十年（1497）。元亮，陶渊明之字。惠休，可能指的是东晋高僧慧远。诗中流露出浓郁的归隐之情。

岁暮，王阳明冒雪游会稽山。王阳明《来雨山雪图赋》："昔年大雪会稽山，我时放迹游其间……鉴湖万顷寒蒙蒙，双袖拂开湖上云，照我须眉忽然皓白成衰翁。手掬湖水洗双眼，回看群山万朵玉芙蓉。草围蒲帐青莎蓬，浩歌夜宿湖水东……"据束景南先生考证，此赋作于弘治十年（1497）。④ 王阳明雪天游会稽山，一方面是为了欣赏美丽的雪景，另一方面留意可供归隐、修炼的处所。⑤ 王阳明于江西所作《回军龙南小憩玉石岩双洞绝奇徘徊不忍去因寓以阳明别洞之号兼留此作三首》一诗云"早年空自费青鞋"，说明他早年曾费力寻找修炼的地方。王阳明为什么要雪天找洞天呢？王阳明《始得东洞遂改为阳明小洞天三首》其二云："但恐霜雪凝，云深衣絮薄。"更准确地说，王阳明这次雪天游会稽山，不是找洞天，而是勘察洞，看看冬雪时洞天情况如何，为长期居洞天修炼做些准备。

弘治十一年（1498），春二月，游秦望山，作《登秦望山用壁间韵》。

---

① 萧良幹、张元忭等编纂：《万历绍兴府志》，《四库全书存目丛书》史部第 200 册，齐鲁书社 1997 年影印本，第 398 页下栏。
② 悔堂老人：《越中杂识》，浙江人民出版社 1983 年版，第 1 页。
③ 束景南、查明昊辑编：《王阳明全集补编》，上海古籍出版社 2018 年版，第 4 页。
④ 束景南：《王阳明年谱长编》，上海古籍出版社 2017 年版，第 135 页。
⑤ 束景南先生认为，王阳明冒雪游会稽山，即是上山寻访阳明洞。参见束景南《王阳明年谱长编》，上海古籍出版社 2017 年版，第 136 页。此时王阳明有出世归隐之心，有寻找归隐处所之意，但似无明确寻找阳明洞之意。

陆游有《醉书秦望山石壁》一诗，学者认为，"阳明诗即用陆游此韵"①。《登秦望山用壁间韵》是一首古体诗，对秦望山、会稽山的山水景观作了很好描绘："秦望独出万山雄，萦纡鸟道盘苍空。飞来百道泻碧玉，翠壁千仞削古铜。"②

王阳明这次归绍兴时间较长，长达两年之久，其大量时间用于游览会稽山水，其穿梭于会稽附近山水之间，实欲想寻找修炼之所。是年（1498）八月，王华主持顺天府乡试。夏，王阳明至南京。冬，随父一起归京，准备来年的会试。

二 养病绍兴城

弘治十二年（1499）三月，王阳明会试举进士。《年谱》："是年春试，举南宫第二人，赐二甲进士出身第七人，观政工部。"接下来数年，王阳明主要任职于京师。弘治十四年（1501）至弘治十五年（1502），王阳明奉命于直隶、淮安等府审决重囚。弘治十五年（1502）二月，王阳明至镇江府，访汤礼敬，遂偕汤礼敬游道教圣地茅山，探华阳洞。王阳明《寿汤云谷序》："及与之登三茅之巅，下探叶阳，休玉宸，感陶隐君之遗迹，慨叹秽浊，飘然有脱屣人间之志。"这次游茅山，对王阳明影响极大。"是次游茅山，阳明自谓'飘然有脱屣人间之志'，故遂在八月告病归越、筑室阳明洞中行导引术矣。"③本年五月归京后，王阳明过劳成疾。黄绾《阳明先生行状》："复命。日事案牍，夜归必燃灯读《五经》及先秦、两汉书，为文字益工。龙山公恐过劳成疾，禁家人不许置灯书室。俟龙山公寝，复燃，必至夜分，因得呕血疾。养病归越。"④

八月，王阳明上疏乞归。《年谱》："八月，疏请告。……遂告病归越，筑室阳明洞中，行导引术。"九月，王阳明归绍兴，筑室阳明洞，行导引术。后王阳明弟子对此事多作委婉记叙。黄绾《阳明先生行状》："养病归越，辟阳明书院，究极仙经秘旨，静坐，为长生久视之道，久能

---

① 束景南：《王阳明年谱长编》，上海古籍出版社2017年版，第139页。
② 束景南、查明昊辑编：《王阳明全集补编》，上海古籍出版社2018年版，第4页。
③ 束景南：《王阳明年谱长编》，上海古籍出版社2017年版，第226页。
④ 张宏敏编校：《黄绾集》，上海古籍出版社2014年版，第458页。

预知。"① 邹守益《王阳明先生图谱》："遂告病归，辟阳明洞旧基为书屋，究仙经秘旨。久之，忽能预知。"② 二弟子，或称书院，或称书屋，显然是为其师讳。关于阳明洞相关情况考辨，详见下章。修炼期间，一方面王阳明与道术之士王思舆、许璋等人多有交往，讲道论仙；另一方面，王阳明无法摒弃世俗交往。此时，朱节来从王阳明受学。③ 本年十月，浙按察佥事陈辅罢归，作《两浙观风诗序》送之。胡瀛来任浙按察佥事，王阳明为之作《胡公生像记》。叔父王衮葬于穴湖山，王阳明当归余姚送葬，并作《易直先生墓志》。为浙参政罗鉴祖父罗履素诗集作序。诸用明来书，劝王阳明出仕，王阳明作书答之。次年（1503）正月，王阳明作《陈处士墓志铭》。王阳明还接待了释鲁山的来访等。

王阳明洞中修炼数月后，产生了思亲之情，渐悟此道之非。《年谱》："久之悟曰：'此簸弄精神，非道也。'又屏去。已而静久，思离世远去，惟祖母岑与龙山公在念，因循未决。久之，又忽悟曰：'此念生于孩提。此念可去，是断灭种性矣。'"邹守益《王阳明先生图谱》："久之，悟曰：'此弄精魂，非道也。'又屏去，玩释典。明年移疾西湖，往来南屏、虎跑诸寺。"④ 这在其诗作中有不少表露。王阳明作《思乡二首》（次韵答黄舆），其二云：

> 独夜残灯梦未成，萧萧窗竹故园声。
> 草深石屋鼪鼯啸，雪静空山猿鹤惊。
> 漫有缄书招旧侣，尚牵缨冕负初情。
> 云溪漠漠春风转，此菌黄芝又日生。⑤

《王阳明全集》中《赣州诗三十六首》中收录此诗，命名为《夜坐

---

① 张宏敏编校：《黄绾集》，上海古籍出版社2014年版，第458页。
② 邹守益：《王阳明先生图谱》，《四库未收书辑刊》4辑第17册，北京出版社2000年影印清钞本，第471页下栏。
③ 参见束景南《王阳明年谱长编》，上海古籍出版社2017年版，第242页。
④ 邹守益：《王阳明先生图谱》，《四库未收书辑刊》4辑第17册，北京出版社2000年影印清钞本，第471页下栏。
⑤ 束景南、查明昊辑编：《王阳明全集补编》，上海古籍出版社2018年版，第252页。此诗文字，束景南先生据王阳明墨迹收录。

偶怀故山》，与墨迹本文字有不少差异。束景南认为《思乡二首》作于弘治十五年（1502）岁暮。① 其说甚是。诗中"石屋"指的是阳明洞，"缄书招旧侣"指的是与王思舆、许璋等书信往来，"缨冕"指的是中进士为官。从此诗可以看出，王阳明确有用世之思。弘治十六年（1503）二月，王阳明离越去杭。经山阴本觉寺，作《本觉寺》一诗。三月，至钱塘。

九月，王阳明自钱塘归来，过山阴钱清，过访陈壮。王阳明《陈直夫南宫像赞》："吾越直夫陈先生，岩毅端洁，其正言直气，放荡佞谀之士，嫉视若仇。"陈壮，号古过，山阴人，弘治中致仕，归居山阴。此次归绍兴时，王阳明过访之。

归至绍兴，王阳明居家养病。重阳节，浙江按察副使赵宽邀约登会稽，因病未赴，作诗互答。病愈，王阳明访半江赵宽。王阳明《半江先生文集叙》："先生与家君龙山先生为同年进士，故守仁辱通家之爱，亦以是为知先生矣。其后告病归阳明，先生方董学政，校士于越。邀宿行台间，得窥其诗稿……"②

是月，绍兴干旱，绍兴知府佟珍来问求雨术，王阳明作《答佟太守求雨》："使人事良修，旬日之内，自宜有应。……一二日内，仆亦将祷于南镇，以助执事之诚。"后王阳明前往南镇庙祷雨，作《南镇祷雨文》。《万历绍兴府志》卷十九《祠祀志》："会稽南镇庙，在会稽山之阴。"③

本年十月，王华便道省亲，携王阳明一起归余姚。后归绍兴，由赵宽推荐，王华择徐爱为婿。徐爱，余姚人，时为绍兴府学诸生。赵宽《半江赵先生文集》卷十五《半江赵先生实录》："擢升浙江副使，提督学校。先生在浙七年……余姚王公华将择婿于诸生中，先生曰：'得如徐爱者，其可也。'"④ 赵宽于弘治十年（1497）至十七年（1504）任浙江按察副使。此数年间，王华一直任职于京师。归次余姚归绍兴后，求婿

---

① 参见束景南《王阳明年谱长编》，上海古籍出版社2017年版，第252—254页。
② 束景南、查明昊辑：《王阳明全集补编》，上海古籍出版社2018年版，第105页。
③ 萧良幹、张元忭等编纂：《万历绍兴府志》，《四库全书存目丛书》史部第200册，齐鲁书社1997年影印本，第677页下栏。
④ 赵宽：《半江赵先生文集》，《四库全书存目丛书》集部第42册，齐鲁书社1997年影印本，第375页上栏。

于府学,方有赵宽荐徐爱一事。① 十一月,王阳明送父王华往江淮祭神,后归居于绍兴。王阳明复思用世,决意出仕。王阳明作《四皓论》:"果于隐者,必不出;谓隐而出者,必其非隐者也。夫隐者为高,则茫然其不返,避世之士,岂屑屑于辞礼之殷勤哉?"② 对秦末汉初商山四皓加以批判,表达自己非真隐者,思再用于世。王阳明这次归绍兴的主要目的是养病。先修炼于阳明洞,不见成效,故移居于钱塘。居钱塘时,王阳明能四处游观,表明其身体有所好转,故不久再归绍兴。后经太夫人、父亲等的劝勉,③ 王阳明再生用世之心。

弘治十七年(1504)四月,王阳明居阳明洞,友人来访,作诗送别。王阳明《别友诗》:

> 千里来游小洞天,春风无计挽归船。柳花缭乱飞寒白,何异山阴雪后天。□年来访予阳明洞天,其归也,赋首尾韵,以见别意。弘治甲子四月朔,阳明山人王守仁书。④

内兄诸惟奇来访,王阳明于若耶溪作诗送别。王阳明《若耶溪送友诗》:

> 若耶溪上雨初歇,若耶溪边船欲发……内兄诸用冕惟奇,负艺,不平于公道者久矣。今年将赴南都试,予别之耶溪之上,固知其高捷北辕,不久当会于都下,然而缱绻之情自有不容已也。越山农邹鲁英为写耶溪别意,予因诗以送之,属冗不及长歌。俟其对榻垣南草堂,尚当为君和《鹿鸣》之歌也。弘治甲子又四月有望,阳明山人王守仁书于西清轩。垣南草堂,予都下寓舍也。⑤

若耶溪在绍兴城南若耶山下,北流入鉴湖。前面是送别之诗,后面

---

① 参见束景南《王阳明年谱长编》,上海古籍出版社2017年版,第291—292页。
② 束景南、查明昊辑编:《王阳明全集补编》,上海古籍出版社2018年版,第71页。
③ 束景南先生认为,由于岑太夫人、王华等人反对王阳明隐居不仕,甚至对其有面训,故王阳明有出仕之思。参见束景南《王阳明年谱长编》,上海古籍出版社2017年版,第298页。
④ 束景南、查明昊辑编:《王阳明全集补编》,上海古籍出版社2018年版,第27—28页。
⑤ 束景南、查明昊辑编:《王阳明全集补编》,上海古籍出版社2018年版,第28页。

是跋，叙写诗之意。从这首诗可以看出，王阳明居绍兴时居西清轩，而在京师则居垣南草堂。五月，撰成山东乡试程文范本。六月，启程赴山东主考乡试。

由上可见，自十岁迁居绍兴之后，绍兴便成为王阳明的家乡。虽然王阳明居于绍兴的时间不长，但其早年一些重要事情都与绍兴有关，如落第壮游、寻找隐居地、养病阳明洞等。因此，"绍兴则可以说是阳明的成长之地（包括学术思想）"①。

三 仕宦归绍兴

正德元年（1506）十二月，王阳明因上疏救戴铣、牧相等，获罪，下锦衣狱。王阳明《狱中诗十四首》题记云："正德丙寅年十二月，以上疏忤逆瑾，下锦衣狱作。"② 正德二年（1507）二月，王阳明等获释。李东阳《空同集》卷九《发京师》题记云："正德二年春二月与职方王子同放归田里。"③ "职方王子"即指王阳明。

正德二年（1507）九月，王阳明至南都，为父祝寿。十月初，王华、王阳明归绍兴。十一月，王阳明归居绍兴。徐爱、蔡宗兖、朱节举乡试归，皆来受学。季本《奉议大夫四川按察司提学佥事蔡公墓志铭》："先师倡道阳明山中。（蔡宗兖）乃偕守忠往受业焉。因与余姚徐君曰仁为三友，刊落繁芜，学务归一。"④ 王阳明《别三子序》："盖自近年而又得蔡希颜、朱守忠于山阴之白洋，得徐曰仁于余姚之马堰。"十二月，徐爱、蔡宗兖、朱节赴京师会试，王阳明作《示徐曰仁应试》《别三子序》赠别。王阳明作《田横论》，以表赴谪地决心。正德三年（1508）正月初一，王阳明启程赴龙场，倪宗正来绍送行，赋诗送行。

正德七年（1512）十一月初八，王阳明升南京太仆寺少卿。十二月

---

① 钱明：《王阳明及其学派论考》，人民出版社2009年版，第533页。
② 《年谱》："武宗正德元年……二月，上封事，下诏狱，谪龙场驿驿丞。""二月"当为"十二月"之误。
③ 李东阳：《空同集》，《景印文渊四库全书》第1262册，台湾商务印书馆1986年版，第64页下栏。
④ 季本：《季彭山先生文集》，《北京图书馆古籍珍本丛刊》第106册，书目文献出版社1990年影印手稿本，第890页下栏。

中旬，便道归省，与徐爱同舟返绍兴。《年谱》："（正德）七年壬申……十二月，升南京太仆寺少卿，便遣归省。与徐爱论学。……与先生同舟归越。"徐爱《同志考叙》："癸酉春，侍先生自北来南。"①

正德八年（1513）二月，王阳明归至绍兴，居阳明洞，郑一初、陈洸来访。王阳明《祭郑朝朔文》："君遂疾告，我亦南行。君与世杰，访予阳明。君疾亦笃，遂留杭城。"徐天泽来问学。《光绪余姚县志》卷二十三《徐天泽传》："时王守仁以道学倡东南，从弟珊从之游，天泽数与辩难。既见守仁于会稽，亲闻良知之教，喟然曰……"② 五月，作《送日东正使了庵和尚归国序》："……皇明正德八年岁在癸酉五月既望，余姚王守仁书。"六月，王阳明偕徐爱等弟子游四明山等地，至七月，方归绍兴。王阳明《与黄宗贤》其二："仆到家，即欲与曰仁成雁荡之约……五月终……又月余……乃从上虞入四明，观白水，寻龙溪之源；登杖锡，至于雪窦；上千丈岩以望天姥、华顶，若可睹焉。……遂从宁波买舟还余姚。"徐爱《游雪窦因得龙溪诸山记》对此次壮游的历程有更为详细的记载。十二月离开绍兴，至滁州督马政。

正德十一年（1516）九月，王阳明升都察院左佥都御史，巡抚南、赣、汀、漳等处。十月，归省至绍兴。在绍兴时，王阳明会见了其早年道友王思舆、许璋、王琥等。王思舆预言"阳明此行，必立事功"③。十一月十四日兵部再催。王阳明遂与徐爱等弟子饯别于映江楼，④ 扶疾起程，至杭待命。王阳明《谢恩疏》："十一月十四日续准兵部咨，为紧急贼情事……王守仁着上紧去，不许辞避迟误。……闻报忧惭，不遑宁处。一面扶病候旨，至浙江杭州府地方。"

自弘治十五年（1502）阳明洞天修炼之后，至正德十一年（1516）巡抚南赣汀、漳，此十余年间，王阳明先后三次归绍兴，几乎每次升迁都要归绍兴。可见王阳明的确把绍兴当作自己家乡。

---

① 钱明编校整理：《徐爱钱德洪董沄集》，凤凰出版社2007年版，第56页。
② 《光绪余姚县志》，《中国地方志集成·浙江府县志辑》第36册，上海书店1993年影印本，第821页下栏。
③ 《年谱》，载吴光等编校《王阳明全集》，上海古籍出版社2012年版，第1015页。
④ 映江楼在会稽永昌门外江边，观潮胜处。参见束景南《王阳明年谱长编》，上海古籍出版社2017年版，第919页。

第四节　王阳明晚年居绍兴

王阳明自十岁迁绍兴之后，其大半时间为官在外，在绍兴居住时间较短。唯晚年，王阳明功成身退，隐居绍兴多年，致力于讲学，大大促进了其学说的发展与传播。

一　正德十六年（1521）

正德十六年（1521）三月二十四日，武宗崩，世宗继位，江彬等佞臣被执，王阳明功业得到认可。六月，世宗召王阳明进京。七月下旬，王阳明抵至钱塘。二十八日，升南京兵部尚书。八月上旬，南京兵部尚书敕至钱塘，王阳明上疏，请求便道省葬。十七日，允准归省。八月下旬，王阳明归至绍兴。王阳明作《归兴二首》，表现归来时的愉悦心情：

> 百战归来白发新，青山从此作闲人。峰攒尚忆冲蛮阵，云起犹疑见虏塞。岛屿微茫沧海暮，桃花烂漫武陵春。而今始信还丹诀，却笑当年识未真。
>
> 归去休来归去休，千貂不换一羊裘。青山待我长为主，白发从他自满头。种果移花新事业，茂林修竹旧风流。多情最爱沧州伴，日日相呼理钓舟。

其一回忆了自己多年的征战，其二表现自己归隐的愉悦。此后六七年间，王阳明一直居于绍兴。此次居绍兴期间，王阳明主要从事讲学活动，学子甚多。

九月上旬，由魏良器引荐，王畿来学。王畿《绪山钱君行状》："追惟夫子还越，惟予与君二人最先及门。"① 九月中旬，归余姚省祖茔，访瑞云楼，与亲友宴游。九月下旬，王阳明自余姚归绍兴。王阳明居绍兴时，多有友人来问学。张岳为行人，赴任经绍兴，访王阳明，论说，多不合。薛侃赴诠，途经绍兴，来问学，数月而去。王阳明居绍兴时，浙

---

① 吴震编校整理：《王畿集》，凤凰出版社 2007 年版，第 585 页。

中学士来绍受学渐众。

十一月九日，叙王阳明平宁王朱宸濠之功，封为新建伯，兼南京兵部尚书。谈迁《国榷》卷五十二："正德十六年十一月丁巳，叙平宸濠功，封王守仁新建伯，岁禄千石，诰券世袭。"《世宗实录》卷八："正德十六年十一月丁巳，诏追论江西平宸濠功，兵部集廷臣会议……命封王守仁新建伯、奉天翊卫推诚宣力守正文臣、特进光禄大夫、柱国，兼南京兵部尚书，参赞机务。岁支禄一千石，给三代诰券，子孙世袭。遣行人赍敕慰谕，仍赏银一百两，纻丝四表里。赐宴南京光禄寺。"王阳明平宁王叛乱之功，终于得到承认。十九日，奉封新建伯圣旨，行人赍白金文绮来慰劳，赐以羊酒。王阳明《辞封爵普恩赏以彰国典疏》："臣于正德十六年十二月十九等日，节准兵部、吏部咨，俱为捷音事，节该题奉圣旨……前后备咨到臣，俱钦遵外，臣闻命惊惶，莫知攸措。"

二 嘉靖元年（1522）

嘉靖元年（1522）正月初十，王阳明疏辞封爵，乞普恩赏，不报。《辞封爵普恩赏以彰国典疏》："宁藩不轨之谋，积之十数年矣持满应机而发，不旬月而败，此非人力所及也。上天之意，厌乱思治，将启陛下之神圣，以中兴太平之业，故蹶其谋而夺之魄。……且臣近年以来，忧病相仍，神昏志散，目眩耳聋，无复可用于世，兼之亲族颠危，命在朝夕。又不度德量力，自知止足，乃冒昧贪进，据非其有，是忘己之耻矣，其不敢受者四也"。"亲族颠危，命在朝夕"，指其父危在旦夕。果然，二月十二日父王华卒。金克厚为监厨，魏良器、王畿为司库，接待吊唁者。进封王华及竹轩公、槐里公为新建伯，赵氏封夫人。丁忧中，远方同志日至，来问学者日众，乃揭帖于壁。《壁帖》："守仁鄙劣，无所知识，且在忧病奄奄中，故凡四方同志之辱临者，皆不敢相见。……有负远示之情，聊此以谢。荒迷不次。"王阳明婉拒来问学者，一方面因自己在服丧中，无力应酬；另一方面住宿条件有限，无法接纳。后王艮助构书院以接待四方学者便可为证。

黄绾来绍兴吊丧，正式执贽为门人。黄宗明来绍兴问学。王艮来绍兴问学，助构书院以接待四方学者。旋辞归北上入京。董燧《王心斋先生年谱》："世宗嘉靖元年壬午，先生四十岁。时阳明公以外艰家居，四方学者日聚其门，道院僧房至不能容。于是先生为构书院，调度馆谷以居，而鼓舞开导多委曲其间，然犹以未能遍及天下。……于是作《鳅鳝赋》文列前卷，沿途聚讲，直抵京师。"①

六月四日，作《乞恩表扬先德疏》，请为父王华恤典赐谥。不允。八月，王艮驾小蒲车北上，沿途聚讲。至京师，讲论一月，惊动京师。王阳明遣人送信，命其速归绍兴。董燧《王心斋先生年谱》："制一蒲轮……沿途聚讲，直抵京师。……冠服车轮悉古制度，人情大异。会南野诸公在都下，劝先生归。阳明公亦移书守庵公，遣人速先生。先生还会稽，见阳明公。公以先生意气太高，行事太奇，欲稍抑之，乃及门三日不得见。"②

九月二日，监察御史程启充等，论劾王阳明党恶，学术不正。上皆不问。谈迁《国榷》卷五十二："嘉靖元年九月乙巳，巡按江西监察御史程启充，上逆濠私书，劾王阳明党恶，宜夺爵。户科给事中汪应轸、主事陆澄皆奏辩。御史向信以应轸、守仁同乡，陆澄守仁门生，党比欺罔。上皆不问。"二十三日，礼科给事中章侨、御史梁世骠上书，攻击"异学"，乞禁"叛道家不经之书"，实针对王阳明、王艮。于是"学禁"渐起。

三　嘉靖二年（1523）

嘉靖二年（1523），正月，王艮来绍兴受教。王艮旋又驾车北上京师，随处讲学，惊动朝廷，触"学禁"大忌。董燧《王心斋先生年谱》："（嘉靖）二年癸未，先生四十一岁。春初，往会稽侍阳明公朝夕。"③ 黄直《祭王心斋文》："癸未之春，会试举场。兄忽北来，驾车徬徨。随处讲学，男女奔忙。共于都下，见者仓皇。事迹显著，惊动庙廊。同志曰吁，北岂可知？再三劝谕，下车解装。共寓京邸，浩歌如常。"④

---

① 董燧：《王心斋先生年谱》，载四川大学古籍整理研究所编《儒藏·史部·儒林年谱》第19册，四川大学出版社2007年影印本，第827页。

② 董燧：《王心斋先生年谱》，载四川大学古籍整理研究所编《儒藏·史部·儒林年谱》第19册，四川大学出版社2007年影印本，第827页。

③ 董燧：《王心斋先生年谱》，载四川大学古籍整理研究所编《儒藏·史部·儒林年谱》第19册，四川大学出版社2007年影印本，第827页。

④ 董燧：《王心斋先生年谱》，载四川大学古籍整理研究所编《儒藏·史部·儒林年谱》第19册，四川大学出版社2007年影印本，第839页。

二月，王阳明托邹守益递书黄绾，论讲学触犯时忌事。《与黄宗贤书一》："讲学一事，方犯时讳。……议论欠简切，不能虚心平气，此是吾侪通患。吾兄行时，此病盖已十去八九，未审近来消释已尽否？"①

三月，会试策士以心学为问，阴辟阳明，阳明众多弟子举进士。谈迁《国榷》卷五十二："嘉靖二年三月乙卯，策贡士于奉天殿，赐姚涞、王教、徐阶等进士及第出身有差。"徐珊因南宫策试阴诋阳明学，不对而出，归越来见王阳明，王阳明作《书徐汝佩卷》赞之。《年谱》："南宫策士以心学为问，阴以辟先生。门人徐珊读《策问》，叹曰……不答而出。"王阳明《书徐汝佩卷》："壬午之冬，汝佩别予北上，赴南宫试。已而门下士有自京来者，告予以汝佩因南宫策问若阴诋夫子之学者，不对而出，遂浩然东归，行且至矣。予闻之，黯然不乐者久之。……汝佩悚然若有省也。明日，以此卷入请曰：'昨承夫子不言之教，珊倾耳而听，若震惊百里，粗心浮气，一时俱丧矣。请遂书之。'"

九月，改葬父龙山公于天柱峰，母郑太夫人于徐山。《年谱》："九月，改葬龙山公于天柱峰，郑太夫人于徐山。郑太夫人尝附葬余姚穴湖，既改殡郡南石泉山。及合葬公，开圹有水患，先生梦寐不宁，遂改葬。"

十一月，刑部尚书林俊致仕归，道经钱塘，来访。王阳明偕弟子张元冲迎于萧山，宿浮峰寺。《年谱》："（嘉靖二年）十有一月，至萧山。见素林公自都御史致政归，道钱塘，渡江来访，先生趋迎于萧山，宿浮峰寺。公相对感慨时事，慰从行诸友，及进勉学，无负初志。"在舟中，与张元冲论儒、佛、老三家异同。

十一月，时四方学子来绍兴受学者日众，于是造楼五十间，以待学子。学子环阳明宅第而居，环坐而听，歌声彻昏旦。钱德洪《〈传习录〉下黄直录跋》："先生初归越时，朋友踪迹尚寥落。既后四方来游者日进。癸未年已后，环先生而居者比屋，如天妃、光相诸刹，每当一室，常合食者数十人，夜无卧处，更相就席，歌声彻昏旦。"② 黄佐《庸言》卷九："癸未冬……予即往绍兴见之。公方宅忧，拓旧仓地，筑楼房五十

---

① 束景南、查明昊辑编：《王阳明全集补编》，上海古籍出版社2018年版，第148页。
② 钱明编校整理：《徐爱钱德洪董沄集》，凤凰出版社2007年版，第196页。

间，而居其中。留予七日，食息与俱。"① 黄佐所言"拓旧仓地，筑楼房五十间"者，即造新建伯府邸（伯府）也。王阳明于嘉靖二年（1523）春始造伯爵府，至冬至间初建成。②

四 嘉靖三年（1524）

嘉靖三年（1524）正月，王艮来绍兴问学，请筑书院以居四方学子。张峰《王艮年谱》："（嘉靖）甲申，三年，四十二岁。春，正月，子补生，往会稽，请筑书院，以居四方学者。"董燧《王心斋先生年谱》："（嘉靖）三年甲申，先生四十二岁。在会稽。是年春，四方学者聚会稽日众，请阳明公筑书院城中，以居同志。"③ 于是依至大寺建楼居斋舍，是为阳明书院，前有阳明祠。《年谱附录一》："居不能容。同门王艮、何秦等乃谋建楼居斋舍于至大寺左，以居来学。"④《年谱》："立阳明书院于越城。门人为之也。书院在越城西郭内光相桥之东。"

二月，绍兴守南大吉来学，执贽称门生。《年谱》："（嘉靖）三年甲申……正月。门人日进。郡守南大吉以座主称门生。"南大吉重修稽山书院，聘王阳明主讲，四方学子来学。王阳明《稽山书院尊经阁记》："越城旧有稽山书院，在卧龙西冈，荒废久矣。郡守渭南南君大吉既敷政于民，则慨然悼末学之支离，将进之以圣贤之道。于是使山阴令吴君瀛拓书院而一新之。"

六月，董沄来学，正式执贽为弟子。在绍兴时，董沄每日受教反省，写自省录，阳明一一批示。董沄集为《日省录》。董沄《从吾道人语录·日省录》："余日自省，惧其忘也，每录之以请，先师一一批示。"⑤

中秋，王阳明宴门人于天泉桥，设席于碧霞池上。《年谱》："八月，宴门人于天泉桥。中秋月白如昼，先生命侍者设席于碧霞池上，门人在

---

① 束景南、查明昊辑编：《王阳明全集补编》，上海古籍出版社2018年版，第190页。
② 参见束景南《王阳明年谱长编》，上海古籍出版社2017年版，第1552页。
③ 董燧：《王心斋先生年谱》，载四川大学古籍整理研究所编《儒藏·史部·儒林年谱》第19册，四川大学出版社2007年影印本，第828页。
④ 《年谱》将此系于嘉靖四年（1525）十月。王艮等人于嘉靖三年（1524）春请立书院，不可晚至次年十月才建。束景南《王阳明年谱长编》将此系于嘉靖三年正月。此从之。
⑤ 钱明编校整理：《徐爱钱德洪董沄集》，凤凰出版社2007年版，第248页。

侍者百余人。酒半酣，歌声渐动。久之，或投壶聚算，或击鼓，或泛舟。先生见诸生兴剧，退而作诗，有'铿然舍瑟春风里，点也虽狂得我情'之句。"王阳明《月夜二首》其二：

> 处处中秋此月明，不知何处亦群英？须怜绝学经千载，莫负男儿过一生！影响尚疑年仲晦，支离羞作郑康成。铿然舍瑟春风里，点也虽狂得我情。

在诗中，王阳明一方面批判了朱熹和郑玄经学的缺失，另一方面以圣人孔子自喻，表现了愉悦的心情。

五　嘉靖四年（1525）

正月，夫人诸氏卒，葬于徐山。《年谱》："正月，夫人诸氏卒。四月，祔葬于徐山。"致书黄宗明，劝诸公议礼讲学。《与黄诚甫书》："近得宗贤寄示《礼疏》，明甚。诚甫之议，当无不同矣。……以为斯道之计，进于议礼矣。"老儒童世坚千里来绍兴问学，携所作八策示见王阳明。讲论三月，王阳明作"良知"诗赠归。别后致书，论八策之非。王阳明《复童克刚》："春初枉顾，时承以八策见示，鄙意甚不为然。"

四月，南大吉建尊经阁，王阳明作记，论经学即心学。王阳明《稽山书院尊经阁记》："经，常道也。其在于天谓之命，其赋于人谓之性，其主于身谓之心。心也，性也，命也，一也。"山阴县令吴瀛修县学成，王阳明为作记，论圣学即心学。王阳明《重修山阴县学记》："夫圣人之学，心学也。学以求尽其心而已。"

八月，王阳明偕弟子秋游，随地讲学，作诗唱酬。王阳明《从吾道人记》："与之探禹穴，登炉峰，陟秦望，寻兰亭之遗迹，徜徉于云门、若耶、鉴湖、剡曲。"《从吾道人语录·日省录》："嘉靖乙酉八月二十三日，从先师往天柱峰，转至朱华麓。……行过朱华岭四五里余，始得净尽。"① 王畿《报恩卧佛寺德性住持序》："昔尝从阳明先师游，登香炉

---

① 钱明编校整理：《徐爱钱德洪董沄集》，凤凰出版社2007年版，第250页。

峰，至降仙台绝顶，发浩歌，声振林麓。"① 九月，归余姚省祖茔。

是岁，王阳明审订《九声四气歌法》，教书院诸生歌诗用。

六　嘉靖五年（1526）

二月，与门人朱得之、杨文澄讲良知心学，首揭"王门四句教"。朱得之辑《稽山承语》："杨文澄问：'意有善恶，诚之将何稽？'师曰：'无善无恶者心也，有善有恶者意也，知善知恶者良知也，为善去恶者格物也。'"②

三月，董沄来绍兴问学，游香炉峰，有诗唱酬。王阳明作《和董萝石菜花韵》《天泉楼夜坐和萝石韵》等。

四月，钱德洪、王畿并举南宫，俱不参加会试，偕黄弘纲、张元冲归越。归来后，王阳明命二人分教诸生。《年谱》："德洪与王畿并举南宫，俱不廷试，偕黄弘纲、张元冲同舟归越。先生喜。凡初及门者，必令引导，俟志定有入，方请见。每临坐，默对焚香，无语。"王畿《绪山钱君行状》："丙戌，予与君同举南宫，不就廷试而归。夫子迎会……自是，四方来学者益众。或默究，或行歌，或群居诵读，或列坐讲解。予二人往来参究，提醒师门宗教，归之自得，翕然有风动之机。"③徐阶《龙溪王先生传》："乃不就廷试而还。其后，文成之门来学者日益众，文成不能遍指授，则属公与钱公等高弟子分教之。"④

日日与门人诸生讲学吟唱，多有咏"良知"之诗，直指"心之本体"，王阳明作《咏良知四首示诸生》《答人问良知二首》等。

十二月十二日，继室张氏生子正聪，⑤ 乡贤以诗来贺，王阳明作诗答谢。王阳明《嘉靖丙戌十二月庚申始得子年已五十有五矣六月静斋二丈昔与先公同举于乡闻之而喜各以诗来贺蔼然世交之谊也次韵为谢二首》。

毛宪来问学，王阳明有答书，论"致良知"与"体认天理"之异。

---

① 吴震编校整理：《王畿集》，凤凰出版社2007年版，第408页。
② 束景南、查明昊辑编：《王阳明全集补编》，上海古籍出版社2018年版，第211页。
③ 吴震编校整理：《王畿集》，凤凰出版社2007年版，第585页。
④ 吴震编校整理：《王畿集》，凤凰出版社2007年版，第824页。
⑤ 初名正聪，后改名正亿。《年谱》："先生初命名正聪。后七年壬辰，外舅黄绾因时相避讳，更今名。"

王阳明《与毛古庵宪副》："凡鄙人所谓致良知之说，与今之所谓体认天理之说，本亦无大相远，但微有直截迂曲之差耳。"

七　嘉靖六年（1527）

三月，王阳明与门人讲论良知心学，修正诠释"王门四句教"。《传习录下》："故致知者，意诚之本也。然亦不是悬空的致知，致知在实事上格。如意在于为善，便就这件事上去为；意在于去恶，便就这件事上去不为。去恶固是格不正以归于正，为善则不善正了，亦是格不正以归于正也。如此，则吾心良知无私欲蔽了，得以致其极，而意之所发，好善去恶，无有不诚矣！"

四月，书扇赠子正宪，再发"根本枝叶"之教。王阳明《书扇示正宪》："汝自冬春来，颇解学文义。吾心岂不喜？顾此枝叶事。如树不植根，暂荣终必瘁。植根可如何？愿汝且立志！"

五月十一日，以广西岑猛余党卢苏、王受复叛，诏起王阳明兼左都御史，征思、田。《世宗实录》卷七十六："嘉靖六年五月丁亥，以广西岑猛余党卢苏、王受等复炽，诏起原任南京兵部尚书、新建伯王守仁兼左都御史，总制两广及江西、湖广邻近地方军务，督同巡抚都御史姚谟等讨之。仍令巡按御史石金纪功。"

六月六日，兵部差官赍任命文书下到绍兴，王阳明上疏辞，不允。王阳明《辞免重任乞恩养病疏》："今年六月初六日，兵部差官赍文前到臣家……"十九日，命王守仁以便宜从事，视缓急以为调兵进止。

七月十日，命下即速赴任。十八日，朝廷遣官驰传趋促赴两广。王阳明《钦奉敕谕通行》："嘉靖六年七月初十日，节该钦奉敕谕……"

八月中秋，王阳明对月，作诗感怀。《中秋》：

> 去年中秋阴复晴，今年中秋阴复阴。百年好景不多遇，况乃白发相侵寻！吾心自有光明月，千古团圆永无缺。山河大地拥清辉，赏心何必中秋节！

临终时，王阳明云："此心光明，亦复何言？"此语早见于诗中"吾心自有光明月"。"赏心何必中秋节"，颇含忧伤之感。即将出征，王阳明作

《客坐私祝》，以戒子弟及来学士子。《客坐私祝》："但愿温恭直谅之友来此讲学论道，示以孝友谦和之行，德业相劝，过失相规，以教训我子弟，使毋陷于非僻……嘉靖丁亥八月，将有两广之行，书此以戒我弟子，并以告夫士友之辱临于斯者，请一览教之。"

九月八日，启程赴两广，作诗别诸生。《别诸生》：

> 绵绵圣学已千年，两字良知是口传。欲识浑沦无斧凿，须从规矩出方圆。不离日用常行内，直造先天未画前。握手临歧更何语？殷勤莫愧别离筵！

虽曰送别诗，其主旨在说"良知"，认为良知为天生所有，表现于日用之中。束景南先生认为："此诗咏叹'良知'圣学，为阳明天泉证道发'王门八句教'之前奏曲也。"① 所言极是。是夕，钱德洪、王畿侍于天泉桥，王阳明发"王门八句教"，即"四有教"与"四无教"，是王阳明对自己心学所做的最后总结。对于此事，《年谱》《传习录》和王畿《天泉证道纪》都有详细记载，但略有差异。

王阳明本来身体不好，到两广后，水土不服，随行医生半途而归，再加上平乱操劳，王阳明病不断加重。平定叛乱后，自知身体不行，没有等到圣上同意，便自广西返回，行至江西南安府（今大余县），十一月二十九日卒，年五十七岁。嘉靖八年（1529）二月四日，丧至绍兴。十一月八日葬于洪溪，门人会葬者千余人。洪溪去越城三十里，今属绍兴县兰亭镇。

第五节　王阳明在杭州

作为省城的杭州，不仅是浙江的行政中心、文化中心，也是王阳明外出四方的必经路径，因此王阳明不仅多次途经杭州，还多次驻留杭州，杭州也是王阳明主要活动地域之一。

---

① 束景南：《王阳明年谱长编》，上海古籍出版社2017年版，第1876页。

一　乡试游杭

弘治五年（1492），王阳明赴杭州参加乡试，中乡举第六名。来杭乡试时，王阳明曾住南屏净慈寺读书。释大壑《南屏净慈寺志》卷六："王守仁……公自乡举时，读书南屏。……南屏之阳有洞，以公名。"① 后王阳明多次居南屏净慈寺，王阳明成名后，人们将其早年读书之洞命名为阳明洞。

乡试前后，王阳明在杭有所游观。王阳明在杭作《题温日观葡萄次韵》。"阳明此诗当是其游玛瑙寺见温日观葡萄画而作。……是年阳明举浙江乡试，则当来杭州，时在秋天葡萄成熟之季，正与此诗云'树根吹火照残墨，冷雨松棚秋鬼哭'相合。"② 王阳明此次游杭州各地景观，当都有诗咏，惜这些作品集中不载，皆早亡佚，今不可考。

二　养病钱塘

弘治十五年（1502）九月，王阳明归越城，筑室阳明洞，修炼导引术。次年（1503）三月，王阳明移居钱塘以养病。《年谱》："明年遂移疾钱塘西湖，复思用世。"邹守益《王阳明先生图谱》："明年，移疾西湖，往来南屏、虎跑诸寺。"③ 至钱塘，隐居南屏净慈寺，研读佛经，习禅养病。这次居杭时，王阳明四处游观，写下了大量的诗作。

春日游西湖，作《寻春》《西湖醉中漫书》。《寻春》："吾侪是处皆行乐，何必兰亭说旧游。"以兰亭与西湖作比，表现了王阳明对家乡景观的热爱。《西湖醉中漫书》："湖光潋滟晴偏好，此语相传信不诬。"此二句说的是苏轼的名作《饮湖上初晴后雨》："欲把西湖比西子，淡妆浓抹总相宜。"王阳明往来南屏、虎跑诸寺之间，作诗多首。王阳明作《圣水寺二首》："杖藜终拟投三竺……断却纷纷世上愁"④，表露远离尘世之想。又作《胜果寺》《春日宿宝界禅房赋》等。

---

① 转引自束景南《王阳明年谱长编》，上海古籍出版社2017年版，第260页。
② 束景南：《阳明佚文辑考编年》，上海古籍出版社2012年版，第18页。
③ 邹守益：《王阳明先生图谱》，《四库未收书辑刊》4辑第17册，北京出版社2000年影印清钞本，第471页下栏。
④ 束景南、查明昊辑编：《王阳明全集补编》，上海古籍出版社2018年版，第23—24页。

六月，再游西湖、灵隐寺。《西湖醉中漫书二首》其一："十年尘海劳魂梦，此日重来眼倍清。……白凫飞处青林晚，翠壁明边返照晡。烂醉湖云宿湖寺，不知山月堕江城。"其二："掩映红妆莫谩猜，隔林知是藕花开。""宿湖寺"指的是住宿于南屏净慈寺。净慈寺有藕花居，"藕花开"当指此处荷花。如上所说，弘治五年（1492），王阳明来杭乡试，曾游西湖。至弘治十六年（1503）重游西湖时，相隔十余年了，故王阳明有"十年尘海""此日重来"之叹。可见此二首诗当作于本年。王阳明又作《西湖》："画舫西湖载酒行，藕花风渡管弦声。余情未尽归来晚，杨柳池台月又生。"① 诗中"载酒""藕花""归来晚"与《西湖醉中漫书》中的"醉中""藕花开""青林晚"相类，二诗诗境亦极为相似，故知这首《西湖》亦当作于此时。

七月立秋，王阳明作《山中立秋日偶书》。秋日，丹桂飘香，王阳明再次出游，作《夜归》《无题诗》（青山晴合小茆檐）《夜雨山翁家偶书》等诗。②

在杭游观同时，王阳明努力读佛经，研坐禅。王阳明曾喝悟闭关禅僧。邹守益《王阳明先生图谱》：

  往来南屏、虎跑诸寺。有坐僧三年不语不视，先生喝之曰："这和尚终日口巴巴说甚么！终日眼睁睁看甚和么！"僧惊起，向佛拜开戒，即诣先生，指示心要。问其家，曰："有母在。"问："起念否？"曰："不能不起。"曰："此念，人之种性。若果可断，寂灭种性矣。吾儒与二氏毫厘之异，止在此。"僧泣谢。明日，遂返。③

此事亦见载于《年谱》，只是后面王阳明解说较简。居杭时，王阳明行内丹导引修炼。王阳明《无题道诗》：

---

① 束景南、查明昊辑编：《王阳明全集补编》，上海古籍出版社2018年版，第25页。
② 详情参见束景南《王阳明年谱长编》，上海古籍出版社2017年版，第271—272页。
③ 邹守益：《王阳明先生图谱》，《四库未收书辑刊》4辑第17册，北京出版社2000年影印清钞本，第471页下栏。

> 靸龙节虎往昆仑,把剖元机孰共论?袖里青萍三尺剑,夜深长啸出天根。天根顶上即昆仑,水满华池石鼎温。一卷《黄庭》真诀秘,不教经液走旁寸。杖挂真形五岳图,德共心迹似冰壶。春来只贯余杭湿,不闻蓬莱水满无。①

诗云"春来只贯余杭湿",则当是弘治十六春在杭所作。② 全诗描述的是内丹导引修炼之术。八月,吾谨来访,与王阳明论辩儒释之异。吾谨《与王伯安先生书》:"往岁见获执事于杭城,款领道论,深觉洒然自得,以为执事德器温粹,言论精密,今世之君子论道义者,无如执事。惜再往欲竟其绪言,而执事行矣,怅然而归,至今且以为恨。"③ 吾谨,浙江开化人。

此次在杭时,王阳明与友人时有交往。四月,王阳明为杭州知府杨孟瑛作《平山书院记》。七月,友人朱应登来房,王阳明携之登中峰越王台,作《无题》:

> 江上月明看不彻,山窗夜半只须开。万松深处无人到,千里空中有鹤来。受此幽居真结托,怜子游迹尚风埃。年来病马秋尤瘦,不向黄金高筑台。④

诗中"万松"指的是万松山,山上有古刹胜果寺。朱应登与王阳明同年举进士,故二人早相识。时朱应登任南京户部主事。"怜子游迹尚风埃",表明朱应登此游较为匆忙,当为因事路过钱塘。⑤ "年来病马秋尤瘦",暗指自己患病,秋来更瘦,与王阳明此时养病钱塘相合。战国时燕昭王曾筑黄金以招引天下贤才,后北京有黄金台。"不向黄金高筑台",意指自

---

① 束景南、查明昊辑编:《王阳明全集补编》,上海古籍出版社2018年版,第24页。
② 束景南:《王阳明年谱长编》,上海古籍出版社2017年版,第265页。
③ 《光绪开化县志》,《中国地方志集成·浙江府县志辑》第54册,上海书店1993年影印本,第870页上栏。
④ 束景南、查明昊辑编:《王阳明全集补编》,上海古籍出版社2018年版,第25页。
⑤ 束景南先生认为朱应登"当时因事来钱塘"。参见束景南《王阳明年谱长编》,上海古籍出版社2017年版,第271页。

己因病不能回京师任职,以为君王效力。九月,王阳明归绍兴。

三 避祸杭州

弘治十八年(1505),王阳明在京师任兵部主事时,作《京师诗八首》,其中多忆及杭州西湖等。《寄西湖友》:"予有西湖梦,西湖亦梦予。三年成阔别,近事竟何如?"正德元年(1506),王阳明因上疏救戴铣、牧相等,获罪,下锦衣狱。后被贬为广西龙场驿驿丞。

正德二年(1507)三月,王阳明赴谪至钱塘北新关,诸弟来接,王阳明作《赴谪次北新关喜见诸弟》。钱塘新关为明代京杭运河上七大钞关之一,"诸弟"指的是王守俭、王守文等。

至钱塘,王阳明隐居南屏养病。王阳明《南屏》:

> 溪风漠漠南屏路,春服初成病眼开。花竹日新僧已老,湖山如旧我重来。层楼雨急青林迥,古殿云晴碧嶂回。独有幽禽解相信,双飞时下读书台。

"春服初成",表明时为阳春时节;"病眼开",意指王阳明养病于此。如上所说,弘治十六年(1503),王阳明养于南屏净慈寺近半年,这次重来,故有"湖山如旧我重来"之叹。

在杭时,徐爱正式来执弟子礼,侍阳明。徐爱《同志考叙》:"自尊师阳明先生闻道后几年,某于丁卯春,始得以家君命执弟子礼焉。于时门下亦莫有予先者也。"① 释雪江来访,作诗次阳明诗韵。

四月,王阳明卧病静慈寺,作诗抒情,徐爱次韵。王阳明《卧病静慈写怀》:"卧病空山春复夏,山中幽事最能知。……吴山越峤俱堪老,正奈燕云系远思!"六月,王阳明移居胜果寺,有诗咏怀,徐爱次韵。王阳明《移居胜果寺二首》其一:"半空虚阁有云住,六月深松无暑来。病肺正思移枕簟,洗心兼得远尘埃。……"其二:"病余岩阁坐朝曛,异景相新得未闻。"时夏良胜、陆干来问学,有和诗。

秋七月,山阴蔡宗兖、朱节来钱塘参加乡试,徐爱偕二人来见,执

---

① 钱明编校整理:《徐爱钱德洪董沄集》,凤凰出版社2007年版,第56页。

弟子礼。徐爱《同志考叙》："某于丁卯春，始得以家君命执弟子礼焉……继而是秋，山阴蔡希颜、朱守中来学，向之与起者始多。"①

王阳明居杭州近半年，不赴龙场，刘瑾遣人侦之。《年谱》："先生至钱塘，瑾遣人随侦。"八月中旬，王阳明诡投江，南遁，沿富春江，入广信，经建阳，遁入武夷山，游九曲，谒武夷精舍，访天游观道士，有诗题壁。王阳明《泛海》："险夷原不滞胸中，何异浮云过太空！夜静海涛三万里，月明飞锡下天风。"《武夷次壁间韵》："海上真为沧水使，山中又遇武夷君。溪流九曲初谙路，精舍千年始及门。"对于王阳明这段故事，《年谱》中有详细的记载。

> 先生度不免，乃托言投江以脱之。因附商船游舟山，偶遇飓风大作，一日夜至闽界。比登岸，奔山径数十里，夜扣一寺求宿，僧故不纳。趋野庙，倚香案卧，盖虎穴也。夜半，虎绕廊大吼，不敢入。黎明，僧意必毙于虎，将其收囊；见先生方熟睡，呼始醒，惊曰："公非常人也！不然，得无恙乎？"邀至寺。寺有异人，尝识于铁柱宫，约二十年相见海上，至是出诗，有"二十年前曾见君，今来消息我先闻"之句。与论出处，且将远遁。其人曰："汝有亲在，万一瑾怒逮尔父，诬以北走胡，南走粤，何以应之？"因为著，得《明夷》，遂决策返。先生题诗壁间曰……因取间道，由武夷而归。

和邹守益《王阳明先生图谱》有类似的记载。王阳明还作《绝命诗二首》和《告终辞》。杨仪《高坡异纂》卷下对此做了神奇化的记载：

> 新建伯初被谪，至杭，寓胜果寺，恐逆瑾议其后，托投江死，留题于壁，其序略曰……寓居江头之胜果寺。一日，有两校排闼而入，直抵予卧内，挟余而行。……令自溺江死。②

---

① 钱明编校整理：《徐爱钱德洪董沄集》，凤凰出版社2007年版，第56页。
② 杨仪：《高坡异纂》，《丛书集成三编》第73册，台湾新文丰出版公司1996年影印本，第12页下栏。

明清时关于王阳明游海遇仙故事的记载极多，这些故事皆荒诞不可信。束景南先生认为，这些故事最初源于"阳明所自造之子虚乌有之说也"，并对此做了详细的考证，结论让人信服。①

王阳明弟子对王阳明投海有另外一种说法。王阳明弟子季本《跋阳明先生〈游海诗〉后》：

> 正德丁卯，先生以言事谪官龙场，病于杭之胜果寺。云有二青衣者至，欲擒之沉于江，漂于海。海神曰："吴君高者，敕之！"得生。于是入建阳，游武夷，历广信，而复归于杭。往来数千里之间，距其初行才七日耳。所至之地，必有题咏；所遇之人，必有唱酬。篇章累积，不可胜纪。……呜呼！游海之事，茫昧幽渺，世所罕有，岂先生忠义之气有所感与？不然，或其有为而自托焉，未可知也。②

季本所记，投江漂海"不过为梦中之事，阳明本人实际上则是'病于杭之胜果林'"③。此实为弟子为师掩讳之说。

对此事真相，时人已有所记载。湛若水《阳明先生墓志铭》：

> 人或告曰："阳明公至浙，沉于江矣，至福建始起矣。登鼓山之诗曰：'海上曾不沧水使，山中又拜武夷君。'有征矣。"甘泉子闻之笑曰："此佯狂避世也。"故为之作诗，有云："佯狂欲浮海，说梦痴人前。"及后数年，会于滁，乃吐实。彼夸虚执有以为神奇者，乌足以知公者哉！④

友人湛若水不信王阳明投海之事，明言"此佯狂避世也"。后数年与王阳明会于滁州，王阳明承认漂海之事为其虚构伪造。

---

① 参见束景南《王阳明年谱长编》，上海古籍出版社2017年版，第420—430页。
② 季本：《季彭山先生文集》，《北京图书馆古籍珍本丛刊》第106册，文书目献出版社1990年影印手稿本，第907页上栏。
③ 董平：《王阳明的生活世界——通往圣人之路》，商务印书馆2018年版，第43页。
④ 吴光等编校：《王阳明全集》，上海古籍出版社2012年版，第1150页。

四 待罪杭州

正德十一年（1516）九月，升都察院左佥都御史，巡抚南、赣、汀、漳等处。十月，归省至绍兴。兵部再三催促，王阳明遂与徐爱、钟世符诸弟子饯别于映江楼，扶疾起程，至杭等命。十二月初二，吏部咨再下催促。不得已，王阳明遂于三日处杭州启程。王阳明《谢恩疏》："于十二月初二日复准吏部咨……'王守仁不准休致。南、漳地方见今多事，着上紧前去，用心巡抚钦此'。备咨到臣，感恩惧罪之余，不敢冒昧复请。随于本月初三日起程。"

正德十四年（1519），王阳明迅速平定宁王朱宸濠叛乱之后，于九月十一日自南昌启程，北上献俘。十月初，抵钱塘，张永来取囚。九日，将朱宸濠交付张永，上奏乞留杭州养病。王阳明《案行浙江按察司交割逆犯暂留养病》："若复退还省城，坐待驾临，恐涉迟慢，且误奏过程期。又复扶病日夜前进，行至浙江杭州府地方，前病愈加沉重，不能支持，请医调治间，适遇钦差提督赞画机密军务御用监太监张（永）奉命前来江西体勘宸濠等反逆事情……"陈槐《闻见漫录》卷上："（阳明）不允。竟趋浙，而张永已到杭州相邀矣。阳明乃以囚委余为去就，偕张永行，而已留于杭。从此张忠、许泰之飞语诬阳明，上达武宗。赖张永敷陈诚款，以一家保，阳明且曰……"①《年谱》等对此事亦有记载，但略有不同。② 交囚之后，王阳明养病西湖净慈寺，闭门待命。王阳明《案行浙江按察司交割逆犯暂留养病》："今照前事，本职自度病势日重，猝未易愈，前进既有不能，退回愈有不可，若再迟延，必成两误。除本职暂留当地，请医调治，俟稍痊可，一面仍回省城，或仍前进，沿途迎驾，一面具本乞恩养病另行外。"王阳明养病净慈寺作《宿净寺四首》和《归兴》。

其一

老屋深松覆古藤，羁栖犹记昔年曾。棋声竹里消闲昼，药里窗

---

① 束景南、查明昊辑编：《王阳明全集补编》，上海古籍出版社2018年版，第213页。
② 束景南："诸家之说各异，惟陈槐、张永最得其实（皆当事人）。钱德洪所叙尤混乱颠倒，疑点多多。"束景南：《王阳明年谱长编》，上海古籍出版社2017年版，第1199页。

前对病僧。烟艇避人长晓出，高峰望远亦时登。而今更是多牵系，欲似当年又不能。

其二

常苦人间不尽愁，每拼须是入山休。若为此夜山中宿，犹自中宵煎百忧。百战江西方底定，六飞南甸尚淹留。何人真有回天力，诸老能无取日谋？

其三

百战归来一病身，可看时事更愁人。道人莫问行藏计，已买桃花洞里春。

其四

山僧对我笑，长见说归山。如何十年别，依旧不曾闲？

归兴

……时方多难容安枕？事已无能欲善刀。越水东头寻旧隐，白云茅屋数峰高。

《宿净慈寺四首》题记云："十月至杭，王师遣人追宸濠，复还江西。是日遂谢病退居西湖。"正德二年（1507），谪龙场时，王阳明养病于净慈寺。十余年后，王阳明再次养病（更准确地说是待罪）于净慈寺，心中充满了感慨。一方面是对自己受诬陷的焦虑，"而今更是多牵系"；另一方面表现出强烈的归隐情怀，"如何十年别，依旧不曾闲""越水东头寻旧隐"。这几首足见王阳明当时处境的危险，以及其矛盾复杂的心理。

十月中旬，王阳明启程杭州经运河往镇江，欲见武宗，以除群小诬谤。后经杨一清劝阻，乃止。朝廷命王阳明兼江西巡抚，王阳明返，溯长江，过湖口，十一月返回南昌。

正德十六年（1521）三月二十四日，武宗崩，世宗继位，江彬等佞臣被执，王阳明功业终得认可。六月，召王阳明进京。七月下旬，王阳明抵钱塘，居杭近月，八月下旬由杭州归绍兴。

嘉靖六年（1527），王阳明从绍兴启程，赴两广。渡钱塘，驻节武林。张瀚偕诸生来访问学。张瀚《松窗梦语》卷四《士人纪》："五年，复起征思、田。时驻节武林，会为诸生，心景慕之，约同侪数人廷谒公，得觌风仪……求其指示，但云：'随事体认，皆可进步……'余聆公言，至今犹一日也。"① 游吴山、月岩，御校场，访巡按御史王璜，作诗《秋日饮月岩新构别王侍御》。

钱德洪、王畿送至富阳，王阳明再发"四无教"与"四有教"。邹守益《青原赠处》："阳明夫子之平两广也，钱、王二子送于富阳。夫子曰：'予别矣，盍各言所学？'钱德洪对曰：'至善无恶者心，有善有恶者意，知善知恶是良知，为善去恶是格物。'畿对曰：'心无善而无恶，意无善而无恶，知无善而无恶，物无善而无恶。'夫子笑曰……"② 二十二日，过严滩钓台，王阳明作诗，刻于亭壁。《复过钓台》："忆昔过钓台，驱驰正军旅。十年今始来，复以兵戈起。空山烟务深，往迹如梦里。微雨林径滑，肺病双足胝。……右正德己卯献俘行在，过钓台而弗及登。今兹复来，又以兵革之役，兼肺病足疮，徙顾瞻怅望而已。书此付桐庐尹沈元材刻置亭壁，聊以纪经行岁月云耳。嘉靖丁亥九月廿二日书，时从行进士钱德江、王汝中、建德尹杨思臣及元材，凡四人。"

钱德洪、王畿追送至严滩，王阳明发"有心无心，实相幻相"之说，再揭"王门八句教"之"吾宗"。《传习录下》："先生行征思、田，德洪与汝中追送严滩。汝中举佛家实相幻相之说。先生曰：'有心俱是实，无心俱是幻；无心俱是实，有心俱是幻。'汝中曰：'有心俱是实，无心俱是幻，是本体上说工夫；无心俱是实，有心俱是幻，是工夫上说本体。'先生然其言。洪于是时尚未了达，数年用功，始信本体工夫合一。"王畿《绪山钱君行状》亦有记载，但略有差异。二十三日，舟次严州，王阳明书致子王正宪，训诫家事。时钱德洪、王畿欲筑书院于天真山，王阳明寄诗赞之。这是王阳明最后一次过杭州了。

从以上可以看出，王阳明出生于余姚，幼年时基本在余姚度过。自十岁迁居绍兴之后，除了省亲、省祖茔，王阳明较少回余姚。每次从外地归来，王阳明皆居绍兴。特别是晚年，其居于绍兴长达六七年之久。杭州既是省城，也是从绍兴外出的必经之路，故王阳明在杭州的活动也较多，多次养病于杭州。

---

① 张瀚著，盛冬铃点校：《松窗梦语》，中华书局1985年版，第70页。
② 董平编校整理：《邹守益集》，凤凰出版社2007年版，第103页。

第二章

越地宗教信仰与阳明学

自古越国以来,越地宗教信仰便非常盛行。到了汉代,越地以好巫而闻名;到了魏晋时期,越地道教极为流行,出现像魏伯阳这样的高道,孙恩、卢循起义与道教密切相关。到了隋唐时期,越地佛教极为发达,出现了天台宗、三论宗等,越地高僧众多,有慧皎、智𫖮、吉藏等大师。越地浓郁的宗教文化对王阳明有不少影响。王阳明早年溺于佛、道,当与此有密切的关联。

第一节 越地民间信仰与阳明学

早在先秦时期,古越国巫鬼信仰及卜筮、择日等方术非常盛行。魏晋以降,随着道教和佛教的传播,越地各类民间信仰和方术非常盛行,流传不息,到元明时期依然如此。越地的民间信仰对王阳明产生了不少影响。

一 占筮术

先秦时期,越国盛行占筮术,范蠡、文种等人,都擅长占卜术。勾践迷信卜筮,每举大事,必让范蠡占之。① 汉代越巫长于厌胜术,以鸡卜闻名。张守节《史记正义》:"鸡卜法用鸡一,狗一,生,祝愿讫,即杀

---

① 参见拙作《上下阳明:绍兴思想信仰史》,中国社会科学出版社2019年版,第47—48页。

鸡狗煮熟，又祭，独取鸡两眼，骨上自有孔裂，似人物形则吉，不足则凶。"① 在《论衡》中，王充对民间盛行的择日、卜筮等做了深刻的批判。三国时期的虞翻精于《易》学，其卜筮极为灵验。唐宋时越地流行紫姑扶乩之事，《齐东野语》卷十六《降仙》："绍兴斜桥客邸有请紫姑者，命橹为诗。"② 大诗人陆游曾作《箕卜》一诗，咏民间迎紫姑一事。

王阳明家族一直长于筮法。东晋时的王敦，多次请郭璞为其卜筮，以决大事。元末，六祖王纲避乱五泄山中，偶遇有道之士，授以筮法。王纲遇道士，"因授以筮法"。③ 道士劝王纲出家，王纲不从。王阳明四世祖王与准先从四明赵先生学《易》，后又得异书，故长于卜筮。"尝得筮书于异人，翁暇试取而究其术，为人筮，无不奇中。远近辐辏，县令亦遣人来邀筮。"④ 王与准所得异书，可能为其祖父所传。县令不断遣人请其卜筮，王与准厌烦之，遂"取其书对使者焚之曰：'王与准不能为术士，终日奔走公门，谈祸福。'"⑤ 县令逼之，逃入山中，年余不归。王与准尝筮居秘图山湖阴，遇《大有》之《震》，以为大吉，相信其后世当大兴。王与准精于《易》，著《易微》数千言。

王阳明高祖王杰亦精于《易》，撰《易说》《春秋说》等。王阳明好友许璋精于天象。《明儒学案·姚江学案·许半圭先生璋》："正德中，尝指乾象谓阳明曰：'帝星今在楚矣。'已而世宗起于兴邸。其占之奇中如此。"⑥ 大儒王阳明，通于《易》学。曾作《读易》一诗："瞑坐玩羲《易》，洗心见微奥。……《遁》四获我心，《蛊》上庸自保。……幽哉阳明麓，可以忘吾老。"王阳明《赴谪诗五十五首》中多次言及玩《易》。《忆昔答乔白岩因寄储柴墟三首》其一："忆昇与君论，玩《易》

---

① 司马迁：《史记》，中华书局1959年版，第478页。
② 周密：《齐东野语》，载上海古籍出版社编《宋元笔记小说大观》，上海古籍出版社2001年版，第5633页。
③ 张壹民：《王性常先生传》，载吴光等编《王阳明全集》，上海古籍出版社2012年版，第1139页。
④ 胡俨：《遁石先生传》，载吴光等编《王阳明全集》，上海古籍出版社2012年版，第1140页。
⑤ 胡俨：《遁石先生传》，载吴光等编《王阳明全集》，上海古籍出版社2012年版，第1140页。
⑥ 黄宗羲著，沈芝盈点校：《明儒学案》，中华书局1986年版，第183页。

探玄微。"《梦与抑之昆季语湛崔皆在焉觉而有感因记以诗三首》其二：
"何当衡庐间，相携玩羲《易》。"《杂诗三首》其三："灯窗玩古《易》，
欣然获我情。"居龙场时，穴山有窩，命名为玩易窩，读《易》其中，并
作《玩易窩记》。"《易》对王阳明在面临危困之境时作出正确的抉择起
到了极为重要的作用。"① 王阳明的《五经臆说》多论及《易》卦。王阳
明亦通卜筮，亦有其迷信卜筮的记载。弘治十八年（1505），王阳明曾与
好友李梦阳欲弹劾寿宁侯，曾以卜筮来定吉凶。李东阳《秘录》载：

> （奏章）草具，袖而过边博士。会王主事守仁来。王遽目予袖而
> 曰……王曰："疏入必重祸。"又曰："为若筮可乎？然晦翁行之矣。"
> 于是出而上马并行，诣王氏筮，得田获三狐，得黄矢吉贞。王曰：
> "行哉！"此忠直之繇也。②

《传习录下》："卜筮者，不过求决狐疑，神明吾心而已。《易》是问
诸天，人有疑，自信不及，故以《易》问天。"据《年谱》载，正德二
年（1507），为了逃避流谪，他曾乘舟至武夷山，在古寺再遇铁柱寺道
人，道人为之蓍，得《明夷》，于是返钱塘，赴龙场。这故事真假难辨，③
但说明王阳明比较迷信卜筮。正如学者所言，"阳明十分热衷和精通于卜
筮"④，不仅通《易》，甚至有点迷信卜筮。

二　相面术

越地相面术由来已久，范蠡曾对文种说："夫越王为人长颈鸟喙，鹰
视狼步。可与共患难，而不可与共处乐。"⑤ 被离曾对伍子胥说："吾观喜
之为人，鹰视虎步，专功擅杀之性，不可亲也。"⑥ 秦汉以后，越地盛行

---

① 朱晓鹏：《王阳明与道家道教》，中国人民大学出版社2009年版，第193页。
② 李东阳：《空同集》，《景印文渊阁四库全书》第1262册，台湾商务印书馆1986年版，
第354页下栏。
③ 束景南认为此故事为王阳明所虚构。详情参见束景南《王阳明年谱长编》，上海古籍出
版社2017年版，第408—430页。
④ 朱晓鹏：《王阳明与道家道教》，中国人民大学出版社2009年版，第219页。
⑤ 周生春：《吴越春秋辑校汇注》，上海古籍出版社1997年版，第171页。
⑥ 周生春：《吴越春秋辑校汇注》，上海古籍出版社1997年版，第46页。

相面术，汉代王充作《论衡·骨相篇》，专论相面之术，"人命禀于天，则有表候于体。察表候以知命……表候者，骨法之谓也"①。魏晋人物品鉴流行。陆机称贺循"德量邃茂，才鉴清远"②。虞世基幼沉静，喜愠不形于色，博学有高才，兼善草隶。陈中书令孔奂见而曰："南金之贵，属在斯人。"③

王阳明六世祖王纲颇通相面术，"有道士夜投宿，性常异其气貌，礼敬之"。道士遂授以筮法。"诚意伯刘伯温微时常造焉。性常谓之曰：'子真王佐才，然貌微不称其心，宜厚施而薄受之。老夫性在丘壑，异时得志，幸勿以世缘见累，则善矣。'"④后刘伯温发达后，荐王纲任职于朝。

王阳明早年多次遇异人相面。五岁时遇神僧。《年谱》："先生五岁不言。一日与群儿嬉，有神僧过之曰：'好个孩儿，可惜道破。'竹轩公悟，更今名，即能言。"此故事不尽可信，但可表明其祖竹轩公迷信相面术。十一岁时，在长安街再遇异人，为之相面。《年谱》：

> 一日，与同学生走长安街，遇一相士，异之曰："吾为尔相，后须忆吾言：须拂领，其时入圣境；须至上丹台，其时结圣胎；须至下丹田，其时圣果圆。"先生感其言，自后每对书辄静坐凝思。

在此环境熏染之下，王阳明亦通于相面术。王阳明著名弟子便是其慧眼识珠的结果。《明儒学案·江右王门学案四·处士魏药湖先生良器》：

> 良器，字师颜，号药湖。洪都从学之后，随阳明至越。时龙溪为诸生，落魄不羁，每见方巾中衣往来讲学，窃骂之。居与阳明邻，不见也。先生多方诱之。一日，先生与同门友投壶雅歌，龙溪过而见之，曰："腐儒亦为是耶？"先生答曰："吾等为学，未尝担板，汝

---

① 黄晖：《论衡校释》，中华书局1990年版，第108页。
② 房玄龄等：《晋书》卷六十八《贺循传》，中华书局1974年版，第1824页。
③ 魏征等：《隋书》卷六十七《虞世基传》，中华书局1973年版，第1569页。
④ 张壹民：《王常性先生传》，载吴光等编《王阳明全集》，上海古籍出版社2012年版，第1139页。

自不知耳。"龙溪于是稍稍昵就,已而有味乎其言,遂北面阳明。①

王畿为王阳明族人,且与王阳明相邻,却不好阳明之学,常诋毁之。王阳明知其为大器,故设计使其入彀,终纳为门人。王畿后果不负师望,大弘阳明学,成为一代宗师。

对另一弟子董沄亦是如引。董沄年长王阳明十六岁,乃王阳明晚年居越时的弟子,入王门时年已六十八岁了。王阳明《从吾道人记》:

> 嘉靖甲申春,萝石来游会稽,闻阳明子方与其徒讲学山中,以杖肩其瓢笠诗卷来访。入门,长揖上坐。阳明子异其气貌,且年老矣,礼敬之。

王阳明"异其气貌",加上其年老,故对其非常礼敬,以友待之。后来证明董沄的确与其他弟子相异。董沄先好于释、道,王阳明亡后,无人为其解惑,于是又再归释、道。

王阳明一见王玑,便喜其庞厚。王畿《中宪大夫都察院右佥都御史在庵王公墓表》:

> 三衢西安在庵王君,名玑,字在叔……嘉靖乙酉,乡举业已中式,限数不及录名。巡按阳潘公例行给赏,谋于督学五溪万公,聚业万松书院,以考其成。万为阳明先师门人,与闻师说,即渡江禀学。先师一见,喜其悃质庞厚无他肠,外朴内炯,心授记焉。②

还有一些王阳明识鉴弟子的资料:

> 三五刘先生阳,字一舒,安福人……遂专录虔……旦日,见王公,称弟子。王公视其修干疏眉,飘飘然世外之态,顾谓诸生曰:"此子当享清福。"已又谓先生曰:"若能甘至贫至贱者,斯可为圣

---

① 黄宗羲著,沈芝盈点校:《明儒学案》,中华书局1985年版,第465页。
② 吴震编校整理:《王畿集》,凤凰出版社2007年版,第636页。

人。"先生跪受教。①

朱应钟，字阳钟，号青城山人……闻王阳明先生倡道东南，趋而就学。先生器重之，语曰："以子之沉重简默，庶几近道。予方以圣贤之徒相期汝，文人之雄，非所望也。"②

管登，字弘升，义泉其别号也……阳明子曰："弘升可谓通道极笃、入道极勇者也。"③

欧阳瑜，字汝重，安福人……从阳明先生学，雅见器重。将别，请益，先生曰："常见自己不是，此是吾六字符也。"④

这些材料表明，王阳明的确长于相面术。王阳明善于鉴人，往往择人而用，这在他的几次平乱用人中发挥了不少作用。

三 解梦术

做梦是人的一种正常的生理现象，所谓"日有所思，夜有所梦"。先秦时期便盛行各种解梦术。吴王夫差做不祥之梦，佞臣伯嚭做祥梦解，而公孙圣作则直言不祥。王充在《论衡·订鬼篇》中认为，人之见鬼，或为幻觉，或为梦觉。

王华一生充满传奇色彩，与其所编奇梦密切相关。出生时有神人送子梦：

> 孟淑人梦其姑抱绯衣玉带一童子授之曰："妇事吾孝，孙妇亦事汝孝。吾与若祖丐于上帝，以此孙畀汝，世世荣华无替。"故公生以今名名，长兄以荣华，符梦也。⑤

此梦不可信。王华及兄以"荣、华"使名，乃是习俗，如若有此梦，

---

① 束景南、查明昊辑编：《王阳明全集补编》，上海古籍出版社2018年版，第224页。
② 束景南、查明昊辑编：《王阳明全集补编》，上海古籍出版社2018年版，第225页。
③ 束景南、查明昊辑编：《王阳明全集补编》，上海古籍出版社2018年版，第228页。
④ 束景南、查明昊辑编：《王阳明全集补编》，上海古籍出版社2018年版，第224页。
⑤ 杨一清：《海日先生墓志铭》，载吴光等编《王阳明全集》，上海古籍出版社2012年版，第1145页。

当以王阳明父为"荣",其弟为"华"。王华后又有一梦。"尝一夕梦迎春,归其家,前后鼓吹幡节,中导白土牛,其后一人舆之以从。则方伯杜公谦也。"其父及母"谓白为凶色,心恶之,遂语诸生欲归"①。中有一宁生,为王华解梦,认为此为大吉,当是状元归第之兆。后果如其所言。此梦不可信,束景南先生已辩之。②

后王阳明出生,亦有神人送子之梦。《年谱》:"太夫人郑娠十四月。祖母岑梦神人衣绯玉云中鼓吹,遂儿授岑,岑警寤,已闻啼声。祖竹轩公异之,即以云名。"与王华之梦同出一辙,当为竹轩公所编造。

十五岁(1486),王阳明梦谒伏波庙,作诗一首。《梦中绝句》:"此予十五岁时梦中所作。今拜伏波祠下,宛如梦中。兹行殆有不偶然者,因识其事于此。卷甲归来马伏波,早年兵法鬓毛皤。云埋铜柱雷轰折,六字题诗尚不磨。"董穀《董汉阳碧里后集·杂存》附《鲦龙子·铜柱梦》:

> 阳明先生既受广西田州之命,自言曰:"吾少时常梦至马伏波庙,题之云:'铜术折,父趾灭,拜表归来白如雪。'又梦题诗曰:'拜表归来马伏波,早年兵法鬓毛皤。云埋铜柱雷轰折,六字铭文永不磨。'不意今有此行。"乃嘉靖四年秋也。③ 逾年功成,而疾亟矣。屡表乞致,不许,遂促归。至南雄府青龙铺水西驿而卒。④ 事闻,上怒,爵荫遂尼至今,梦之验也如此。⑤

董穀为董沄之子,二人同为王阳明晚年居绍兴时的入门弟子。此事,《年谱》及邹守益《阳明先生年图谱》皆有所记载。可见此说可信。嘉靖六年(1527),王阳明平思、田叛乱时,的确作有谒伏波庙诗。《谒伏波庙二首》:"四十四前梦里诗,此行天定岂人为!"王阳明早年梦,犹于谶

---

① 陆深:《海日先生行状》,载吴光等编《王阳明全集》,上海古籍出版社2012年版,第1155—1156页。
② 详情参见束景南《王阳明年谱长编》,上海古籍出版社2017年版,第17页。
③ "四年"误,当为六年。
④ "南雄府"误,当为南安府。
⑤ 董穀:《董汉阳碧里后集》,嘉靖四十四年(1565)董鲲刻本。

梦,后一一得到验证,故王阳明发出"此行天定岂人为"之叹。

董穀《董汉阳碧里后集·杂存》附《豢龙子·郭景纯》:

> 阳明先生正德庚辰八月廿八夕,梦晋忠臣郭景纯璞以诗来谒,且极言王导之奸,谓世人徒知王敦之逆,而不知导实阴主之云云。觉而悉记其诗,不遗一字。起录于壁曰……噫,后之千二百年而英灵犹见梦于阳明,阳明能尽忆之,是皆精明之极理无间耳。阳明亦有长诗,多不录。①

此梦真假不辨,或为王阳明一家之言。王阳明还有一些与梦巧合的故事。《年谱》:"先生未第时尝梦威宁伯遗以弓剑。是秋钦差督造威宁伯王越坟……事竣,威宁家以金帛谢,不受;乃出威宁所佩宝剑为赠,适与梦符,遂受之。"此事或许有之。《年谱》载王阳明乘舟夜至武夷山,露宿古寺,虎不食,僧以为"非常人也"。又巧遇二十年前相识的铁柱宫道人,且题诗于壁而归。这些故事犹如痴人说梦,越说越玄。"阳明向自掩饰真相,甚至作《游海诗》,自神其事,虚构游海入山遇仙经历,神秘怪妄。"② 王阳明编故事技巧,当与其祖、其父编梦、说梦密切相关。

四 祷雨术

《论语·先进》:"莫春者,春服既成,冠者五六人,童子六七人,浴乎沂,风乎舞雩,咏而归。"③ 雩,是古代的一种祈雨祭祀。《周礼·春官·司巫》:"若国大旱,则帅巫而舞雩。"④《春秋考异邮》:"僖公三年,春夏不雨,于是僖公忧闵,玄服避舍,释更徭之逋,罢军寇之诛,去苛刻峻文惨毒之教,所蠲浮令四十五事。曰:'方今天旱,野无生稼,寡人当死,百姓何罪,不敢烦人请命,愿抚万人害,以身塞无状。'祷已,舍斋南郊,雨大澍也。"⑤ 汉代大儒董仲舒《春秋繁露》中有《求雨》和

---

① 董穀:《董汉阳碧里后集》,嘉靖四十四年(1565)董鲲刻本。
② 束景南:《王阳明年谱长编》,上海古籍出版社2017年版,第409页。
③ 杨伯峻:《论语译注》,中华书局1980年版,第119页。
④ 孙诒让:《周礼正义》,中华书局1987年版,第2062页。
⑤ 安居香山、中村璋八辑:《纬书集成》,河北人民出版社1994年版,第782页。

《止雨》，论求雨和止雨之术。后世，每遇干旱，地方官员便要设法求雨，以缓解灾害。

大儒王阳明亦通于祷雨术和止雨术。王阳明曾在绍兴、杭州、南赣祷雨。弘治十六年（1503），王阳明居于绍兴养病。时绍兴大旱，太守曾向其咨询求雨术。王阳明作《答佟太守求雨》以陈求雨术：

> 昨杨、李二丞来，备传尊教，且询致雨之术，不胜惭悚！……古者岁旱，则为之主者减膳撤乐，省狱薄赋，修祀典，问疾苦，引谷赈乏，为民遍请于山川社稷，故有叩天求雨之祭，有省咎自责之文，有归诚请改之祷。……仆之所闻于古如是，未闻有所谓书符咒水而可以得雨者也。唯后世方术之士或时为之。然彼皆有高洁不污之操，特立坚忍之心。……又况如今之方士之流，曾不少殊于市井嚣顽，而欲望之以挥斥雷电，呼吸风雨之事，岂不难哉！……

随后，王阳明又亲往南镇庙求雨。《南镇祷雨文》：

> 维是扬州之城，咸赖神休，以生以养。凡其疾疫灾眚之不时，雨旸寒暑之弗若，无有远近，莫不引颈企足，惟神是望。怨有归，功有底，神固不得而辞也。……夫民之所赖者神，神之食于兹土，亦非一日矣。今民不得已有求于神，而神无以应之，然则民将可恃？而神亦何以信于民乎？

正德十二年（1517），王阳明巡抚南赣。四月初，王阳明在南赣时，曾作祈雨诗、文。在《祈雨辞》中王阳明深深自责：

> 小民无罪兮，天无咎民！抚巡失职兮，罪在予臣。呜呼！……民何罪兮，玉石俱焚？呜呼！民则何罪兮，天何遽怒？油然兴云兮，雨兹下土。彼罪遏逋兮，哀此穷苦！

《祈雨辞》题记云："正德丁丑南赣作。"文中言"抚巡失职""罪在予臣"，表明此文作于南赣时。

王阳明作有《祈雨二首》，以表现对民生疾苦的关心："旬初一雨遍汀漳，将谓汀虔是接疆。……夜起中庭成久立，正思民瘼欲沾裳。……我来偏遇一春旱，谁能挽回三日霖？……忧民无计泪空堕，谢病几时归海浔？""旬初一雨遍汀漳"，可见此诗当作于南赣时。因一次降雨不足，故有"三日霖"之愿。"旬初"和"一春旱"表明，王阳明心里非常清楚，所谓祷雨不过是"神道设教"，做样子给人看的，实际上可能没有多少效果。

多次降雨后，王阳明作《喜雨三首》以志喜："即看一雨洗兵戈，便觉光风转石萝。……片云东望怀梁园，五月①南征想伏波。……辕门春尽犹多事……山田旱久兼逢雨，野老欢腾且纵歌。……吹角峰头晓散军，横空万骑下氤氲。前旌已带洗兵雨，飞鸟犹惊卷阵云。……正思锋镝堪挥泪，一战功成未足云。""洗兵戈""南征""辕门""洗兵雨"等表明，此三首诗当作于南赣将班师之时。

王阳明于四月十三日班师。在《时雨堂记》一文中，王阳明对南赣祈雨一事多有记载：

> 正德丁丑，奉命平漳寇，驻军上杭。旱甚，祷于行台；雨日夜，民以为未足。乃四月戊午班师，雨；明日又雨；又明日大雨。乃出田登城南之楼以观，民大悦。有司请名行台之堂为"时雨"。……今始去兵革之役，而大雨适降。……庶克有秋。乃予何德之有，而敢叨其功！然而乐民之乐，亦不容于无纪也。……是日……自班师。

"行台"指汀漳巡抚行台。"祷于行台"，指前文所言《祈雨辞》。虽下了雨，但雨不足，于是王阳明作《祈雨二首》以抒忧虑。将班师之际，又连日大雨，民以为乐，王阳明先作《喜雨三首》以抒怀，后又作《时雨堂记》记之。"有司"，指手下官吏。行台在汀漳，故此文当作于王阳明班师离开南赣之时。

王阳明于四十三日班师。四月二十九日，经瑞金，往东山寺祷雨。《东山寺谢雨文》：

---

① "五月"当为"三月"之误。

曰：迩者自闽旋师，道经瑞金，以旱魃之为灾。农不获种，辄乞灵于大和尚，期以七日内必降大雨，以舒民困。行至鄠都，而雨作，计期尚在七日之内，大和尚亦庶几有灵矣！敢遣瑞金县署印主簿孙鉴具香烛果饼，代致谢意，惟默垂鉴佑，以阴骘瑞金之民。①

五月，至会昌，往赖公祠祷雨。《昭告会昌显灵赖公辞》：

维正德十二年，岁在丁丑，五月……昭告于会昌县受封赖公之神，为会昌民田禾旱枯，祷告神灵，普降时雨。至鄠都，果三日内大雨，赖神可谓灵矣。②

此段时间，王阳明频频祈雨，当与他时迷信道教有关。

五　鬼神信仰

原始社会人们多相信万物有灵论，相信鬼魂、神灵的存在。《越绝书·外传枕中》载范蠡与勾践论魂魄一事。《吴越春秋》载有伍子胥显灵、公孙圣显灵等异事。越人迷信鬼神。古越有祭防风神之俗。《河图玉版》："古越俗祭防风神，奏防风古乐，截竹长三尺，吹之如嘷，三人披发而舞。"③《史记·封禅书》："越人俗信鬼，而其祠皆见鬼，数有效。"④王充《论衡》中有《论死》《死伪》《纪妖》《订鬼》诸篇，专论鬼神、精怪之事。魏晋南北朝志怪多越人故事。⑤《搜神后记》载会稽剡县袁相、根硕打猎误入仙境遇仙女故事。《幽明录》载刘晨、阮肇入天台山遇仙女故事。《搜神后记》载会稽朱弼显灵故事。《异苑》载会稽女鬼救夫故事。唐宋之时，越地依然多淫祀，祭祀社神、山神、人鬼等。越地盛行城隍、

---

① 束景南、查明昊辑编：《王阳明全集补编》，上海古籍出版社2018年版，第116页。
② 束景南、查明昊辑编：《王阳明全集补编》，上海古籍出版社2018年版，第117页。
③ 安居香山、中村璋八辑：《纬书集成》，河北人民出版社1994年版，第1148页。
④ 司马迁：《史记》，中华书局1959年版，第478页。
⑤ 详情参见拙作《上下阳明：绍兴思想信仰史》，中国社会科学出版社2019年版，第115—116页。

五通神、紫姑、天后等神灵信仰。①

民间盛行此风,大儒王阳明亦不能免俗。正德十四年(1519),时北军驻南昌,百姓不堪其苦,王阳明忧之。遂于十一月二十二冬至,发表《罢兵济幽榜文》,令全城举奠祀亡灵。《年谱》:"会冬至节近,预令城市举奠。时新经濠乱,哭亡酹酒者声闻不绝。"王阳明《罢兵济幽榜文》:

> 伏以乾坤世界,沧海桑田,一日十二百刻时,自古有生有死;……浮生若大梦,看来何用苦奔忙;世事如浮云,得过何须尽计较。难免天□鉴察,何用罪孽可逃?木有根,水有源,谁念门中之宗祖;阳为神,阴为鬼,孰怜境上之孤魂?……为汝等施惠而修斋……一段因缘,无边光景。②

王阳明祭亡灵颇有作秀之感,但此文却写得有声有色,感人至深。"此文即阳明于冬至节城市举奠祀亡发布之告谕榜文,其意非唯在'济幽',更在促成'罢兵'(班师)。"③ 此文果有成效,"北军无不思家,泣下求归"④。

正德十三年(1518),王阳明提督南赣时,曾作《祭浰头山神文》:

> 维正德十三年戊寅,二月十五日甲申,提督军务都御史王某谨上刚鬣柔毛,昭告于浰头山川之神。……守仁奉天子明命,来镇西陲,愤浰贼之凶悖,民苦荼毒,无所控吁,故迩者计擒渠魁,提兵捣其巢穴。……今此残徒……杀之有不忍也。神其阴有以相协,使此残寇而果诚心邪,即阴佑其衷,俾尽携其党类,自缚来投,若水之赴壑,予将堤沿停畜之。如其设诈怀奸,即阴夺其魄,张我军威,风驰电扫,一鼓而歼之。兹惟下民之福,亦惟神明之休。

---

① 详情参见拙作《上下阳明:绍兴思想信仰史》,中国社会科学出版社2019年版,第144—149页。
② 束景南、查明昊辑编:《王阳明全集补编》,上海古籍出版社2018年版,第130页。
③ 束景南:《王阳明年谱长编》,上海古籍出版社2017年版,第1216页。
④ 《年谱》,载吴光等编《王阳明全集》,上海古籍出版社2012年版,第1042页。

王阳明祭浰头山神，借山神之威收服逃亡之贼。

嘉靖七年（1528），王阳明出征思、田时，曾作有两篇神灵祭文。出征前祭旗，以求得神灵保佑，一战告捷。《祭军牙六纛之神文》：

> 惟神秉扬神武，三军司命。今制度聿新，威灵丕振。伏惟仰镇国家，缉定祸乱，平服蛮夷，以永无穷之体。尚飨！

平乱后，王阳明祭南海神，告以天地平乱之功。《祭南海文》：

> 天下水之，萃于南海。利济四方，涵濡万类。自有天地，厥功为大。今皇圣明，露降河清。我实受命，南荒以平。阴阳表里，维海效灵。乃陈牲帛，厥用告成。尚飨！

王阳明还作有祭石之文。

> 田江之滨有怪石焉，状若一龟，卧于衍石之上……维田始祸，石实衅之，具以怪状闻，且曰："自王师未旋，石靡有宁，田人惴惴守之如婴。今则亡是恐矣。愿公毁此，以宁我田。"公曰："其然，与若等往观之。"既观，曰："汝能怪乎？吾不毁汝而与决。"取笔大书其上曰："田石平，田州宁，千万世，巩皇明。"明年春，公使匠氏镌之，遂以为田镇。①

王阳明这种镇石文，似游戏之作，亦如《罢兵济幽榜文》一样，具有一定的功利作用。

从以上分析看出，自先秦以来，越地各类民间信仰盛行。王阳明自幼便接触了越地的各类民间信仰，故多受其影响。后来王阳明还将一些民间信仰运用于生活、政治和军事之中，以获得某些功利性效果。

---

① 束景南、查明昊辑编：《王阳明全集补编》，上海古籍出版社2018年版，第200页。

第二节　越地道教与阳明学

越地道教产生较早。三国时期的魏伯阳（约 151—221），会稽上虞人，其潜心于炼丹术，著《周易参同契》一书，被誉为"万古丹经王"。魏伯阳将周易、黄老、炉火三者合为一体，开后世丹鼎派之先河。《赠阳伯》："阳伯即伯阳，伯阳竟安在？"可王阳明对魏伯阳较为熟悉。魏晋南北朝时期，会稽一带道教极为盛行，住于山阴的王羲之家族成员多迷信道教。孙恩、卢植起义，具有浓郁的道教色彩。唐宋时期，越地道教依然颇为盛行。据《嘉泰会稽志》记载，越州有道观 14 座。当时有大量的在家道士，真正住道观的道士并不多。王阳明六世祖王纲便与道士有交往。在这样的文化氛围里，王阳明自然难免道教影响。

一　王阳明绍兴道友

王阳明一生好访名山道观，多与道士交往。据《年谱》，十七岁，王阳明迎亲南昌时，成亲之日，闲入铁柱宫，遇一道士，遂与之交谈而忘归。此故事虽多夸饰成分，① 但其遇道士忘返，当有其事。后为逃避流谪，王阳明曾乘舟至武夷山，于山再遇铁柱宫道士。弘治十四年（1501），王阳明于九华山遇道者蔡蓬头，又于地藏洞遇异人。这些高道对王阳明产生了较大影响。

弘治十五年（1502）至十六年（1503），王阳明主要居于绍兴、杭州养病，其曾筑室阳明洞中，行导引术数月。此次居绍兴期间，王阳明与当地有道之士多有交往。王阳明于阳明洞修炼时的主要道友有王思舆、许璋和王琥等。《年谱》："久之，遂先知。一日坐洞中，友人王思舆等四人来访。方出五云门，先生即命仆迎之，且历语其来迹。"

徐爱《思贤叙》："予尝因阳明先生善其治民曰黄文辕司舆、王琥世

---

① 束景南先生认为："阳明在南昌一日入铁柱宫与道士谈道容或有之，谓阳明新婚之夜入铁柱宫与道士（僧人？）谈道忘归，次日被诸让遣人追还云云，皆夸饰虚妄之说也。"束景南：《王阳明年谱长编》，上海古籍出版社 2017 年版，第 63 页。束先生所言极是，惜至今不少学者依然对此故事深信不疑。

瑞者，① 二子之抱道怀才，不干声利，予既信之。昔者，亲视侯以宾礼延二子，相与揖让，献酬于稽山书院之中，左右亡不惶汗骇顾，以为尝所未见于侯之屈，而二子之抗也。"② 可见王思舆和王琥乃当时绍兴名流。

"思舆"，又作"司舆"。③ 季本作《说理会编》卷十六，对王思舆生平做了较多记载：

> 阳明之学由王司舆发端。予少师黄舆子，黄舆子姓王氏，名文辕，字司舆，山阴人，励志力行，隐居独善，乡人熏其德者，皆乐亲之。少学为古文，绝类庄、列，诗逼唐人，读书不牵章句。尝曰："朱子注说，多不得经意。"成化、弘治间，学者守成说，不敢有非议朱子者，故不见信于时，惟阳明先师与之为友，独破旧说，盖有所本云。及阳明先师领南赣之命，见黄舆子，黄舆子欲试其所得，每撼激之不动，语人曰："伯安自此可胜大事矣。盖其平生经世之志，于此见焉。"其后黄舆子殁，阳明先师方讲良知之学，人多非议之，叹曰："使王司舆在，则于吾言必相契矣。"④

此又见于季本所作《王司舆传》。季本，王阳明亲授弟子，其所言当为可信。可见王思舆对王阳明有着较大的影响。

王阳明早年与许璋多有交往。《万历绍兴府志》卷四十六《许璋传》：

> 许璋，字半圭，上虞人。淳质苦行，潜心性命之学，其于世味泊如也。尝蹑履走岭南，访白沙陈先生献章，其友王司舆以诗送之，曰："去岁逢黄石，今年访白沙。"归途遇一方伯，重其人，留之旬月，至忘形骸，旦夕引妻子出见。既别去，人问方伯夫人何状，璋答曰："都不省记矣。"王文成公初养疴阳明洞，唯与璋辈一二山人兀坐终日，或共参道妙，互有资益。其后擒逆濠成功归，每乘笋舆

---

① 绍兴方言"王""黄"不分，至今如此。徐爱将"王文辕"误为"黄文辕"。
② 钱明编校整理：《徐爱钱德洪董沄集》，凤凰出版社2007年版，第61页。
③ 参见钱明《浙中王学研究》，中国人民大学出版社2009年版，第81页。
④ 季本：《说理会编》，《续修四库全书》第939册，上海古籍出版社2002年版，第72页下栏—73页上栏。

访璋山中,菜羹麦饭,信宿不厌。璋没后,文成题其墓曰:"处士许璋之墓",属知县杨绍芳立石焉,时嘉靖四年也。璋于天文、地理及孙吴韬略、奇门九遁之术,靡不精究。正德中,与文成游,尝西指曰:"帝星今在楚,数年后,君自见。"又谓其所居北山里当大发祥,顾吾子孙当之者,北邻陈氏兄弟非凡人,强委之去。陈今子孙蕃衍,甲第蝉联,人称"半县陈"。其占卜奇中,多类此。①

张岱《三不朽图赞》云:

(许璋)为王文成塾师,教以奇门遁甲诸书及武侯阵法。文成抚江右,嘱曰:"勿错认帝星。"及宸濠将叛,遣子贻以枣、梨、豇豆、西瓜(隐语:早离江西)。文成惊悟,出查乱兵,遂不及难。后得诛反擒王,皆先生力也。②

张岱为绍兴山阴人,上距王阳明数十年,其说不乏民间传闻气息,但大体当为可信。后《光绪上虞县志》卷八《人物》对许璋有所记载,不过是对上述两则记载的转抄与发挥。

王阳明早年另一重要道友便是王琥,字世瑞。徐爱《游雪窦因得龙溪诸山记》记叙了王阳明与许璋、王琥等人同游雪窦等地一事:

阳明先生久怀雪窦之游。正德癸酉夏,予从阳明北归,过龙泉,避暑于清风亭。王世瑞、许半圭、蔡希颜、朱守中偕自越来,矢遂厥游。……明日,达上虞,半圭、希颜辞去。……明日,叔宪、世瑞以误食石撞骨病结,世瑞犹强与阚往龙潭,芒鞋行十里,足焦,午壑面颊发喘……③

---

① 萧良幹、张元忭等编纂:《万历绍兴府志》,《四库全书存目丛书》史部第201册,齐鲁书社1997年影印本,第363页下栏—364页上栏。
② 张岱:《三不朽图赞》,浙江古籍出版社2017年版,第158页。
③ 钱明编校整理:《徐爱钱德洪董沄集》,凤凰出版社2007年版,第78—79页。

这次游观过程中,徐爱多次与王琥唱和。徐爱作《游白水宫殿次王世瑞韵》《龙溪次世瑞韵》《梦怀王世瑞朱守中次前韵》。黄宗羲《永乐寺碑记》亦言及此次壮游:"阳明先生与王世瑞、许半圭、蔡希颜、朱守中、徐曰仁流连信宿,赋诗于此,曰仁因记其事。"①

王阳明在书信中常提及王思舆、王琥等绍兴道友。正德十二年(1517)二月,王阳明《与徐曰仁书》:"行时见世瑞,说秋冬之间欲与曰仁乘兴来游。……黄舆阿睹近如何?似此世界,真是开眼不得,此老却已省却此一分烦恼矣。世瑞、允辉、商佐、勉之、半珪,凡越中诸友,皆不及作书。"② 可见,王阳明绍兴道友除了王、许、王之外,还有多人。

王阳明文章对此三友亦有记载。王阳明《寄梁郡伯手札》:"越民有王文辕、王琥、许璋者,皆贞良之士,有庠生孙瑛、魏廷霖者,门生也。"③ 董燧《王心斋年谱》:"(嘉靖)三年甲申,先生四十二岁,在会稽。是年春……会守庵公(王艮父)寿日,先生告归上寿,阳明公不听,命蔡世新绘吕仙图,王琥撰文具上,因金克厚持往寿守庵公,并作歌以招之。"④ 可见,王阳明晚年时,王琥可能入王门为弟子。

王思舆、许璋、王琥三人比王阳明年纪略大,早年名气又超过王阳明,故王阳明与他们往往以道相交,以友相待,故"他们都只能算做阳明的道友而非弟子"⑤。

二 归隐与神仙之趣

自汉代以降,道教分为多个派系,有神仙道教、丹鼎派(又有内丹派和外丹派之分)、符箓派等。神仙术由来已久,秦始皇、汉武帝皆好求仙。东晋葛洪将神仙术融入道教,形成神仙道教。神仙道教以服食、修炼成仙为主要宗旨。此后神仙道教一直盛行于南方。会稽山山水秀丽,

---

① 沈钦善主编:《黄宗羲全集》第10册,浙江古籍出版社2005年版,第122页。
② 束景南、查明昊辑编:《王阳明全集补编》,上海古籍出版社2018年版,第115—116页。
③ 束景南、查明昊辑编:《王阳明全集补编》,上海古籍出版社2018年版,第103页。
④ 董燧:《王心斋先生年谱》,载四川大学古籍整理研究所编《儒藏·史部·儒林年谱》第19册,四川大学出版社2007年影印本,第828页。
⑤ 钱明:《王阳明及其学派论考》,人民出版社2009年版,第260页。

历来为修道者所重。会稽山阳明洞天是道教三十六洞天之一，唐宋名贤多作诗咏之。王阳明很早便迁居绍兴，超俗多悟的他不仅很早接触了神仙道教，还曾一度溺于神仙道教，湛若水所言"四溺于神仙之习"①是也。

王阳明出生时，其祖母梦神人"衣绯玉云中鼓吹"②送子，便具有浓郁的道教气息。王阳明自幼好神仙道教。王阳明《答人问神仙》："仆诚生八岁而即好其说。"十一岁时所遇道士对其有不小影响。王阳明自年轻时，便立志做圣贤。《年谱》：

> 尝问塾师："何为第一等事？"塾师曰："惟读书登第耳。"先生疑曰："登第恐未为第一等事，或读书学圣贤耳。"龙山公闻之笑曰："汝欲做圣贤耶？"

内圣外王、功成身退是王阳明追求的人生理想。在这一理想支配之下，王阳明早年并不热衷于功名，而是较为任其自然。

弘治六年（1493）会试下第，王阳明颇不在意。《年谱》："宰相李西涯戏曰：'汝今年不第，来科必为状元，试作来科状元赋。'先生悬笔立就。诸老惊曰：'天才！天才！'"弘治九年（1496），为忌者所抑，王阳明会试再度下第。这次下第给王阳明不小打击。四月，遂归余姚，结诗社龙泉寺。此时，归隐之心渐生，神仙之习渐浓。年底，曾雪天登会稽山，其好神仙之趣在诗文中多有表露。《来雨山雪图赋》：

> 昔年大雪会稽山，我时放迹游其间……乃是仙都玉京，中有上帝遨游之三十六瑶宫，傍有玉妃舞婆娑十二层之琼楼，下隔人世知几许。……白鹿来饮涧，骑之下千峰。

---

① 湛若水：《阳明先生墓志铭》，载吴光等编校《王阳明全集》，上海古籍出版社 2012 年版，第 1149 页。
② 《年谱》，载吴光等编校《王阳明全集》，上海古籍出版社 2012 年版，第 1000 页。

束景南先生认为此赋作于弘治十三年（1500），① 可信。赋作开篇言"昔年"，后又言"恍然昔日之湖山，双目惊喜三载又一开"，可见赋中所记雪天游会稽山之事，乃三年前（即1497）旧事。在这首诗中，王阳明对仙人、仙境的描绘如此生动形象，可见其时，或更早些，王阳明便迷上了神仙道教。

弘治十一年（1498），王阳明旧疾复作，"偶闻道教谈养生，遂有遗世入山之意"②，但为功名所羁，不得如愿。直至弘治十五年（1502），王阳明告病归越，筑室阳明洞修炼，一为养病，二为归隐。③ 其间所作诗篇多有神仙之趣。《归越诗三十五首·列仙峰》："灵峭九万丈，参差生晓寒。仙人招我去，挥手青云端。"是年，王阳明"渐悟仙、释二氏之非"④，复思用世，再次赴京师为官。虽则如此，向往归隐，迷信神仙，已成为其生命意识的重要组成部分，并不时表露出来。正如学者所言："王阳明的归隐生活及其归隐之思，贯穿了其生命的始终，已成为其一个基本的生命形态和价值取向。"⑤ 归隐之思与神仙之趣，不时在其后来的作品中表露出来。正德六年（1511）王阳明《徐昌国墓志》："于是习于养生。有道士自西南来，昌国与语，悦之，遂究心玄虚，益与世泊，自谓长生可必至。正德庚午冬，阳明王守仁至京师。守仁故善数子，而亦尝没溺于仙、释，昌国喜，驰往省，与论摄形化气之术。……守仁笑而不应……守仁复笑而不应。"

弘治十七年（1504）王阳明主试山东，游泰山，作《登泰山五首》，云：

（其一）峰顶动笙乐，青童两相依。振衣将往从，凌云忽高飞。挥手若相待，丹霞闪余晖。凡躯无健羽，怅望未能归。（其二）吾意

---

① 参见束景南《王阳明年谱长编》，上海古籍出版社2017年版，第201页。
② 《年谱》，载吴光等编校《王阳明全集》，上海古籍出版社2012年版，第1003页。
③ 束景南先生指出："阳明归隐阳明洞非欲真隐，而是'非独以时当敛晦，亦以吾学未成'，故初打算归居数年，待学成再出仕。"束景南：《王阳明年谱长编》，上海古籍出版社2017年版，第298页。束氏所言极是。王阳明时有归隐之想，却从未有真正归隐之决心，其只不过想做授道传学的圣贤，晚年居绍兴生活，便比较合于他的理想。
④ 《年谱》，载吴光等编校《王阳明全集》，上海古籍出版社2012年版，第1004页。
⑤ 朱晓鹏：《王阳明与道家道教》，中国人民大学出版社2009年版，第200页。

在庞古,泠然驭凉飔。要期广成子,太虚显遨游。枯槁向岩谷,黄绮不足传。(其四)尘网苦羁縻,富贵真露草!不如骑白鹿,东游入蓬岛。……遥见碧霞君,翩翩起员峤。玉女紫鸾笙,双吹入晴昊。举首望不及,下拜风浩浩。掷我《玉虚篇》,读之殊未了;傍有长眉翁,一一能旨道。从此炼金砂,人间迹如扫。

王阳明苦于世俗劳苦,故想归隐,想过上神仙悠闲的生活。王阳明虽好神仙,但重在归隐,并不好丹砂之术。

正德十年(1515),王阳明在京作《梦游黄鹤楼奉答凤山院长》:①

参差遥见九疑峰,中有巃嵸重华宫。苍梧云接黄陵雨,千年尚觉精诚通。忽闻孤雁叫湖水,月映铁笛横天风。丹霞闪映双玉童,醉拥白发非仙翁。仙翁呼我金闺彦,尔骨癯然仙已半。胡为尚局风尘中,不屑刀圭生羽翰?②

正德十四年(1519),王阳明辛苦平定叛乱之后,不仅未得赏赐,反遭遇群小诬陷,处境十分危险。此时王阳明归隐之心极切,诗中神仙之趣更浓。

弘治十五年(1502)正月,王阳明避祸重游九华山,作《弘治壬戌尝游九华值时阴雾竟无所睹至是正德庚辰复往游之风日清朗尽得其胜喜而作歌》:"蓬瀛海上浮拳石,举足可到虹可梁。仙人为我启闾阖,鸾骈鹤驾纷翱翔。从兹脱屣谢尘世,飘然拂袖凌苍苍。"欲避乱归隐之思流露无遗。

弘治十六年(1503)五月,王阳明集门人于庐山白鹿洞讲学,作诗多首。《游白鹿洞歌》:③

---

① 束景南先生经过详尽考证,认为此诗作于本年。详情参见束景南《王阳明年谱长编》,上海古籍出版社2017年版,第838—844页。此从之。
② 束景南、查明昊辑编:《王阳明全集补编》,上海古籍出版社2018年版,第44页。
③ 此诗末尾落款云:"辛巳三月书此,王守仁。""三月"可能是"五月"之误。

举手石扇开半掩,绿鬟玉女如相逢。风雷隐隐万壑泻,凭崖倚树闻清钟。洞门之外百丈松,千株化尽为苍龙。驾苍龙,骑白鹿,泉堪饮,芝可服,何人肯入空山宿?空山空山即我屋,一卷《黄庭》石上读。

诗中流露出浓郁的归隐之情。

现在王阳明归隐与神仙之趣列表如下(见表2—1)。

表2—1　　　　　　　　王阳明归隐与神仙之趣

时间	背景	归隐	仙趣	出处	备注
弘治十一年(1498)	上年会试再次下第		瑶宫、玉妃、琼楼	《来雨山雪图赋》	寻归隐处所
弘治十二年(1499)	旧疾复作	有遗世入山之意		《年谱》	
弘治十五年(1502)	告病归越,修炼阳明洞		仙人招我去	《归越诗三十五首·列仙峰》	
弘治十七年(1504)	七月主试山东	从此炼金砂,人间迹如扫	青童、玉女、碧霞君、长眉翁	《登泰山五首》	六月复出
正德十年(1515)	四月、八月、九月三次乞归,不允	胡为尚局风尘中,不屑刀圭生羽翰?	玉童、仙翁	《梦游黄鹤楼奉答凤山院长》	
正德十五年(1520)	平宁王乱后,受诬陷,待罪九华山	从兹脱屣谢尘世,飘然拂袖凌苍苍	仙人、鹤驾	《弘治壬戌尝游九华值阴雾竟无所睹……》	
正德十六年(1521)	四月世宗继位,录赣州功	空山空山即我屋,一卷《黄庭》石上读	玉发、苍龙、白鹿	《游白鹿洞歌》	

从以上分析可以算出：其一，王阳明颇好神仙之术，但自弘治十五年（1502）悟非之后，他不再热衷于神仙术了，但他后来一直没有彻底抛弃神仙思想，这在其作品中有很好的表现。其二，王阳明的神仙之趣往往与其归隐思想密切相关，王阳明归隐思想强烈时，其作品中神仙思想也表露得较多。其三，王阳明并不相信神仙术，并不热衷于丹砂术等，其迷恋神仙思想，不过是借此表达一种出世情怀而已。自阳明洞修炼之后，王阳明一生系于阳明山，一直想归隐故里，讲学阳明洞，过着与世无争的生活。直至晚年，王阳明才得以实现。

三　养病与道教修炼术

王阳明自幼便接触了丹鼎道教。王阳明十一岁时在长安街上遇到的异人可能是一位丹鼎派道士。他对王阳明说："须拂领，其时入圣境；须至上丹台，其时结圣胎；须至下丹田，其时圣果圆。"受其启悟，王阳明"自后每对书辄静坐凝思"①。"丹台""丹田"，皆为内丹修炼术语。此时王阳明尚小，对丹鼎道教不甚了解，故只会"静坐凝思"。十七岁时，偶至南昌铁柱宫，遇道士，与之论养生之术，王阳明忘归。南昌铁柱宫奉祀净明道派创始人许逊。净明道派以融儒道为一体，既倡行孝道，又重修炼法术，故对王阳明有较大的吸引力。"阳明早年学仙好道之路径由此可见。"② 开始时，王阳明主要吸收道教静虑之法。《年谱》："后举笔不轻落纸，凝思静虑，拟形于心。"这与十一岁时对书"静坐凝思"何其相似。此次论道对王阳明影响极大，自此王阳明迷于道教养生修炼术数十年。接下来的几年，王阳明忙于科试，不曾留意于道教养生术。二十一岁时，王阳明因过于用功，而遇疾，此后此疾（肺病）伴随王阳明一生，直至最后死于该病。

弘治九年（1496），颇为自负的王阳明会试再次落第，这给他不小打击。于是他九月归余姚。此次南归路经南京时，他访问了天都宫全真教道教尹真人。全真教以苦修行而闻名，同时兼善于修炼术。彭辂《冲溪先生集》卷十八《尹蓬头传》：

---

① 《年谱》，载吴光等编校《王阳明全集》，上海古籍出版社2012年版，第1001页。
② 束景南：《王阳明年谱长编》，上海古籍出版社2017年版，第64页。

> 王文成公守仁试礼闱落第，卒业南雍①。从尹游，共寝处百余日。尹喜曰："汝大聪明，第本贵介，筋骨脆，难学我。我从危苦坚耐入道，世人总不堪也。虽无长生分，汝其竟以勋业显哉！"文成怅然。②

此说大体可信，但不乏夸饰成分，如"共寝处百余日"便是不太可能的。尹道士对王阳明寿命及功业的预言，亦充满神奇色彩。由此可知，王阳明从尹真人习修炼术，当是可信的。王阳明这次访尹道士，一方面是为了排解落第后的不快心情，一方面也是出于对道教养生术的兴趣。

弘治十一年（1498），王阳明因用功导致旧疾复发。由于身体的原因，王阳明又想了道教养生术，于是开始了其漫长的道教修炼之路。《年谱》："是年先生谈养生。……沉郁既久，旧疾复作，益委圣贤有分。偶闻道士谈养生，遂有遗世入山之意。"次年，王阳明中进士，于是开始了仕宦生涯，反倒把"入山之意"遗忘了。

弘治十五年（1502），王阳明因勤学，导致旧疾再次复发。黄绾《阳明先生行状》：

> 明年，授刑部主事，差往淮甸审囚，多所平反，复命。日事案牍，夜归必燃灯读《五经》及先秦、两汉书，为文字益工。龙山公恐过劳成疾，禁家人不许置灯书室。俟龙山公寝，复燃，必至夜分，因得呕血病。③

此次病重，于是只得告病归越，于阳明洞修炼导行术。此后，王阳明一直病缠于身（见表2—2）。

---

① "南雍"当为"北雍"之误。
② 《四库全书存目丛书》集部第116册，齐鲁书社1997年影印本，第235页下栏。
③ 张宏敏编校：《黄绾集》，上海古籍出版社2014年版，第458页。

表2—2　　弘治元年至嘉靖七年王阳明病状及修道概况

时间	年龄	病状	修道	备注
弘治元年（1488）	17		闻铁柱宫道人谈养生术。（《年谱》）	
弘治五年（1492）	21	取竹格之，沉思其理不得，遂遇疾。（《年谱》）		
弘治九年（1496）	25		向全真教尹真人学道。（《长编》）	
弘治十一年（1498）	27	旧疾复作。（《年谱》）	重访尹真人，谈养生修炼。（《长编》）	
弘治十四年（1501）	30		登九华山，与蔡蓬头谈仙论道。（《年谱》）	约年底
弘治十五年（1502）二月	31		云谷谈呼息屈伸之术，凝神化气之道。（《寿汤云谷序》）	登茅山，探华阳洞
弘治十五年（1502）三月	31	因病滞留扬州三个月。（《长编》）		
弘治十五年（1502）五月	31	因得呕血病。（黄绾《阳明先生行状》）患虚弱咳嗽之疾，剂灸交攻，入秋稍愈。……冲冒风寒，恬无顾忌，内耗外侵，旧患仍作。（《乞养病疏》）		
弘治十五年（1502）八月	31		欲扣灵关问丹诀。（《归越诗三十五首·游牛峰寺其二》）	八月离京，归越途中作
弘治十五年（1502）九月	31		筑室阳明洞中，行导引术。（《年谱》）	修炼数月

续表

时间	年龄	病状	修道	备注
弘治十五年（1502）	31		春嘘明目夏呵心，秋呬冬吹肺肾宁。四季常呼脾化食，依此法行相火平。（《补编·坐功》）	
弘治十六年（1503）三月	32		在杭行内丹导引修炼。（《长编》）	二月移病杭州。九月归绍兴
弘治十七年（1504）四月	33		居阳明洞。（《补编·别友诗》）	归绍兴后曾再居阳明洞
弘治十八年（1505）十月	34		以"默坐澄心，体认天理"为座右铭。（《长编》）	在京师
正德二年（1507）十一月	36		正德初，先师阳明习静于阳明洞。（董毂《黎龙子·习静》）	十一月归绍兴
正德三年（1508）六月	37		日夜端居默坐，澄心精虑。（黄绾《阳明先生行状》）	在龙场
正德五年（1510）正月	37		讲学龙兴寺，使静坐密室，悟见心体。（《年谱附录一》）	赴庐陵任，路过辰州龙兴寺
正德八年（1513）二月	42		君遂疾告，我亦南行。君与世杰，访予阳明。（《祭郑朝朔文》）	二月至绍兴
正德八年（1513）十一月	42		龙潭静坐教诸生。（《长编》）	在滁州
正德十年（1515）四月	44	况气体素弱，近年以来，疾病交攻。（《自劾乞休疏》）		

续表

时间	年龄	病状	修道	备注
正德十年（1515）八月	44	病侵气弱……病势因仍，渐肌入骨，日以深积。（《乞养病疏》）		
正德十一年（1516）	45	疾病多端，气体羸弱。（《辞新任乞以旧职致仕疏》）		
正德十三年（1518）三月	47	病月深日亟，百疗罔效；潮热咳嗽，疮疽痈肿，手足麻痹，已成废人。（《乞休致疏》）		
正德十三年（1518）十月	47	疾病交作，手足麻痹，渐成废人。（《辞免升荫乞以原职致仕疏》）		
正德十四年（1519）正月初二	48	恨疾病之已缠。（《升荫谢恩疏》）		
正德十四年（1519）正月十四	48	比年以来，百病交攻；近……瘴毒侵陵，呕吐潮热，肌骨羸削；或时昏眩，竟日不惺，手足麻痹，已成废人。（《乞放归田疏》）		
正德十六年（1521）八月上旬	50	区区两年来血气亦渐衰。（《与夏敦夫》）		奉敕北上
正德十六年（1521）八月下旬	50		而今始信还丹诀，却笑当年识未真。（《归兴二首》）	省亲归绍兴

续表

时间	年龄	病状	修道	备注
嘉靖二年（1523）四月	52	贱躯入夏来，山中感暑痢，归卧两月余，变成痰咳。（《与黄宗贤》）		当居阳明洞养病
嘉靖二年（1523）十二月	52		与刘侯论"入山养静"。（《与刘元道》）	王阳明反对虚静空寂
嘉靖五年（1526）	55	向在纷冗忧病中，近复咳患盛作。（《寄邹谦之二》）	居会稽山中。（徐渭《聚禅师传》）	当居会稽山阳明洞
嘉靖六年（1527）六月	56	又已多病……迂疏多病。（《辞免重任乞恩养病疏》）		
嘉靖六年（1527）九月	56	病躯又日狼狈。（《与陈惟濬》）		
嘉靖六年（1527）	56	仆我病积衰，潮热痰嗽，日甚一日。（《与黄宗贤一》）		
嘉靖六年（1527）	56	贱躯患咳，原自南、赣蒸暑中得来，今地益南，气类感触咳发益甚，恐竟成痼疾，不复可药。（《与黄宗贤三》）		
嘉靖七年（1528）七月（束景南1997）	57	医者先以水土不服，辞疾归去……风气益南，炎毒益甚。今又加以遍身肿毒，喘嗽昼夜不息，心恶饮食，每日强吞稀粥数匙，稍多辄又呕吐。（《乞恩暂容回籍就医养病疏》）		

续表

时间	年龄	病状	修道	备注
嘉靖七年（1528）七月	57	病躯咳患日增……遍身皆发肿毒，旦夕动履且有不能。（《与黄宗贤四》）		
嘉靖七年（1528）八月	57	区区病势日狼狈，自至广城，又增水泻，日夜数行不得止，今遂两足不能坐立。（《答何廷仁》）		

王阳明自二十一岁得肺病以来，此病一直缠于身，其中有三次发病比较厉害。第一次是弘治十五年（1502），于是王阳明告病归绍兴，修炼于阳明洞。第二次是正德十三年（1518）至十四年（1519），因平定江西叛乱和宁王叛乱，操劳过度，导致其病加重。第三次是嘉靖六年（1527）至七年（1528），平定广西思、田叛乱时。这次操劳过度，加上得不到医疗（随行医生早辞归），于是病情不断恶化，最终于嘉靖七年（1528）十一月卒于江西南安。

从以上可以看出，王阳明虽然自幼便接受了内丹道教，但热衷于内丹修炼主要是在弘治十五年（1502）至弘治十七年（1504）间，他先后在绍兴阳明洞、杭州修炼内丹导引术。正德年间，特别是居龙场时，王阳明逐渐抛弃导引术，而偏重于静修、静坐。到了晚年归居绍兴时，王阳明基本上不再热心于内丹修炼术了。因此，王阳明好内丹修炼术，主要目的在于养病、治病。对此王阳明自己晚年已有较为明确的表达。《与陆原静》："闻以多病之故，将从事于养生，区区往年盖尝弊力于此矣。"学者们亦多有此论。钱德洪《答论年谱书》其十："因学养生，而沉酣于二氏。"① 朱晓鹏认为"其中一个最直接的原因应是青年王阳明希望借习道教养生术以调息养生、治疗疾病"②。

---

① 钱明编校整理：《徐爱钱德洪董沄集》，凤凰出版社2007年版，214页。
② 朱晓鹏：《王阳明与道家道教》，中国人民大学出版社2009年版，第43页。

至晚年时，王阳明才真正不再迷信内丹术了。"阳明于内丹、圣胎诸理论之极致，或亦不免于怀疑。"① 王阳明晚年归绍兴时作《归兴二首》其一云："而今始信还丹诀，却笑当年识未真。"此乃反话正说，意思是说，至今才真正体悟到真谛，回想当年行为，自己想起来都觉得有些可笑。显然是对当年阳明洞修炼内丹术的否定。但王阳明并没有否定静修。晚年居绍兴时作《送萧子雝宪副之任》："衰疾悟止足，闲居便静修。采芝深谷底，考槃南涧头。"甚至不废外丹服食术。《冬夜偶书》：②

> 百事支离力不禁，一官栖息病相侵。星辰魏阙江湖迥，松柏茆茨岁月深。欲倚黄精消白发，由来空谷有余音。曲肱已醒浮云梦，荷蒉休疑击磬心。

王阳明因职务操劳而病，故言"一官栖息病相侵"，"欲倚黄精消白发"，"黄精"，一种百合科植物，外丹术将其列为服食对象之一，认为服之可以养生、长生。此处王阳明借此指代自己欲以道教长生术来强体疗病。王阳明《答季明德》："近有一友为易'贝母丸'服之，颇亦有效，乃终不若来谕'用养生之法拔去病根'者，为得本源之论。"此"贝母丸"可能与养生有关。王阳明晚年所作《长生》一诗，很好地展现了其对修炼养生看法的变迁。

> 长生徒有慕，苦乏大药资。名山遍探历，悠悠鬓生丝。微躯一系念，去道日远而。中岁忽有觉，九还乃在兹。非炉亦非鼎，何坎复何离；本无终始究，宁有死生期？彼哉游方士，诡辞反增疑；纷然诸老翁，自传因多歧。乾坤由我在，安用他求为？千古皆过影，良知乃吾师。

---

① 柳存仁：《王阳明与道教》，载柳存仁《和风堂集》中册，上海古籍出版社1991年版，第857页。

② 此即《乡思二首》其一，但有个别字不相同。参见束景南、查明昊辑编《王阳明全集补编》，上海古籍出版社2018年版，第252页。

王阳明颇慕长生之术，中岁忽有悟，遂弃之，乃专心于良知之。

四 王阳明"悟道教之非"辨

王阳明迷信道教，学者多有论及。王阳明《别湛甘泉序》："某幼不问学，陷溺于邪僻者二十年，而始究心于老、释。"徐爱《〈传习录〉题辞》："出入二氏之学。"① 钱德洪《答论年谱书》其十："沉酣于二氏。"② 钱德洪《刻文录叙说》："出入二氏。"③ 王畿《滁阳会语》："（先师）究心于老佛之学。"④ 查继佐《罪惟录·列传十·王守仁传》："妄意神仙……更讲神仙之事。"⑤ 王阳明的道教观是不断发展变化的，前文已略有论及，但受限于专题论述，没有能很好展开，下面对此问题做一展开论说。

王阳明较早便接触了道教，早年其对道教的兴趣与日俱增。其十七岁在南昌与铁柱宫道士相遇，多出偶然。弘治九年（1496）会试再次下第后，王阳明"益委圣贤有分"⑥，转而向道学。本年十二月过南京时，特访问朝天宫全真教道人尹真人，居朝天宫多时，以学道术。弘治十一年（1498）旧疾复发之后，其学道术之趣更浓。本年，王阳明再至南京，向尹真人习养生修炼术，有遗世入山之意。于是其开始有意识访道求术。次年（1499）会试高中，王阳明忙于仕宦，暂时把习道术放置一边。虽则如此，王阳明任职时，依然不忘访道。弘治十四年（1501），王阳明审囚池州府时，访道士蔡蓬头，询以仙道术。《年谱》："是时道者蔡蓬头善谈仙，待以客礼。请问。"弘治十五年（1502）二月，王阳明至镇江府，访云谷汤礼敬。《寿汤云谷序》："当是时，云谷方为行人，留意神仙之学，为予谈呼息屈伸之术，凝神化气之道，盖无所不至。"后又与云谷一起登道教圣地陶弘景修炼之地茅山，探华阳洞。《寿汤云谷序》："感陶隐

---

① 钱明编校整理：《徐爱钱德洪董沄集》，凤凰出版社2007年版，第89页。
② 钱明编校整理：《徐爱钱德洪董沄集》，凤凰出版社2007年版，第214页。
③ 钱明编校整理：《徐爱钱德洪董沄集》，凤凰出版社2007年版，第185页。
④ 吴震编校整理：《王畿集》，凤凰出版社2007年版，第33页。
⑤ 查继佐：《罪惟录》，《续修四库全书》第322册，上海古籍出版社2002年影印本，第422页下栏。
⑥ 《年谱》，载吴光等编校《王阳明全集》，上海古籍出版社2012年版，第1003页。

君之遗迹，慨叹秽浊，飘然有脱屣人间之志。"

后因操劳过度，王阳明患呕血病，于是告病归越。归越之后，王阳明急切地筑室阳明洞，行导引术。王畿《滁阳会语》："先师……缘洞天精庐，日夕勤修炼习伏藏，洞悉机要，其于彼家所谓见性抱一之旨。"①"导引术"，即道教养生之术，包括呼吸信仰，屈伸手足，摇筋骨，动肢节，使气血充足，身体轻举。② 王阳明于阳明洞修炼数月，收效不大。"后来的效果表明，养生求仙并未给阳明带来健康的体魄"③，于是于次年（1503）二月，移疾钱塘。

《年谱》对此次修炼的反复有较详记载：

> 是年先生渐悟仙、释二氏之非。……久之悟曰："此簸弄精神也，非道也。"又屏去。已而静久，思离世远去，惟祖母岑与龙山公在念，因循未决。久之，又忽悟曰："此念生于孩提。此念可去，是断灭种性矣。"

黄绾《阳明先生行状》："养病归越，辟阳明书院，究极仙经秘旨，静坐，为长生久视之道。"④ 邹守益《王阳明先生图谱》："辟阳明洞旧基为书屋，究仙经秘旨。……久之，悟曰：'此弄精魂，非道也。'又屏去，玩释典。⑤ 明年，移疾西湖，往来南屏、虎跑诸寺。"⑥ 耿定向《新建侯文成王先生世家》："壬戌，疏请告归越，年三十二。究心二氏之学，筑洞阳明麓，日夕勤修习，静中内照形躯如水晶宫，忘己忘物，忘天忘地，混与太虚同体，有欲言而不得者。"⑦《年谱》此语多有不确之外，学者

---

① 吴震编校整理：《王畿集》，凤凰出版社2007年版，第33页。
② 参见《云笈七签》卷三十三《杂修摄·导引》。张君房编，蒋力生等校注《云笈七签》，华夏出版社1996年版，第188页。
③ 钱明：《儒学正脉——王守仁传》，浙江人民出版社2006年版，第46页。
④ 张宏敏编校：《黄绾集》，上海古籍出版社2014年版，第458页。
⑤ 邹守益将"玩释典"系于弘治十五年（1502），不确。此当是次年移病钱塘，往来诸寺时事。
⑥ 邹守益：《王阳明先生图谱》，《四库未收书辑刊》4辑第17册，北京出版社2000年影印清钞本，第471页下栏。
⑦ 束景南：《王阳明年谱长编·附录三》，上海古籍出版社2017年版，第2169页。

已有论之。钱明先生认为："特地以'是年先生渐悟仙、释二氏之非'为开场白……这实在应验了古语'此地无银三百两'的说法。"① 束景南先生云："弘治十五年居阳明洞十六年居杭，乃阳明陷溺佛、老之高峰期，阳明用佛教'种性'说喝悟坐关禅僧，正显示阳明学佛已深得佛家三昧，而绝非是什么'悟仙、释二氏之非'。"② 二人所言甚是。

其实，不仅钱德洪将问题简单化了，后世学者多亦如此。《年谱》和黄绾记载表明，在阳明洞时，王阳明先修炼内丹术，即导引术。导引术是以各种动作来导通筋脉的，故王阳明说"簸弄精神"。此法无效后，王阳明又改修静修术，《年谱》所言"静久"，黄绾所言"静坐，为长生久视之道"，王阳明《与陆原静》中所言"仙家所谓长生久视之说"，皆指此道。王阳明曾作《坐功》："春嘘明目夏呵心，秋呬冬吹肺肾宁。四季常呼脾化食，依此法行相火平。"③ 弘治十五年（1502）八月，王阳明归绍兴，路过嘉兴时，遇三塔寺芳上人，芳上夫为三塔寺僧，闭关习定修炼。王阳明于阳明洞静修，当受其影响。耿定向《新建侯文成王先生世家》对此有很生动的描述：

> 壬戌，疏请告归越，年三十二。究心二氏之学，筑洞阳明麓，日夕勤修习，静中内照形躯如水晶宫，忘己忘物，忘天忘地，混与太虚同体，有欲言而不得者。④

此皆可证明，王阳明曾修静修术。⑤

众所周知，禅坐之法，为全真教所吸收，早期全真教以苦修闻名，其苦修主是静坐修炼，王重阳、邱处机等，皆坐破蒲团，坐烂双腿。彭铬《冲溪先生集》卷十八《尹蓬头传》载，尹真人曾对王阳明说："汝大聪明，第本贵介，筋骨脆，难学我。我从危苦坚耐入道，世人总

---

① 钱明：《儒学正脉——王守仁传》，浙江人民出版社2006年版，第36页。
② 束景南：《王阳明年长编叙》，《王阳明年长编》，上海古籍出版社2017年版，第4页。
③ 束景南、查明昊辑编：《王阳明全集补编》，上海古籍出版社2018年版，第23页。
④ 束景南：《王阳明年长编·附录三》，上海古籍出版社2017年版，第2169页。
⑤ 束景南：《王阳明年长编》，上海古籍出版社2017年版，第236页。

不堪也。"① 可见，尹真人修的是苦行道。王阳明静坐修炼法，当源于全真教的尹真人。此法可能使人能预知，但无法增强体魄，故不久王阳明亦弃之，转而向佛法。于是次年二月移病钱塘，往来于净慈、虎跑诸寺，研读佛经，习禅养病。

这时王阳明并没有完全放弃内丹修炼。居杭时，王阳明曾行内丹修炼。王阳明《无题道诗》：

> 靸龙节虎往昆仑，挹剖元机孰共论？袖里青萍三尺剑，夜深长啸出天根。天根顶上即昆仑，水满华池石鼎温。一卷《黄庭》真诀秘，不教经液走旁寸。杖挂真形五岳图，德共心迹似冰壶。春来只贯余杭湿，不闻蓬莱水满无。②

此次行内丹术效果如何不可得而知。后王阳明依然四处访寺问禅，九月自杭归绍，经萧山，游浮峰寺、曹林庵、觉苑寺。归绍兴后依旧居家养病。据此，《年谱》言王阳明于弘治十五年（1502）"渐悟仙、释二氏之非"，显然不可信。③

经过这番折腾之后，王阳明虽然没有彻底悟道教之非，但对道教热情有所降温。

弘治十八年（1505），王阳明作《书扇赠扬伯》：

> 扬伯慕伯阳，伯阳竟安在？大道即吾心，万古未尝改。长生在求仁，金丹非外待。缪矣三十年，于今吾始悔。
>
> 诸扬伯有希仙之意，吾将进之于道也。于其归，书扇为别。阳明山人伯安识。④

---

① 彭辂：《冲溪先生集》，《四库全书存目丛书》集部第 116 册，齐鲁书社 1997 年影印本，第 235 页下栏。
② 束景南、查明昊辑编：《王阳明全集补编》，上海古籍出版社 2018 年版，第 24 页。
③ 有学者认为："王阳明在此之前并未真正地信仰佛教，只是对道教尤其是内丹学情有独钟。"刘聪：《阳明学与佛道关系研究》，巴蜀书社 2009 年版，第 11 页。此说不确。王阳明此前不仅迷信内丹学，而且还迷信神仙道教。
④ 束景南、查明昊辑编：《王阳明全集补编》，上海古籍出版社 2018 年版，第 254 页。吴光等编校《王阳明全集》卷十九收录此诗，题名为《赠阳伯》，但无末尾题记。

学者认为王阳明"有自悔溺于神仙之叹"①,是也。这可以在接下来几年的文章中找到不少依据。

正德三年(1508)《答人问神仙》:

> 询及神仙有无,兼请其事,三至而不答,非不欲答也,无可答耳。昨令弟来,必欲得之。仆诚生八岁而即好其说,今已余三十年矣,齿渐摇动,发已有一二茎变化成白,目光仅盈尺,声闻函丈之外,又常经月卧病不出,药量骤进,此殆其效也。……盖吾儒亦自有神仙之道,颜子三十二而卒,至今未亡也。足不能信之乎?后世上阳子之流,盖方外技术之士,未可以为道。

人问神仙之有无,王阳明避而不论,仅详述修炼神仙术对其养生治病无丝毫效果。可见,王阳明是从养生的角度否定神仙长生术。

正德五年(1510),王阳明与人论神仙。《语录》:

> 隆问阳明先生曰:"神仙之理恐须有之,但谓之不死则不可。想如程子修养引年者,则理或然耳。"先生曰:"固然,然谓之神仙须不死,死则非神仙矣。"隆闻此语时,先生已三十九矣,不知后来定论如何。②

在此王阳明虽然没有直接否定神仙说,但其否定神仙的存在,其实也就是否定了神仙养生说。

正德七年(1512),王阳明作《别黄宗贤归天台序》:"守仁幼不知学,陷溺于邪僻者二十年,疾疢之余,求诸孔子、子思、孟轲之言,而恍若有见,其非守仁之能也。"此处"邪僻"指的是佛、老之学。

正德九年(1514),王阳明与王嘉秀论仙佛之非。《年谱》:

> 王嘉秀、萧惠好谈仙佛,先生尝警之曰:"吾幼时求圣学不得,

---

① 束景南:《王阳明年长编》,上海古籍出版社2017年版,第347页。
② 束景南、查明昊辑编:《王阳明全集补编》,上海古籍出版社2018年版,第202页。

亦尝笃志二氏。其后居夷三载，始见圣人端绪，悔错用功二十年。二氏之学，其妙与圣人只有毫厘之间，故不易辨，惟笃志圣学者始能究析其隐蔽，非测亿所及也。"

王阳明否定仙佛，认为二者与圣贤之道虽仅毫厘之差，但终成千里之别。

正德十年（1515），王阳明作《书悟真篇答张太常二首》，其一云：

《悟真篇》是误真篇，三注由来一手笺。恨杀妖魔图利益，遂令迷妄竟流传。造端难免张平叔，首祸谁诬薛紫贤。直说与君惟个字，从头去看野狐禅。

《悟真篇》为唐代张瑞伯所作。张瑞伯（984—1082），号称紫阳真人，浙江天台人。熙宁八年（1075）撰成《悟真篇》一书。《悟真篇》专论内丹服食之术。王阳明对道教重要经典《悟真篇》多加批判。

《传习录上》："萧惠好仙、释，先生警之曰：'吾亦自幼笃志二氏，自谓既有所得，谓儒者不足学。其后居夷三载，见得圣人之学若是其简易广大，始自叹悔错用了三十年气力。'"

晚年王阳明尤其如此。正德十六年（1521），王阳明作《与陆原静》：

闻以多病之故，将从事养生，区区往年盖尝弊力于此矣……大抵养德养身，只是一事。……专志于是，则神住气住精住，而仙家所谓长生久视之说，亦在其中矣。神仙之学与圣人异，然其造端托始，亦惟欲引人入道，《悟真篇后序》中所谓"黄老悲其贪着，乃以神仙之术渐次导之"者。……后世如白玉蟾，丘长春之属，皆是彼学中所称述以为祖师者，其得寿比例不过五六十，则所谓长生之说，当必有所指矣。

王阳明在此否定的是神仙道家的长生养生术。

王阳明晚年并不完全否定神仙之说。《传习录上》："问仙家元气、元神、元精。先生曰：'只是一件，流行为气，凝聚为精，妙用为神。'"而是将仙道融于儒，以仙道说儒学良知。《传习录下》：

> 先生曰：仙家说到虚，圣人岂能虚上加得一毫实？佛氏说到无，圣人岂能无上加得一毫胡？但仙家说虚，从养生上来，佛氏说无，从出离生死苦海上来，却于本体上加却这些子意思在，便不是他虚无的本色了，便于本体有障碍。圣人只是还他良知的本色，更不着些子意在。

从以上可以看出，王阳明后来反对最多的是道教的神仙养生术。虽则如此，但王阳明依然喜好神仙之境，后一直迷恋于此。这在其诗歌中有不少表现。对此上文已做了不少论述。另外，王阳明后来遗弃了内丹修炼术，而其对静修术依然比较认同。他行静修术不是为了养生或养病，而是为了达到一种境界。从上可以看出，不管是在龙场，还是归绍兴，王阳明多次习静修术，与人论静修，可见其对静修术并未否定。

简而言之，由于道教内容比较复杂，故王阳明对道教的态度并不能简单地用先信而后非论之，王阳明后来对道教有摒弃，有继承，最终实现三教合一。[1] 晚年王阳明与弟子张元冲于舟中论三教便是最好的证明。《语录补录》：

> 张元冲在舟中问："二氏与圣人之学所差毫厘，谓其皆有得于性命也，但二氏于性命中着些私利，便谬千里矣。今观二氏作用，亦有功于吾身者。不知亦须兼取否？"先生曰："说兼取便不是。圣人尽性至命，何物不具？何待兼取？二氏之用，皆我之用。即吾尽性至命中完养此身，谓之仙；即吾尽性至命中不染世累，谓之佛。但后世儒者不见圣学之全，故与二氏成二见耳。譬之厅堂，三间共为一厅，儒者不知皆我所用，见佛氏则割左边一间与之，见老氏则割右边一间与之，而己则自处中间，皆举一而废百也。圣人与天地民

---

[1] 董毂《碧里杂存》中辑有多篇王阳明与道士交往或把王阳明比附为道士的逸闻。这些多为传闻，不尽可信。钱明先生对此有很好的论述。详情参见钱明《浙江王学研究》，中国人民大学出版社 2009 年版，第 300—301 页。

物同体，儒、佛、庄皆吾之用，是之谓大道。二氏自私其身，是之谓小道。"①

此语为王阳明晚年三教观的最好概说。

从以上可以看出，王阳明对道教的态度比较复杂。王阳明一直无法挥去归隐情结，因此其对神仙之境充满了迷恋，并不时在诗文中表现出来。因身体虚弱，王阳明总想借助道教修炼术来强身，但效果不甚好，于是他晚年对内丹术多有怀疑，甚至批判。总体而言，王阳明主张三教合一，纳释老于儒，以儒统释老，以释老辅儒。

第三节 越地佛教与阳明学

南北朝时期，佛教在越地得到了较快的传播，出现了一批著名的高僧，如慧皎等。到了隋唐时期，会稽成为佛教的一个重镇，不仅名僧众多，而且出现了吉藏、慧可等著名大师。《宋高僧传》记载隋唐时期高僧共518人，其中有俗籍或国籍者355人，浙江籍共69人，绍兴地区最多，共19人（绍兴12人，诸暨7人）。② 民间佛教信仰也很是盛行。到了宋代，佛教在越地更为盛行。据南宋人施宿《嘉泰会稽志》卷七记载，宋代会稽佛教信仰极其盛行，大小佛寺多达300座，著名的有开元寺、禹迹寺、大善寺、戒珠寺、能仁寺等。另有戒坛3处，接待11处，施水7处。元明时期，越地佛教依然盛行不息。越地佛教对王阳明产生了不少影响。

一 王阳明与越地佛寺

到了明代，会稽一带大大小小寺庙多达上百座。王阳明自幼出入寺庙，其行踪所至的越地寺庙较多，现简单梳理如下。

（一）王阳明所至越地寺庙

1. 余姚龙泉寺

弘治九年（1496），第二次会试下第，王阳明归余姚，结诗社于龙泉

---

① 吴光等编校：《王阳明全集》，上海古籍出版社2012年版，第971页。
② 参见陈文华等撰《浙江民俗史》，杭州出版社2008年版，第168页。

寺。嘉靖四年（1525）九月，归余姚，讲学龙泉寺中天阁。《年谱附录一》："辛巳年，师归省祖茔，门人夏淳……钱德周仲实等，侍师讲学于龙泉寺之中天阁。"

2. 余姚永乐寺

正德八年（1513）七月，王阳明偕弟子游四明山，从宁波归余姚，居永乐寺。郑满《勉斋先生遗稿》卷三有《永乐寺同王伯安许半珪夜话二首》。徐爱有《游永乐次阳明先生韵》。

3. 宁波四明山锡杖寺

正德八年（1513）七月，王阳明偕弟子游四明山，曾至锡杖寺。王阳明作《书锡杖寺》。徐爱《游雪窦因得龙溪诸山记》："陟顶，见荒殿，榜曰：'杖锡寺'。"①

4. 宁波四明山雪窦寺

正德八年（1513）七月，王阳明偕弟子游四明山，曾至雪窦寺。徐爱《游雪窦因得龙溪诸山记》："东望大仙坳楼台与雪松参差者，云'雪窦寺'也。"

5. 宁波四明山玉泉庵

正德八年（1513）七月，王阳明偕弟子游四明山，曾至玉泉杖。徐爱《游雪窦因得龙溪诸山记》："东北林中隐屋数椽，曰：'玉泉庵'。"②

6. 海盐资圣寺

成化十五年（1479），王阳明随父往海盐任子弟师，王阳明寓居资圣寺，作《资圣寺杏花楼》《寓资圣僧房》③ 等诗。

7. 海宁审山寺

弘治十五年（1502），王阳明作《审山诗》："古刹凌层云，中天立鳌柱。……寺僧闻客来，裂裟候庭庑。登堂识遗像，画绘衣冠古。乃知顾况宅，今为梵王土。"④

---

① 钱明编校整理：《徐爱钱德洪董沄集》，凤凰出版社2007年版，第80页。
② 钱明编校整理：《徐爱钱德洪董沄集》，凤凰出版社2007年版，第81页。
③ 束景南、查明昊辑编：《王阳明全集补编》，上海古籍出版社2018年版，第1页。
④ 束景南、查明昊辑编：《王阳明全集补编》，上海古籍出版社2018年版，第23页。

8. 萧山牛峰寺

弘治十六年（1503）二月，王阳明移病钱塘，过萧山牛头山，游牛峰寺。王阳明作《游牛峰寺四首》。①弘治十六年（1503）九月，王阳明自杭州归绍兴，经萧山，重游牛峰寺，作《游牛峰寺又四绝句》。嘉靖二年（1523）十一月，王阳明迎弟子张元冲等迎刑部尚书林俊于萧山，宿浮峰寺。《年谱》："（嘉靖二年）十一月，至萧山，见素林公自都御史致政归，道钱塘，渡江来访，先生趋迎于萧山，宿浮峰寺。"

9. 萧山曹林庵

弘治十六年（1503）九月，王阳明自杭州归绍兴，经萧山，曹林庵，作《曹林庵》②。

10. 萧山觉苑寺

弘治十六年（1503）九月，王阳明自杭州归绍兴，经萧山，作《觉苑寺》③。

11. 萧山延寿寺

嘉靖二年（1523）二月，邹守益北上，王阳明送别于萧山浮峰，移舟宿延寿寺。《传习录下》："癸未春，邹谦之来越问学，居数日，先生送别于浮峰。是夕，与希渊诸友移舟宿延寿寺，秉烛夜坐。"此次游延寿时，王阳明作《再游延寿寺次旧韵》。可见其以前曾游过延寿寺，且有作诗。

12. 杭州净慈寺

弘治五年（1492），王阳明于杭州参加乡试，曾居净慈寺读书。释大壑《南屏净慈寺志》卷六《宰官》："王守仁……公自乡举时，读书南屏。"④弘治十六年（1503）三月，王阳明移病钱塘，居净慈寺。王阳明正德二年（1507）赴谪过钱塘，作《南屏》，言"我重来"。可见王阳明本年移病钱塘时先居净慈寺。正德二年（1507）三月，王阳明赴谪过钱塘，居净慈寺。王阳明《南屏》："溪风漠漠南屏路，春服初成病眼开。

---

① 萧山牛头山，一名临江山，后改为浮峰。牛头山有临江寺，一名牛峰寺，后改名浮峰寺。
② 束景南、查明昊辑编：《王阳明全集补编》，上海古籍出版社2018年版，第24页。
③ 束景南、查明昊辑编：《王阳明全集补编》，上海古籍出版社2018年版，第24页。
④ 转引自束景南《王阳明年谱长编》，上海古籍出版社2017年版，第260页。

花竹日新僧已老，湖山如旧我重来。"四年前，王阳明养病于此，现又居此，故言"重来"。《卧病静慈写怀》："卧病空山春复夏。"可见自三月以来王阳明一直居于净慈志。正德十四年（1519）十月，王阳明将朱宸濠交付张永后居净慈寺养病。释大壑《南屏净慈寺志》卷六《宰官》："王守仁……后擒宸濠，忽传王师已及徐淮，遂乘夜遁发，至钱塘，谢病居净慈，成诗六首。"① 事见《年谱》等。王阳明作《宿净寺四首》。

13. 杭州圣水寺

弘治十六年（1503）三月，王阳明移病钱塘，游圣水寺。王阳明《圣水寺二首》其一："拂袖风尘尚未能，偷闲殊觉愧山僧。"②

14. 杭州胜果寺

弘治十六年（1503）三月，王阳明移病钱塘，游胜果寺，作《胜果寺》③。正德二年（1507）六月，王阳明赴谪过钱塘，先居净慈寺，六月居移胜果寺。王阳明《移居胜果寺二首》其一："半空虚阁有云住，六月深松无暑来。病肺正思移枕簟，洗心兼得远尘埃。"

15. 杭州宝界寺

弘治十六年（1503）三月，王阳明移病钱塘，游胜果寺。王阳明作《春日宿宝界禅房赋》④。

16. 杭州灵隐寺

弘治十六年（1503）六月，时王阳明养病钱塘，游灵隐寺，作《西湖醉中漫书二首》《西湖》⑤ 等。

17. 瞿州大中祥符禅寺

正德二年（1507）九月，王阳明自武夷归来，经西安，游大中祥符禅寺，作《大中祥符禅寺》："漂泊新从海上来，偶经江寺聊一游。老僧见客频问姓，行子避人还掉头。山水于吾成痼疾，险夷过眼真蜉蝣。为报同年张郡伯，烟江此去理渔舟。"⑥

---

① 转引自束景南《王阳明年谱长编》，上海古籍出版社2017年版，第260页。
② 束景南、查明昊辑编：《王阳明全集补编》，上海古籍出版社2018年版，第24页。
③ 束景南、查明昊辑编：《王阳明全集补编》，上海古籍出版社2018年版，第25页。
④ 束景南、查明昊辑编：《王阳明全集补编》，上海古籍出版社2018年版，第25页。
⑤ 束景南、查明昊辑编：《王阳明全集补编》，上海古籍出版社2018年版，第25页。
⑥ 束景南、查明昊辑编：《王阳明全集补编》，上海古籍出版社2018年版，第36页。

18. 瞿州龙游舍利寺

正德二年（1507）九月，王阳明自武夷归来，经龙游，游舍利寺，作《舍利寺》："行经舍利寺，登眺曲徘徊。峡转滩声色，雨晴江雾开。颠危知往事，漂泊长诗才。"①

19. 金华兰溪圣寿教寺

正德二年（1507）九月，王阳明自武夷归来，经兰溪，游圣寿教寺，作《题兰溪圣寿教寺壁》："兰溪山水地，卜筑趁云岑。况复径行日，方多避地心。潭沉秋色静，山晚市烟深。更有枫山老，时堪杖履寻。"②

20. 绍兴云门寺

弘治十一年（1498），王阳明游秦望山、云门山、峨嵋山等，夜宿云门寺。王阳明《登秦望山用壁间韵》："北望稽山怀禹迹……小榻寒灯卧僧屋。"③嘉靖三年（1524）十月二十一日，王阳明与门人游秦望山，宿云门寺。王阳明作《嘉靖甲申冬二十一日再登秦望自弘治戊午登后二十七年矣将下适董萝石与二三子来复坐久之暮归同宿云门僧舍》。

21. 山阴本觉寺

弘治十六年（1503）二月，王阳明移病钱塘，过山阴，游本觉寺。王阳明《本觉寺》："寺晚钟韵急，松高鹤梦闲。夕阳摧暮景，老衲闭柴关。"④

22. 绍兴南镇庙

弘治十六年（1503）九月，王阳明养病绍兴。时天旱，王阳明往南镇庙求雨。王阳明作《南镇祷雨文》。

23. 绍兴宝林寺

正德八年（1513），王阳明作《宝林寺》："怪山何日海边来，一塔高悬拂斗台。……招提半废空狮象，亭馆全颓蔚草莱。落日晚风无限恨，荒台石上几徘徊。"⑤龟山，又名怪山，又名宝林山，今名塔山。⑥宝林

---

① 束景南、查明昊辑编：《王阳明全集补编》，上海古籍出版社2018年版，第36页。
② 束景南、查明昊辑编：《王阳明全集补编》，上海古籍出版社2018年版，第37页。
③ 束景南、查明昊辑编：《王阳明全集补编》，上海古籍出版社2018年版，第4页。
④ 束景南、查明昊辑编：《王阳明全集补编》，上海古籍出版社2018年版，第23页。
⑤ 束景南、查明昊辑编：《王阳明全集补编》，上海古籍出版社2018年版，第43页。
⑥ 参见悔堂老人《越中杂识》，浙江人民出版社1983年版，第1页。

寺位于绍兴塔山西麓，王阳明游观时已破败不堪了。

24. 绍兴广孝寺

嘉靖四年（1525）八月二十三日，携董沄、王畿等秋游，游广孝寺。《从吾道人语录后录·题王著作先生语录后》："余自嘉靖乙酉秋随侍先师游广孝寺，舟中闻先师云……"①

据张元忭等编《万历绍兴府志》，绍兴城寺庙众多，有大能仁寺、小能仁寺、大善寺、嘉祥寺、至大寺、戒珠寺、光相寺、天王寺、开元寺、长庆寺、禹迹寺、延庆寺、隆教寺、龙华寺、华严寺，城郊则有天童寺、天衣寺、法云寺、融光寺、大禹寺、云峰寺、普济寺等。这些寺庙或在城中，或距城不过数里，王阳明当曾游历过。

（二）王阳明所交越地僧侣

王阳明在越、居越时，与僧侣大德多有交往。

1. 嘉兴三塔寺芳上人

弘治十五年（1502）八月，王阳明归绍兴，过嘉兴时，遇三塔寺芳上人。王阳明《赠芳上人归三塔》："秀水城西久闭关，偶然飞锡出尘寰。调心亦复聊同俗，习定由来不在山。秋晚菱歌湖水阔，月明清磬塔窗闲。毗卢好似嵩山笠，天际仍随日影边。"②

2. 释鲁山

弘治十五年（1502）十二月，王阳明于阳明洞修炼时，释鲁山来访。释鲁山，秦人也，曾云游四方名山。释鲁山《王伯安书舍》："一寻松下地，新构小精庐。祛冗入深院，闭门抄古书。草盆生意满，雪洞世情疏。每欲携琴访，心斋恐宴如。"③

3. 释雪江

正德二年（1507），王阳明赴谪居杭时，释雪江来访。释雪江为杭州胜果寺僧人。释雪江《奉次阳明先生谪官龙场所作原韵》："花落鸟啼春事晚，心旌难副简书招。蛮烟瘦马经山驿，瘴雨寒鸡梦早

---

① 钱明编校整理：《徐爱钱德洪董沄集》，凤凰出版社2007年版，第271页。
② 束景南、查明昊辑编：《王阳明全集补编》，上海古籍出版社2018年版，第22页。
③ 《释鲁山集》，《盛明百家诗前编》，《四库全书存目丛书》集部306册，齐鲁书社1997年影印本，第647页下栏。

朝。佩剑冲星南斗近，谏章回首北辰遥。江东便道如相过，煮茗松林拾随樵。"① 王阳明原诗佚。

4. 日本了庵和尚

正德八年（1513）五月，王阳明居绍兴。日本了庵和尚自宁波归国，王阳明作文送之。《送日本正使了庵和尚归国序》："予尝过焉，见其法容洁修，律行坚巩，坐一室，左右经书，铅朱自陶，皆楚楚可观，爰非清然乎？与之辨空，则……皇明正德八年岁在癸酉五月既望，余姚王守仁书。"可见二人有交往。

5. 法聚

嘉靖五年（1526）三月，资圣寺僧法聚随董沄执偈来谒，论道说禅。徐渭《聚禅师传》："从师海盐之资圣寺，与董从吾翁谒阳明先生于会稽山中，问独知旨，持诗为赞。先生器之，答以诗。"②

当然，王阳明所交往的僧侣远远不止这些，不过因资料缺乏而难以考证罢了。

二 王阳明越地佛缘

越地佛教盛行，王阳明自幼便接触到了佛教。陆深《海日先生行状》："岑太夫人稍崇佛教。"③ 岑太夫人崇佛，对王阳明当有一定影响。

五岁时遇神僧。《年谱》："一日与群儿嬉，有神僧过之曰：'好个孩儿，可惜道破。'"于是其祖改其名为守仁。成化十五年（1479），王阳明八岁，寓住海盐资圣寺。王阳明作《资圣寺杏花楼》："东风日日杏花开，春雪多情故换胎。……心成铁石还谁赋？冻合青枝亦任猜。"④ 诗中受佛教影响痕迹明显，如"换胎""心成铁石"等。又作《寓资圣僧房》："人世道缘逢郡博，客途归梦惜僧房。一年几度频留此，他日重来是故乡。"⑤ "一年几度频留此"，表明王阳明此年多次留宿此寺。此次长时间

---

① 《释雪江集》，《盛明百家诗前编》，《四库全书存目丛书》集部306册，齐鲁书社1997年影印本，第635页上栏。
② 《徐渭集》，中华书局1983年版，第622页。
③ 吴光等编校：《王阳明全集》，上海古籍出版社2012年版，第1160页。
④ 束景南、查明昊辑编：《王阳明全集补编》，上海古籍出版社2018年版，第1页。
⑤ 束景南、查明昊辑编：《王阳明全集补编》，上海古籍出版社2018年版，第1页。

寓居资圣寺，使王阳明与佛教深结"道缘"，为其好佛结下根基。王阳明自幼好佛，当与其四处游禅寺、对话僧侣有关，自然"当与其寓居海盐资圣寺受佛禅影响有密切关系"①。

成化十八年（1482），王阳明十一岁。时祖父竹轩公携之入京师，过镇江金山寺，作《金山寺》："金山一点大如拳，打破维扬水底天。醉倚妙高台上月，玉箫吹彻洞龙眠。"②此诗充满小孩的童趣与想象，又略带有一丝禅趣。"阳明此诗出口如禅家说禅，全类'禅机'、'公案'禅偈，乃其少时习禅心态之流露也。"③王阳明并非自幼习禅，此说虽有夸大之嫌，但不乏几分道理。

弘治二年（1489），王阳明居南昌时，临怀素《自叙帖》，对其中三昧颇有体悟。王阳明《书怀素自叙帖》："怀素家长沙，幼而事佛。经禅之暇，颇好笔翰。……弘治二年，伯安王守仁临僧怀素书于茶铛书斋。"④怀素是唐代著作的书法家，以狂草闻名，与张旭齐名，有"颠张狂素"之称。怀素早年书法狂放，但多有法度，晚年渐趋平淡，以淡、静取胜，三昧意味浓郁。王阳明习怀素书法，颇得其中禅悟。《年谱》："先生尝示学者曰：'吾始学书，对模古帖，止得字形。后举笔不轻落纸，凝思静虑，拟形于心，久之始通其法。'"王阳明"凝思静虑"便似禅法，足见禅法对其学术影响。

如上所说，弘治十五年（1502）九月，王阳明回绍兴，筑室阳明洞修炼，似无多少成效，于是留意于佛学。于是次年（1503）二月，移病钱塘，居佛寺，潜心禅学。湛若水《阳明先生墓志铭》："四溺于神仙之习，五溺于佛氏之习。"⑤所言甚是。王阳明此次学佛，仅取其所取，并非真正沉溺于佛学而不能自拔，此可见于其喝悟闭关禅僧一事。王阳明认为孝道思亲乃"人之种性"，此性不可断，断则"寂灭种性"，非人也。王阳明以"种性"为媒介，能化儒家孝道为佛性，以此论佛家绝世尘、断人伦之误，以此喝悟禅僧，使之弃关还俗。由此可见，此时王阳明已

---

① 束景南：《王阳明年谱长编》，上海古籍出版社2017年版，第25页。
② 束景南、查明昊辑编：《王阳明全集补编》，上海古籍出版社2018年版，第2页。
③ 束景南：《王阳明年谱长编》，上海古籍出版社2017年版，第39页。
④ 转引自束景南《王阳明年谱长编》，上海古籍出版社2017年版，第65页。
⑤ 吴光等编校：《王阳明全集》，上海古籍出版社2012年版，第1149页。

经由溺佛而出于佛了。

弘治十六年（1503）八月，王阳明居杭，吾谨来访，与王阳明论心性之学。王阳明对佛教心性之学多有批判。吾谨《与王伯安先生书》："谨少时嗜释、老之术……执事于其每言而疵之曰：'此禅家语。'谨亦安敢自文也哉？然以为'认虚灵之识而昧天理之真，淫于虚寂之教而终身不知返'者，则实非谨之所甘为也。"① 吾谨信中转述了王阳明的一些话语，王阳明观点可略窥一二。从上文可以看出，王阳明是比较反对禅宗虚寂的。这与其此前喝悟禅僧是一致的。

正德七年（1512）二月，王阳明归绍兴，居阳明洞。五月，日本了庵和尚自宁波归国，王阳明作《送日本正使了庵和尚归国序》以送之。在此文中，王阳明佛教观得到了一定程度的体现。王阳明认为释家当修洁身之道，在文中先论释家洁身之道，再盛赞了庵和尚之道行洁清："世之恶奔竞而厌烦拿者，多遁而之释焉。为释有道，不曰清乎？挠而不浊，不曰洁乎？狎而不染，故必息虑以浣尘，独行以离偶，斯为不诡于其道也。苟不如是，则虽皓其发、缁其衣、焚其书，亦逃祖繇而已耳，乐纵诞而已耳，其于道何如耶！……靡曼之色不接于目，淫哇之声不入于耳，而奇邪之行不作于身，故其心日益清，志日益净，偶不期离而自异，尘不待浣而已绝矣。"文中云："论教异同，以并吾圣人，遂性闲情安，不哗不肆，非净然乎！"王阳明将其德行与儒家圣人相比，认为其不逊于圣道。可见，王阳明立足点是儒家之道。

嘉靖五年（1526）三月，王阳明居绍兴，其弟子董沄携资圣寺僧人法聚来问学，王阳明以禅法悟之。释明河编《补续高僧传》卷二十六《玉芝聚公传》："法聚……闻王阳明倡良知之旨于稽山，同董从吾往谒之，言相契，阳明答以诗，然犹未脱然也。"② "答以诗"即王阳明所作《答人问良知二首》："良知即是独知时，此知之外更无知。谁人不有良知在，知得良知却是谁？知得良知却是谁？自家痛痒自家知。若将痛痒从

---

① 《光绪开化县志》，《中国地方志集成·浙江府县志辑》第54册，上海书店1993年影印本，第870页上栏—下栏。

② 释明河编：《续补高僧传》，《续修四库全书》第1283册，上海古籍出版社2002年影印本，第354页上栏—下栏。

人问,痛痒何须更问为?"王阳明将良知等于佛性,认为是天生具有的,如同痛痒,只能从自身寻找,不需外求。《续灯存稿大鉴下第三十世》:

> 湖州天池月泉玉芝法聚禅师……偶会阳明王公于多士中。王拈袖中锁匙,问:"见么?"师曰:"见。"王复纳入袖中,曰:"见么?"师曰:"见。"王曰:"未在。"师疑不决。①

王阳明好以禅悟授生,法聚为僧人,来学,王阳明以禅悟导之,故此说当为可信。王阳明以匙为喻,来阐明良知是天生的,不管看得见,还是看不见,它都是客观的存在。正因如此,法聚问答"见",如同慧能"心动"非旗动之说,不以是否所见为碍,当以心之所念为是。王阳明回答"未在",暗示法聚未能悟到良知真谛。在王阳明看来,良知,如同佛性,永在。

《传习录下》中保存了这个故事的另一版本:

> 一友举"佛家以手指显出,问曰:'众曾见否?'众曰:'见之。'复以手指入袖,问曰:'众还见否?'众曰:'不见。'佛说还未见性"。此义未明。先生曰:"手指有见有不见,尔之见性常在。人之心神只在有睹有闻上驰骛,不在不睹不闻上着实用功。盖不睹不闻是良知本性。戒慎恐惧是致良知的功夫。学者时时刻刻常睹其所不睹,常闻其所不闻,工夫方有个实落处。久久成熟后,则不须著力,不待防检,而真性自不息矣。岂以在外者之闻见为累哉?"

二者同出一源。不过法聚传中,因其不悟,故仅作简述,而《传习录》中详加记录,以明王阳明之思想。在此王阳明以见与不见物皆在说明良知天生,知与不知皆在。以此教导学生时时以功夫致良知,形成习惯之后,则良知不致自明。

---

① 转引自束景南《王阳明年谱长编》,上海古籍出版社2017年版,第1747页。

三 越地佛教与阳明学

王阳明溺于佛学多时，其学说与佛学有着密不可分的关联。刘宗周《与王右仲问答》："文成似禅非禅，故不妨用禅，其失也玄。"① 王阳明早年不满意于程朱理学，又找不到合适的理论，于是移情于佛、老之学。《朱子晚年定论序》："而苦于众说之纷挠疲痰，茫无可入，因求诸老、释，欣然有会于心，以为圣人之学在此矣……其后谪官龙场，居夷处困，动心忍性之余，恍若有悟。"其弟子王畿对此亦有较好的记载。王畿《滁阳会语》："先师之学，凡三变而始入于悟，再变而所得始化而纯。……及为晦翁格物穷理之学，几至于殒，时苦其烦且难，自叹以为若于圣学无缘，乃始究心于老佛之学。缘洞天精庐，日夕勤修炼习伏藏，洞悉机要，其于彼家所谓见性抱一之旨，非惟通其义，盖已得其髓矣。……及至居融夷处困，动忍之余，恍然神悟。"② 后来王阳明坚持圣贤之学，对佛学有所遗弃，有所批判。《与王汝中》："及佛氏入中国，以有言为谤，不立文字，惟只指人心以见性，至视言为葛藤，欲从而扫除之，其失也流而为虚。支与虚，其去道也远矣。"③ 佛学的一些思想被吸收到其学说之中，其良知论等带有明显的佛学气息。

（一）佛性论与良知说

自从南朝竺道生提出"人人皆有佛性""一阐提皆可成佛"等理论之后，这些理论成为汉化佛教佛性论的基础。禅宗六祖慧能的"心非明镜台，何处惹尘埃"之说，便是这一理论的发挥。佛教的这一佛性论消除了佛性等级之别，大大提升了佛教对广大民众的吸引力，使得广大民众一心向佛，渴望成佛。到了唐宋时期，一些高僧对佛性论做了进一步的发展。

吉藏（549—623），隋唐时期三论宗重要代表人物。陈亡后，吉藏避乱越州（今绍兴），居嘉祥寺长达十五年，故后世称其为嘉祥大师。居会

---

① 吴光主编：《刘宗周全集》第二册，浙江古籍出版社2010年版，第335页。
② 吴震编校整理：《王畿集》，凤凰出版社2007年版，第33页。
③ 束景南、查明昊辑编：《王阳明全集补编》，上海古籍出版社2018年版，第147页。

稽时期，是吉藏思想的成熟时期，其三论学思想发展成熟于会稽。① 吉藏著述多种，思想较为丰富，② 被推为三论宗创始人。吉藏不仅认为人人皆有佛性，而且认为草木无情之物皆有佛性。《唯识论》云："以依正不二故，众生有佛性，则草木有佛性……以此义故，若众生成佛时，一切草木亦得成佛。"③ 后天台宗湛然提出"无情有性"说。湛然（711—782），天台宗九祖，其在《金刚錍论》等著作中提出著名的"无情有性"论，认为世间草木、瓦砾、墙壁等，虽然没有意识，没有感情，但也有佛性，也可成佛。④ 吉藏、湛然等人的佛性论对王阳明有不小影响。

众所周知，王阳明的良知论，很像佛性论的翻版。《传习录下》：

> 朱本思问："人有虚灵，方有良知。若草、木、瓦、石之类，亦有良知否？"先生曰："人的良知，就是草、木、瓦、石的良知。若草、木、瓦、石无人的良知，不可以为草、木、瓦、石矣。岂惟草、木、瓦、石为然，天地无人的良知，亦不可为天地矣。盖天地万物与人原是一体，其发窍之最精处，是人心一点灵明。风、雨、露、雷、日、月、星、辰、禽、兽、草、木、山、川、土、石，与人原只一体。故五谷禽兽之类，皆可以养人；药石之类，皆可以疗疾；只为同此一气，故能相通耳。"

王阳明的良知论与吉藏、湛然的佛性论是何等相似。《传习录下》："先生曰：'你未看此花时，此花与汝心同归于寂，你来看此花时，则此花颜色一时明白起来，便知此花不在你的心外。'"这与慧能"不是幡动，而是心动"说何其相似。

王阳明深受佛性论影响，可见于其喝悟闭关禅僧一事。邹守益《王

---

① 参见董平《浙江思想学术史——从王充到王国维》，中国社会科学出版社2005年版，第69—70页。

② 详情参见拙作《上下阳明：绍兴思想信仰史》，中国社会科学出版社2019年版，第131—135页。

③ 吉藏：《大乘玄义》卷三，转引自石峻等编《中国佛教思想资料选编》第二卷第一册，中华书局1983年版，第366页。

④ 参见陈荣富《浙江佛教史》，华夏出版社2001年版，第129页。

阳明先生图谱》：

> 往来南屏、虎跑诸寺，有坐僧三年不语不视，先生喝之曰："这和尚终日口巴巴说甚么？终日眼睁睁看甚么？"僧惊起，向佛拜开戒，即诣先生，指示心要。问其家，曰："有母在。"问"起念否？"曰："不能不起。"曰："此念，人之种性。若果可断，寂灭种性矣。吾儒与二氏毫厘之异，止在此。"僧泣谢。明日，遂返。①

竺道生"众生皆有佛性"说影响极其深远，后佛教各派的佛性论都不过是对其学说的发挥。佛教这一理论给儒学以礼教为基础的人群类分论以很大的冲击。于是宋代理学家，努力纳禅入儒，化佛性为天理，纳人欲于礼教。但这种外在的强加，毕竟不易让人接受。从以上故事可以看出，王阳明吸禅入儒，化佛性为儒家种性，即孝之天性，认为孝性与生俱有，不可泯灭。灭孝性，便是灭种性，故不可行。王阳明以此喝醒禅僧。王阳明此处所说"种性"即后来的良知。

> 阳明先生寓居辰州龙兴寺时，主僧有某者方学禅定，问先生。先生曰："禅家有杂、昏、惺、性四字，汝知之乎？"僧未对，先生曰："初学禅时，百念纷然杂兴，虽十年尘土之事，一时皆入于心内，此谓之杂；思虑既多，莫或主宰，则一向昏了，此之谓昏；昏愦既久，稍稍渐知其非，与一一磨去，此之谓惺；尘念既去，则自然里面生出光明，始复元性，此之谓性。"僧拜谢去。②
> 佛氏本来面目，即吾圣人所谓良知。工夫本体，大略相似，只佛氏有个自私自利之心，所以不同。佛氏外人伦，遗物理，固不得谓之明心。③

---

① 邹守益：《王阳明先生图谱》，《四库未收书辑刊》4 辑第 17 册，北京出版社 2000 年影印清钞本，第 471 页下栏。
② 束景南、查明昊辑编：《王阳明全集补编》，上海古籍出版社 2018 年版，第 202 页。
③ 束景南、查明昊辑编：《王阳明全集补编》，上海古籍出版社 2018 年版，第 216 页。

后在《传习录中·答陆原静书》中,王阳明对佛教种性与良知之关系做了较好的分析:

> 良知只是一个良知,而善恶自辨,更有何善何恶可思?良知之体本自宁静;今却又添一个求宁静;本自生生,今却又添一个欲无生;非独圣门致知之功不如此,虽佛氏之学亦未如此将迎意必也。只是一念良知,彻头彻尾,无始无终,即是前念不灭,后念不生。今却欲前念易灭,而后念不生,是佛化所谓断灭种性,入于槁木死灰之谓矣。

从上可以看出,王阳明的良知论与佛性论多有相似之处。佛教认为佛性自净不染,自静不动,只有明与不明之别。王阳明则认为良知自明善恶,无须辨善恶;良知自宁静,无须求宁静;良知自生,无须求生。如有念生,则断灭佛性;如有欲生,则未致良知。

王阳明认为良知天生,人人皆有良知,人人皆可成圣人。《语录》:

> 王新建伯对人,每论人皆可以为尧舜。一日,令苍头辟草阶前,有客问曰:"此辟草者,亦可尧舜耶?"答曰:"此辟草者纵非尧舜,使尧舜辟草,当不过此。"①

在此,王阳明没有直接回答苍头是否可为尧舜,却换了一个角度来看问题,从辟草的角度而言,苍头辟草同于尧舜。佛教认为"一阐提皆可成佛",迷则众生悟则佛。良知虽然天生具有,就算人人皆可致良知,但并非皆能成为圣人。这也暴露了王阳明良知说的缺陷。

除了良知说之外,王阳明的其他理论亦多受佛学影响。如《语录》:

> 愚尝亲闻于阳明曰:"要知前世因,今生受者是;要知来世果,今生作者是。尽之矣!"二十三言,历历在耳,阳明岂欺我哉!②

---

① 束景南、查明昊辑编:《王阳明全集补编》,上海古籍出版社2018年版,第198页。
② 束景南、查明昊辑编:《王阳明全集补编》,上海古籍出版社2018年版,第229页。

这显然受到了佛教三世因缘说的影响。再如《续传习录》：

> 黄勉叔问："心无恶念时，此心空荡荡的，不知亦须存个善念否？"先生曰："既去恶念，便是善念，便复心之本体矣。譬如日光被云来遮蔽，云去光已复矣。若恶念既去，又要存个善念，即是日光之中，添燃一灯。"①

神秀云："身是菩提树，心如明镜台。时时勤拂拭，勿使惹尘埃。"王阳明云"日光""云遮"，与此非常相似，其心性说颇似北禅佛性说。《续传习录》："先生尝语学者曰：'心体上着不得一念留滞，就如眼着不得些子尘沙。'"② 此说亦与慧能佛性说相近。

嘉靖六年（1527），出征前，妻弟诸经来访，王阳明为其作《为善最乐文》："若夫君子之为善，则仰不愧，俯不怍，明无人非，幽无鬼责，优优荡荡，心逸日体。……为善之乐，大行不加。"此文劝人为善，与佛教劝善文无二。

王阳明晚年居绍兴时作《答人问道》："饥来吃饭倦来眠，只此修行玄更玄。说与世人浑不信，却从身外觅神仙。"佛僧倡导，"饥来吃饭，困来即眠"即是修道。王阳明亦是此意。

王阳明《与欧阳崇一》其三："喻及持志养气，甚善。暴其气，亦只是不能持其志耳。释氏轮回变现之论，亦不必求之窈冥。今人不能常见自己良知，一日之间，此心倏焉而夷狄，倏焉而禽兽，倏焉而趋入悖逆之途，倏焉而流浪贪淫之海，不知几番轮回，多少发现，但人不自觉耳。"③ 在此王阳明借用了佛教轮回说来说良知。

（二）三教融合与王阳明三教合一

佛教理论与中国传统儒学多有不合之处，于是自传入以来，佛儒之间一直争辩不歇，"三破论""沙门不拜王者论"便是二者争辩的结果。但自唐代以降，佛、释合流成为一种趋势，佛教吸纳儒学之长，以求生

---

① 束景南、查明昊辑编：《王阳明全集补编》，上海古籍出版社 2018 年版，第 233 页。
② 束景南、查明昊辑编：《王阳明全集补编》，上海古籍出版社 2018 年版，第 243 页。
③ 束景南、查明昊辑编：《王阳明全集补编》，上海古籍出版社 2018 年版，第 169 页。

存、发展；而儒学亦吸收佛教之长，以求发展与壮大。到了宋代，一些高僧努力论证三教一致。

契嵩（1007—1072），晚年居杭州灵隐寺之永安精舍，潜心著作，著有《禅门定祖图》《传法正宗论》《辅教编》等，倡导三教融合，强调儒释无二。契嵩认为佛教五戒与儒家五常是一致的。《辅教编·原教论》："不杀者仁也，不盗者义也，不邪淫者礼也，不饮酒者智也，不妄语者信也。"① 契嵩继而认为佛教十善与儒家伦理也是一致的。《辅教编·原教论》："脱天下皆以此各修，则人人足成善，人人皆善而世不治未之有也。或曰佛止言性，性则《易》与《中庸》云矣！何用佛为？嵩云佛言性与世书一也，是圣人同其性矣。人多是其同则广为道德。同诚其心，同斋戒其身，同推德于人以福其亲，以资吾君之治，佛何能为中国患哉！"② 契嵩等人的三教融合思想，有力推动了中国佛教的进一步发展，"进一步使佛教同中国的主流文化融为一体，朝着社会化、世俗化的方向发展"③。

自从东晋慧远倡导净土信仰以来，净土宗一直盛行不歇，以致有天下佛教"不归禅则归净"之说。北宋时期高僧省常（959—1020）于杭州大昭庆寺结净行社，促进了佛教信仰的世俗化、大众化。宋代浙江居士佛教出现新局面，儒士文人不仅好与僧侣交往，还好参禅信佛。苏轼来杭州任知州时，遍访僧寺，同高僧大德交往甚多。居士佛教的发展，进一步促进了中国佛教的世俗化，也进一步促进了儒、释、道三教合流。

王阳明先溺于佛、道，后归于圣贤之学。王阳明对佛、儒异同多有比较。《传习录上》：

（王阳明）曰："……此等善恶，皆由汝心好恶所生，故知是错。"（薛侃）曰："然则无善无恶乎？"曰："无善无恶者理之静，有善有恶者气之动。不动于气，即无善无恶，是谓至善。"曰："佛氏无善无恶，何以异？"曰："佛氏着在无善无恶上，便一切都不管，不可以治天下。圣人无善无恶，只是'无有作好'，'无有作恶'，不

---

① 转引自陈荣富《浙江佛教史》，华夏出版社2001年版，第357—358页。
② 转引自陈荣富《浙江佛教史》，华夏出版社2001年版，第358页。
③ 陈荣富：《浙江佛教史》，华夏出版社2001年版，第359页。

动于气。"

王阳明在此对佛、儒的"无善无恶"做了辨析,前者漠视善恶,故不可治天下;后者是行善弃恶,故可以治天下。《传习录下》:

> 或问:"释氏亦务养心,然要之不可以治天下,何也?"先生曰:"吾儒养心,未尝离却事物,只顺其天则自然,就是功夫。释氏却要尽绝事物,把心看做幻相,渐入虚寂去了。与世间若无些子交涉,所以不可治天下。"

在更多情况下,王阳明认为圣贤之道高于佛、道。王阳明认为"大抵二氏之学,其妙与圣人只有毫厘之间"(《传习录上》),故不易为辨识。《传心录上》:

> 王嘉秀问:"……仙、佛到极处,与儒者略同,但有了上一截,遗了下一截,终不似圣人之全;然其上一截同者,不可诬也。后世儒者,又只得圣人下一截,分裂失真,流而为记诵词章,功利训诂,亦卒不免为异端。是四家者终身劳苦,于身心无分毫益。视彼仙、佛之徒,清心寡欲,超然于世累之外者,反若有所不及矣。今学者不必先排仙、佛,且当笃志为圣人之学。圣人之学明,则仙、佛自泯。……鄙见如此,先生以为何如?"
> 先生曰:"所论大略亦是。但谓上一截、下一截,亦是人见偏了如此。若论圣人大中至正之道,彻上彻下,只是一贯,更有甚上一截、下一截?"

王阳明赞同王嘉秀所言,仙、佛同于圣道,但圣道又高于仙、佛。他继而提出,圣家浑然一体,不可分作两截。再如《传习录下》:

> 先生曰:"仙家说到虚,圣人岂能虚上加得一毫实?佛氏说到无,圣人岂能无上加得一毫有?但仙家说虚,从养生上来;佛化说无,从出离生死苦海上来,却于本体上加却这些子意思在,便不是

他虚无的本色了,便于本体有障碍。圣人只是还他良知的本色,更不着些子意在。良知之虚,便是天之太虚;良知之无,便是太虚之无形。……圣人只是顺其良知之发用,天地万物,俱在我良知的发用流行中,何尝又有一物超于良知之外,能作障碍?"

王阳明认为儒家也说虚、无,但二者说虚、无还有功利性;而儒家良知也有虚、无,但良知不含功利性,故无障碍。《传习录下》:

> 先生尝言:"佛氏不著相,其实著了相。吾儒著相,其实不著相。"请问。曰:"佛怕父子累,却逃了父子,怕君臣累,却逃了君臣,怕夫妇累,却逃了夫妇,都是为个君臣、父子、夫妇著了相,便须逃避。如吾儒有个父子,还他以仁;有个君臣,还他以义;有个夫妇,还他以别;何曾著父子、君臣、夫妇的相?"

王阳明认为,佛教虽不著相,却累于相,故努力逃避于相;而儒家将这些责任化为道义,故曰著相而不累于相。

王阳明三教同的观点多见于其著作之中。《传习录上》:"问仙家元气、元神、元精。先生曰:'只是一件:流行为气,凝聚为精,妙用为神。'"

王阳明后来对佛教有摒弃,有继承,最终实现三教合一。王阳明认为三家原本一家,不可做区别看待。朱得之《稽山承语》:"或问三教同异。师曰:'道大无外,若曰各道其道,是小其道矣。……其初只是一家,去其藩篱,仍旧是三家。三教之分,亦只似此。'"[1] 晚年王阳明与弟子张元冲舟中论三教便是最好的证明。嘉靖二年(1523)十月,在舟中,与张元冲论儒、佛、老三家异同。王阳明主张以儒为主,纳释道入儒,为儒所用,以实现三教合一。《语录补录》:"二氏之用,皆我之用。……但后世儒者不见圣学之全,故与二氏成二见耳。……圣人与天地民物同体,儒、佛、庄皆吾之用,是之谓大道。二氏自私其身,是之谓小道。"[2]

---

[1] 束景南、查明昊辑编:《王阳明全集补编》,上海古籍出版社2018年版,第211页。
[2] 吴光等编校:《王阳明全集》,上海古籍出版社2012年版,第971页。

此语为王阳明晚年三教观的最好概说。

　　从以上分析可以看出，早年王阳明因为精神困惑，曾沉溺于佛学，龙场顿悟之后，他执着于圣贤之道，对佛教有所排斥，甚至批判。但他并没有完全抛弃佛学，佛学的许多思想和理论已融入到其学说和理论之中，不时以另一种形式流露出来。

第三章

越地地域文化与阳明学

地域与文化密切相连。自古越国以来,南方吴越便形成了具有浓郁地方特色的地域文化。秦汉以降,随着越地的开化与北方文化的渗入,越地文化发生了不少变化,但其地域色彩却一直存在。王阳明生于越地,长于越地,故越地地域文化对其学说有不少影响。

第一节 越地学术风尚与阳明学

地理环境不仅对人们的生活有不少影响,对人们的精神活动也有不少影响,于是形成不同地域文化。早在先秦时期,在华夏大地上便形成了不同地域文化,如齐鲁文化、三晋文化、吴越文化、楚文化等。自古越国以来,越地学术延绵不息,不仅形成了一定的学术传统,而且形成鲜明的地域特色。越地学术风尚对王阳明有不少影响。

一 越地学术风尚

早在先秦时期,古越先贤以聪明智慧创造了辉煌的古越文化,也创造了古越学术。秦汉以来,越地学术一直绵延不息,出现了像王充、虞翻、魏伯阳、贺循、慧皎、虞世南等学术名流。他们的学术思想、学术风尚对后世越地学术文化的发展产生了较大的影响。[①]

(一) 地域性

一方山水养一方人,地域的差异性导致了文化的差异性。越地独具

---

① 详情参见拙作《上下阳明:绍兴思想信仰史》,中国社会科学出版社2019年版。

风貌的地域使得越地文化具有浓郁的地域特征。越地为水乡，舟楫为出行主要工具。越王勾践长于水战，长于出奇制胜，范蠡天道循环论，文种灭吴九术，计然农产品价格体例等，无不带有浓郁的越地气息。越人信鬼神、好巫术，王充广批鬼神巫术、民间信仰以及各类民间禁忌等，这些无不是越地大众文化在其思想中的折射。《越绝书》和《吴越春秋》更是越人生活习俗、思想文化和兴衰历史的真实再现。

（二）广博性

古越先贤，无不具有广博的知识，如范蠡能文能武，又善经营，成为一代商祖。文种，既善治理经营，又长于卜筮。汉代王充知识广博，几乎无所不学。《论衡》一书涉及天文、地理、自然、民俗、社会、典籍等诸多方面，可视为汉代"百科全书式"的著作。虞世南所编《北堂书钞》为今存最早的大型类书之一，全书共一百七十余卷，分八十部，八百余类，各类知识几乎无所不包。一代高僧吉藏、澄观等，皆佛学造诣精深，知识广博，著述丰富。

（三）融会性

越地学者广泛采纳、融化前贤之长，以形成自己的思想体例。范蠡天道观、天道循环等思想多受老子影响，文种灭吴九术、计然商情预测等，皆是对先贤学说继承与融合的结果。王充思想是在对先贤思想批判性继承的结果，其博学颇似刘歆与桓谭等，其好辩颇似孟子。其对老子、孔子、孟子、荀子、扬雄等人学说继承颇多，同时他又问孔、刺孟，广批诸子。魏伯阳《周易参同契》便是融周易、黄老与炼丹术于一体。慧皎《高僧传》体例所出有源。虞世南《北堂书钞》多受前代类书影响。受前贤禅教合一影响，契嵩倡导三教合一。

（四）创新性

继承是基础，创新是关键。越地学者不仅长于继承、融汇，更长于开拓、创新。范蠡道术论、文种灭吴九术等，都是在继承的基础之上超越前人。王批判精神和实践认知论，无不闪烁着现代科学的光辉，其对雷电等的考辨，无不具有很强的科学性。魏伯阳将周易、黄老与丹火理论融为一体，创立全新的丹鼎术。虞翻《易》学，集汉代象数《易》学之大成，发展了卦气说，创造了卦变说等。慧皎借鉴正史与早期僧传体例而创立僧传体。吉藏的二藏三论判教理论、湛然的无情有性说，契嵩的三教合一说等，无不充满创新性。

越地的这些学术传统，对王阳明有不少影响，在他的言辞、著作中可以看到王充善辩的影子，也可以看到魏伯阳、张伯瑞（紫阳真人）等人融儒道合一的影子。

二　王氏家族家学家风

王氏家族有着良好的家学家风，这些对王阳明有不少影响。①

（一）忠孝之节

王氏家族一直以忠孝而闻名。元末，王纲"尝奉母避兵五泄山中"。时有道士劝王纲从其游，"然公不克终墉下。今能从吾游之乎？性常以母老，有难色"。② 王纲为广东参议，督运兵粮，遇海盗劫船，威胁其为帅，不从，竟为贼所杀害。其子王彦达，十六岁，时随行，亦入贼中。从旁骂贼求死，贼首曰："父忠而子孝，杀之不祥。"③ 乃舍之。王彦达以羊革裹父尸而出，得归葬于禾山。后王阳明题诗《书泉翁壁》："我祖死国事，肇禋在增城。荒祠幸新复，适来奉初蒸。"后又为文祭之，《祭六世祖广东参议性常府君文》："表扬忠孝，树之风声……以宣流王化之盛美。"五世祖王彦达虽以荫得官，但终身不仕，躬耕养母，"人称孝子"④。王阳明《祭六世祖广东参议性常府君文》赞曰："父死于忠，子殚其孝，各安其心，白刃不见，又知有一祀之荣乎！"王阳明之父王华既忠又孝。王阳明起兵平宁王乱时，人劝其避之，其云："吾儿方举大义，吾避安之。"又曰："吾为国大臣，恨老不能荷戈首敌。"⑤ 一片忠心见于言表。《海日先

---

① 余姚秘图山王氏传承如下：王纲（字性常）—王彦达—王与准（自号遁石翁，人称遁石先生）—王杰（字世杰，人称槐里先生）—王伦（人称竹轩先生）—王华（人称龙山公，晚自号海日翁，人又称海日先生）—王阳明（守仁）。为了节省篇幅，文中一般皆直称其名，不附以辈分称呼。

② 张壹民：《王性常先生传》，载吴光等编校《王阳明全集》，上海古籍出版社2012年版，第1139页。

③ 张壹民：《王性常先生传》，载吴光等编校《王阳明全集》，上海古籍出版社2012年版，第1140页。

④ 杨一清：《海日先生墓志铭》，载吴光等编校《王阳明全集》，上海古籍出版社2012年版，第1145页。

⑤ 杨一清：《海日先生墓志铭》，载吴光等编校《王阳明全集》，上海古籍出版社2012年版，第1144页。

生墓志铭》:"公性至孝。初,竹轩公病报至,当道以不受当迁官,宜出受新命,公卧家不出,日忧惧不知所为。逾月,讣始至,恸绝几丧生。……比致仕,岑太夫人年近百岁,公寿逾七十,犹朝夕为童子嬉戏以悦亲,左右扶掖,不忍斯须去侧。太夫人卒,块苫擗踊,过毁致疾。及葬,徒跣数十里,疾益甚,竟以是不起。"① 王阳明也很孝顺。弘治十五年(1502)十二月,王阳明于阳明洞中修炼时,思念亲人。《年谱》:"思离世远去,惟祖母岑与龙山公在念,因循未决。"

(二) 隐逸之风

王纲"少与永嘉高则诚族人元章相友善,往来山水间,时人莫测也。"② 王纲尝谓友人刘基曰:"老父性在丘壑,异时得志,幸勿以世缘见累,则善矣。"王彦达"有隐操"③,于是隐于秘图湖畔,号为秘湖渔隐。高祖王与准,秉父遗志,闭门勤学。乡有从其学者,则辞之,曰:"吾无师承,不足相授。"④ 赵先生高其才,欲妻以族妹,劝其出仕,婉而谢之。不愿为县令笙,逃入山中。朝廷求隐逸高士,令其出仕,王与准不从,曰:"王与准以其先世尝死忠,朝廷待之薄,遂父子誓不出仕,有怨望之心。"使者逼之,逃遁,伤于石,故自号"遁石翁"⑤。无奈之外,乃使子王杰出山,备邑庠弟子员。王与准与父"皆以德学为世隐儒"⑥。王杰为童子,有志圣贤之学,年十四,通于四书五经之说。不试,躬耕教授,以养其母。尝言:"学者能见得曾点意思,将洒然无入而不自得,爵禄之

---

① 杨一清:《海日先生墓志铭》,载吴光等编校《王阳明全集》,上海古籍出版社2012年版,第1147页。
② 张壹民:《王性常先生传》,载吴光等编校《王阳明全集》,上海古籍出版社2012年版,第1139页。
③ 胡俨:《遁石先生传》,载吴光等编校《王阳明全集》,上海古籍出版社2012年版,第1140页。
④ 胡俨:《遁石先生传》,载吴光等编校《王阳明全集》,上海古籍出版社2012年版,第1140页。
⑤ 胡俨:《遁石先生传》,载吴光等编校《王阳明全集》,上海古籍出版社2012年版,第1140页。
⑥ 戚澜:《槐里先生传》,载吴光等编校《王阳明全集》,上海古籍出版社2012年版,第1141页。

无动于中，不足言也。"① 王阳明一生好归隐生活。《传习录中·答聂文蔚》："会稽素号山水之区，深林长谷，信步皆是，寒暑晦明，无时不宜，安居饱食，尘嚣无扰，良朋四集，道义日新，优哉游哉，天地之间宁复有乐于是者！"王阳明归绍兴时，常居阳明洞，早年是为养病修炼，后来主要是乐其归隐之趣。对此前文做了不少论述，就不做赘述了。

（三）博学之统

王纲遇道士，"因授以筮法。且为性常筮之曰：'公后当有名世者矣。'"② 因为善筮，刘基未显时，与王纲多有交往。王纲尝谓刘基曰："子真王佐才，然貌微不称其心，宜厚施而薄受之。"③ 王与准曾从四明赵先生学《易》。尝得筮书于异人，为筮，无不中。县令曾请其筮，王与准不从，"取其书对使者焚之，曰：'王与准不能为术士，终日奔走公门谈祸福。'"④ 王与准精研礼、易，著有《易微》数千言。从王杰开始，王氏家族逐渐由《易》而转向礼学。王杰著有《周礼考正》，竹轩公好观《仪礼》，王阳明年幼时，教之以《礼记》。邹守益《王阳明年生图谱》："先生八岁，大父竹轩翁授以《曲礼》。"⑤ 王华著有《礼经大义》。后王阳明亦长于说礼，显然是对家学的继承。

王氏家族不仅博学，且兼善著述。王杰"环堵萧然，所遗惟书史数箧"⑥。王伦曰："此吾先世之所殖也，我后人不殖，则将落矣。"⑦ 乃穷年口诵心惟，于书无所不读。著《竹轩稿》八卷，《江湖杂稿》若干卷。

---

① 戚澜：《槐里先生传》，载吴光等编校《王阳明全集》，上海古籍出版社2012年版，第1142页。
② 张壹民：《王性常先生传》，载吴光等编校《王阳明全集》，上海古籍出版社2012年版，第1139页。
③ 张壹民：《王性常先生传》，载吴光等编校《王阳明全集》，上海古籍出版社2012年版，第1139页。
④ 胡俨：《遁石先生传》，载吴光等编校《王阳明全集》，上海古籍出版社2012年版，第1140页。
⑤ 邹守益：《王阳明先生图谱》，《四库未收书辑刊》4辑第17册，北京出版社2000年影印清钞本，第469页上栏。
⑥ 魏瀚：《竹轩先生传》，载吴光等编校《王阳明全集》，上海古籍出版社2012年版，第1142页。
⑦ 魏瀚：《竹轩先生传》，载吴光等编校《王阳明全集》，上海古籍出版社2012年版，第1142页。

王华则著有《龙山稿》《垣南草堂稿》《礼经大义》诸书,《杂录》《进讲余抄》等稿,共四十六卷。

(四) 发达之梦

王纲遇道士,道士之语,成为王氏家族的梦想。后王氏家族多提及此事。《遁石先生传》:"王氏……中微百余年,天道未为无意也。元末时,其先世尝遇异人,谓其后必有名世者出;而翁亦尝再世而兴之筮。今世杰于翁亦再世矣,充世杰之道,真足以弘济天下,而能澹然爵禄不入其心……吾诚于世杰见之,异时求当天下之大任者,非世杰而谁乎?则异人之言,与翁之筮,于是始可验矣。"① 可惜此预言并未在王杰身上得到应验。

《槐里先生传》:"先君幼时,尝闻乡父老相传,谓王氏自东晋来盛江左,中微且百数年,元时有隐士善筮者,与其先世游,尝言其后当有大儒名世者出,意其在先生。而先生亦竟不及用,岂尚在其子孙耶?"② 道士所言,多半是客套的美言。王氏家族将道士所言视为家族梦想,急切渴望在子孙身上得以实现。道士语,时仅王纲母子独闻,外人不知。"闻乡父老相传",当指是其祖、父传下来。"意其在先生",原以为王氏发达梦会实现在王杰身上。不果,只好寄托于子孙了。父王华自幼聪明,寄托着家族发达梦。杨一清《海日先生墓志铭》:"始能言,槐里公授以诗歌,经耳辄成诵。稍长,读书过目不忘。"③ 十一岁从钱希宠学,钱师叹曰:"公子德器如是,断非凡儿。"④ 十七岁时,以三礼投试邑中,邑令连命三题,一挥而就,令叹曰:"吾子异日必大魁天下。"虽一次次落第,⑤ 但到成化十六年(1480),年四十五,⑥ 中乡试,次年会试,一举中状元。

---

① 胡俨:《遁石先生传》,载吴光等编校《王阳明全集》,上海古籍出版社2012年版,第1141页。

② 戚澜:《槐里先生传》,载吴光等编校《王阳明全集》,上海古籍出版社2012年版,第1142页。

③ 吴光等编校:《王阳明全集》,上海古籍出版社2012年版,第1145页。

④ 陆深:《海日先生行状》,载吴光等编校《王阳明全集》,上海古籍出版社2012年版,第1154页。

⑤ 杨一清《海日先生墓志铭》:"连举不利。"可见王华此前科场不顺,多次落第。

⑥ 《年谱》载王华寿七十,误。杨一清《海日先生墓志铭》和陆深《海日先生行状》皆言享年七十有七(1436—1522)。

王氏家族的家学家风对王阳明必然产生很大的影响。

三 王华言传身教

王阳明为王华长子，自幼王华便亲自教授，传之为文，教之为人，对王阳明一生有着极大的影响。

（一）言传身教

王华非常重视对王阳明的教育。王华很早就外出为子弟师，① 以养家糊口。幼时，王阳明随祖父竹轩公居余姚瑞云楼。王阳明五岁时遇神僧一事可以为证。王华归来时，往往亲授王阳明。成化十三年（1477），王华归来赴乡试时，曾教授王阳明。王阳明《送德声叔父归姚》题记："守仁与德声叔父共学家君龙山先生。"② 成化十五年（1479），王华至海盐为子弟师时，便将王阳明带在身边，随时授学。王阳明寓居海盐资圣寺，并有诗咏怀。《评释巧对》一书中多载王阳明与父王华对对联之事，当为此时之事。③ 成化十七年（1481），王华高中状元后任职京师。次年，竹轩公便携王阳明赴京。此后多年，王阳明便一直随父居在京师，不时接受父亲教导。《年谱》："明年就塾师，先生豪迈不羁，龙山公常怀忧。"可见王华对王阳明教育的重视。弘治二年（1489）十二月，竹轩公卒。次年正月，王华奔丧归余姚。居丧期间，王华亲授王阳明等课业。《年谱》："明年龙山公以外艰归姚，命从弟冕、阶、宫及妹婿牧相，与先生讲析经义。先生日则随众课业，夜则搜取诸经子史读之，多至夜分。"弘治五年（1492）中乡试之后，王阳明两次会试下第。此数年间，王阳明一直随父居京师，入北雍学习之余，亦时常从父受学。

直至晚年，王华依然时常教导王阳明。王阳明封爵，时值王华寿诞，王阳明举觞为寿，王华教诲之曰：

> 此仗宗社神灵，朝廷威德，岂汝一书生所能办。比谗构横行，

---

① 学者认为王华景泰中（1450—1456）便为子弟师，至成化十七年（1481）中进士，任子弟师二十余年。参见束景南《王阳明年谱长编》，上海古籍出版社2017年版，第11页。

② 束景南先生认为王阳明这次受学在成化十三年至十四年之间，时间不长。参见束景南《王阳明年谱长编》，上海古籍出版社2017年版，第20页。

③ 详情参见束景南《王阳明年谱长编》，上海古籍出版社2017年版，第21—22页。

祸机四发，赖武庙英明保全。今国是既定，吾父子之荣极矣。然福者祸之基，能无惧乎！古云："知足不辱，知止不殆。"吾老矣，得父子相保庸下，孰与犯盈满之戒，覆成功而毁令名者耶？①

王阳明跪受而教。王华以"知足不辱"教导王阳明功成身退。《年谱》："先生洗爵而跪曰：'大人之教，儿所日夜切心者也。'"王阳明从之，于是隐居绍兴长达六七年之久。

（二）王华影响

王华为人正直，不迎合奸佞权臣刘瑾。陆深《海日先生行状》：

贼瑾用事，呼吸成祸福。士大夫奔走其门者如市。先生独不之顾。时先生元子今封新建伯方为兵部主事，上疏论瑾罪恶。瑾大怒，既逐新建，复迁怒于先生。……尝阴使人语，谓于先生有旧，若一见可立跻相位。先生不可。瑾意渐拂。……冀必往谢。先生又不行，瑾复大怒。然先生乃无可加之罪……传旨令致仕。②

父子相抗于奸臣刘瑾何等相似。王阳明举兵讨贼，时王华致仕居绍兴。

有传伯安遇害者，人谓公曰："盍避诸？"公曰："吾儿方举大义，吾避安之。"或曰："伯安既仇贼，贼必阴使人行不利于公，避之是也。"公笑曰："吾儿能弃家讨贼，吾何可先去，以为民望。祖宗功泽在天下，贼行且自毙。吾为国大臣，恨老不能荷戈首敌。即有不幸，犹将与乡里子弟共死此城耳。"③

---

① 杨一清：《海日先生墓志铭》，载吴光等编校《王阳明全集》，上海古籍出版社2012年版，第1144页。
② 陆深：《海日先生行状》，载吴光等编校《王阳明全集》，上海古籍出版社2012年版，第1157页。
③ 杨一清：《海日先生墓志铭》，载吴光等编校《王阳明全集》，上海古籍出版社2012年版，第1143页。

一派大义凛然，深为可佩，真可谓先有其父，后有其子也。后王阳明不降于宁王，而举师平乱，与此颇为类似。陆深《海日先生行状》："先生气质醇厚，平生无矫言饰行，仁恕坦直，不立边幅。与人无众寡大小，待之如一。谈笑言议，由衷而发，广庭之论，入对妻孥，曾无两语。……操持坚的，屹不可动。"① 黄绾《实翁先生寿序》："矧公（王华）遭危疑，处权奸，怀之以恩而弗居，撼之以威而不动，人或忌而毁之，在朝则引身以求退，在时野则忘之而无辩。"② 王阳明临危不惧，遇恶不避，与其父相似。如上所说，王华好以奇梦来粉饰自己，而王阳明亦好此。如流放龙场驿丞，作《绝命诗》二首，诈沉江，与王华早年梅庄梦相似。

在学术思想方面，王阳明身上亦多可见其父影响。王华多受理学影响。王华理学对王阳明有不少影响。观之王华廷试卷，其以心学答帝问。而后王阳明建立庞大的心学体系，其心学多源于陆九渊等，但"亦有'家学'渊源，由此透露一线消息"③。

王华之学"一出于正，书非正不读"④。王华专于圣贤之学，反对神仙、佛禅等思想。陆深《海日先生行状》：

> 先生始致政归，客有以神仙之术来说者，先生谢之曰："人所以乐生于天地之间，以内有父母、昆弟、妻子、宗族之亲，外有君臣、朋友、姻戚之懿，从游聚乐，无相离也。今皆去此，而槁然独往于深山绝谷，此与死者何异？夫清心寡欲，以怡神定志，此圣贤之学所自有。吾但安乐委顺，听尽于天而已，奚以长生为乎？"客谢曰："神仙之学，正谓世人悦生恶死，故其所欲而渐次导之。今公已无恶死悦生之心，因以默契神仙之妙，吾术无所用矣。"先生于异道外术一切奇诡之说，廓然皆无所入。惟岑太夫人稍崇佛教，则又时时曲

---

① 陆深：《海日先生行状》，载吴光等编校《王阳明全集》，上海古籍出版社2012年版，第1158页。
② 张宏敏编校：《黄绾集》，上海古籍出版社2014年版，第193—194页。
③ 束景南：《王阳明年谱长编》，上海古籍出版社2017年版，第36页。
④ 杨一清：《海日先生墓志铭》，载吴光等编校《王阳明全集》，上海古籍出版社2012年版，第1147页。

意顺从之，亦复不以为累也。①

王阳明年轻时先溺于神仙术，后溺于佛，后方归于圣贤之学。王阳明后期极力排斥神仙之术，一方面与其思想发展有关，另一方面也受其父王华的影响。

王阳明不热心于仕宦，却一直不归隐，当与其父热衷于功名有关。弘治十五年（1502），王阳明修炼于阳明洞。王阳明妻弟诸用明来信，劝王阳明出仕，王阳明作书答。《寄诸用明》：

> 书来劝吾仕，吾亦非洁身者，所以汲汲于是，非独以时当敛晦，亦以吾学未成。岁月不待，再过数年，精神益弊，虽欲勉进而有所不能，则将终于无成。皆吾所以势有不容已也。但老祖而下，意皆不悦，今亦岂能决然行之？

"老祖而下"指的是他祖母岑太夫人以及其父王华。学者认为，岑太夫人和王华曾对王阳明进行了面训，故王阳明次年出仕，赴山东任。② 王华热衷于功名，一直影响着王阳明，使得王阳明一直"混迹"于仕途，不得归隐。

从以上分析可以看出，不管是王氏家族家学家风，还是其父亲王华的言传身教，都对王阳明产生了较大的影响，正如钱明先生所言："隐隐流淌在阳明血脉里的，既有追求功名的远大志向，又有原创新说的现实冲动，亦有归隐洒落的仙家气象。……可以说这是王阳明思想形成过程中一个不可忽视的家族文化背景。"③

第二节　阳明洞与阳明学

王阳明，原名王守仁，字伯安。绍兴阳明洞天是道教三十六小洞天

---

① 陆深：《海日先生行状》，载吴光等编校《王阳明全集》，上海古籍出版社2012年版，第1160页。
② 参见束景南《王阳明年谱长编》，上海古籍出版社2017年版，第298页。
③ 钱明：《儒学正脉——王守仁传》，浙江人民出版社2006年版，第13页。

之一。三十一岁时,王守仁于阳明洞修炼,且自号阳明山人,故世人称其为阳明先生、阳明公,后人则称之为王阳明,其原名反而逐渐被人遗忘。自从阳明洞天修炼以来,王阳明及其学说与阳明洞即结下了不解之缘,阳明洞既是阳明学说的发祥地,也是阳明学说的精熟地。

一 阳明洞在绍兴

关于阳明洞,自明清以来学者们论述颇多,但问题依然没有得到较好解决。关于阳明洞的相关材料甚多,但不少材料或为辗转相抄,或为道听途说,或为有意杜撰,难免失真或不真。在继承前贤成果的基础之上,力求依较早、较可信材料,对这一问题进行重新考辨,以期推动此问题研究。

王阳明成名之外,各处阳明洞也变得多起来。弘治五年(1492),王阳明赴杭州参加乡试,中乡举第六名。来杭乡试时,王阳明曾住南屏净慈寺读书。释大壑《南屏净慈寺志》卷六:"王守仁……公自乡举时,读书南屏。……南屏之阳有洞,以公名。"① 后王阳明多次居南屏净慈寺,王阳明成名后,人们将其早年读书之洞命名为阳明洞。此杭州南屏阳明洞。② 徐爱《胜果次韵》:"禅生心静看江月,供佛楼闲出海云。……东望阳明应未远,万云深处是书台。""禅心""佛楼"表明此诗写的是胜果寺,胜果寺是无法远望绍兴阳明洞的,因此徐爱咏的便是南屏阳明洞。此洞出现较晚,故不与绍兴阳明洞相混。

冯梦龙《皇明大儒王阳明出身靖乱录》:"弘治十五年……遂告病归余姚,筑室于四明山之阳明洞。洞在四明山之阳,故曰阳明。"《年谱》:"先生尝筑室阳明洞,洞距越城东南二十里,学者咸称阳明先生。"又弘治十五年(1502)"告病归越,筑室阳明洞中,行导引术"。如前文所说,《年谱》中的"越"皆指绍兴,与余姚无涉。众多资料表明,王阳明是于绍兴筑室阳明洞修炼的。可见,此为小说家之言,显然违背事实不可信

---

① 转引自束景南《王阳明年谱长编》,上海古籍出版社2017年版,第260页。
② 钱明先生曾对杭州阳明洞做了不少实地调查,与《南屏净慈寺志》所记略异。参见钱明《阳明之"道场"——阳明洞考》,载钱明《王阳明及其学派论考》,人民出版社2009年版,第14页。

从。洞既在四明山之阳,应该叫"明阳洞",而不能叫阳明洞。钱明先生曾遍查黄宗羲《四明山志》,书中所记洞穴虽多,但不见有"阳明洞天"之称引。① 陈来先生经研究后指出:"四明山中未有以'阳明'名洞者。余姚境内其山峰亦无阳明洞。"② 四明山,亦无洞天。冯氏此类说法,或为误记,或为后世人为了提升四明山名声而有意杜撰。

毛奇龄《王文成传本》卷上:

> 公晚爱会稽山阳明洞,名因号阳明子。按会稽山,即苗山,并无洞壑。同禹井、禹穴、阳明洞类,只是石罅,并无托足处。旧诬以道人授书洞中,固大妄。今作传者且曰"讲学阳明洞",则妄极矣。③

毛氏乃萧山人,距绍兴不过数十里,且曾为史官,或曾到绍兴调查过,故其说看似有理,其实不然。毛氏此说多有不确之处。王阳明自年轻时便好阳明洞(详后文),并非"晚爱",毛氏此说不知何据。其实,王阳明晚年居绍兴长达六七年之久,主要是居伯爵府,故有中秋天泉聚会、天泉证道等事,反倒很少居阳明洞。王阳明自阳明洞修炼之后,归绍兴时经常居阳明洞讲学(详后文)。毛氏此说最大的误区在于将石罅(即禹穴)与阳明洞混为一体,因石罅中"无托足处",遂断然否定王阳明"讲学阳明洞"之妄。正如学者所言:"《年谱》所谓'筑室阳明洞',并不一定指就在'洞中',而是可以指在洞旁'筑室'。"④ 其实,石罅与阳明洞、阳明洞天,并非一物,混而论之,焉能不误?另外,毛奇龄(1623—1716),上距王阳明(1472—1529)近两百年,以两百年后所见来推断二百年前的事物,难免有不少偏差。

众多较早的文献表明,王阳明修炼的阳明洞的确在绍兴。《年谱》:"先生尝筑室阳明洞,洞距越城东南二十里,学者咸称阳明先生云。……

---

① 参见钱明《王阳明及其学派论考》,人民出版社2009年版,第4页下注释⑤。
② 陈来:《王阳明与阳明洞——王阳明越城活动考》,《孔子研究》1988年第2期。
③ 毛奇龄:《王文成传本》,《四库全书存目丛书》史部87册,齐鲁书社1997年版,第1页下栏—第2页上栏。
④ 朱晓鹏:《王阳明与道家道教》,中国人民大学出版社2009年版,第75页。

（弘治）十五有年壬戌……遂告病归越，筑室阳明洞中，行导引术。"此明言阳明洞在绍兴。王阳明《与王纯甫》："甘泉近有书来，已卜居萧山之湘湖，去阳明洞方数十里耳。"此表明，阳明洞在绍兴，而不是百余里之外的四明山。湛若水《偶书萧山行窝小记》："壬申（正德七年）衔命过浙，访阳明洞，经萧山……访阳明于山阴，相与大中至正之道。"阳明洞因王阳明修炼而闻名，湛若水泉访阳明洞时访阳明于山阴，亦可证明阳明洞在绍兴。

董穀《董汉阳碧里后集·杂存》附《彖龙子·习静》："正德初，先师阳明习静于阳明洞。① 洞在南镇深山中。"② 南镇，即会稽山。《周礼·夏官·职方氏》："东南曰扬州，其山镇曰会稽。"③ 故后世人们称会稽山为南镇。弘治十六年（1503），王阳明居于绍兴养病。时绍兴大旱，王阳明亲往南镇庙求雨作。《南镇祷雨文》："惟神秉灵毓秀，作镇于南，实与五岳分服而治。维是扬州之域，咸赖神体，以生以养。"文中所言与《周礼》一致，可证南镇即为会稽山。董穀为董沄之子，王阳明晚年居绍兴里，董沄携其子董穀来说。董沄（1457—1534）年长于王阳明十五岁，而董穀则小于王阳明数岁，其所记当然可信。

陆深《海日先生行状》："深，先生南畿所录士也。……又辱与新建公游处……正德壬申秋，以使事之余，迂道拜先生于龙山里第。扁舟载酒，相与游南镇诸山，乃休于阳明洞天之下，执手命之曰：'此吾儿之志也。大业日远，子必勉之。'"④ 此处龙山，非余姚之龙山，而是绍兴的卧龙山。南镇即会稽山。会稽山与四明山相隔百余里，焉能游会稽山而休于四明山之下呢？因阳明洞在会稽山，故能游会稽山而休于阳明洞天之下。王阳明弟子或再传弟子多有咏叹绍兴阳明洞的诗歌，王阳明弟子蔡汝南有《探禹穴南镇望阳明洞》，王畿弟子周汝登作《同诸子泛舟鉴湖随上阳明洞各自言志有述》等。这些皆可证明阳明洞在绍兴。

近有学者提出四明山有阳明洞之说，多不可信。王阳明《郑德声叔

---

① 值得注意的是，正德初的"习静"并不是弘治十五年（1502）的阳明洞修炼。《年谱》："（正德）二年丁卯，先生三十六岁，在越。"可见这次返绍兴时，王阳明曾于阳明洞中习静。
② 嘉靖四十四年（1565）董鲲刻本。
③ 孙诒让：《周礼正义》，中华书局1987年版，第2640页。
④ 吴光等编校：《王阳明全集》，上海古籍出版社2012年版，第1161页。

父归姚》并序：

> 守仁与德声叔父共学于家君龙山先生。叔父屡困场屋，一旦以亲老辞禀归养。交游强之出，辄笑曰："古人一日养，不以三公易。吾岂以一老母博一弊儒冠乎？"呜呼！若叔父可谓真知内外轻重之分矣。今年夏，来赣视某，留三月。飘然归，兴不可挽，因谓某曰："秋风莼鲈，知子之兴无日不切。然时事若此，恐即未能脱，吾不能俟子之归舟。吾先归，为子开荒阳明之麓，如何？"呜呼！若叔父可谓真知内外轻重之分矣。某方有诗戒，叔父曰："吾行，子可无言？"辄为赋此。

> 犹记垂髫共学年，于今鬓发两苍然。
> 穷通只好浮云看，岁月真同逝水悬。
> 归鸟长空随所适，秋江落木正无边。
> 何时却返阳明洞，萝月松风扫石眠。

《年谱》载，弘治三年（1490），"龙山公以外艰归姚，命从弟冕、阶、宫及妹婿牧相与先生讲析经义"。此列王华从弟：王冕、王阶、王宫。据《绍兴光相桥王氏世系图》，王杰有子二人：王璨、王伦。王璨有子三人：王敝、王黼、王冕。王伦有子三人：王衮、王华、王荣。① 宫，五声之一，故"德声"当为王宫之字。王德声曾与王阳明一同从王华受学，二人感情深厚。王德声科场很不顺利，于是想以养母为借口而归隐，王阳明称其"真知内外轻重之分"。王阳明亦有归隐之心，无奈要务在身，故王德声不待王阳明而先归，故王阳明再称其"真知内外轻重之分"。"秋风莼鲈"用的是《世说新语·识鉴篇》中张瀚的故事。王德声用此典故意指王阳明亦有归隐之心。王德声又言："吾先归，为子开荒阳明之麓，如何？"王阳明喜欢将会稽山称为阳明山（详后文），故"阳明之麓"指的是会稽山之麓，与四明山无关。王阳明除了省祖茔归余姚之外，都是归绍兴，更无归四明山之说。王德声这只是一种客套说法，丝

---

① 参见束景南《余姚秘图山王氏世系》，载束景南《王阳明年谱长编》，上海古籍出版社2017年版，第8页。

毫不能证明四明山有阳明洞。

湛若水《寄题海日楼诗有序》：

> 予与阳明子共盟斯道，如兄弟也，曾侍其家尊太宰海日翁游阳明洞。海日翁少读书于姚江龙泉山，阳明子尝即其地构楼以望海日，其侄孙秋官君正思能世其美，为予道海日之胜。予喟曰："夫能见海底日者，斯可与见道矣！"感慨二公代逝，岂胜今昔之怀？咨嗟之不足，发为长言。"曾随海日阳明洞，此日空闻海日楼。揭日欲寻观海外，美人不见今人愁。红云一动千江晓，白首孤吟双泪流。不有秋官传胜事，谁窥海底阳光浮？"

如上所说，陆深曾同海日翁一起游阳明洞，湛若水与海日翁一起游阳明洞当如此相似，游的是绍兴阳明洞。徐爱《赠陈世杰》："登览卧龙山，奇峰四森列。江海奔回互，仰见阳明穴。"① 卧龙山，在绍兴城西隅。此阳明穴在绍兴，不可能是百余里外的四明山。当然，后有一些关于四明山阳明洞的记载，如同杭州南屏阳明洞，多出于余姚人或宁波人的附会，多不可信。

二 阳明洞天与阳明山

绍兴会稽山有阳明洞天，王阳明常自号"阳明山人"，阳明洞天与阳明山之间有何关系呢？对于此问题，学者较少关注。现对二者之间关系做了简要梳理。

（一）阳明洞天

洞天，道教语，指神道居住的名山胜地。"十大洞天者，处大地名山之间，是上天遣群仙统治之所""三十六小洞天，在诸名山之中，亦上仙所统治之处也"。② 唐代司马承祯的《上清天地宫府图》对十大洞天、三十六小洞天、七十二福地有详细记载。③ 道教所谓洞天，往往指的是某一

---

① 钱明编校整理：《徐爱钱德洪董沄集》，凤凰出版社2007年版，第12页。
② 张君房纂辑，蒋力生等校注：《云笈七签》，华夏出版社1996年版，第153页。
③ 见载于张君房纂辑的《云笈七签》卷二十七《洞地福地部》。

大片地域。《云笈七签》中所载的洞天,大者周回万里、几千里,小则周回几百里、几十里。会稽山洞为道教三十六小洞天中的第十洞天。贺知章《龙瑞宫记》:"洞天第十。本名天帝阳明紫府,一真仙会处。"① 阳明洞天,指的是整个会稽山一带。《万历绍兴府志》:"《龟山白玉上经》:'会稽山周围三百五十里,名阳明洞天,皆仙圣人都会之所。则第十一洞天,盖会稽山之总名,不独此石罅也。'"宋代陈允平《游阳明洞天》:"万木阴沉锁石门,烟霞深处近昆仑。洞箫声接玉台磬,宝盖影摇金殿幡。湘浦有龙云气湿,越山无鹤露华昏。灵芝采尽归何处,溪上白苹花正繁。"② 此亦可证明,阳明洞天指的整个会稽山。

会稽山支脉宛委山有龙瑞宫,龙瑞宫旁有一石罅。《吴越春秋·越王无余外传》载大禹于宛委山得金简一事。

> (禹)乃案《黄帝中经历》,盖圣人所记,曰:"在于九山东南天柱,号曰宛委,赤帝左阙。其岩之巅,承以文玉,覆以磐石,其书金简,青玉为字,编以白银,皆瑑其文。"禹乃东巡,登衡岳,血白马以祭,不幸所求。禹乃登山,仰天而啸,因梦见赤绣衣男子,自称玄夷苍水使者,闻帝使文命于斯,故来候之。非厥岁月,将告以期,无为戏吟。故倚歌覆釜之山,东顾谓禹曰:"欲得我山神书者,斋于黄帝岳岩之下。三月庚子,登山发石,金简之书存矣。"禹退,又斋。三月庚子,登宛委山,发金简之书。案金简玉字,得通水之理。③

后来人们把龙瑞宫旁的石罅附会为大禹得金简之书(天书)处,称之以禹穴。④ 李白《送二季之江东》:"禹穴藏书地,匡山种杏田。"王琦

---

① 贺知章此文摩崖刻石尚存于绍兴会稽山。
② 北京大学古文献研究所编:《全宋诗》第 67 册,北京大学出版社 1991 年版,第 41992 页。
③ 周生春:《吴越春秋辑校汇考》,上海古籍出版社 1997 年版,第 102 页。
④ 人们对禹穴误解由来已久。《史记·太史公自序》:"上会稽,探禹穴。"裴松之集解引张晏曰:"禹巡狩至会稽而崩,因葬焉。上有孔穴,民间云,禹入此穴。"民间将禹穴理解为葬禹之处,显然误。

注引贺知章《纂山记》:"黄帝号委宛穴为赤帝阳明之府,于此藏书。大禹始于此穴得书,复于此穴藏之,人因谓之禹穴。"① 贺知章所言大体正确,但言复藏书于此,显然不可信。其实,禹穴是传说中的禹得天书之处,并非所谓藏书之处。徐爱《送黄宗贤谢病归天台》其三对此传说亦有记载:"巍巍阳明山,千古秘禹穴。灵藏自鬼护,杳杳无敢祭。孰知此山翁,精诚密求觅。皇天真有感,神启不劳掘。云雷震三日,龙虎互吼啮。须臾古函开,乃一浑沦物。书文不可读,字画俱灭没。山翁一长啸,群山洒晴雪。君如欲见之,耶溪访秋月。"②

唐代元稹游观阳明洞天,作《春分投简明洞天作》:"禹庙才离郭,陈庄恰半途。石帆何峭峣?龙瑞本萦纡。穴为探符坼,潭因失箭刳。"③"穴为探符坼",指的是传说中的禹得天书的石罅。白居易《和微之春日投简阳明洞天五十韵》:"耶溪岸回合,禹庙径盘纡。洞穴何因凿,星槎谁与刳?石凹仙药臼,峰峭佛香炉。去为投金简,来因挈玉壶。"④ 白居易未曾到过阳明洞天,故和诗有些不实之处,如石罅较深,说禹穴似"石凹仙药臼",显然失真。

总而言之,阳明洞天指的是整个会稽山,因禹穴在宛委山(会稽山支脉),于是人们往往将阳明洞天与禹穴联系起来。

(二)阳明山

最为人常道的是阳明洞,其实还有与之密切相关的阳明山、阳明洞天。王阳明好以阳明山人自称(见表3—1)。

表3—1　　　　　　弘治十二年至嘉靖七年王阳明的自称

时间	称呼	来源	备注
弘治十二年(1499)	阳明山人	《堕马行》	《补编》
弘治十四年(1501)	阳明山人王守仁	《和九柏老仙诗》	《补编》
弘治十五年(1502)	阳明王守仁	《屋舟为京口钱宗玉作》	《补编》

① 王琦注:《李太白全集》,中华书局1977年版,第858页。
② 钱明编校整理:《徐爱钱德洪董沄集》,凤凰出版社2007年版,第8页。
③ 冀勤点校:《元稹集》,中华书局1982年版,第314页。
④ 谢思炜:《白居易诗集校注》五,中华书局2006年版,第2063页。

续表

时间	称呼	来源	备注
弘治十六年（1503）	阳明王守仁	《无题道诗》	《补编》
弘治十六年（1503）	阳明山人王守仁	《满庭芳四时歌》	《补编》
弘治十七年（1504）	阳明山人王守仁	《别友诗》	《补编》
弘治十七年（1504）	阳明山人王守仁	《若耶溪送友诗》	《补编》
弘治十七年（1504）	阳明王守仁	《天涯思归》	《补编》
弘治十七年（1504）	余姚阳明山人王守仁	《泰山高诗碑》	《补编》
弘治十八年（1505）	阳明王守仁	《西湖》	《补编》
弘治十八年（1505）	阳明山人王守仁	《古诗》	《补编》
弘治十八年（1505）	阳明山人伯安	《书扇赠扬伯》	《补编》
正德元年（1506）	阳明山人	《题临水幽居图》	《补编》
正德元年（1506）	阳明山人王守仁	《跋赵文敏乐志论》	《补编》
正德元年（1506）	阳明山人王守仁	《题赵千里画》	《补编》
正德二年（1507）	古越阳明子王守仁	《新安吴氏家谱序》	《全集》
正德二年（1507）	阳明子	《阳明子之南也其友湛元明歌九章以赠崔子钟和之以五诗于是阳明作八咏以答之》	《全集》
正德二年（1507）	阳明公	《告终辞》	《补编》
正德二年（1507）	阳明王守仁	《于忠肃像赞》	《补编》
正德三年（1508）	阳明山人	《送毛宪副致仕归桐江书院序》	《全集》
正德三年（1508）	阳明子	《君子亭记》	《全集》
正德三年（1508）	阳明子	《远谷亭记》	《全集》
正德三年（1508）	阳明子	《玩易窝记》	《全集》
正德三年（1508）	阳明子	《龙场生问答》	《全集》
正德三年（1508）	阳明子	《阳朔知县杨君墓志铭》	《全集》
正德四年（1509）	阳明居士王守仁	《骢马归朝诗叙》	《补编》
正德五年（1510）	阳明王守仁	《药王菩萨化珠保命真经序》	《补编》
正德六年（1511）	阳明子	《赠林以吉归省序》	《全集》
正德六年（1511）	阳明子	《送宗伯乔白岩序》	《全集》
正德六年（1511）	阳明子	《别王纯甫序》	《全集》

续表

时间	称呼	来源	备注
正德六年（1511）	阳明山人	《砚铭》	《补编》
正德七年（1512）	阳明山人王守仁	《观善岩小序》	《补编》
正德九年（1514）	阳明居士伯安	《别诸伯生》	《补编》
正德九年（1514）	阳明子王守仁	《琅琊题名》	《补编》
正德九年（1514）	阳明王守仁	《矫亭说原稿》	《补编》
正德十年（1515）	阳明子	《朱子晚年定论》	《全集》
正德十年（1515）	阳明子	《赠周莹归省序》	《全集》
正德十年（1515）	阳明子	《赠林典卿归省序》	《全集》
正德十年（1515）	阳明子	《赠周以善归省序》	《全集》
正德十年（1515）	阳明子	《赠郭善甫归省序》	《全集》
正德十年（1515）	阳明子	《赠郑德夫归省序》	《全集》
正德十年（1515）	阳明子	《见斋说》	《全集》
正德十年（1515）	阳明山人	《自作山水画并题》	《补编》
正德十一年（1516）	阳明山人侍生王守仁	《奉寿西冈罗老先生尊丈》	《补编》
正德十一年（1516）	阳明山人王守仁	《与路宾阳书三》	《补编》
正德十一年（1516）	阳明生王守仁	《答汪进之书》	《补编》
正德十一年（1516）	阳明居士	《与弟伯显札一》	《补编》
正德十一年（1516）	阳明山人	《与弟伯显札二》	《补编》
正德十一年（1516）	阳明居士王守仁	《跋枫山四友亭记》	《补编》
正德十一年（1516）	阳明山人王守仁、阳明山人	《书四箴赠别白贞夫》	《补编》
正德十一年（1516）	阳明山人王守仁	《龙江舟次与某人书》	《补编》
正德十一年（1516）	阳明山人王守仁	《书林间睡起赠白楼先生》	《补编》
正德十一年（1516）	阳明山人	《参政拙庵公赞》	《补编》
正德十一年（1516）	阳明山人王守仁	《和大司马白岩乔公诸人送别》	《补编》
正德十二年（1517）	阳明山人守仁	《南泉庵漫书》	《补编》
正德十三年（1518）	阳明王守仁	《过梅岭》	《补编》
正德十三年（1518）	阳明山人守仁	《书爱莲说》	《补编》

续表

时间	称呼	来源	备注
正德十三年（1518）	阳明山人	《回军龙南小憩玉石岩双洞绝奇缱绻不能去寓以阳明别洞之名兼留是作》	《补编》
正德十四年（1519）	阳明王守仁	《题倪云林春江烟雾图》	《补编》
正德十四年（1519）	阳明山人王守仁	《题唐子畏山静日长图玉露文》	《补编》
正德十四年（1519）	阳明山人	《题唐子畏画》	《补编》
正德十五年（1520）	阳明子	《思归轩赋》	《全集》
正德十五年（1520）	阳明山人	《赠周经和尚偈》	《补编》
正德十五年（1520）	阳明王守仁	《青玉峡龙潭题名》	《补编》
正德十五年（1520）	阳明山人	《铜陵观铁船》	《补编》
正德十六年（1521）	阳明王守仁	《贺孙老先生入泮》	《补编》
正德十六年（1521）	阳明山人	《与邦相书》	《补编》
正德十六年（1521）	阳明病夫守仁	《简施聘之》	《补编》
嘉靖二年（1523）	阳明山人宗生守仁	《赠新昌袭怡处士夫妇九秩庆寿图诗序》	《补编》
嘉靖四年（1525）	阳明子	《从吾道人记》	《全集》
嘉靖四年（1525）	阳明子	《亲民堂记》	《全集》
嘉靖四年（1525）	阳明子	《濬河记》	《全集》
嘉靖四年（1525）	阳明山人	《寄伯敬弟手札》	《补编》
嘉靖五年（1526）	阳明山人王守仁	《守岁诗并序》	《补编》
嘉靖五年（1526）	阳明山人王守仁	《合族名行格言》	《补编》
嘉靖五年（1526）	阳明王守仁	《湖海集序》	《补编》
嘉靖六年（1527）	阳明山人守仁	《送萧子雍诗》	《补编》
嘉靖七年（1528）	阳明山人王守仁	《行书良知说四绝示冯子仁》	《补编》
	阳明山人余姚王守仁	《书明道延平语》	《全集》
	阳明山人守仁	《与道通书》二	《全集》
	阳明山人王守仁	《和大司马白岩乔公诸人送别》	《全集》

说明：从今存王阳明墨迹来看，其诗文末尾原多有落款。钱德洪等人编撰《王阳明全集》时，对诗文末尾落款多加以删除。束景南先生所编《王阳明全集补编》多有转录，可资参考。

从表3—1可以看出，王阳明称得最多的是阳明山人，其次是阳明子，另外还有阳明居士、阳明病夫。正因如此，人们多称其为王阳明，而门人多称"阳明王公""阳明公""阳明先生""阳明王先生""阳明先师"等。

王阳明于弘治十五年（1502），于阳明洞修炼。从以上资料可以看出，早在阳明洞修炼之前，王阳明便自称。弘治十二年（1499）八月一日所作《堕马行》署名为"阳明山人"，弘治十四年（1501）仲冬所作《和九柏老仙诗》署名为"阳明山人王守仁"。考之绍兴各类府志、县志，均无阳明山的记载。

贺知章《龙瑞宫记》："洞天第十。本名天帝阳明紫府。"贺知章《纂山记》："黄帝号委宛穴为赤帝阳明之府。"① 年轻时，王阳明好道教神仙术，而会稽山为天帝阳明之府，于是王阳明称会稽山为阳明山。② 董毂《董汉阳碧里后集·杂存》附《蟊龙子·习静》："正德初，先师阳明习静于阳明洞。洞在南镇深山中。"③ 如上所说，南镇即会稽山。阳明洞在会稽山中，故知阳明山指的是会稽山。徐渭《聚禅师传》："与董从吾翁谒阳明先生于会稽山中，问独知旨，执诗为贽。先生器之，答以诗。"④ 王阳明居会稽山中，实居阳明洞中。此皆可证阳明洞在会稽山中。

这在王阳明的众多诗文中有不少记载。有明言阳明山者，如《与黄诚甫》其二："非为今日诸君喜，为阳明山中异日得良伴喜也。"《与陆原静》（一）："果能访我于阳明之麓，当能为原静决此大疑也。"魏良器《祭文》："壬癸甲乙之岁，坐春风于会稽，先生携某于阳明之麓，放舟于若耶之溪，徘徊晨夕，以砭其愚而指其迷。"⑤ 山脚称麓，阳明之麓，乃阳明山之麓。正德元年（1506）《狱中诗十四首·读易》："幽哉阳明麓，可以忘吾老。""阳明麓"指的是阳明山麓。黄绾《祭徐曰仁文》："赖有

---

① 王琦注：《李太白全集》，中华书局1977年版，第858页。
② 钱明："宛委山又叫阳明山。"钱明：《阳明之"道场"——阳明洞考》，载钱明《王阳明及其学派论考》，人民出版社2009年版，第9页下注释⑤。
③ 嘉靖四十四年（1565）董鲲刻本。
④ 《徐渭集》，中华书局1983年版，第622页。
⑤ 吴光等编校：《王阳明全集》，上海古籍出版社2012年版，第1189页。

王子，曰明斯道，军旅或释，或归阳明之麓。"①《与陈惟濬》："自出山来，不觉便是一年。山中同志结庐相待者，尚数十人，时有书来，尽令人感动。"《从吾道人记》："嘉靖甲申春，萝石来游会稽，闻阳明子方与其徒讲学山中，以杖肩其瓢笠诗卷来访。"此处的"出山""山中"皆指阳明山。《与弟伯显札一》："不久吾亦且归阳明，当携弟辈入山读书。"②"入山"亦指阳明山。王阳明弟子文章中亦多提入阳明山。徐爱《送黄宗贤谢病归天台》其二："魏巍阳明山，千古秘禹穴。"③ 季本《奉议大夫四川按察司提学佥事蔡公墓志铭》："先师倡道阳明山中。"④ 此皆明言阳明山的例子。湛若水《访阳明洞天》："道经蓬莱馆，溪穷到阳明。下看东南峰，苍苍入青冥。不诣此真境，焉知匪虚名？跛踏步岩石，山高岂无灵？"此处"阳明"当指阳明山。钱德洪《刻文录叙说》："南镇、禹穴、阳明洞诸山，远近古刹。"⑤ 此处阳明洞指的是阳明山。阳明山即禹穴所在的会稽山。

可见，改会稽山为阳明山之后，王阳明于是又自称阳明山人、阳明居士、阳明子、阳明王守仁等。

三 阳明洞

后世学者对阳明洞论说纷纷，多不足为信。司马承祯的《天地宫府图》称"会稽山洞"。⑥ 贺知章《龙瑞宫记》："洞天第十。本名天帝阳明紫府。"指的也是会稽洞天。元稹《春分投简明洞天作》称阳明洞天。宋代陈允平《游阳明洞天》亦称阳明洞天，并无阳明洞之说。宋代施宿等《嘉泰会稽志》卷十一：

> 阳明洞天在宛委山龙瑞宫，旧经云：三十六洞天之十一洞也，⑦

---

① 张宏敏编校：《黄绾集》，上海古籍出版社2014年版，第555页。
② 束景南、查明昊辑编：《王阳明全集补编》，上海古籍出版社2018年版，第108页。
③ 钱明编校整理：《徐爱钱德洪董沄集》，凤凰出版社2007年版，第8页。
④ 季本：《季彭山先生文集》，《北京图书馆藏古籍珍本丛刊》第106册，书目文献出版社1990年影印手稿本，第890页。
⑤ 钱明编校整理：《徐爱钱德洪董沄集》，凤凰出版社2007年版，第186页。
⑥ 张君房纂辑，蒋力生等校注：《云笈七签》，华夏出版社1996年版，第154页。
⑦ 据司马承祯的《天地宫府图》，会稽洞天为第十洞天，此言第十一洞天，不知何据。

一名极玄太女之天。唐观察使元稹以春分日投金简于此，诗云……白居天和云……洞外飞来石下为禹穴。传云禹藏书处。一云禹得金匮玉书于此。《史记》司马迁"探禹穴"。注云："禹巡狩至会稽，因葬焉。上有孔穴，民间云，禹入此穴。"《水经云》："山东有砚，深不见底。东游者多探其穴。"今无考，详见宛委山。①

《嘉泰会稽志》所记，颇似资料汇编，其中多有不确之处。《吴越春秋·越王无余外传》："（禹）遂已耆艾将老，叹曰：'吾晏岁年暮，寿将尽矣，止绝斯矣。'命群臣曰：'吾百世之后，葬我于会稽之山，苇椁，桐棺，穿圹七尺，下无及泉，坟高三尺，土阶三等。葬之后，田无改亩。'以为居之者乐，为之者苦。"②民间将禹穴理解为葬禹之处，显然误。

《水经注》对葬禹与禹井有清晰的记载："（会稽）山上有禹冢，昔大禹即位十年，东巡狩，崩于会稽，因而葬之。……山东有湮井，去庙七里，深不见底，谓之禹井，云东游多探其穴也。"③众多资料表明，龙瑞宫旁的石罅较窄，不可容臂；且不太深，故投简。而禹井深不见底，人能探之，二者大小有着天壤之别，绝非一物。《水经注》明言"禹井"，《会稽志》信从民间传闻禹穴为葬禹之处，故删"禹井"二字，而将《水经注》对禹井的记载与禹得天书的禹穴并置，给人一种感觉，禹穴便是禹井。至宋代时，禹井便不可考。后人多不加细辨，多将禹井、禹穴混为一谈，以讹传讹，影响极大。

施宿在《嘉泰会稽志》中称"阳明洞天"，并将其列入洞类，与风洞、玉洞、金庭洞等洞穴并列，并且文中明言"洞外飞来石下为禹穴"，可见"洞"与"穴"为两物。

张元忭主编的《万历绍兴府志》卷六：

---

① 施宿等：《会稽志》，《景印文渊阁四库全书》第486册，台湾商务印书馆1986年版，第225页下栏。
② 周生春：《吴越春秋辑校汇考》，上海古籍出版社1997年版，第108页。
③ 陈桥驿校注：《水经注校证》，中华书局2007年版，第941页。

> 会稽阳明洞在宛委山。洞是一巨石，中有罅，长亘龙瑞宫旁。《旧经》道家之第十一洞天也①，一名极玄太元之天。《龟山白玉上经》："会稽山周回三百五十里，名阳明洞天，皆仙圣天人都会之所。"则十一洞天，盖会稽山之总名，不独此石罅也。……明王新建守仁以刑部主事告归时，结庐洞侧，今故址犹在。其谪居龙场也，名其东洞曰小阳明洞天，以寄思云。②

张元忭（1538—1588），为王畿入门弟子。《万历绍兴府志》将巨石等同于阳明洞，与施氏《会稽志》不同。至于阳明洞是否为穴，张元忭已经说不清楚了。张元忭为绍兴山阴人，其上距王阳明不过数十年，他已经无法说清阳明洞了，甚是让人不解。其认为阳明洞天"不独此石罅"，显然是对的。此后清代方志多承此类说法，并无新意。自从人们将巨石认作阳明洞之后，人们便不知禹穴所在了。郑善夫《禹穴记》："禹穴，世莫详其处，或曰即今阳明洞是已。"③《越中杂识》卷上："宛委山，在会稽县东南十五里，一名石篑山，一名玉笥山，即夏禹得金简玉字处。阳明洞天在龙瑞宫旁，是一巨石，中罅，道家之第十一洞天也。明王文成公以主事告归，时结庐其侧，因以为号。"④《越中杂识》将巨石释为阳明洞天，显然误。

阳明洞是否有洞，至今学者们意见不一。不少学者认为，阳明洞便是阳明洞天，并非洞名，其实并无洞。钱明先生认为："阳明洞天，简称阳明洞，实为山名，而非洞名。是故王阳明及其门人在称引阳明洞时，通常都是指阳明山或阳明洞天。"⑤ 朱晓鹏先生认为："会稽山阳明洞，原

---

① 此"第十一洞天"可能承施宿《嘉泰会稽志》之说。
② 萧良幹、张元忭等编纂：《万历绍兴府志》，《四库全书存目丛书》史部第200册，齐鲁书社1997年影印本，第451页下栏—452上栏。
③ 郑善夫：《少谷集》，《景印文渊阁四库全书》第1269册，台湾商务印书馆1986年版，第153页上栏。
④ 悔堂老人：《越中杂识》，浙江人民出版社1983年版，第3页。
⑤ 钱明：《阳明之"道场"——阳明洞考》，载钱明《王阳明及其学派论考》，人民出版社2009年版，第11页。钱明先生对自己此说也并非十分肯定，在该书前页曾说："王阳明在阳明洞修炼讲学，其实并非真的是在洞中，而是在洞旁'筑室'，做书台。"既然无洞，又何言"洞中""洞旁"呢？

本指道教的'阳明洞天'。在道教观念中,'洞天'主要指神仙所居美妙神异之处,一般在名山洞府之中,而并不是非得有山洞才可称为'洞天'。因此,'阳明洞'实为'阳明洞天',也可作为山名泛指会稽山。"① 此类说法颇具有一定的典型性。阳明洞为何物?我们不妨从王阳明及其弟子对阳明洞的记载入手,加以考察。

(一)王阳明所记阳明洞

王阳明在后来的诗文中对阳明洞多有所记载、描述。正德十三年(1518)所作《乡思二首》其二:

> 独夜残灯梦未成,萧萧窗竹故园声。
> 草深石屋鼪鼯啸,雪静空山猿鹤惊。
> 漫有缄书招旧侣,尚牵缨冕负初情。
> 云溪漠漠春风转,紫菌黄芝又日生。

此诗真迹尚存。② 此诗亦见于今本《王阳明全集》卷二十,题作《夜坐偶怀故山》,但文字差异较多,为了便于对比,现抄录如下:

> 独夜残灯梦未成,萧萧总是故园声。
> 草深石径鼪鼯笑,雪静空山猿鹤惊。
> 漫有缄书怀旧侣,常牵缨冕负初情。
> 云溪漠漠春风转,紫菌黄花又自生。③

仔细比较可以发现,二者多因形近而异,如"尚"与"常","日"与"自",相较而言,墨迹本优于《全集》本,如第三句末尾,墨迹本作"啸"较为生动;而《全集》作"笑",显然不类。第三句,墨迹作"屋",更能很好地照应前文的"故园";而《全集》本作"径",则失此之妙。因此,当以墨迹本为是。"故山"当指阳明山。"负初情"当指归

---

① 朱晓鹏:《王阳明与道家道教》,中国人民大学出版社2009年版,第76页。
② 参见束景南、查明昊编辑《王阳明全编补编》,上海古籍出版社2018年版,第252页。
③ 吴光等编校:《王阳明全集》,上海古籍出版社2012年版,第624页。

隐之情。可见整首诗写的是会稽山中故居阳明洞，"石屋"二字表明阳明洞确有石洞。

如上所说，王阳明杭州南屏有阳明洞，王阳明居贵州时将东洞改为阳明小洞天，在江西时将玉石岩双洞改为阳明别洞。如若绍兴阳明洞没有洞，很难想象王阳明会对洞如此痴迷。各处皆有洞，王阳明对洞如此痴迷，反过来证明阳明洞的确有洞。王阳明《闻曰仁买田霅上携同志待予归二首》其二："山中古洞阳萝合。"徐渭《阳明洞》："阳明洞天小，名为道流芳。马融今别去，传经冷石房。"①"石房"与"石屋"意同，皆指岩洞。耿定向《新建侯文成王先生世家》："壬戌，疏请告归越，年三十二。究心二氏之学，筑洞阳明麓，日夕勤修习。"②"阳明麓"，阳明山也，言"筑洞"，而不言"筑室"，表明当时实有洞。

张萱《西园闻见录》卷七《道学》载王阳明与弟子游阳明洞一事：

> 尝游阳明洞，随行者途中偶歌，先生回顾，歌者觉而止。至洞中坐定，徐曰："吾辈举止，少有骇人处，便非曲成万物之心矣。"③

据此，阳明洞当有洞。

弘治十五年（1502）冬，王阳明于阳明洞修炼时，释鲁山来访。④ 释鲁山《王伯安书舍》：

> 一寻松下地，新构小精庐。祛冗入深院，闭门抄古书。草盆生意满，雪洞世情疏。每欲携琴访，心斋恐宴如。⑤

这首诗的意境与上文提到的王阳明《乡思》很相似，如"草"

---

① 《徐渭集》，中华书局1983年版，第834页。
② 束景南：《王阳明年谱长编·附录三》，上海古籍出版社2017年版，第2169页。
③ 张萱：《西园闻见录》，《续修四库全书》第1168册，上海古籍出版社2002年版影印本，第157页下栏。
④ 参见束景南《王阳明年谱长编》，上海古籍出版社2017年版，第255—256页。
⑤ 《释鲁山集》，《盛明百家诗前编》，《四库全书存目丛书》集部306册，齐鲁书社1997年影印本，第647页下栏。

"雪"。"雪洞"当指阳明洞,时为雪天,故称雪洞。"精庐"有二义,或指学舍、房屋,或指寺庙,此处当指房宇。邹守益《同郭善夫魏师颜宿阳明洞》:"蹑足青霄石万寻,谢墩何处更投簪?云穿草树春亭静,水点桃花洞口深。屋漏拂尘参秘诀,匡床剪烛动幽吟。千年射的(山名,在阳明洞中①)谁能中?莫遣桑蓬负壮心。"②邹守益为王阳明弟子,明言"宿阳明洞","屋漏""匡床",表明宿的是屋舍,而非洞穴。晚年王阳明居阳明洞讲学,生徒众多,非洞穴所能容纳。王阳明《从吾道人记》:"嘉靖甲申春,萝石来游会稽,闻阳明子方与其徒讲学山中,以杖肩其瓢笠诗卷来访。入门,长揖上坐。"此皆证明阳明洞外有屋舍。王阳明《与黄诚甫》其三:"山庐卧病,期少谢人事,而应接亦多。今复归卧小阁,省愆自讼而已。"王阳明《夜坐有怀故□□□次韵》:"月色虚堂坐夜沉,此时无限故园心。山中茅屋□□□,江上衡扉春水深。"③"山庐""山中茅屋"亦指山中屋舍。

王阳明于弘治十五年(1502)九月始入阳明洞修炼,期间并未完全断绝尘事,常与道友论道,与友人快往来。"新构小精庐",可见,王阳明当于阳明洞之外筑有屋舍,为接待客人之用,王阳明先与道友在此论道,后于此为弟子等讲学。王畿《滁阳会语》:"(阳明)乃始究心于老佛之学,缘洞天精房,日夕勤修。"④"精房"亦指洞前屋舍。黄绾《祭(徐曰仁)文》:"将谓王子得请共邀湛子及同志数人,结庐山中,大明斯道,以俟天下后世之知。"⑤"结庐",即建造房屋。此皆证明王阳明的确曾建造庐舍于山中。

---

① 此为原诗注。《越中杂识》卷上:"射的山,在会稽县东南十五里,山半石壁,有白晕,宛若射侯,故名。"
② 董平编校整理:《邹守益集》,凤凰出版社2007年版,第1308页。
③ 束景南、查明昊编辑:《王阳明全编补编》,上海古籍出版社2018年版,第270页。此诗即《王阳明全集》卷二十《闻曰仁买田雪上携同志待予归二首》其二,二者文字略有差异。
④ 吴震编校整理:《王畿集》,凤凰出版社2007年版,第33页。
⑤ 钱明编校整理:《徐爱钱德洪董沄集》,凤凰出版社2007年版,第108页。《黄绾集》卷二十八有《祭徐曰仁文》,前无"维正德十三年八月望日……徐君曰仁之灵曰",后面文字略有差异。参见张宏敏编校《黄绾集》,上海古籍出版社2014年版,第554—555页。徐爱《横山遗集》卷三为好友蔡宗兖所编(详情可参见蔡宗兖《刻徐横山集序》),当为黄绾文原貌,而后人编《黄绾集》时可能弃其前面客套话,只存主体部分。

笔者认为，阳明洞确有洞，但此洞不甚大，仅为王阳明修炼、静坐之用。王阳明于洞前筑有房屋，但为论道、讲学之用。钱明先生亦认为有洞有舍，"王阳明在阳明洞修炼讲学，其实并非真的是在洞中，而是在洞旁'筑室'，做书台"。① 钱明先生认为王阳明在洞外室中修炼，晚学不敢苟同。

（二）王阳明生友所记阳明洞

王阳明的弟子诗文中对阳明洞有不少记载。《年谱》："筑室阳明洞中，行导引术。"既言"洞中"，当有洞。董毂《董汉阳碧里后集·杂存》附《豢龙子·习静》："正德初，先师阳明习静于阳明洞。洞在南镇深山中。"② 董毂为董沄之子，王阳明晚年居绍兴时，董沄携其子董毂来学。董沄（1457—1534）年长于王阳明十五岁，而董毂可能仅小于王阳明十来岁，其所记当然可信。

王阳明弟子言及阳明洞时，或仅言洞前屋舍，或笼统地称作阳明洞天。其原因有二：其一，后来王阳明归阳明洞时多居洞外屋舍，洞穴可能荒废了，故不太为人所知。其二，阳明弟子多为其师于洞中修炼避讳，或故仅言洞前屋舍。故以书院、书舍、精房、洞天、室、庐等笼统称之。

> 黄绾《阳明先生行状》："养病归越，辟阳明书院，③ 究极仙经秘旨，静坐，为长生久视之道，久能预知。"④
>
> 王畿《滁阳会语》："（阳明）乃始究心于老佛之学，缘洞天精房，日夕勤修。"⑤
>
> 查继佐《王守仁传》："辟阳明洞为书舍，更讲神仙之事。"⑥

---

① 钱明：《阳明之"道场"——阳明洞考》，载钱明《王阳明及其学派论考》，人民出版社2009年版，第10页。
② 嘉靖四十四年（1565）董鲲刻本。
③ 董平认为："所谓'阳明书院'，即阳明在会稽山中的结庐之所。"董平：《王阳明的生活世界——通往圣人之路》，商务印书馆2018年版，第33页注释34。
④ 张宏敏编校：《黄绾集》，上海古籍出版社2014年版，第458页。
⑤ 吴震编校整理：《王畿集》，凤凰出版社2007年版，第33页。
⑥ 查继佐：《罪惟录》，《续修四库全书》第322册，上海古籍出版社2002年版影印本，第422页上栏。

钱德洪《阳明先生年谱序》:"筑室阳明洞天,为养生之术。"①

郑善夫《石龙书院记》:"登阳明之庐。"②

徐爱《访象山书院有感》:"古人此求道,我独欲逸身。何日阳明洞,结茆依古人。"③

徐爱此处"阳明洞"亦指阳明洞外的书舍。

其三,人们多将阳明洞天称为阳明洞,导致二者混淆不分。

徐爱《赠陈世杰》:"登览卧龙山,奇峰四森列。江海奔回互,仰见阳明穴。穴中有仙子,扬言出云月。自称将帝命,仙籍恣披阅。姓名一一存,天机未敢泄。"④

罗洪先《别绪山》:"江阁夜寒乃对榻,晴湖秋晚独归船。阳明洞里山何许,岁岁春风可似前?"⑤

湛若水《访阳明洞天》:"道经蓬莱馆,溪穷到阳明。下看东南峰,苍苍入青冥。不诣此真境,焉知匪虚名?蹴踏步岩石,山高岂无灵?"

湛若水《张母唐夫人九十寿诞序》:"扣阳明洞门,群仙排云而出贺;启福地玄扃,素娥执事而骏奔。"

王畿《绪山钱君行状》:"吾(王阳明)虽出山,德洪、汝中与四方同志相守洞中。"⑥

徐爱所言"阳明穴",显然指的是阳明洞天,因洞天为道教所谓仙人居地,故有如此联想。罗洪先"阳明洞中山何许",也指是阳明洞天。洞如何之大,不可能洞里有山。湛若水"扣阳明洞门""启福地玄扃",皆

---

① 钱明编校整理:《徐爱钱德洪董沄集》,凤凰出版社2007年版,第190页。
② 郑善夫:《少谷集》,《景印文渊阁四库全书》第1269册,台湾商务印书馆1986年版,第154页上栏。
③ 钱明编校整理:《徐爱钱德洪董沄集》,凤凰出版社2007年版,第27页。
④ 钱明编校整理:《徐爱钱德洪董沄集》,凤凰出版社2007年版,第12页。
⑤ 徐儒宗整理:《罗洪先集》,凤凰出版社2007年版,第1322页。
⑥ 吴震编校整理:《王畿集》,凤凰出版社2007年版,第586—587页。

非实指,"阳明"指阳明洞天。徐爱《在广信梦入阳明隐居师友皆有咏予亦和焉觉而书之》:"隐居何年成此约,山奇神气常森森。"① "山奇神气"表明说的也是阳明洞天。

关于阳明洞所在,张元忭《万历绍兴府志》记载大体可信,即在绍兴城外宛委山龙瑞宫旁。这可以从时人的一些记载中得到印证。陆深《海日先生行状》:"扁舟载酒,相与游南镇诸山,乃休于阳明洞天之下。执手命之曰:'此吾儿之志也。大业日远,子必勉之。'"② 如前所说,南镇山即会稽山。徐渭《聚禅师传》:"与董从吾翁谒阳明先生于会稽山中,问独知旨,执诗为贽。先生器之,答以诗。"③ 王阳明居会稽山中,实居阳明洞中。此皆可证阳明洞在会稽山中。董沄《阳明洞有感》:"侍讲季季龙瑞宫,再来愁绝海边翁。山中下马英灵在,海内伤麟涕泗同。"④ 可见阳明洞在龙瑞宫旁。

阳明洞是否有洞,阳明洞在何处等问题依然是谜团,以上仅为个人看法,如有不对之处,还请专家批评指正。

四 阳明洞修炼

如上所说,王阳明自幼接触道教,因其身体原因,王阳明年轻时迷信道教内丹术。弘治九年(1496),会试再次落第,九月归余姚时,王阳明访问了天都宫全真教道士尹真人,向其学习道教修炼术。弘治十一年(1498),王阳明因用功导致旧疾复发。王阳明想借道教养生术以强身疗病,于是开始了其漫长的道教修炼之路。身体原因是王阳明痴迷道教的外在原因,而自己内心的困惑则是其转向道教的重要内因。据《年谱》记载,王阳明之病多因心病所致。《年谱》:

> 是年为宋儒格物之学。先生始侍龙山公于京师,遍求考亭(朱熹)遗书读之。一日思先儒谓"众物必有表里精粗,一草一木,皆

---

① 钱明编校整理:《徐爱钱德洪董沄集》,凤凰出版社2007年版,第26页。
② 吴光等编校:《王阳明全集》,上海古籍出版社2012年版,第1161页。
③ 《徐渭集》,中华书局1983年版,第622页。
④ 钱明编校整理:《徐爱钱德洪董沄集》,凤凰出版社2007年版,第330页。

涵至理"。官署中多竹，即取竹格之；沉思其理不得，遂遇疾。先生自委圣贤有分，乃随世就辞章之学。

王阳明学圣贤之学，第一次受挫，认为自己无圣贤之分，于是转向辞章之学。王畿《滁阳会语》："其（王阳明）少禀英毅凌迈，超侠不羁，于学无所不窥，尝泛滥于词章，驰骋于孙吴，虽其志在经世，亦才有所纵也。"①《年谱》：

> （弘治十一年）是年先生谈养生。先生自念辞艺能不足以通至道，求师友于天下又不数遇，心持惶惑。一日读晦翁（朱熹）上宋光宗疏，有曰："居敬持志，为读书之本，循序致精，为读书之法。"乃悔前日探讨虽博，而未尝循序以致精，宜无所提；又循其序，思得渐渍洽浃，然物理吾心终若判而为二也。沉郁既久，旧疾复作，益委圣贤有分。偶遇道士谈养生，遂有遗世入山之意。

王阳明求圣贤之道再次受挫，于是转而向养生之术。黄绾《阳明先生行状》：

> 日事案牍，夜归必燃灯读《五经》及先秦、两汉书，为文字益工。龙山公恐过劳成疾，禁家人不许置灯书室。俟龙山公寝，复燃，必至夜分，因得呕血疾。②

此次病重，于是只得告病归越，于阳明洞修炼导行术。《年谱》弘治十五年（1502）：

> 先是五月复命，京中旧游俱以才名相驰骋，学古诗文。先生叹曰："吾焉能以有限精神为无用之虚文也！"遂告病归越，筑室阳明洞中，行导引术。久之，遂先知。

---

① 吴震编校整理：《王畿集》，凤凰出版社2007年版，第33页。
② 张宏敏编校：《黄绾集》，上海古籍出版社2014年版，第458页。

这次，王阳明抛弃了辞章之学，以养病为由，归绍兴，于阳明洞中修炼。对于这次修炼，王阳明弟子多有所记载，从中可以窥见真相一二。

如上所说，阳明洞修炼虽然时间不长，但波折较多。《年谱》：

> 遂告病归越，筑室阳明洞中，行导引术。久之，遂先知。一日坐洞中，友人王思舆等四人来访，方出五云门，先生即命仆迎之，且历语其来迹。仆遇诸途，与语良合。众惊异，以为得道。久之悟曰："此簸弄精神，非道也。"又屏去。已而静久，思离世远去，惟祖母岑与龙山公在念，因循未决。久之，又忽悟曰："此念生于孩提。此念可去，是断灭种性矣。"明年遂移钱塘西湖，复思用世。

王阳明先修导引术。所谓导引术，包括导气和引体两个方面。具体而言，导气主要是调整呼吸，吐纳有节；引体主要是屈伸俯仰，活动关节，二者结合，以达到强身长寿之用。《庄子·刻意》："吹呴呼吸，吐故纳新，熊经鸟申，为寿而已矣。此道引之士，养形之人，彭祖寿考者之所好也。"① 后王阳明悟"此簸弄精神，非道也"，于是弃之，而修道教静修术。黄绾《阳明先生行状》："养病归越，辟阳明书院，究极仙经秘旨，静坐，为长生久视之道，久能预知。"②

钱德洪《阳明先生年谱序》：

> 吾师阳明先生出，少有志于圣人之学。求之宋儒不得，穷思物理，卒遇危疾，乃筑室阳明洞天，为养生之术。静摄既久，恍若有悟，蝉脱尘垈，有飘飘遐举之意焉。然即之于心若未安也，复出而用世。③

王畿所载更为详尽。《滁阳会语》：

> 先师之学，凡三变而始入于悟，再变而所得始化而纯。……及

---

① 王先谦：《庄子集解》，中华书局1987年版，第132页。
② 张宏敏编校：《黄绾集》，上海古籍出版社2014年版，第458页。
③ 钱明编校整理：《徐爱钱德洪董沄集》，凤凰出版社2007年版，第190页。

为晦翁格物穷理之学，几至于殒，时苦其烦且难，自叹以为若与圣学无缘。乃始究心于老佛之学，缘洞天精庐，日夕勤修炼习伏藏，洞悉机要，其于彼家所谓见性抱一之旨，非惟通其义，盖已得其髓矣。自谓尝于静中，内照形躯如水晶宫，忘已忘物，忘天忘地，与空虚同体，光耀神奇，恍惚变幻，似欲言而忘其所以言，乃真境象也。……及至居夷处困，动忍之余，恍然神悟。①

黄绾所言"静坐，为长生久视之道"，王畿所言亦即此术。或许是内丹术养病效果不甚佳，或许由于内丹术虽然忘我，却与王阳明追求的圣贤之学不甚一致，于是王阳明突生思亲之情，颇有梦醒之感。《冬夜偶书》：

> 百事支离力不禁，一官栖息病相侵。星辰魏阙江湖迥，松柏茆茨岁月深。欲倚黄精消白发，由来空谷有余音。曲肱已醒浮云梦，荷蒉休疑击磬心。

王阳明因职务操劳而病，故言"一官栖息病相侵"，"欲倚黄精消白发"，"黄精"，一种百合科植物，外丹术将其列为服食对象之一，认为服之可以养生、长生。此处王阳明借此指代自己欲以道教长生术来强身疗病。"曲肱"意指久坐，此指修静修术。"已醒浮云梦"，指已悟道教养生不过是梦。佛寺晨钟暮鼓，"磬"，指钟磬，暗指佛寺。"荷蒉"，担起床席。"荷蒉休疑击磬心"，意指自己要移病钱塘佛寺，"休疑"二字表明其已转向佛教了。后果于次年（1503）二月移病钱塘，来往于佛寺之间，潜心于佛教经典。在杭州养病时，王阳明曾又行内丹术。② 王阳明于本年九月自杭州归来。弘治十七年（1504）四月，王阳明杭州归绍兴，曾再居阳明洞。③ 正因如此，学者对钱德洪《年谱》所言"是年先生渐悟仙、

---

① 吴震编校整理：《王畿集》，凤凰出版社2007年版，第33页。
② 参见束景南《王阳明年谱长编》，上海古籍出版社2017年版，第264页。
③ 参见束景南《王阳明年谱长编》，上海古籍出版社2017年版，第300页。

释二氏之非"产生怀疑。① 这种误解产生于理解之异。如上所说，王阳明转向佛、道的一个重要原因是寻求圣贤之道，而经历阳明洞修炼之后，王阳明终悟出，佛、道并不能成为圣贤之道，故悟而弃之，钱德洪所言"渐悟仙、释二氏之非"是有道理的。此处"非"，并非全盘否定，而是认为二者非圣贤之道。如上所说，王阳明主张融佛、道于儒，从而形成儒学为主、佛道为辅的三教合一模式。从此角度而言，束景南先生认为"终阳明一生，阳明不以仙、释二氏之学为非"，也是有一定道理的。

王阳由杭州归来后，依然再次修炼于阳明洞，甚至此后他还多次修炼于阳明洞。但自此以后的修炼，与第一次的修炼有着质的不同。第一次修炼，王阳明以求圣贤之道为主，以养病为辅，而此后阳明洞修炼纯以养病为主，并无他念。直到晚年，王阳明才基本否定内丹术。王阳明晚年归绍兴时作《归兴二首》，其一云："而今始信还丹诀，却笑当年识未真。"仍并未完全否定养生术。王阳明晚年居绍兴时作《送萧子邕宪副之任》："衰疾悟止足，闲居便静修。采芝深谷底，考槃南涧头。"可见至晚年时，王阳明依然好养生服食术。

从以上分析可以看出，阳明洞天修炼是王阳明一生学术思想的重要转折点。王阳明思想发源于此。钱明先生所言："绍兴则可以说是王阳明思想的发端"，"所谓'首善之地。'"② 董平先生认为："弘治十六年在阳明思想的整体发展过程中是非常重要的一年。在这一年中，他对道教养生术的实践达到了巅峰，可谓已然得其神髓。"③

五　王阳明的阳明洞情结

虽然王阳明居阳明洞修炼时间不长，但对其人生观、学术思想等的发展变化产生了极其深刻的影响。自此以后，王阳明一生有着浓郁的阳明洞情结。

---

① 束景南先生认为："终阳明一生，阳明不以仙、释二氏之学为非（始终认为佛、道之说与儒家合），不存在'悟仙、释二氏之非'之事。"束景南：《王阳明年谱长编叙》，上海古籍出版社2017年版，第4—5页。
② 钱明：《儒学正脉——王守仁传》，浙江人民出版社2006年版，第138页。
③ 董平：《王阳明的生活世界——通往圣人之路》，商务印书馆2018年版，第13页。

（一）多次归绍兴居阳明洞

虽然后来王阳明不再沉迷于佛、道了，但其回绍兴时，依然爱居阳明洞。现将弘治十五年（1502）之后，王阳明归居阳明洞的情况罗列如下。

（1）弘治十七年（1504）四月，王阳明杭州归绍兴，曾再居阳明洞。王阳明《别友诗》："千里来游小洞天……□年来访予阳明洞天，其归也，赋首尾韵，以见别意。弘治甲子四月朔，阳明山人王守仁书。"①此时王阳明尚未贬谪龙场驿，无所谓"阳明小洞天"之说，"小洞天"指绍兴阳明洞。王阳明这次居阳明洞时间不长，不过月余，其六月便启程山东任职。这次居阳明洞不过是两年前（1502）洞中修炼的重温罢了。

（2）正德二年（1507）十一月，王阳明归绍兴，居阳明洞中习静。董毅《董汉阳碧里后集·杂存》附《蓼龙子·习静》："正德初，先师阳明习静于阳明洞。"此前王阳明因得罪刘瑾而放谪贵州龙场驿丞。赴龙场前，王阳明归绍兴。

（3）正德八年（1513）二月，王阳明归绍兴，居阳明洞。王阳明《祭郑朝朔文》："君遂疾告，我亦南行。君与世杰，访予阳明。""阳明"，阳明洞也。上年（1512）十二月，王阳明升为南京太仆寺少卿，便道省亲归绍兴。

（4）正德十六年（1521）八月，王阳明归绍兴后居阳明洞。本年王阳明作《与陆原静》（一）："果能访我于阳明之麓，当能为原静决此大疑也。""阳明之麓"当指阳明洞无疑。

（5）嘉靖二年（1523），王阳明居阳明洞。王阳明《与黄宗贤》："贱躯入夏来，山中感暑痢，归卧两月余，变成痰咳。"《答路宾阳》："自来山间，朋友远近至者百余人。"这两封书信都作于本年，信中言"山中感暑痢""自来山间"，可见王阳明居山中阳明洞。1521年八月归绍兴之后，王阳明一直居于绍兴多年。直至嘉靖六年（1527）九月，出征广西，方才离开绍兴。这次王阳明居绍兴长达六七年之久。

（6）嘉靖三年（1524）三月，王阳明居阳明洞讲学。王阳明《从吾道人记》："嘉靖甲申春，萝石来游会稽，闻阳明子方与其徒讲学山中，

---

① 束景南、查明昊编辑：《王阳明全编补编》，上海古籍出版社2018年版，第27—28页。

以杖肩其瓢笠诗卷来访。"董沄《阳明洞有感》:"侍讲季季龙瑞宫,再来愁绝海边翁。山中下马英灵在,海内伤麟涕泗同。"① 王阳明《林汝桓以二诗寄次韵为别》:"山中尽有闲风月,何日扁舟更越溪?""山中"显然指的是会稽山阳明洞。

(7) 嘉靖四年(1525)二月,王阳明居阳明洞。王阳明《山中漫兴》:"清晨急雨度林扉,余滴烟梢尚湿衣。雨水霞明桃乱吐,沿溪风暖药初肥。物情到底能容懒,世事从前顿觉非。自拟春光还自领,好谁歌咏月中归。"②"清晨""山中",表明王阳明时居山中。既然居山中,必然居于阳明洞。章世坚《和阳明先生示教》:"自听阳明山上鼓,千槌万擂此声同。"③ 王阳明《与黄诚甫》其三:"山庐卧病,期少谢人事,而应接亦多。今复归卧小阁,省愆自讼而已。""山庐",当指阳明洞。

(8) 嘉靖五年(1526),王阳明居阳明洞讲学。徐渭《聚禅师传》:"与董从吾翁谒阳明先生于会稽山中,问独知旨,执诗为贽。先生器之,答以诗。"④ 王阳明会稽山中,实居阳明洞中。

从以上分析可以看出,自弘治十五年(1502)居阳明洞修炼之后,王阳明回绍兴时,经常居阳明洞。晚年居绍兴时,王阳明几乎每年都要居阳明洞。早年王阳明居阳明洞主要是养病,晚年王阳明居阳明洞的主要活动是讲学、会友,"阳明洞还是王阳明在越时与志趣相投的友人交游往还、切磋论学的主要场所之一"⑤。当然,阳明洞亦是王阳明晚年养病之所。

(二) 在外思念阳明洞

除了归绍兴时爱居阳明洞之外,在外仕宦时,王阳明常思念绍兴阳明洞。

正德八年(1513)十月,王阳明往滁州督马政。在滁州所作诗篇中,多流露对阳明洞的思念之情。《送守中至龙盘山中》:"客邸琴书灯火静,

---

① 钱明编校整理:《徐爱钱德洪董沄集》,凤凰出版社2007年版,第330页。
② 束景南先生认为此诗作于本年。参见束景南《王阳明年谱长编》,上海古籍出版社2017年版,第1671页。
③ 转引自束景南《王阳明年谱长编》,上海古籍出版社2017年版,第1668页。
④ 《徐渭集》,中华书局1983年版,第622页。
⑤ 朱晓鹏:《王阳明与道家道教》,中国人民大学出版社2009年版,第81页。

故园风竹梦魂清。何年稳闭阳明洞,榾柮山炉煮石羹。"《送惟乾二首》其一:"独见长年思避地,相从千里欲还家。……古洞幽期攀桂树,春溪归路问桃花。"《别希颜二首》:"耶水云门空旧隐……晴湖想见镜中行。为寻洞里幽栖处,还有峰头双鹤鸣。"《送蔡希颜三首》其二:"匡时已无术,希圣徒有慕。倘入阳明峰,为寻旧栖处。"

正德九年(1514),王阳明于南京任鸿胪寺卿,于时作《书扇面寄馆宾》,云:"湖上群山落照晴,湖边万木起秋声。何年归去阳明洞,独棹扁舟鉴里行?"

正德十一年(1516),时王阳明在江西平定动乱。《与弟伯显札一》:"不久吾亦且归阳明,当携弟辈入山读书,讲学旬日,始一归省,因得完养精神,熏陶德性,纵有沉疴,亦当不药自愈。"①

正德十三年(1518)秋,王阳明作诗送叔父德声归。《郑德声叔父归姚》(并序):"吾先归,为子开荒阳明之麓,如何?……何时却返阳明洞,萝月松风扫石眠。"《祭徐曰仁文》:"愿先生早归阳明之麓,与二三子讲明斯道,以诚身淑后。……自转官南、赣,即欲过家,时卧不出。……姑俟冬夏之交,兵革之役稍定,即拂袖而归阳明。"

正德十四年(1519),王阳明《答甘泉》:"仆年未半百,而衰疾已如六七十翁,日夜思归阳明,为夕死之图,疏三上而未遂。"

嘉靖六年(1527),时王阳明正在广西平定思、田叛乱。《与陈惟濬》:"自出山来,不觉便是一年,山中同志结庐相待者,尚数十人,时有书来,尽令人感动。"《与钱德洪王汝中》:"绍兴书院中同志……余姚又得应元诸友作兴鼓舞……老夫虽出山林,亦每以自慰。……绍兴书院及余姚各会同志诸贤,不能一一列名字,幸亮。"

嘉靖七年(1528),平定思、田叛乱之后,王阳明欲归。王阳明《答何廷仁》:"区区养病本去已三月,旬日后必得旨,亦遂发舟而东。纵未能遂归田之愿,亦必得一还阳明,与诸友一面而别,且后会又有可期也。"

从以上分析可以看出,对阳明洞的思念一直贯穿王阳明的后半生,在江西平乱和广西平乱两个时期较为明显,而晚年广西平乱之后思归之

---

① 束景南、查明昊编辑:《王阳明全编补编》,上海古籍出版社2018年版,第108页。

情极为急切。早期,阳明洞是王阳明养病之所;后来,阳明洞是王阳明讲学授道的场所,是其实现为圣贤的重要场所。隐居讲学,是王阳明一生追求的理想生活。

(三) 小洞天与别洞

王阳明的阳明洞情结还表现为将异地的一些洞穴命名为阳明洞。初至龙场驿的时期,王阳明一行没有住房,① 只得结草庵住之,王阳明作《初至龙场无所止结草庵居之》:"草庵不及肩,旅倦体方适。开棘自成篱,土阶漫无级。迎风亦萧疏,漏雨易补辑。"可见当时条件非常艰苦。后来,他们找到了一个叫东洞的岩洞,遂搬而居之。王阳明作《始得东洞遂改为阳明小洞天三首》:

其一

古洞閟荒僻,虚设疑相待。披莱历风登,移居快幽垲。营炊就岩窦,放榻依石垒。穹室旋薰塞,夷坎仍扫洒。卷帙漫堆列,樽壶动光彩。夷居信何陋,恬淡意方在。岂不桑梓怀?素位聊无悔。

其二

童仆自相语,洞居颇不恶。人力免结构,开巧谢雕凿。清泉傍厨落,翠雾还成幕。我辈日嬉偃,主人自愉乐。虽无荣戟荣,且远尘嚣聒。但恐霜雪凝,云深衣絮薄。

其三

我闻莞尔笑,周虑愧尔言。上古处巢窟,抔饮皆污樽。冱极阳内伏,石穴多冬暄。豹隐文始泽,龙蛰身乃成。岂无数尺椽,轻裘吾不温。邈矣箪瓢子,此心期与论。

贵州的阳明小洞天,原名东洞。该洞位于修文县城东1.5公里平畴隆起的龙冈山腰,王阳明谪居龙场后,曾居于此洞。可能因为此洞比会稽的"阳明洞天"小一些,遂名"阳明小洞天"。万历五年(1577),王阳

---

① 初到龙场驿的时期,王阳明一行吃住都成问题,这与龙场驿存在形态有关,龙场驿更像一个没有实体的机构,故无官邸,无马匹,无供给。详情参见赵平略《王阳明居黔思想及活动研究》,中华书局2017年版。

明三传弟子罗汝芳题"阳明别洞",镌于洞口。该洞高 4 米,最宽处 10 余米,深 20 米,可容纳百余人。洞内 4 米深入之左侧有一长宽各 2 米,高 1.6 米的小石窟。后为纪念王阳明,万历十七年(1589)贵州宣尉使安国亨题"阳明先生遗爱处",刻于洞口崖壁上。① 从相关材料记载来看,此洞还是比较大的。因此洞穴颇似绍兴的阳明洞,于是王阳明称之为阳明小洞天。后来当地居民为王阳明造了房屋,王阳明一行才不再住岩洞了。此后,每至炎夏,王阳明常游小洞天以纳凉。《夏日游阳明小洞天喜诸生偕集偶用唐韵》:

> 古洞闲来日日游,山中宰相胜封侯。绝粮每自嗟尼父,愠见还时有仲由。云里高崖微入暑,石间寒溜已含秋。他年故国怀诸友,魂梦还须到水头。

正德十三年(1518)三月,王阳明平定浰头,班师回军,途遇奇洞,留恋不舍,遂改之阳明别洞。《回军龙南小憩玉石岩双洞绝奇徘徊不忍去因寓以阳明别洞之号兼留此作三首》②:

其二

> 洞府人寰此最佳,当年空自费青鞋。麾幢旖旎悬仙杖,台殿高低接纬阶。天巧固应非斧凿,化工无乃太安排?欲将点瑟携童冠,就揽春云结小斋。

其三

> 阳明胜地旧有居,此地阳明景不如。但在乾坤俱逆旅,曾留信宿即吾庐。行窝已许人先号,别洞何妨我借书。他日巾车还旧隐,应怀兹土复乡闾。③

---

① 参见政协贵州省委员会文史资料委员会编《阳明胜境》,贵州人民出版社 2002 年版,第 14—15 页。
② 束景南、查明昊编辑《王阳明全编补编》收录墨迹本,标题作《回军龙南小憩玉石岩双洞绝奇绻缱不能去寓以阳明别洞之名兼留是作三首》,上海古籍出版社 2018 年版,第 272 页。《补编》本与《全集》本文字略有差异。
③ 吴光等编校:《王阳明全集》,上海古籍出版社 2012 年版,第 624 页。

江西龙南的"阳明别洞",原名"玉石岩双洞"。玉石洞在龙南县城东北二里处,有上岩、下岩、新岩,洞宽数丈。正德十三年(1518)末,王阳明征三浰率师凯旋时,尝憩息岩中。悬壁勒"阳明小洞天",又镌《平浰记》于上。现岩壁上尚存有王阳明等历代名人亲书石刻43方。①

再次至别洞时,王阳明又作诗咏之。《再至阳明别洞和邢太守韵二首》其一:

> 春山随处款归程,古洞幽虚道意生。洞壑风泉时远近,石门萝月自分明。林僧住久炊遗火,野老忘机罢席争。习静未缘成久坐,却惭尘土逐虚名。

王阳明为什么这么痴迷岩洞呢?这与他当年在绍兴阳明洞修炼有关。如上所说,虽然他不再痴迷于道教修炼术,但其并没有彻底抛弃静修。《回军龙南小憩玉石岩双洞绝奇徘徊不忍去因寓以阳明别洞之号兼留此作三首》其二"结小斋",《再至阳明别洞和邢太守韵二首》其一"习静未缘成久坐",皆表明王阳明好岩洞,与其好洞中静修有关。

晚年,王阳明依然念念不忘阳明洞。嘉靖七年(1528)十月,其致书钱德洪、王畿时云:"区区养病本去已三月,旬日后必得旨。亦遂发舟而东,纵未能遂归田之愿,亦必得一还阳明洞,与诸友一面而别。"②

从以上可以看出,阳明洞天对王阳明影响极大。就个人而言,王阳明因阳明洞而更名,一生有着浓郁的阳明洞情结,甚至晚年出征时依然想着凯旋后再归阳明洞。从阳明学的角度而言,阳明洞修炼是王阳明学术走向成熟之始,而晚年归居绍兴,阳明洞讲学,则是其学说益精之时。正如钱明先生所言:"绍兴则可以说是王阳明思想的发端与成熟之地(所谓'首善之地'与'所操益熟'之地)。"③

---

① 参见周建华《王阳明南赣活动研究》,中国文联出版社2000年版,第116—117页。
② 《年谱》,载吴光等编校《王阳明全集》,上海古籍出版社2012年版,第1090页。
③ 钱明:《儒学正脉——王守仁传》,浙江人民出版社2006年版,第138页。

第三节　越地山水与阳明学

越地自古风景秀丽，王献之曾云："从山阴道上行，山川自相映发，使人应接不暇。"① 王华常思山阴山水佳丽，故很早便移居于绍兴。王阳明自幼随父移居绍兴，对绍兴秀丽无比喜爱，经常迈游于山水之间。一方面，王阳明寄情于绍兴山水，在山水之间寻找精神栖息之心，寻找学术灵感；另一方面，他携同志、弟子，讲学论道于山水之间。

一　山水间悟道

绍兴山水给王阳明思想发展以契机与动力。弘治九年（1496），再次会试下第后，王阳明归余姚，结诗社于龙泉山寺，欲以此寻找精神安慰。归京后，又埋头于兵法。这些都不能解除王阳明心头的困惑，于是他转向了道教神仙术。弘治十年（1497）冬，归绍兴，雪天游会稽山，寻找修炼的场所。后来在《来雨山雪图赋》一文中对自己雪天游会稽做了记叙：

> 昔年大雪会稽山，我时放迹游其间……侧足登龙虬，倾耳俯听寒籁之飕飕，陆风踩蹑，直际缥缈，恍惚最高之上头。乃是仙都玉京，中有上帝遨游之三十六瑶宫，傍有玉妃舞婆娑十二层之琼楼。

这次游历给他留下深刻的印象，使得他对神仙洞天更为痴迷。弘治十五年（1502），因白天工作辛苦，晚上读书过于勤奋，导致其旧病复发。于是他归绍兴，于阳明洞天修炼。如上所说，阳明洞天修炼时间并不长，不过四五个月，但其思想历经多次变化。先深信于道教内丹修炼术，而转而行静修，再转向佛教。于是次年（1503）二月，移病钱塘，来往于佛寺之间。这一次是王阳明思想的第一次大波动、大转型时期。阳明洞可谓"王阳明思想的发端"②。

---

① 徐震堮：《世说新语校笺》，中华书局2001年版，第82页。
② 钱明：《儒学正脉——王守仁传》，浙江人民出版社2006年版，第138页。

晚年，王阳明常居阳明洞讲学，徜徉于山水之间，以授学传道。晚年居越时期，是王阳明学说的精熟时期，正如王畿所说："居越以后，所操益熟，所得益化。"①

二 山水间论道授学

除了在阳明洞论道授学之外，王阳明还爱携友人游山观水，行而论道，坐而畅怀。

王阳明与友人游观山水不是很多，更多的是王阳明与弟子一起游观山水，在游观过程中教导学生，使之有所收获。《传习录中·答聂文蔚》："会稽素号山水之区，深林长谷，信步皆是，寒暑晦明，无时不宜，安居饱食，尘嚣无扰，良朋四集，道义日新，优哉游哉，天地之间宁复有乐于是者！"

朱得之，号近斋，王阳明晚年弟子。王阳明效仿孔子寓教学于游乐，朱得之有所记载：

> 近斋（朱得之）说：老师每及门人游山，童冠云从。遇佳胜处，师盘坐，冠者列坐左右，或鸣琴，或歌诗，或质疑，童子在后，俯伏潜听，真机活泼，蔼然"吾与点也"之意。②

这类具体事件较多，现列举几例如下。

正德七年（1512），王阳升南京太仆寺少卿，十二月便道省亲，与徐爱同舟归绍兴。次年（1513）五月，王阳明携徐爱等弟子同游四明山等。《年谱》："五月终，与爱数友期候黄绾不至，乃从上虞入四明，观白水，寻龙溪之源，登杖锡，至雪窦，上千丈岩，以望天姥、华顶……先生兹游虽为山水，实注念爱、绾二子。盖先生点化同志，多得之登游山水间也。"徐爱《游雪窦因得龙溪诸山记》对此次郊游有更为详细的记载：

> 正德癸酉夏，予从阳明北归，过龙泉，避暑于清风亭。王世瑞、

---

① 王畿：《滁阳会语》，载吴震编校《王畿集》，凤凰出版社2007年版，第34页。
② 束景南、查明昊辑编：《王阳明全集补编》，上海古籍出版社2018年版，第209页。

许半圭、蔡希颜、朱守中偕自越来,矢遂厥游。……兹游也,予深思之,而得学之道焉。夫享易者,必犯难,破难者,必用勇。是故暑扼险摧,人沮而朋违,不甚难乎?非先生断焉,雪窦终身莫至矣。故学者,有如怀雪窦者,至志矣;有如知雪窦者,至得乎?至志,而习能移乎?至得,而异能离乎?是即先生之所谓"孰非乐非学也"!乃记之以贻同志。①

此次郊游,徐爱受益颇多。

嘉靖元年(1522)十一月,黄绾赴南京任职,途经绍兴,拜会王阳明。王阳明携黄绾、季本等游鉴湖。季本《说理会编》卷三:

> 予尝载酒从阳明先师游于鉴湖之滨,时黄石龙亦与焉。因论"戒慎不睹,恐惧不闻"之义,先师举手中箸示予曰:"见否?"对曰:"见。"既而以箸隐之桌下,又问曰:"见否?"则对曰:"不见。"先师微哂,予私问之石龙,石龙曰:"此谓常睹常闻也。"初亦不解。后思而得之。盖不睹中有常睹,故能"戒慎不睹"。不闻中有常闻,故能"恐惧不闻"。此天命之于穆不已也。故当应而应,不因声色而后起念;不当应而不应,虽遇声色而能忘情,此心体之所以为得正而不为闻见所牵也。②

嘉靖二年(1523),王阳明与弟子讲学于古寺。《传习录下》:

> 癸未春,邹谦之来越问学,居数日,先生送别于浮峰。是夕,与希渊诸友移舟宿延寿寺,秉烛夜坐。先生慨怅不已,曰:"江涛烟柳,故人倏在百里外矣!"一友问曰:"先生何念谦之之深也?"先生曰:"曾子所谓'以能问于不能,以多问于寡;有若无,实若虚;犯而不较',若谦之者,良近之矣!"

---

① 钱明编校整理:《徐爱钱德洪董沄集》,凤凰出版社2007年版,第78—81页。
② 季本:《说理会编》,《续修四库全书》第938册,上海古籍出版社2012年版,第610页下栏。

嘉靖四年（1525）八月二十三日，王阳明偕董沄、王畿诸门人秋游，登香炉峰，过朱华岭，游广孝寺等地，随地讲学。王阳明《从吾道人记》："与之探禹穴，登炉峰，陟秦望，寻兰亭之遗迹，徜徉于云门、若耶、鉴湖、剡曲。"

董沄《从吾道人语录·日省录》：

> 嘉靖乙酉八月二十三日，从先师往天柱峰，转至朱华麓。麓有深隈，水木萦纡，石径盘曲。更深邃处，寂无喧嚣，人迹罕到。中有一人家，楼阁森耸，花竹清丽，其家曾央侩者出卖于先师，以其地遥，示即成券。是日睹之甚悦，既而幡然省曰："我爱而彼亦爱之，有贪心而无恕心矣。"于是再四自克，屡起屡灭，行过朱华岭四五里余，始得净尽。归以语之门人。余时在座，不觉惕然。去欲之难如此，先师且然，况学者乎？①

王阳明以自己实例教导学生克欲之难。《年谱》："海宁董沄号萝石，以能诗闻于江湖，年六十八，来游会稽。……先生与之徜徉山水间。沄日有闻，忻然乐而忘归也。"董沄还载有另一事。《从吾道人语录·后录·题王著作先生语录后》："余自嘉靖乙酉秋随侍先师游广孝寺，舟中闻先师云：'以道自乐不知而不愠者，其王苹乎！'余时懵然失问，及今病中，小儿自外获其《语录》归，得而观之，足以知先师之叹之者信矣。"②

嘉靖五年（1526），王阳明与诸弟子游登香炉峰，亦寓教于游。《语录》：

> 丙戌春末，师同诸友登香炉峰，各尽足力所至，惟师与董萝石、王正之、王惟中数人至顶。时师命诸友歌诗，众皆喘息不定。萝石仅歌一句，惟中歌一章，师复自歌，婉如平时。萝石问故。师曰："我登山，不论几许高，只登一步。诸君如何？"惟中曰："弟子辈足

---

① 钱明编校整理：《徐爱钱德洪董沄集》，凤凰出版社2007年版，第250页。
② 钱明编校整理：《徐爱钱德洪董沄集》，凤凰出版社2007年版，第271—272页。

到山麓时，意已在山顶了。"师曰："病是如此。"①

王畿对此事印象很深，多年之后记忆犹新。王畿《报恩卧佛寺德性住持序》：

> 昔尝从阳明先师游，登香炉峰，至降仙台绝顶，发浩歌，声振林麓。众方气喘不能从，请问登山之法。师曰："登山即是学。人之一身，魂与魄而已。神，魂也；体，魄也。学道之人，能以魂载魄，虽登千仞之山，面前止见一步，不作高山欲速之想，徐步轻举耳。不闻履革之声，是谓以魂载魄。不知学之人，欲速躁进，疾趋重跨，履声铿然如石委地，是谓以魄载魂。魂载魄，则神逸而体舒；魄载魂，则体坠而神滞。"予以登山之法登塔，故庶几似之。若是夫，既即此是学，一切应感之迹，亦若是而已。②

王畿从师王阳明悟登山之法，后以此法教人。

嘉靖六年（1527）薛侃《奉尊师阳明先生》其二："闻有召命，未审出得成否。……乃今痛自鞭勉，良友多集，为久聚计。有颇见大意如李承、陈琬、李鹏、赖曰道，皆卓然有负荷意。朝夕相磨，歌游于岩谷水石之间，使真意自长，妄意自消，似觉简易。"③ 歌于山水之间，悟而有得，使真意自长。《年谱》："德洪携二弟德周仲实读书城南，洪父心渔翁入视之。魏良政、魏良器辈与游禹穴诸胜，十日忘返。问曰：'承诸君相携日久，得无妨课业乎？'答曰：'吾举子业无时不习。'……家君疑未释，进问先生。先生曰：'岂特无妨，乃大益耳！'"寓学道于游乐之间。

三 以自然景物论道

在郊游过程中，王阳明往往施以启发式教育，以所见草木、山水等启发学生悟道。《传习录下》载：

---

① 束景南、查明昊辑编：《王阳明全集补编》，上海古籍出版社2018年版，第211页。
② 吴震编校整理：《王畿集》，凤凰出版社2007年版，第408页。
③ 陈椰编校：《薛侃集》，上海古籍出版社2014年版，第271页。

> 先生游南镇，一友指岩中花树问曰："天下无心外之物，如此花树，在深山中自开自落，于我心亦何相关？"先生曰："你未看此花时，此花与汝心同归于寂，你来看此花时，则此花颜色一时明白起来。便知此花不在你的心外。"

王阳明以山中之花为例来说明"无心外之物"之理。王维《辛夷坞》："木末芙蓉花，山中发红萼。涧户寂无人，纷纷开且落。"王维认为物在心外，一切皆空。而王阳明倡导心学，认为一切在心，心外无物。王阳明之说与慧能幡动之说极为类似。《传习录下》：

> 先生一日出游禹穴，顾田间禾曰："能几何时，又如此长了？"范兆期在傍曰："此只是有根。学问能自植根，亦不患不长。"先生曰："人孰无根？良知即是天植灵根，自生生不息；但著了私累，把此根戕贼蔽塞，不得发生耳。"

王阳明授学时不爱说教，爱用启发式教育，故在山水游历之间，往往触景生情，适时对学生进行教导。其在日常生活中亦是如此。《传习录栏外书》："黄冈郭善甫挈其徒良吉，走越受学，途中相与辨论未合。既至，质之先生。先生方寓楼膳，不答所问，第目摄良吉者再，指所膳盂，语曰：'此盂中下乃能盛此膳，此案下乃能载此盆，此楼下乃能载此案，地又下乃能载此楼。惟下乃大也。'"① 吃饭时，学生请教，王阳明就眼前盂、案、楼等进行形象说教。这样的例子还有一些。

一方山水养一方人。越地奇丽的山水，对王阳明产生了不少影响。早年遇到精神危机时，王阳明寄情山水，在山水间寻找精神寄托，在阳明洞修炼悟道；悟道之后，王阳明常在山水游历之间，对学生进行传道授业，增其真气；在游历之间，王阳明常巧借山水景物，启发学生悟道，点拨迷津。越地山水，孕育、催生和培养了阳明学说。

---

① 束景南：《王阳明年谱长编》，上海古籍出版社2017年版，第1512页。

第四节　天泉桥与阳明学

"天泉证道"在阳明学发展史上具有极其重要的地位，其不仅是王阳明晚年思想的反映，也开启了后来王门著名的"四有""四无"之争。对于这样一个极其重要的学术名胜，后世史籍较少有记载，以至数百年后变得迷离，其地址及其形态变得充满争议。

一　伯府与天泉桥

众多文献表明，天泉桥并非绍兴城一座普通的街道桥梁，而是与王阳明伯爵府密切相关的一座桥。伯爵府、天泉桥、碧霞泉等，相辅相依，密不可分。

（一）王阳明伯爵府的建造

为了弄清碧池、天泉桥等，我们不妨从王阳明伯爵府建造说起。

正德十六年（1521）三月十四日，武宗崩。四月二十二日，世宗即位。二十五日，录王守仁赣州功，荫子王正宪锦衣副千户。七月二十日，升南京兵部尚书。八月下旬，归至绍兴。十一月九日，叙平宸濠功，封王守仁新建伯、奉天翊卫推诚宣力守正文臣、特进光禄大夫、柱国，兼南京兵部尚书。十九日，奉封新建伯府圣旨，行人赍白金文绮来慰劳，赐以羊酒。

嘉靖元年（1522）正月初十，王阳明上《辞封爵普恩赏以彰国典疏》。二月，父王华卒，王阳明居丧。丁忧中，来学者众，王阳明作《壁帖》婉拒之。王阳明婉拒之，可能与其屋宅无法接纳众多人员有关。三月，王艮来学，助构书院以接待四方学者。董燧《王心斋先生年谱》："世宗嘉靖元年壬午，先生四十岁。时阳明公以外艰家居，四方学者日聚其门，道院僧房不能容。于是先生为构书院，调度馆谷以居，而鼓舞开导，多委曲其间，然犹以未有遍及天下。"① 十月三十日，王阳明上《再

---

① 董燧：《王心斋先生年谱》，载四川大学古籍整理研究所编《儒藏·史部·儒林年谱》第19册，四川大学出版社2007年影印本，第827页。

辞封爵普恩赏以彰国典疏》。① 此时王阳明尚上疏辞封，故至此当未有伯爵府。

嘉靖二年（1523），筑楼房五十间，以纳学子。黄佐《庸言》卷九："癸未冬……予即往绍兴见之。公方宅忧，拓旧仓地，筑楼房五十间，而居其中。留予七日，食息与俱。"② 束景南先生认为，黄佐所言"拓旧仓地，筑楼房五十间"者，即造新建伯府邸（伯府）也。王阳明于嘉靖二年（1523）春始造伯爵府，至冬间初建成。③ 此说大体可信。伯爵府规模宏大，豪奢无比，绍兴民间流传"吕府十三厅，不及伯府一个厅"之说。吕府，即嘉靖年间礼部尚书吕本的宅第，从现存的十厅来看（另三厅已毁），便已经非常豪华了，足见王阳明伯爵府的豪华了。④ 这样宏大的建筑群恐非一年所能建成，当是多年不断增建而成的。故笔者认为，本年可能只完成了主体楼宅的建造，次年上半年大体完成外在景观的建造。

嘉靖三年（1524）春，筑阳明书院，以纳四方学子。张峰《王艮年谱》："（嘉靖）甲申，三年，四十二岁。春，正月，子补生，往会稽，请筑书院，以居四方学者。"董燧《王心斋先生年谱》："（嘉靖）三年甲申，先生四十二岁。在会稽。是年春，四方学者聚会稽日众，请阳明公筑书院城中，以居同志。"⑤ 于是依至大寺建楼居斋舍，是为阳明书院，前有阳明祠。《年谱附录一》："居不能容。同门王艮、何秦等乃谋建楼居斋舍于至大寺左，以居来学。"⑥ 四月，服阙。《年谱》："八月，宴门人于天泉桥。"此前居丧，故王阳明不得宴饮。服阙，伯爵府新成，于是王阳明遂宴饮门人于天泉桥。

几经风雨和灾难，王阳明伯府至今荡然无存，仅在民间有一些相关

---

① 《年谱》将此事系于本年七月，束景南先生认为此事在本年十月。参见束景南《王阳明年谱长编》，上海古籍出版社2017年版，第1499页。此从束先生说。

② 束景南、查明昊辑编：《王阳明全集补编》，上海古籍出版社2018年版，第190页。

③ 参见束景南《王阳明年谱长编》，上海古籍出版社2017年版，第1553页。

④ 参见钱明《王阳明后裔今何在——王诗棠、王书铭先生访谈录》，载钱明《王阳明及其学派论考》，人民出版社2009年版，第535—536页。

⑤ 董燧：《王心斋先生年谱》，载四川大学古籍整理研究所编《儒藏·史部·儒林年谱》第19册，四川大学出版社2007年影印本，第828页。

⑥ 《年谱》将此系于嘉靖四年（1525）十月。王艮等人于嘉靖三年（1524）春请立书院，不可晚至次年十月才建。束景南《王阳明年谱长编》将此系于嘉靖四年（1525）正月。此从之。

传闻。经学者考证，伯府当时规模大体可见。伯府东起王衙弄，西至西小河（船舫弄），南至大有仓，北至上大路。伯爵府中建天泉楼，楼中有碧霞山房，凿碧霞池，池上有天泉桥。①

（二）碧霞池、天泉楼与天泉桥

晚年王阳明天泉证道，流传千古。让人不解的是，"作为明代心学中重要学术事件之载体的'天泉桥'，则不仅荡然无存，而且其具体地点亦从未见史志有过明确记载"②。经过学者们大量考证，碧霞池、天泉桥、天泉楼等原貌逐渐清晰起来。

1. 碧霞池

众多方志皆不载碧霞池。碧霞池在王府或称新建府内。③ 徐渭作有《洗心亭》（为龙溪老师赋池亭，望新建府碧霞池）："花护焚香几，门维渡岸船。碧霞池畔鸟，常得泛前川。"④ 可见，碧霞池是伯府中的一个池塘，"碧霞"二字来源于泰山碧霞元君。

弘治十七年（1504），王阳明山东主考时，曾登泰山，作《登泰山五首》，其四："遥见碧霞君，翩翩起员峤。玉女紫鸾笙，双吹下晴昊。举首望不及，下拜风浩浩。掷我《玉虚篇》，读之殊末了。傍有长眉翁，一一能指道。从此炼金砂，人间迹如扫。"可见王阳明对碧霞元君很是熟悉。顾炎武《山东考古录·考碧霞元君》："世人多以碧霞元君为泰山之女。"⑤ 民间多将其视为司生育的神灵而加以膜拜，至今如此。王阳明将府内池塘命名为碧霞，一方面与其迷信道教有关，另一方面与其想得子嗣有关。⑥

---

① 束景南：《王阳明年谱长编》，上海古籍出版社 2017 年版，第 1553 页。

② 钱明：《阳明之"教场"——天泉桥考》，载钱明《王阳明及其学派论考》，人民出版社 2009 年版，第 18 页。

③ 钱明：《阳明之"教场"——天泉桥考》，载钱明《王阳明及其学派论考》，人民出版社 2009 年版，第 22 页。

④ 《徐渭集》，中华书局 1983 年版，第 178 页。

⑤ 顾炎武：《山东考古录》，《续修四库全书》第 732 册，上海古籍出版社 2002 年影印本，第 801 页下栏。

⑥ 钱明先生认为："王府将庭院内的池塘取名为碧霞池，是与阳明夫人诸氏于嘉靖（1525）正月去世前后，其家人打算为阳明续娶，希望早点得子有关。"钱明：《儒学正脉——王守仁传》，浙江人民出版社 2006 年版，第 53 页。据《年谱》，嘉靖三年（1524）八月，王阳明便宴弟子门人于碧霞池上，可见此时或更早已经命名碧霞池了，与王阳明夫人诸氏之死似乎没有多少关系。

碧霞池筑成后，王阳明常在池边静坐、观光。王阳明《碧霞池夜坐》："一雨秋凉入夜新，池边孤月倍精神。潜鱼水底传心诀，栖鸟枝头说道真。莫谓天机非嗜欲，须知万物是吾身。无端礼乐纷纷议，谁与青天扫宿尘？"《寄题玉芝庵》："尘途骏马劳千里，月树鹓鸾足一枝。身既了时心亦了，不须多羡碧霞池。"王畿《用黄久庵韵六首》其四："碧霞池畔秋光淡，何幸先生共览菲。"①

碧霞池较大，可以泛舟。《年谱》："或泛舟。"钱德洪《刻文录叙说》："或鼓棹而歌。"② 王阳明《天泉楼夜坐和萝石韵》："莫厌西楼坐夜深……隔水鸣榔闻过棹。"

2. 天泉楼

碧霞池的西头是天泉楼，也称西楼，是王府的主建筑。《年谱》："是日夜分，客始散，先生将入内，闻洪与畿候立庭下。"可知，平时王阳明讲学于此，也居于此。王阳明门人孙应奎《刻阳明先生传习录序》："忆是时先生（王阳明）独引之天泉楼，口授《大学》首章，至'致知格物'。"③ 孙应奎《燕诒录引》："先生引至天泉楼，授经文至'致知格物'而止……此在嘉靖乙酉（四年）岁十月也。"④ 邹守益《赠董萝石用韵二言》其一："昔登天泉楼，获读从吾篇，千里想高标，神气已翛然。"⑤ 王阳明《天泉楼夜坐和萝石韵》："莫厌西楼坐夜深，几人今夕此登临？白头未是形容老，赤子依然浑沌心。隔水鸣榔闻过棹，映窗残月见疏林。看君已得忘言意，不是当年只苦吟。"董沄对天泉楼多有记载。董沄《从吾道人语录·日省录》："吾昔侍先师阳明夫子于天泉楼，因观白沙先生诗云……遂稍有悟，千圣相传之机，不外于末后一句，因又号'天泉绠翁'。"⑥ 董沄《宿天泉楼》："高阁凝得夜色深，四檐星斗喜登临。雪垂须发今何幸，春满乾坤见道心。冉冉光风回病草，瀼瀼灏气足青林。浴

---

① 吴震编校整理：《王畿集》，凤凰出版社2007年版，第531页。
② 钱明编校整理：《徐爱钱德洪董沄集》，凤凰出版社2007年版，第186页。
③ 吴光等编校整理：《王阳明全集》，上海古籍出版社2012年版，第1316页。
④ 孙应奎：《燕诒录》，《四库全书存目丛书》集部第90册，齐鲁书社1997年影印本，第532页下栏。
⑤ 董平编校整理：《邹守益集》，凤凰出版社2007年版，第1147页。
⑥ 钱明编校整理：《徐爱钱德洪董沄集》，凤凰出版社2007年版，第248页。

沂明日南山去，拟向炉峰试一吟。"① 董沄《乙酉中秋薛中离言旋适余病起诗以留之》："细听玉漏三更夜，静倚天泉一脉楼。"② 王阳明《秋夜》："春园花木始菲菲，又是高秋落叶稀。天回楼台含气象，月明星斗避光辉。闲来心地楼空水，静后天机见隐微。深院寂寥群动息，独怜乌鹊绕枝飞。"

天泉可能是碧霞池的主要活水来源，取名为天泉，当与道教洞天有关。王阳明《从吾道人记》末尾题记："阳明山人王守仁书于第十一洞天之碧霞池上。"③ 如前所说，阳明洞天是道教三十六小洞天之第十洞天。王阳明自称"山人"，且将自家池塘碧霞池命为"第十一洞天"，以与第十洞天阳明洞天相续。故知，"天泉"，亦当与洞天有关，当为洞天之泉的简称。王阳明弟子常以天泉来喻自家宗派。董沄《自诀》："我非污世中者俦，偶来七十七春秋。自知此去无污染，一道天泉月自流。"④ 王畿《用黄久庵韵六首》其五："一脉天泉自有归，肯从别派问因依。识情浪里虚漂泊，天则源头真是非。水到渠成机自活，江空月落影偏微。临流珍重当年意，涓滴能令万世菲。"⑤ 王阳明《月夜二首》（与诸生歌于天泉桥）其一："化作钧天满太清。"王阳明《碧霞池夜坐》："莫谓天机非嗜欲，须知万物是吾身。无端礼乐纷纷议，谁与青天扫宿尘？""天泉""天则""钧天""太清""天机""青天"等，都与道教有关，可见天泉与洞天有关，天泉当为洞天之泉简称。

3. 天泉桥

天泉桥一头连着天泉楼。《年谱》："是日夜分，客始散，先生将入内，闻洪与畿候立庭下，先生复出，使移席天泉桥上。"可见，天泉桥一端与天泉楼门口通道相连。《年谱》："八月，宴门人于天泉桥。中秋月白如昼，先生命侍者设席于碧霞池上。门人在侍者百余人。"前言"宴门人

---

① 钱明编校整理：《徐爱钱德洪董沄集》，凤凰出版社2007年版，第364页。
② 钱明编校整理：《徐爱钱德洪董沄集》，凤凰出版社2007年版，第362页。
③ 束景南：《王阳明年谱长编》，上海古籍出版社2017年版，第1553页。束景南先生认为，伯府中有十几余处洞天景观。考之宋代张君房所编纂的《云笈七签》，第十一小洞天是太白山洞，与碧霞池无关。笔者认为是王阳明将碧霞池自命为第十一洞天，故有此说。
④ 钱明编校整理：《徐爱钱德洪董沄集》，凤凰出版社2007年版，第382页。
⑤ 吴震编校整理：《王畿集》，凤凰出版社2007年版，第531页。

于天泉桥",后言"设席于碧霞池上",可见天泉桥是架在碧霞池上的。周汝登《东越证学录》卷四《越中会语》:"宴于碧霞池之天泉桥。"①

钱德洪《刻文录叙说》:"甲申年,先生居越。中秋月白如洗,乃燕集群弟子于天泉桥上。时在侍者百十人。酒半行,先生命歌诗。诸弟子比音而作,翕然如协金石。少间,能琴者理丝,善箫者吹竹,或投壶聚算,或鼓棹而歌,远近相答。先生顾而乐之,遂即席赋诗,有曰:'铿然舍瑟春风里,点也虽狂得我情'之句。"②

天泉桥虽称为桥,可能是一座横跨于碧霞池上的长廊,中间有宽大的亭台,能够容纳百余人宴饮,并且能击鼓、投壶。③《年谱》:"久之,或投壶聚算,或击鼓,或泛舟。"

王阳明及其弟子诗歌中多次提及天泉桥。王阳明《月夜二首》(与诸生歌于天泉桥)其一:"万里中秋月正晴,四山云霭忽然生。须臾浊雾随风散,依旧青天此月明。肯信良知原不昧,从他外物岂能撄!老夫今夜狂歌发,化作钧天满太清。"其二:"处处中秋此月明,不知何处亦群英?须怜绝学经千载,莫负男儿过一生!影响尚疑朱仲晦,支离羞作郑康成。铿然舍瑟春风里,点也虽狂得我情。"

数十年后,王阳明再传弟子周汝登再与弟子宴会于此桥。

周汝登《东越证学录》卷四《越中会语》:

> 辛丑中秋之夜昏时,微云稍翳,已而云净月朗,诸友迎先生(周汝登),凡五十余人,宴于碧霞池之天泉桥。酒数行,先生曰:"此桥乃阳明夫子证道处也。"证道在嘉靖丁亥岁,先三年甲申亦以中秋燕门人于此,在侍者百余人。月白如昼,酒酣歌发,诸子兴剧。阳明夫子乐之,有"铿会舍瑟春风里,点也虽狂得我情"之句。今

---

① 周汝登:《东越证学录》,《四库全书存目丛书》集部第165册,齐鲁书社1997年影印本,第472页上栏。
② 钱明编校整理:《徐爱钱德洪董沄集》,凤凰出版社2007年版,第186页。
③ 大多学者认为天泉桥是一座普通的桥,钱明先生独具慧眼指出,天泉桥是沿着楼台向河中心延伸的部分,桥系"楼"的延伸部分,且一次能容纳百余人设席欢歌。参见钱明《阳明之"教场"——天泉桥考》,载钱明《王阳明及其学派论考》,人民出版社2009年版,第23—24页。

日我辈复燕于此。秋同节也,地同景也,月同明也,歌同声也,人同济济也,真是百年希有之遇。①

此次聚会,周汝登曾作诗《中秋大会天泉桥》:"天泉桥上会群英,露湿罗衣鼓瑟声。证道百年人未散,赓歌千古月常明。"诗序云:"阳明、龙溪二师于此证道,亦曾以中秋饮此桥上。今会偶同此节,会凡五十余人。"②

因为碧霞池、天泉楼、天泉桥为王公家族私有财产,他人无法进行维修或重建,于是经数百年变迁之后,自然变得荡然无存了。

二 王门四句教

天泉论道是王阳明关于心性、良知说的最后总结,是其心性说与良知说发展的结果。在此之前,王阳明对心性说、良知说做了大量论说,并力求将本体论与功夫论融合为一体。

《传习录中·答欧阳崇一》:"良知不由见闻而有,而见闻莫非良知之用,故良知不滞于见闻,而亦不离于见闻。"此即讨论良知形而下与形而上的问题。良知是形而上的,故不为见闻所有,见闻是形而下的,故皆为良知之用,故良知不滞于见闻,但又不离于见闻。此颇似于佛教空色论和现代哲学中的物质论。《传习录上》:"不知心之本体原无一物,一向着意去好善恶恶,便又多了这分意思。"依然强调心之本体无物,故无善无恶,只因着于善恶,故才有善恶。

《传习录下》:

> 七情俱是人心合有的,但要认得良知明白。比如日光,亦不可指着方所;一隙通明,皆是日光所在;虽云雾四塞,太虚中色象可辨,亦是日光不灭处,不可以云能蔽日,教天不要生云。七情顺其

---

① 周汝登:《东越证学录》,《四库全书存目丛书》集部第165册,齐鲁书社1997年影印本,第472页上栏。
② 周汝登:《海门先生文集》,《四库全书存目丛书》集部第165册,齐鲁书社1997年影印本,第384页下栏。

> 自然之流传，皆是良知之用，不可分别善恶，但不可有所着；七情有着，俱谓之欲，俱为良知之蔽；然才有着时，良知亦自会觉，觉即蔽去，复其体矣！此处能勘得破，方是简单透彻功夫。

在此王阳明用生动的对比来论证良知，无论白云蔽否，日光总是客观存在的；无论物欲蔽否，良知总是客观存在的。良知是形而上的，无善恶之分，亦不可着于善恶。觉即蔽去，复其体，复是工夫。在此，王阳明已经意识到了本体与工夫之间的关系，"简单透彻功夫"，暗示着后来王畿所言的直视本体的工夫。

《年谱》正德七年（1512）："如说格物是诚意功夫，明善是诚身功夫，穷理是尽性功夫，道问学是尊德性功夫，博文是约礼功夫，惟精是惟一功夫。"此强调的是功夫。

自正德十四年（1519）四月，王阳明始揭致良知之说。① 宋仪望《邹东郭先生行状》："己卯，谒阳明王公于虔台，因论及格致之学。王公乃尽语以致良知之说，反覆辨论，先生翻然悟曰：'道在是矣！'遂执弟子礼。"② 八月，王阳明再论良知之学。费纬祹《圣宗集要》卷六《王守仁》：

> （王阳明）诛宸濠后，居南昌，始揭"致良知"之学，曰："圣人之学，心学也。……"于是举《孟子》所谓"良知"者，合之《大学》"致知"，曰"致良知"，以真知即是行，以心悟为格物，以天理为良知。③

后王阳明多次向弟子论述致良知说。正德十五年（1520）十二月，王阳明大揭良知之教。④《传习录下》：

---

① 《年谱》认为王阳明正德十六年（1521），王阳明始揭致良知之教。束景南先生认为王阳明于正德十四年（1519），始揭致良知之教。束说有理有据，此从之。
② 董平编校整理：《邹守益集·附录》，凤凰出版社2007年版，第1368页。
③ 费纬祹：《圣宗集要》，《四库全书存目丛书》史部第123册，齐鲁书社1997年影印本，第601页下栏。
④ 束景南先生认为此两段对话皆为正德十五年（1520）事，此从之。参见束景南《王阳明年谱长编》，上海古籍出版社2017年版，第1354页。

> 先生曰:"圣人亦是'学知',众人亦是'生知'。"问曰:"何如?"曰:"这良知人人皆有,圣人只是保全,无些障蔽,兢兢业业,亹亹翼翼,自然不息,便也是学;只是生的分数多,所以谓之'生知安行'。众人自孩提之童,只是障蔽多,然本体之知自难泯息,虽问学克治也只凭他,只是学的分数多,所以谓之'学知利行'。"
>
> 先生曰:"人心是天、渊。心之本体无所不该,原是一个天,只为私欲障碍,则天之本体失了。心之理无穷尽,原是一个渊,只为私欲窒塞,则渊之本体失了。如今念念致良知,将此障碍窒塞一齐去尽,则本体已复,便是天、渊了。"

王阳明此时认为心为本体,无所不该,因私欲障蔽了其本体,故以致良知,除去此类私欲障蔽,恢复本体。

晚年,王阳明多次论述心体与功夫之关系。嘉靖五年(1526)二月,王阳明与门人朱得之、杨文澄讲论良知心学,首揭"王门四句教"。朱得之《稽山承语》:

> 杨文澄问:"意有善恶,诚这将何稽?"师曰:"无善无恶者心也,有善有恶者意也,知善知恶者良知也,为善去恶者格物也。"曰:"意固有善恶乎?"曰:"意者心之发,本自有善而无恶,惟动于私欲而有恶也。惟良知自知之,故学问之要曰致良知。"
>
> 或问三教同异。师曰:"道大无外,若曰各道其道,是小其道矣。……其初只是一家,去其藩篱,仍旧是三家。三教之分,亦只似些。"①

在此王阳明以四句话概说善恶、良知与格物之间的关系,被学者称为"王门四句教"。此时,王阳明认为心无善恶,而意有善恶;良知是"知",格物是行。又认为意本有善无恶,因动于私欲,故有了恶。"良知自知之",与王阳明一贯提倡的天生良知说法一致。"学问之要曰致良知",强调致良知(即知善知恶),并不强调格物(即为善去恶)。可见,

---

① 束景南、查明昊辑编:《王阳明全集补编》,上海古籍出版社2018年版,第211页。

此时王阳明虽然以善恶来解说心与良知,但还不是很完善,颇有不能自圆之处。如认为意是有善有恶的,将良知仅仅理解为知善知恶,而没有提升到本体论高度,仅强调良知,而不强调"致"等。①

嘉靖六年(1527)三月,王阳明与魏良弼论良知,已经对意与良知做了较好的分析。王阳明《答魏师说》:

> 所云"任情任意,认作良知,及作意为之,不依本来良知,而自谓良知者,既已察识其病矣"。意与良当分别明白。凡应物而起念处,皆谓之意。意则有是有非,能知得意这是与非者,则谓之良知。依得良知,即无有不是矣。所疑拘于体面,格于事势等患,皆是致良知之心未能诚切专一。若能诚切专一,自无此也。凡作事不能谋始与有轻忽苟且之弊者,亦皆致知之心未能诚一,亦是见得良知未透彻。若见得透彻,即体面事势中,莫非良知之妙用。

嘉靖六年(1527)三月与门人讲论良知心学,修正诠释"王门四句教"。《传习录下》:

> 心者身之主宰,目虽视而所以视者心也,耳虽听而所以听者心也,口与四肢虽言动而所以言动者心也。故欲修身在于体当自家心体,常令廓然大公,无有些子不正处。主宰一正,则发窍于目,自无非礼之视;发窍于耳,自无非礼之听;发窍于口与四肢,自无非礼之言动:此便是修身在正其心。然至善者,心之本体也。心之本体,那有不善?如今要正心,本体上何处用得功?必就心之发动处才可著力也。心之发动不能无不善,故须就此处著力,便是在诚意。如一念发在好善上,便实实落落去好善;一念发在恶恶上,便实实落落去恶恶。意之所发,既无不诚,则其本体如何有不正的?故欲正其心在诚意。工夫到诚意,始有著落处。然诚意之本,又在于致知也。所谓"人虽不知,而己所独知"者,此正是吾心良知处。然

---

① 可参见拙作《上下阳明——绍兴思想信仰史》,中国社会科学出版社 2019 年版,第 161—167 页。

知得善,却不依这个良知便做去;知得不善,却不依这个良知便不去做。则这个良知便遮蔽了,是不能致知也。吾心良知既不得扩充到底,则善虽知好,不能著实好了;恶虽知恶,不能著实恶了,如何得意诚?故致知者,意诚之本也。然亦不是悬空的致知,致知在实事上格。如意在于为善,便就这件事上去为;意在于去恶,便就这件事上去不为。去恶固是格不正以归于正,为善则不善正了,亦是格不正归于正也。如此,则吾心良知无私欲蔽了,得以致其极,而意之所发,好善去恶,无有不诚矣!诚意工夫,实下手处在格物也。若如此格物,人人便做得。"人皆可以为尧舜",正在此也。

王阳明认为"至善者,心之本体",故云:"心之本体,那有不善?如今要正心,本体上何处用得功?"又认为意有善有恶,"心之发动不能无不善?",故须诚意工夫。诚意之本又在于致知。致知在于规范善恶,善者为之,恶者止之,良知得以无欲蔽。可见,王阳明在此依然强调有善有恶,强调工夫,强调"致"良知。

三 天泉证道

嘉靖六年(1527),出征广西思恩、田州之前,王阳明与其两大弟子钱德洪、王畿相聚论学于天泉桥上,王阳明提出四句教。此即著名的"天泉证道"。"天泉证道"是王阳明思想的新发展,四句教是王阳明晚年思想的总结。关于天泉证道和四句教,早期的文献的记载便有差异,阳明弟子理解不一,后世学者更是众说纷纭。

(一) 天泉证道

天泉证道见载于《传习录》《年谱》以及《王龙溪全集》,但三者大同而略有小异。《传习录下》:

> 丁亥年九月,先生起复征思、田,将命行时,德洪与汝中论学。汝中举先生教言曰:"无善无恶是心之体,有善有恶是意之动,知善知恶是良知,为善去恶是格物。"德洪曰:"此意如何?"汝中曰:"此恐未是究竟话头。若说心体是无善无恶,意亦是无善无恶的意,知亦是无善无恶的知,物是无善无恶的物矣。若说意有善恶,毕竟

心体还有善恶在。"德洪曰："心体是天命之性，原是无善无恶的。但人有习心，意念上见有善恶在，格、致、诚、正、修，此正是复那性体功夫。若原无善恶。功夫亦不消说矣。"是夕侍坐天泉桥，各举请正。先生曰："我今将行，正要你们来讲破此意。二君之见正好相资为用，不可各执一边。我这里接人原有此二种：利根之人，直从本源上悟入。人心本体原是明莹无滞的，原是个未发之中。利根之人一悟本体，即是功夫。人己内外，一齐俱透了。其次不免有习心在，本体受蔽，故且教在意念上实落为善去恶。功夫熟后，渣滓去得尽时，本体亦明尽了。汝中之见，是我这里接利根人的；德洪之见，是我这里为其次立法的。二君相取为用，则中人上下皆可引入于道。若各执一边，眼前便有失人，便于道体各有未尽。"既而曰："已后与朋友讲学，切不可失了我的宗旨：无善无恶是心之体，有善有恶是意之动，知善知恶是良知，为善去恶是格物。只依我这话头随人指点，自没病痛，此原是彻上彻下功夫。利根之人，世亦难过，本体功夫，一悟尽透。此颜子、明道所不敢承当，岂可轻易望人！人有习心，不教他在良知上实用为善去恶功夫，只去悬空想个本体，一切事为俱不着实，不过养成一个虚寂。此个病痛不是小小，不可不早说破。"是日德洪、汝中俱有省。

王阳明的《年谱》由钱德洪、王畿、邹守益、欧阳德等弟子历经数十年，于嘉靖四十二年（1563）编撰而成，其成上距王阳明去世不过数十年，因此其记载较为可信。《年谱》对天泉证道记载与《传习录》大体相同。《传习录》中天泉证道为钱德洪所记，而《年谱》为王阳明众多弟子所合撰，且经多人审核，因此，从某种角度而言，《年谱》较《传习录》更为公正可信。《稽山承语》第二十五条：

杨文澄问："意有善恶，诚之将何稽？"师曰："无善无恶者心也，有善有恶者意也，知善知恶者良知也，为善去恶者格物也。"曰："意固有善恶乎？"曰："意者心之发，本自有善而无恶，惟动于私欲而后恶也。惟良知自知之，故学问之要曰致良知。"①

据《年谱》，钱德洪与王畿论学时，王畿对四教句的首句"无善无恶是心之体"提出质疑，二人不能决，于是请教于王阳明。此表明"四句教"早在天泉证道之前便提出了。王畿有疑惑，请教于王阳明，王阳明方有"正要二君有此一问！"《传习录下》中，将王阳明的解说混为一体，而《年谱》中，将王阳明的解说分而述之。

> 先生喜曰："正要二君有此一问。我今将行，朋友中更无有论证及此者，二君之见正好相取，不可相病。汝中须用德洪功夫，德洪须透汝中本体。二君相取为益，吾学更无遗念矣。"
>
> 德洪请问。先生曰："有只是你自有，良知本体原来无有，本体只是太虚。太虚之中，日月星辰，风雨露雷，阴霾饐气，何物不有？而又何一物得为太虚之障？人心本体亦复如是。太虚无形，一过而化，亦何费纤毫气力？德洪功夫须要如此，便是合得本体功夫。"
>
> 畿请问。先生曰："汝中见得此意，只好默默自修，不可执以接人。上根之人，世亦难遇。一悟本体，即见功夫，物我内外，一齐尽透，此颜子、明道不敢承当，岂可轻易望人？二君已后与学者言，务要依我四句宗旨……以此自修，直跻圣位；以此接人，更无差失。"
>
> 畿曰："本体透后，于此四句宗旨何如？"
>
> 先生曰："此是彻上彻下语，自初学以至圣人，只此功夫。初学用此，循循有入，虽至圣人，穷究无尽。尧、舜精一功夫，亦只如此。"

从《传习录》来看，王阳明对钱德洪和王畿二人之说均加以肯定，认为王畿之说适用于利根之人，而钱德洪之说适合于中根以下之人。但王阳明又说，利根之人，"此颜子、明道所不敢承当，岂可轻易望人？"，此其实含蓄地否定了王畿之说。

---

① 束景南、查明昊辑编：《王阳明全集补编》，上海古籍出版社2018年版，第211页。

在《年谱》中，王阳明首先对"无"和"有"做了解说，"有只是你自有，良知本体原来无有"。王阳明认为，"有"是主体的一种体悟，而良知则是独立于主体之外而存在的，故可称为"无"。心便是如此。王阳明此心论与慧能"心动说"相似。风吹幡动，慧能认为这是人心感知的结果，故称为"心动"。王阳明此说，强调的是致良知的外在功夫。

从《年谱》记载可以看出，王阳明对王畿的批评意味较《传习录》更为明显。王阳明直接否定的王畿之说，"汝中见得此意，只好默默自修，不可执以接人"。并继而强调"二君已后与学者言，务要依我四句宗旨"。王阳明为何不赞同王畿的观点呢？多年的阅历使王阳明认识到，"人心自有知识以来，已为习俗所染"。正因如此，世间几无利根之人，王畿之说显然沦为一种无用，甚至有害的"屠龙术"。

最后，王阳明对二位弟子再三强调四句教的重要性。《年谱》：

> 先生又重嘱咐曰："二君以后再不可更此四句宗旨。此四句中人上下无不接着。我年来立教，亦更几番，今始立止此四句。人心自有知识以来，已为习俗所染，今不敢教他在良知上实用为善去恶功夫，只去悬空想个本体，一切事为，俱不著实。此病痛不是小小，不可不早说破。"

在此，王阳明强调的依然是外在功夫，强调"著实"。王畿《王龙溪全集》中有《龙泉证道纪》，对此事亦有所记载，但其所记又有不同。这些待后文再详述。

从以上分析可以看出，四句教是王阳明深思熟虑的结果，是其晚年思想升华与结晶，其为阳明学的发展指明了方向，但也为阳明学的分裂埋下伏笔。

（二）四句教解

王阳明晚年天泉证道提出的四句教与其早年学说不一，且与传统心性说颇不一致，于是遭到了不少后世学者的质疑或非议，如刘宗周、黄宗羲等。其实，四句教是王阳明学说的总结与升华，在心学史上具有极其重要的价值。

四句教首句"无善无恶是心之体"受到不少学者非议。如上所说，王阳明继承孟子良知说,认为良知是所有人天生具有的善性,积极倡导摒恶习,致良知。可晚年却提出"无善无恶是心之体",的确让人费解。

其实不然。在古代,"心"具有多种含义。或指客观心胸,如西施捧心;或指思维器官,如孟子所言"心之官则思";或指主观情感,如哀莫大于心死;或指道德意识,如孟子所言"心之四端"等。在《传习录》等著作之中,王阳明大量运用心,但所指内涵并非相同。在道德层面,王阳明亦主张心是至善的,如"至善是心之本体""至善只是此心纯乎天理之极便是"等。

但在晚年,王阳明论心逐渐超越了道德层面,而进入了形而上的本体层面。在《年谱》中,王阳明与钱德洪论道时说:"有只是你自有,良知本体原来无有,本体只太虚。太虚之中,日月星辰,风雨露雷,阴霾饐气,何物不有?而又何一物得为太虚之障?"晚年王阳明对"心"的认知已经超越了形而下的道德层面,而上升为形而上的本体层面,他认为"心"如同太虚,虽然无所不包,但所包容的任何一具体事物皆代表它,故太虚是无。与之相应,心体原本是无,万物只不过是其形而下的体现,万物的美丑、善恶,皆是万物之属性,而非心本之属性,因此,心是无善无恶的。王阳明曾将心体比喻为明镜,来说明心体之无善恶。《传习录上》:"圣人之心如明镜,只是一个明,则随感而应,无物不照……只怕镜不明,不怕物来不能照。"镜只是照,镜中物之美丑与镜无关。而心体亦是如此。可见,王阳明言心体无善无恶是从本体层面而言的,并非就道德层面而言。

"有善有恶是意之动。"何为意,王阳明做了不少论说。《答魏师说》:"凡应物起念处,皆谓之意。意则有是有非,能知得意之是非者,则谓之良知。"可见,"阳明哲学中的'意',如果笼统地说,主要指意识或意念"①。王阳明认为心体是无善无恶的,而善恶是由人的意念而产生的。心无善恶,由人心而产生的意识怎么会有善恶呢?《传习录上》:"人性皆善,中和是人人原有的,岂可谓无?但常人之心既有所昏蔽,则其本体虽亦时时发见,终是暂明暂灭,非其全体大用矣。"王阳明认为,心体虽

---

① 陈来:《有无之境——王阳明哲学的精神》,生活·读书·新知三联书店2009年版,第107页。

无善恶,但常人之心往往受到外在私智、恶习的昏蔽、阻隔,导致其本原心体无法展现,从而导致人们产生了各种善恶意识。另外,王阳明认为,善恶与人们的功利目的有关。《传习录上》:

> 侃去花间草,因曰:"天地间何善难培,恶难去?"先生曰:"未培未去耳。"少间,曰:"此等看善恶,皆从躯壳起念,便会错。"侃未达。曰:"天地生意,花草一般,何曾有善恶之分?子欲观花,则以花为善,以草为恶;如欲用草时,复以草为善矣。此等善恶,皆由汝心好恶所生,故知是错。"曰:"然则无善无恶乎?"曰:"无善无恶者理之静,有善有恶者气之动。不动于气,即无善无恶,是至善。"

同样的花草,人们的功利目的不同,其善恶亦不同。正因如此,王阳明认为善恶是人意识的结果。

"知善知恶是良知。"此句说的致良知功夫。如上所说,良知是人天生具有的善性,但由于外在物欲的熏染和掩蔽,使得人们逐渐染有恶习,逐渐是非不明。致良知的第一步便是致知,即"知善知恶",然后才是致良知。王阳明强调知合一,知便是行之始,知善知恶便是致良知之始。

"为善去恶是格物。""格物以致知",源出于《大学》。宋儒对此做了很多阐释。朱熹认为,理外在于心,格物致知就是通过观察外物,以达至对真理的认知。王阳明认为"心即理",于是"格物致知与正心诚意是一回事,与致良知亦是一回事"[①]。可见,此句亦说的是致良知的功夫。知善知恶仅仅是行之始,但如果要真正实现致良知的目标,还必须有实质的行动,而不能仅仅停留在知层面。于是王阳明提出"为善去恶"的行动主张。

从以上分析可以看出,四句教是王阳明心性论、良知论与知行合一等重要理论的精练总结。第一句说的是本体,王阳明认为心体是超越了道德层面的形而上的存在,因此无善无恶。后三句说的是致良知的功夫。

---

① 董平:《浙江思想学术史——从王充到王国维》,中国社会科学出版社2005年版,第235页。

由于外在恶习的熏染，本体往往会被遮蔽，加上人的主观功利性的作用，于是便有了善恶之分。为了实现致良知，首先要知，知道何为善何为恶，然后再是行，要为善去恶，从而是实现知行合一，致良知。正因如此，学者认为："在某种意义上，'天泉证道'既是阳明对他良知为核心的毕生思想所做的最后总结，也是当他觉察到其学说可能在弟子那里发生理解上的分歧之时，为匡正其各自理解上的偏弊所做的最后一次思想努力。"[①]

[①] 董平：《王阳明的生活世界——通往圣人之路》，商务印书馆2018年版，第303—304页。

第四章

越地讲学与阳明学

王阳明生于越,长于越。越地既是王阳明故乡,也是王阳明家乡。其一生近三分之一的时间是在越地度过的。王阳明一生讲学授生不辍,其居越地讲学时间长,所授弟子众多,使得越地成为阳明学的一个重镇,浙中学派成为阳明后学的一个重要学派。

第一节 王阳明越地讲学

王阳明一生以学圣贤为第一等事,故一生在为官的同时,一直坚持讲学、授学,传授圣贤之道,俨然以当代圣人自居。晚年,王阳明宴门生于天泉桥,曾作诗云"铿然舍瑟春风里,点也虽狂得我情"①。《论语·先进》载,孔子问弟子志向时,点(曾皙)放下手中的瑟回答说:曰:"莫春者,春服既成,冠者五六人,童子六七人,浴乎沂,风乎舞雩,咏而归。"孔子听后赞叹说:"吾与点也。"② 王阳明化用此典故,显然有以孔子自居之意味。王阳明出征思、田时,闻知余姚、绍兴讲会复兴时,云:"吾道之昌,真有火燃泉达之机矣,喜幸当何如哉!"③ "吾道"可见王阳明以一代宗师自居。王阳明一生忙于奔波,在家乡停留的时间并不是很多,唯有晚年闲居绍兴长达六七年。不管是匆匆还乡,还是闲居家乡,王阳明不忘在家乡讲学,传授圣贤之道。

---

① 《年谱》,载吴光等编校《王阳明全集》,上海古籍出版社2012年版,第1061页。
② 杨伯峻:《论语译注》,中华书局1980年版,第119页。
③ 《年谱》,载吴光等编校《王阳明全集》,上海古籍出版社2012年版,第1090页。

一 杭州、余姚讲学

前文对王阳明一生在余姚及杭州的行迹做了较为全面的梳理,下面就王阳明在此二地的讲学情况做一梳理。

王阳明一生多次居越,如早年赴杭州参加省试,居杭州养病等。那时王阳明尚未形成自己的学术理论,且少有生徒,故无讲学之事。谪龙场之后,王阳明提出了一系列新观点,逐渐形成自己的学说,于是讲学活动日益多起来。王阳明在贵州及庐陵都有很多讲学活动,也有不少生徒。居江西四五年间,是王阳明学说大发展时期,也是其授学、讲学的一小高潮。

正德十四年(1519),王阳明平定朱宸濠叛乱。十月,王阳明于杭州献俘于张永,然后养病于杭州净慈寺。此时王阳明身边汇集了不少生徒,王阳明多次聚众讲学,再发良知之教。王畿《读先师再报海日翁吉安起兵书序》:

> 师既献俘,闭门待命。一日召诸生入讲曰:"我自用兵以来,致知格物之功愈觉精透。"众谓兵革浩穰,日给不暇,或以为迂。师曰:"致知在于格物,正是对境应感实用力处。平时执持悬缓,无甚查考,及其军旅酬酢,呼吸存亡,宗社安危所系,全体精神只从一念入微处自照自察,一些著不得防检,一毫容不得放纵。勿助勿忘,触机神应,是乃良知妙用,以顺万物之自然,而我无与焉。夫人心本神,本自变动周流,本能开物成务,所以蔽累之者,只是利害毁誉两端。世人利害不过一家得丧尔已,毁誉不过一身荣辱尔已。……此处致得,方是真知;此处格得,方是真物。非见解意识所能及也。……此千古圣学真血脉路。"吾师一生任道之苦心也。①

如上所说,平定朱宸濠叛乱之后,王阳明不仅未受到奖赏,反倒遭到诬陷,被诬以通敌、谋反等罪名,处境非常危险。因此,王阳明以自己亲身经历、体悟来论致良知,论格物,自然非常真切。

---

① 吴震编校整理:《王畿集》,凤凰出版社2007年版,第343页。

正德十六年（1521），武宗死后，世宗即位，王阳明平赣之功得到认可，王阳明得以摆脱窘境，归居家乡绍兴。八月，王阳明归绍兴，九月归余姚省祖茔。归省余姚时，王阳明"日与宗族亲友宴游，随地批示良知"①，钱德洪等七十余人来学。王阳明讲学于龙泉寺中天阁。《年谱附录一》："辛巳年，师归省冢茔，门人夏淳……侍师讲学于龙泉寺之中天阁。"

四年之后，嘉靖四年（1525）九月，王阳明再次归余姚省祖茔，再次讲学于龙泉寺中天阁，并制定讲会制度，书中天阁壁以勉诸生。《年谱》：

> 九月，归姚省墓。先生归，定会于龙泉寺之中天阁，每月以朔望初八廿三为期。书壁以勉诸生曰："……承诸君子不鄙，每予来归，咸集于此，在问学为事，甚盛意也。然不能旬日之留，而旬日之间又不过三四会。一别之后，辄复离群索居，不相见者动经年岁。然则岂惟十日之寒而已乎？若是而求萌蘖之畅茂条达，不可得矣。故予切望诸君勿以予之去留为聚散，或五六日，八九日，虽有俗事相妨，亦须破冗一会于此。……相会之时，尤须虚心逊志，相亲相敬。大抵朋友之交，以相下为益，或议论未合，要在从容涵育，相感以成；不得动气求胜，长傲逐非，务在默而成之，不言而信。其或矜己之长，攻人之短，粗心浮气，矫以沽名，讦以为道，挟胜心而行愤嫉，以圯族败群为志，则虽日讲习于此，亦无益矣。"

王阳明不仅制定了定期讲会的时间，还制定了讲会时的礼仪规范和学术规范，讲学重在商讨学术，宜相亲相敬，不得相互攻击，沽名钓誉。龙山会讲持续了较长时间。《年谱附录一》："师亲书三八会期于壁。吴仁聚徒于阁中，合同志讲会不辍。丁亥秋，师出征思、田，每遗书洪、畿，必念及龙山之会。"此说甚是。出征思、田时，王阳明写信给钱德洪、王畿时，多次提及龙山会讲之事。《年谱》对此有详细记载。嘉靖六年（1527）十一月，王阳明赴广西任，行至肇庆时，寄书钱德洪、王畿，

---

① 《年谱》，载吴光等编校《王阳明全集》，上海古籍出版社2012年版，第1053页。

云:"会讲之约,但得不废,其间纵有一二懈弛,亦可因此夹折,不致遂有倾倒。余姚又得应元诸友作兴鼓舞,想益日异而日不同。"嘉靖七年(1528)九月,王阳明平定叛乱之后,寄书钱德洪、王畿,云:"近年不审同志聚会如何,得无法堂前今已草深一丈否?想卧龙之会,虽不能大有所益,亦不宜遂尔荒落;且存饩羊,后或兴起,亦未可知。余姚得应元诸友相与倡率,为益不少。近有人自家乡来,闻龙山之讲,至今不废,亦殊可喜。"十月归途中,寄书钱德洪、王畿,云:"余姚、绍兴诸同志又能相聚会讲,切奋发兴起,日勤不懈,吾道之昌,真有火燃泉达之机矣,喜幸当何如哉!"可见王阳明对龙山会讲的重视了。

自幼迁居绍兴后,王阳明便多居于绍兴,仅归省亲、省祖茔等,方才归余姚,故王阳明在余姚的时间不多。杭州不过是王阳明外出的必经之途,但除了两次养病居杭时间较长外,一般都是来去匆匆,故王阳明在余姚及杭州讲学不是很多。

二 绍兴讲学与书院构建

王阳明自十岁便迁居绍兴,后王阳明多居绍兴,故王阳明以绍兴为家乡,以余姚为故乡。仕宦过期中,王阳明多次归绍兴,如居阳明洞修炼等。特别是晚年,自正德十六年(1521)八月归绍兴,至嘉靖六年(1527)九月出征,王阳明居于绍兴长达六七年之久。在此期间,王阳明主要活动是讲学、授学,因此其在绍兴的讲学活动较多。"绍兴是王阳明的家乡,因此接触阳明学的时间较早,在王阳明生前也已形成阳明讲学的中心。"①

正德十六年(1521)九月,王阳明居绍兴,浙中学子来绍兴受学者甚众。至次年(1522)二月父王华亡,王阳明居丧中。由于各种原因,王阳明无法接纳太多学子,于是作《壁帖》以婉拒四方来学之士。《壁帖》:"守仁鄙劣,无所知识,且在忧病奄奄中,故凡四方同志之辱临者,皆不敢相见。或不得已而相见,亦不敢有所论说,各请归而求诸孔孟之训可矣。"

嘉靖元年(1522)三月,王艮来学,助王阳明构书院以接纳四方学

---

① 吕妙芳:《阳明学士人社群:历史、思想与实践》,新星出版社2006年版,第201页。

子。董燧《王心斋先生年谱》："世宗嘉靖元年壬午……时阳明公以外艰家居，四方学者日聚其门，道院僧房至不能容。于是先生为构书院，调度馆谷以居。"① 当时王艮所构书院，可能是简易屋舍，供学生住宿。此为王阳明绍兴书院讲学之始。王阳明此时讲学场所主要有王艮所构简易书院、寺院以及阳明洞。本年九月，有人弹劾王阳明党恶，学术不正，显然与王阳明居绍兴聚生徒讲学有关。

嘉靖二年（1523），王阳明起楼房五十间，以纳学子。② 王阳明《答路宾阳》："自来山间，朋友远近至者百余人。"黄佐《庸言》卷九："癸未冬……予即往绍兴见之。公方宅忧，拓旧仓地，筑楼房五十间，而居其中。"③

嘉靖三年（1524）正月，筑书院，纳四方学子。张峰《王艮年谱》："（嘉靖）甲申，三年，四十二岁。春，正月，子补生，往会稽，请筑书院，以居四方学者。文成每令先生传谕焉。"董燧《王心斋先生年谱》："（嘉靖）三年甲申，先生四十二岁。在会稽，是年春，四方学者聚会稽日众，请阳明公筑书院城中，以居同志。"④《年谱附录一》："先是师在越，四方同门来游日众，能仁、光相、至大、天妃各寺院，居不能容。同门王艮、何秦等乃谋建楼居斋舍于至大寺左，以居来学。"于是王阳明绍兴讲学渐入鼎盛时期。钱德洪《刻文录叙说》：

> 先生自辛巳初归越时，明年居考丧，德洪辈侍者踪迹尚寥落。既后，四方来者日众，癸未已后，环先生之室而居，如天妃、光相、能仁诸僧舍，每一室常合食者数十人，夜无卧处，更番就席，歌声彻昏旦。南镇、禹穴、阳明洞诸山，远近古刹，徙足所到，无非同志游寓之地。先生每临席，诸生前后左右环坐而听，常不下数百人。

---

① 董燧：《王心斋先生年谱》，载四川大学古籍整理研究所编《儒藏·史部·儒林年谱》第19册，四川大学出版社2007年影印本，第827页。

② 束景南先生认为此次所建为阳明书院，建于居里东光相坊中，离伯府不远。次年，又于伯府之外再建阳明书院。参见束景南《王阳明年谱长编》，上海古籍出版社2017年版，第1569页。

③ 束景南、查明昊辑编：《王阳明全集补编》，上海古籍出版社2018年版，第190页。

④ 董燧：《王心斋先生年谱》，载四川大学古籍整理研究所编《儒藏·史部·儒林年谱》第19册，四川大学出版社2007年影印本，第828页。

送往迎来，月无虚日，至有在侍更岁，不能遍记其姓字者。诸生每听讲，出门，未尝不踊跃称快，以昧入者以明出，以疑入者以悟出，以忧愤愊忆入者以融释脱落出。呜呼休哉！不图讲学之至于斯也。尝闻之同门，南都以前，从游者虽众，未有如在越之盛者。虽讲学日久，孚信渐博，要亦先生之学益进，感召之机亦自不同也。①

黄宗羲对当时书院讲学情况有所记载。《明儒学案·南中王门学案一·孝廉黄五岳先生省曾》："时四方从学者众，每晨班坐，次第请疑，问至即答，无不圆中。"② 王阳明晚年讲学于绍兴，可谓其讲学之鼎盛时期，对于推动阳明学的发展具有极其重要的作用。正如钱明先生所言："不过客观地说，阳明越中讲学的主要活动区域还是在绍兴。这不仅是因为阳明在绍兴讲学是时间久、规模大、听讲人数多，是其他区域的讲学所无法比拟的。"③ 以上书院，并非正式书院，只是围绕王阳明宅宇所构建的住宿之所和讲学之所。这些书院都是围绕王阳明而存在的，随着王阳明出征广西，这些书院便很快荡然无存了。

因四方求学之士太多，附近无法容纳，后王阳明门人又于城西筑阳明书院。《年谱》："（四年）十月，立阳明书院于越城。门人为之也。书院在越城西郭门内光相桥之东。后十二年丁酉，巡按御史门人周汝员建祠于楼前，匾曰：'阳明先生祠。'"可见阳明书院亦属于临时性的、私属性的书院，故随着王阳明的死去，其亦很快衰败。

随着王阳明讲学的发展，也带动了绍兴官修书院的发展。嘉靖三年（1524）正月，绍兴太守南大吉辟稽山书院，请王阳明主讲，学子纷来，门人日进。《年谱》："于是辟稽山书院，聚八邑彦士，身率讲习以督之。于是……宫刹卑隘，至不能容。盖环坐而听者三百余人。先生临之，只发《大学》万物同体之旨，使人各求本性，致极良知以至于至善，功夫有得，则因方设教。故人人悦其易从。"王阳明《稽山书院尊经阁记》："越城旧有稽山书院，在卧龙西冈，荒废久矣。郡守渭南南君大吉既敷政

---

① 钱明编校整理：《徐爱钱德洪董沄集》，凤凰出版社2007年版，第186页。
② 黄宗羲著，沈芝盈点校：《明儒学案》，中华书局1985年版，第582页。
③ 钱明：《浙中王学研究》，中国人民大学出版社2009年版，第57页。

于民,则慨然悼末学之支离,半进之以圣贤之道。于是使山阴令吴君瀛拓书院而一新之。"在此影响之下,山阴县令吴瀛又重修山阴县学,王阳明为之作记。《重修山阴县学记》:"今殿庑堂舍,拓而辑之,饩廪条教,具而察之者,是有司之修学也。求天下之广居安宅者而修诸其身焉,此为师、为弟子者之修学也。其时闻者皆惕然有省。"

稽山书院属于官修书院,时主政绍兴的南大吉是王阳明入室弟子,故于稽山书院形成讲会制度。龙泉会与卧龙会的讲学制度发展得并不甚如人意。王阳明刚离开绍兴一年,便呈现荒废之象。嘉靖七年(1528)九月,王阳明平定叛乱之后,寄书钱德洪、王畿,云:"近年不审同志聚会如何,得无法堂前今已草深一丈否?想卧龙之会,虽不能大有所益,亦不宜遂尔荒落;且存饩羊,后或兴起,亦未可知。余姚得应元诸友相与倡率,为益不小。近有人自家乡来,闻龙山之讲,至今不废,亦殊可喜。"[①] 经过王阳明的教导,学生又努力恢复卧龙山会讲。十月归途中,寄书钱德洪、王畿,云:"余姚、绍兴诸同志又能相聚会讲,切奋发兴起,日勤不懈,吾道之昌,真有火燃泉达之机矣,喜幸当何如哉!"[②] 随着王阳明的死去,这两处讲会很快便衰微了。

从以上可以看出,王阳明在越地,特别在绍兴的讲学活动还是比较多的,特别是晚年时期,绍兴可以说是阳明学传播和发展的重镇。正如董平先生所言:"绍兴、余姚供为王学的发祥地,亦为王学向外传播的中心地。"[③]

第二节 越地受学弟子

如上所说,王阳明一生以圣贤为第一等大事,其一生致力于圣贤事业,四处讲学,到处授业,桃李满天下不为虚言。王阳明亲授弟子、再传弟子众多,从而形成众多个学派,著名的有江右学派、泰州学派、浙

---

① 《年谱》,载吴光等编校《王阳明全集》,上海古籍出版社2012年版,第1088页。
② 《年谱》,载吴光等编校《王阳明全集》,上海古籍出版社2012年版,第1090页。
③ 董平:《浙江思想学术史——从王充到王国维》,中国社会科学出版社2005年版,第239页。

中学派等。对于王阳明亲授弟子，学者已经做了细致梳理，① 在此仅对王阳明越地受学弟子做一梳理，以便加深王阳明越地授业活动的认知。

《年谱》：弘治十八年（1505），"在京师。是年先生门人始进。学者溺于词章记诵，不复知有身心之学。先生首倡言之，使人先立必为圣人之志。闻者渐觉兴起，有愿执贽及门者。至是专志授徒讲学"。《年谱》所记，必有所据，但这些早期弟子今一无所考。

一 杭州、余姚受学弟子考

王阳明一生多次在杭州居住，居杭时，王阳明亦收一些门徒。王阳明开门纳生，始于居杭时期。

弘治十六年（1503），王阳明居杭州养病，吾谨来访学。徐霈《东溪先生文集》卷三《邵养斋先生讲意纂要序》："余自弱冠时，从阳明王老先生讲明致知格物之旨，遂厌科举之学，并朱注而怠观矣。"据刘佳《东溪公传》（载《东溪先生文集》），徐霈生于成化十七年（1481），弱冠则在弘治十三年（1500），是年王阳明在京师。此处"弱冠"当为虚指，其从王阳明受学，当在王阳明养病杭州时。

正德二年（1507），赴龙场驿之前，王阳明居杭州，养病数月。春三月，徐爱入王门受学。②《年谱》："是时先生与学者讲授，虽随地兴起，未有出身承当，以圣学为己任者。徐爱，先生妹婿也，因先生将赴龙场，纳贽北面，奋然有志于学。"徐爱《同志考叙》："自尊师阳明先生闻道后几年，某于丁卯春，始得以家君命执弟子礼焉。于是门下亦莫有予先者也。"徐爱，王阳明妹夫，早就与王阳明相知相亲，只是未举行入师仪式罢了。徐爱是王阳明忠实的拥护者，其最早收集王阳明言论，编《传习录》。七月，蔡宗兖、朱节亦投至王阳明门下。徐爱《同志考叙》："继而是秋，山阴蔡希颜、朱守中来学，乡之兴起者始多。"③《年谱》对此亦有记载："爱与蔡宗兖、朱节同举乡贡，先生作《别三子序》以赠之。"

---

① 详情参见邹建锋《阳明夫子亲传弟子考》，中国社会科学出版社2017年版。
② 束景南先生认为时王阳明在杭州，徐爱、蔡宗兖、朱节来执弟子礼。参见束景南《王阳明年谱长编》，上海古籍出版社2017年版，第402、407—408页。
③ 钱明编校整理：《徐爱钱德洪董沄集》，凤凰出版社2007年版，第56页。

对于此三子从王阳明受学时间及地点,后世多有误记。对于这三位早年弟子,王阳明非常器重,曾赞三人。《别三子序》:"盖自近年而又是蔡希颜、朱守忠于山阴之白洋,得徐曰仁于余姚之马堰。曰仁,予妹婿也。希颜之深潜,守忠之明敏,曰仁之温恭,皆予所不逮。"

余姚是王阳明的出生地,虽然其年幼便离开了余姚,但其一生多次归余姚省亲。归余姚省亲时,王阳明依然不忘讲学、授业,故在余姚有不少受业弟子。

正德十六年(1521)九月,王阳明归省余姚,钱德洪携二侄及余姚士子来受学。《年谱》:"德洪昔闻先生讲江右,久思及门,乡中故老犹执先生往迹为疑,洪独潜伺动支,深信之,乃排众议,请亲命,率二侄大经、应扬及郑寅、俞大本,因王正心①通贽请见。明日,夏淳、范引年、吴仁、柴凤、孙应奎、诸阳、徐珊、管州、谷钟秀、黄文焕、周于德、杨珂等凡七十四人。"王畿《绪山钱君行状》:"夫子还姚,君相率诸友范引年、管州、郑寅、徐珊、吴仁、柴凤等数十人,辟龙泉中天阁,请夫子升座开讲,君首以所学请正……"②《年谱附录一》:"辛巳年,师归省祖茔,门人夏淳、孙升、吴仁、管州、孙应奎、范引年、柴凤、杨珂、周于德、钱大经、应扬、谷钟秀、王正心、正思、俞大本、钱德周仲实等,侍师讲学于龙泉寺之中天阁。"吕本《绪山钱公墓志铭》:"阳明公又平宸濠归越,始决意师事焉。及还姚,公率同志数十人龙泉中天阁,请阳明公升座开讲。阳明公曰:'观是何人,理非外得。知乃德性之知,是为良知,非知识也。良知至微而显,故知微可与入德。唐虞授受,只是指点得一微字,《中庸》不睹不闻,以至无声无臭,中间只是发明得微字。'众闻之跃然有悟。"③

《明会儒学案·浙中王门学案一》对其中十余位弟子生平做了简单记述,现转录如下:

姚江之教,自近而远……郡邑之以学鸣者,亦仅仅绪山、龙溪,

---

① 王正心,王阳明从侄。
② 吴震编校整理:《王畿集》,凤凰出版社2007年版,第585页。
③ 钱明编校整理:《徐爱钱德洪董沄集·附录》,凤凰出版社2007年版,第416页。

此外则椎轮积水耳……余姚管州，字子行，号石屏。官兵部司务。每当入直，讽咏抑揭，司马怪之。边警至，司马章皇，石屏曰："古人度德量力，公自料才力有限，何不引退以空贤路？"司马谩为好语谢之。以京察归大洲，有《宿四祖山诗》："四子堂堂特地来"，谓蔡白石、沈古林、友溪、石屏也。范引年号半野，讲学于青田，从游者颇众。夏淳字惟初，号复吾，以乡举卒官。思明府同知魏庄渠，主天根天机之说，复吾曰："指其静为天根，动为天机，则可；若以静养天根，动察天机，是歧。动静在则二之，非所以语性也。"柴凤字后愚，主教天真书院，衢、严之士从从之。孙应奎字文卿，号蒙泉，历官右副御史，以《传习录》为规范，董天真之役。闻人诠字邦正，号北江，与绪山定《文录》，刻之行世。即以寒宗而论，黄骥字德良，尤西川纪其言阳明事。黄文焕号吴南，开州学正，阳明使其子受业。有《东阁私抄》记其所闻。黄嘉爱字懋仁，号鹤溪，正德戊辰进士，官至钦州守。黄元釜号丁山，黄夔字子韶，号后川，皆笃实光明，墨守师说。以此推之，当时好修一世湮没者，可胜道哉！①

束景南先生认为："钱德洪所云七十四人来受学者，全为余姚士子，中多系余姚县学诸生，故多不得知也。"② 束景南先生广泛搜集现存各类文献，对这些弟子生平做了竭泽而渔式的考证，提供了大量重要信息，现择其要者简述如下。③

徐珊，余姚人。正德十六年（1521）九月，同夏淳等师王守仁。嘉靖元年（1522）中举人。明年会试，不对而出。《年谱》："南宫策士以心学为问，阴以辟先生。门人徐珊读《策问》，叹曰：'吾恶能昧吾知以幸时好耶！'不答而出。"嘉靖二年（1523），王阳明作《书徐汝佩卷》赠之。徐珊后编校王阳明《居夷集》行世。《年谱附录一》："（嘉靖）二

---

① 黄宗羲著，沈芝盈点校：《明儒学案》，中华书局1985年版，第220—221页。
② 束景南：《王阳明年谱长编》，上海古籍出版社2017年版，第1424页。
③ 详情参见束景南《王阳明年谱长编》，上海古籍出版社2017年版，第1424—1432页。这些余姚弟子，《光绪余姚县志》卷二十三《列传》中多有传记，可资参考。

十三年甲辰，门人徐珊建虎溪精舍于辰州，祀先生。"

孙应奎，余姚人。王守仁自江西归，率同县七十余人往师之。嘉靖八年（1529）中进士，授行人，擢礼科给事中。为官正直不阿，官至右副都御史。著有《燕诒录》三十卷，《四库全书存目丛书》有收录。《年谱附录一》载，嘉靖九年（1530），孙应奎、范引年与柴凤等董建杭州天真精舍，以祀王阳明。孙应奎《刻阳明先生传习录序》："应奎不敏，弱冠始知有所谓圣贤之学。时先生倡道东南，因获师事焉。忆是时先生独引之天泉楼，口授《大学》首章……及再见，又手授二书。其一《传习录》……应奎乐与成之，乃出先生旧所手授《传习录》，俾刻置石鼓书院。"① 可见，孙应奎是王阳明重要弟子之一。②

黄中心，余姚人。钱德洪《黄中心像赞》："观涛先生，讳中心，守以静。曲水之嗣，少尹之继，阳明之徒，方伯之婿。"③

夏淳，余姚人。正德十六年（1521），师事王守仁。嘉靖七年（1528）举于乡，卒业于北雍。后判肇庆府，迁思明同知，立社学，以礼教为急。

范引年，余姚人。王守仁弟子。王阳明卒于南安，范引年与柴凤至。嘉靖九年（1530），与孙应奎等董天真精舍。《年谱》："（八年己丑正月）初十日，过玉山，弟守俭、守文，门人栾惠、黄洪、李琪、范引年、柴凤至。"

柴凤，余姚人。师王阳明，主教天真书院。

胡瀚，余姚人。年十八，从王阳明游，论及致良在之学，跃然曰："先生之教，劈破愚蒙矣"④。守仁授以《传习录》《博约说》，归而思之，益有省。

邹大绩，余姚人。从王守仁受学。侍父孝，闻于乡里。

---

① 吴光等编校整理：《王阳明全集·附录序说序跋》，上海古籍出版社2012年版，第1316—1317页。

② 孙应奎历来少有学者关注，钱明先生对孙应奎学术思想、成就等做了较好的研究。详情参见钱明《浙中王学研究》，中国人民大学出版社2009年版，第112—124页。

③ 参见束景南《王阳明年谱长编》，上海古籍出版社2017年版，第1424页。各类《钱德洪集》均未收录此文。

④ 《光绪余姚县志》卷二十三《列传九》，《中国地方志集成·浙江府县志辑》第36册，上海书店1993年影印本，第819页上栏。

管州，余姚人。嘉靖十年（1531）中举人，官兵部司务等。主教天真、水西二书院。

黄骥，余姚人。嘉靖十七年（1538）表为孝子。学于王守仁，有往复书。

叶鸣，余姚人。受业于王守仁。尝著《大学古本中庸注》《五经一贯臆说》诸书。

杨珂，余姚人。少从王守仁学。后隐，自放于天台、四明之间，为诗潇洒不群，书法宗王右军，而雅自负。

黄嘉爱，余姚人。嘉靖三年（1524）中进士，官于钦州守。从王守仁讲学。

徐允恭，余姚人。以孝父闻名。以从学王守仁，名益著。

胡希周，余姚人。少受业王守仁。嘉靖七年（1528）中举人，任长山县、南靖县知县等，有政绩。

卢义之，从学于王守仁。嘉靖贡士，为文昌丞，尝自言"不负圣贤，不负朝廷"①。

孙堪、孙墀、孙升兄弟三人，余姚人，孙燧之子。孙升，嘉靖十四年（1535）一甲二名进士。王阳明《与王邦相书》其二："孙氏父子素所亲厚，三子又尝从学。"②

钱应扬，余姚人，尝从王阳明学。进士，任长沙府推官、河南道御史、乐安知县等。

黄文焕，余姚人，王阳明先生高足也，后王阳明子从其受业。

谷钟秀，余姚人，尝从王阳明学。嘉靖十年（1531）中举人，嘉靖二十年（1541）中进士。

钱德周，钱德洪之弟，尝与兄一起从王阳明学。《年谱》："（嘉靖三年）德洪携二弟德周仲实读书城南。"程辉《丧纪》所载绍兴会葬名单中有钱翀、钱翱、钱祚诏，或为钱德洪亲属，可能都曾受业于王阳明。

诸阳，余姚人，诸用明之子。诸用明，王阳明妻弟。诸阳尝从王阳

---

① 《光绪余姚县志》卷二十三《列传九》，《中国地方志集成·浙江府县志辑》第36册，上海书店1993年影印本，第820页上栏。

② 束景南、查明昊辑编：《王阳明全集补编》，上海古籍出版社2018年版，第160页。

明学，王阳明曾作《书诸阳伯卷》。嘉靖元年（1522）中举人。程辉《丧纪》云："诸训、诸阳、诸守忠，举人诸大纲。"① 这些人可能皆为王阳明妻族亲属，可能都曾受业于王阳明。

黄齐贤，余姚人。尝受学于王阳明，良知之教。嘉靖七年（1528）中举人，嘉靖十四年（1535）中进士。

吴仁，余姚人。嘉靖四年（1535）中举人。《年谱附录一》："辛巳年，师归省祖茔……师亲书三八会期于壁。吴仁聚徒于阁中，合同志讲会不辍。"

王正思，王阳明之侄，王阳明《寄余姚诸弟手札》② 中提及王正心、王正思、王正恕、王正愈、王正惠诸侄及王守礼、王守智、王守温、王守泰等诸弟，可知此十数人皆曾来受业，或在"七十四人"之列。正德十二年（1517），王阳明在赣州时，作《赣州书示四侄正思等》云："于尝有《立志说》与尔十叔，尔辈可从钞录一通，置之几间，时一省览，亦足以发。"正德十六年（1521），王阳明所作《寄余姚诸弟手札》，言及王正思等人。

郑寅，钱德洪姻亲，其次女适郑寅之子，事见于王畿《绪山钱君行状》。郑寅曾任御史等职。

以上只不过二十来人，当然还有一些学子无闻于世，典籍无载，故无法一一考辨。从以上可以看出，其中中举人12人，中进士9人，虽未有负盛名者，但亦不似黄宗羲所言"此外则椎轮积水耳"③。这次受学的数十人，皆为余姚人，具有很强的地域性。

二 绍兴受学弟子考

王阳明一生四处奔波，只有两次居绍兴时间较长，第一次是年轻时修炼于阳明洞时，第二次是晚年闲居绍兴时。这两次也是王阳明在绍兴授学讲学的重要时期，不少越地及四方学士从王阳明受学。现依年梳理如下。

---

① 吴光等编校：《王阳明全集》，上海古籍出版社2012年版，第1205页。
② 束景南、查明昊辑编：《王阳明全集补编》，上海古籍出版社2018年版，第142页。
③ 黄宗羲著，沈芝盈点校：《明儒学案》，中华书局1985年版，第220页。

(一) 正德十六年 (1521)

正德十六年(1521)九月,王畿来受学。《明儒学案·江右王门学案四·处士魏药湖先生良器》:"良器字师颜,号药湖。洪都从学之后,随阳明至越。时龙溪为诸生,落魄不羁,每见方巾中衣往来讲学,窃骂之。居与阳明邻,不见也。先生多方诱之。一日,先生与同门友投壶雅歌,龙溪过而见之,曰:'腐儒亦为是耶?'先生答曰:'吾等为学,未尝担板,汝自不知耳。'龙溪于是稍相昵就,已而有味乎其言,遂北面阳明。"① 王阳明约嘉靖元年(1522)作《与王汝中》,云:"经者,径也,所由以入道之径路也。"②

正德十六年(1521)浙中士子来绍兴受学弟子。钱德洪《〈传习录〉下黄直录跋》:"先生初归越时,朋友踪迹尚寥落。既后四方来游者日进。癸未年已后,环先生而居者比屋,如天妃、光相诸刹,每当一室,常合食者数十人,夜无卧处,更相就席,歌声彻昏旦。"③

束景南先生对正德十六年(1521)前后来绍兴从王阳明受业弟子做了详细的考证,现择其要者简述如下。④

金克厚,浙江仙居人。闻阳明先生之为圣贤之学也,而往事之,笃信力行。金克厚于嘉靖元年(1522)乡试中举人,次年会试中进士,历工部郎中。《年谱》:嘉靖元年(1522),龙山公卒,"门人子弟纪丧,因才任使,以仙居金克厚谨恪,使监厨。克厚出纳品物惟谨,有不慎者追还之,内外井井"。程辉《丧纪》所载绍兴会葬名单中有金克厚。⑤

张元冲,绍兴山阴人。《明儒学案·浙中王门学案四·中丞张浮峰先生元冲》:"嘉靖戊戌进士,授中书舍人……先生登文成之门,以戒惧为入门,而一意求诸践履。"⑥ 据《年谱》,嘉靖二年(1523)十一月,王阳明携张元冲同舟前往萧山,迎接致仕的刑部尚书林浚。可见王阳明归绍兴时,其便来受学了。

---

① 黄宗羲著,沈芝盈点校:《明儒学案》,中华书局1985年版,第465页。
② 束景南、查明昊辑编:《王阳明全集补编》,上海古籍出版社2018年版,第146页。
③ 钱明编校整理:《徐爱钱德洪董沄集》,凤凰出版社2007年版,第196页。
④ 详情参见束景南《王阳明年谱长编》,上海古籍出版社2017年版,第1439—1442页。
⑤ 吴光等编校:《王阳明全集》,上海古籍出版社2012年版,第1205页。
⑥ 黄宗羲著,沈芝盈点校:《明儒学案》,中华书局1985年版,第301页。

石简，浙江宁海人。嘉靖二年（1523）中进士，知高州府，调安庆，累官巡抚云南，卒官。程辉《丧纪》所载绍兴会葬名单中有石简。

胡纯，会稽人，少从王阳明学。《两浙名贤录》卷二有载。

孙景时，杭州人，事师王阳明、湛甘泉二先生，正德十一年（1516）中举人。《两浙名贤录》卷二有载。

何伦，浙江江山人，初从王阳明先生受学于越，后从王畿、王艮、薛侃诸公游，晚拜湛甘泉先生。《两浙名贤录》卷六有载。

沈炼，会稽人。从王阳明先生游，王阳明先生与之语，奇之。嘉靖十年（1531）举乡试，嘉靖十六年（1537）中进士，官至光禄寺少卿。

以上7人，其中3人为会稽人，1人为杭州人，其他3人皆为浙江省人。由此可见，这时来绍兴求学的学士多以绍兴地区为主，浙江人为辅。

（二）嘉靖元年（1522）

三月，黄绾来绍兴，正式执贽为门人。《年谱》："宗贤至嘉靖壬午春，复执贽称门人。"钱德洪《答论年谱书》其四："黄久庵宗贤见师于京师，友也；再闻师说于越，师也，非友也，遂退执贽弟子礼。"①《明儒学案·浙中王门学案三·尚书黄久菴先生绾》："阳明归越，先生过之，闻致良知之教，曰：'简易直截，圣学无疑，先生真吾师也，尚可自处于友乎？'乃称门弟子。"②

（三）嘉靖二年（1523）

正月，黄省曾来绍兴问学，执贽为弟子。《明儒学案·南中王门学案一·孝廉黄五岳先生省曾》："嘉靖辛卯，以《春秋》魁乡榜。母老，遂罢南宫。阳明讲道于越，先生执贽为弟子。"③

六月，王一为来绍兴受学，半载而归。王阳明《书王一为卷》："王生一自惠负笈来学，居数月，皆随众参谒，默然未尝有所请。……又三月，思其母老于家，告归省视，因书以与之。"

七月，南大吉偕弟南逢吉、侄南轩来学。冯从吾《关学编》卷四《瑞泉南先生》："嘉靖癸未知绍兴。时王文成公倡道东南，讲致良知之

---

① 钱明编校整理：《徐爱钱德洪董沄集》，凤凰出版社2007年版，第208页。
② 黄宗羲著，沈芝盈点校：《明儒学案》，中华书局1985年版，第280页。
③ 黄宗羲著，沈芝盈点校：《明儒学案》，中华书局1985年版，第582页。

学，王公乃先生辛未座主也。先生既从王公学，得实践致力肯綮处，乃大悟……于是时时就王公请益焉。"① 李维桢《大泌山房集》卷六十七《南少参家传》："始金生二子，伯大吉，仲逢吉，俱举进士。大吉知浙江绍兴府，逢吉山西按察副使……绍兴公携副公入官，同学于王文成公。"②

王阳明《答路宾阳》："自来山间，朋友远近至者百余人。"束景南先生对王阳明稽山书院弟子做了详细的考证，现择其要者简述如下。③

朱应钟，丽水遂昌县人，自号青城山人。闻王阳明先生倡道东南，趋而就学，先生器重之。有诗才，年三十二卒。

周晟，绍兴嵊县人。尝从王阳明游，以所学授生徒。贡授山东齐河令，有治声。

胡乐，绍兴嵊县人。受业王阳明门。王公卒，衰服哭之极哀。以贡授连江训导，迁海丰教谕。

胡应麒，浙江仙居人。比试礼部不利，遂游王阳明先生之门。嘉靖十四年（1535）中进士。

张奇，浙江仙居人。与胡应麒同游于阳明夫子之门，受教益深。

胡东，金华汤溪县人。闻王阳明倡道东南，往质之，闻良知之说，若有得也，因为述所传于师者，守仁默然良久，曰："甚有功于吾道。"④

来弘振，萧山人。王阳明讲学东南，升其堂，为高足弟子。王阳明亡后，主教天真书院。

姜子羔，余姚人。幼侍文成讲席，辄有所契。嘉靖三十二年（1553）中进士，授成都府推官，累迁陕西副使，终行太仆寺卿。

江铨，徽州婺源人。闻会稽王守仁倡道，遂往见之，上下其论。

程铎，徽州歙城人。闻王阳明名，负笈师之。领乡荐，试铨第一，除广州府同知。

尹一仁，吉安安福人。十五岁，以《大学》致知格物验诸心，多不

---

① 冯从吾撰，陈俊民、徐兴海点校：《关学编》，中华书局1987年版，第51—52页。
② 李维桢：《大泌山房集》，《四库全书存目丛书》集部第152册，齐鲁书社1997年影印本，第163页上栏一下栏。
③ 详情参见束景南《王阳明年谱长编》，上海古籍出版社2017年版，第1554—1560页。
④ 《民国汤溪县志》卷二十三《列传九》，《中国地方志集成·浙江府县志辑》第52册，上海书店1993年影印本，第267页下栏。

合。后赴越受业王守仁，乃稍稍洞然。嘉靖七年（1528）中举人，为诸暨教谕，历都水郎中，出守归德，有惠政。

林闻，广东揭阳县人。时王阳明先生居越，往来侍讲，学问益明。

程梓，金华永康县人。弱冠为诸生，徒步往姚江，求文成之学。居寿山，人称方峰先生。

卢可久，金华永康县人。与程梓同受业于阳明先生，刻苦精思，尽得其旨，王阳明器之。

应兼，金华永康县人。友应良、黄绾，而师王守仁，所至兼必偕，务闻要旨。主盟五峰精舍，人称古麓先生。

应典，金华永康县人，应兼叔父。正德九年（1514）中进士。又师姚江王守仁，授良知之旨。

李珙，金华永康县人。以岁贡授东乡训导。早有志理学，徒步至姚江见阳明先生，授以致良知之诀。《年谱》："初十日，过玉山，弟守俭、守文，门人栾惠、黄洪、李珙、范引年、柴凤至。"《年谱》："门人李珙等筑治更番，昼夜不息者月余，而墓成。"

周桐，金华永康县人。又负笈姚江，从王文成游。以明经授南京武学训导。典五峰书院，世称岘峰先生。

王玑，衢州衢县人。肆业万松书院。渡江从王阳明学，王阳明称其笃实，与王畿友善。嘉靖中举进士。

诸大伦，余姚人。学得于阳明先生有素。由进士初授淮郡节推。

胡尧时，吉安泰和人。尝师王守仁。嘉靖五年（1526）中进士，历贵州按察史，修阳明书院，凡守仁著作在贵阳者，悉刊行之。

王贞善，吉安泰和人。少闻王守仁良知之旨，有会于心，遂师事之。嘉靖七年（1528）中举人，授海阳县令。

陈琠，广东揭阳县人。师余姚王守仁，得良知之学。

范瑾，会稽人。少从新建学，卓然以古圣贤自期，晚岁所造益深。居乡间，有盛名，人称"范圣人"。

孙应奎，余姚人。王阳明归省余姚时，便从王阳明学。后又至绍兴，从王守仁讲学。嘉靖八年（1529）中进士。嘉靖九年（1530），与范引年、柴观等人至董天真杭州精舍。

以上23人，有7人为外省人，近三分之一。这7人中徽州2人，广东2人，吉安3人，其余16人皆为浙江人。由此可以看出，至此，王阳明的影响越来越大，导致有不少外省人不远千里来求学。

（四）嘉靖三年（1524）

正月，绍兴守南大吉执贽来学。《年谱》："正月。门人日进。郡守南大吉以座主称门生。"

二月，王阳明主讲稽山书院，门人日进。《年谱》："于是辟稽山书院，聚八邑彦士，身率讲习以督之。于是萧璆、杨汝荣、杨绍芳等来自湖广，杨仕鸣、何秦、薛宗铠、黄梦星等来自广东，王艮、孟源、周冲等来自直隶，何秦、黄弘纲等来自南、赣，刘邦采、刘文敏等来自安福，魏良政、魏良器等来自新建，曾忭来自泰和。宫刹卑隘，至不能容。盖环坐而听者三百余人。"这些有不少是早已入师门，如王艮、魏良器等，当有不少为新入门者。束景南先生对王阳明稽山书院弟子做了详细的考证，现择其要者简述如下。①

王洪，浙江海盐人。董沄携之游王阳明门，阳明器之。后王阳明令子王正亿从其学经。

王玹，浙江海盐人。王洪之从兄，研于理学，与湛甘泉、王阳明有来往。

潘日章、潘日升，新昌县人。为诸生，太守南大吉延入稽山书院。兄弟二人同游于王阳明门，深究性理之学。

程文德，金华永康人。嘉靖三年（1524），造阳明先生之门，受学焉。

刘辂、刘冕兄弟，吉安庐陵人。服膺王守仁致良知之学，兄弟二人遂往绍兴受业，守仁器之。守仁卒，刘冕心丧三年。

刘汝翔，吉安万安县人。嘉靖三十四年（1555）中进士。从王阳明悉心理学，任福建大浦知县等。

刘文敏、刘文快、刘文协、刘文恺、刘文悌、刘子和、刘曛、刘祜、刘继权、刘爆、刘熄，吉安安福人。刘文敏读王阳明《传习录》后，恍然有悟，遂买舟趋越见王公，执贽门墙，三历寒暑。后携九刘至绍兴受业。

---

① 详情参见束景南《王阳明年谱长编》，上海古籍出版社2017年版，第1574—1584页。

刘邦采及族子刘晓，吉安安福人。族子刘晓受业于守仁，为语邦采，遂与从兄文敏及弟侄九人谒阳明于里第，师事焉。《年谱》："（嘉靖五年）十二月，作《惜阴说》。刘邦采合安福同志为会，名曰：'惜阴'，请先生书会籍。先生为之说曰……"，"门人刘邦采来奔丧事"。

刘敬夫，吉安泰和人。其曾从王阳明学二三年。王畿《半洲刘公墓表》对其生平有较为详细记载。

曾忭，吉安泰和人。嘉靖五年（1526）中进士，授光泽知县。时王阳明讲学越中，曾汴往受业。

方绍魁，广东南海县人。其曾受业于王阳明。邹守益《赠南海方子之商河序》对其生平有简单记载。

梁廉，江西庐陵人。主讲会稽时，与徐珊侍于王阳明，后折节为弟子。嘉靖二十一年（1542）中举人，授工部主事。

杨绍芳，湖北应城人。嘉靖二年（1523）中进士，授上虞令，遂来见阳明问学。

杨汝荣，曾从王阳明受业，中举人。王阳明卒后并来会葬。

邓周，吉安安福人。曾学于王阳明。邹守益《愚直邓翁崇觐像赞》对其生平有简单记载。

刘周，吉安安福人。王阳明倡道于虔，刘周闻其学，后至越受学。罗汝芳《明故处士刘良溪墓志铭》对其生平有较详记载。

张鳌山，曾来会稽，从王阳明问学。邹守益《题会稽师训卷》："张子鳌山绘阳明先师遗像，及汇书翰为一卷，夙夜用以自范。"① 对其生平有简单记载。

金榜，嘉靖元年（1522）中举人。受湛甘泉之遣，游学王阳明门下二年。

徐霈，浙江江山人。嘉靖十六年（1537）中举人，嘉靖二十年（1541）中进士。师事阳明，悟良知之谛。

王修易，浙江江山人。与徐霈同学，早游于王阳明之门，日讲良知格物之学。王畿《中宪大夫都察右佥都御史在庵王公墓表》："丁亥，先师赴两广，道衢，君与栾君惠、王君修易、林君文琼、郑君礼辈，候于

---

① 董平编校整理：《邹守益集》，凤凰出版社2007年版，第875页。

江浒,复求印可。"①

尚班爵,从王文成公学。

来汝贤,萧山人。进士,任奉新知县。尝从学于王守仁之门。

骆骥,诸暨人。嘉靖十一年(1532)中进士,官刑部主事。受业王阳明之门。

叶慎,台州太平人。长补诸生,厌举业,从王阳明游于会稽,得闻良知之旨。

施悌,台州黄岩人。曾从王阳明游。

徐禾,海宁人。少闻王阳明讲良知之学,蹑屦从之,多有所获。嘉靖十六年(1537)中举人,谒选茶陵知州。

陈荆献、陈善父子,杭州人。陈荆献从王文成先生游,以贡司训昆山。陈善幼从父游文成门,文成以任道器之。嘉靖十三年(1534)中举人,嘉靖二十年(1541)中进士。

孙景时,杭州人。事师王阳明。正德十一年(1516)中举人,授长洲教谕,迁攸县令。

王潼,杭州人。闻余姚王守仁讲学。负笈往从。守仁嘉其笃志,命其子与之共学。

毛凤起,黄州麻城人。少厌举业,从王守仁讲学,归而授徒。

蔡月泾,黄州蕲水人。正德十一年(1516)中举人。尝受业于王守仁,入南雍,与湛若水游,终身不仕,教授生徒。

王世俊,抚州东乡人。师事王阳明。

钟圆,蓝田东高乡人。从王阳明讲求性命之学。嘉靖中贡授江华令,致仕。

曾才汉,吉安泰和人。《阳明先生遗言录》上题作"门人泰和曾才汉校辑"②。由举人授将乐县知县。

三月,董沄来绍兴问学,六月,正式拜为弟子。王阳明《从吾道人记》:"海宁董萝石者,年六十有八矣。……嘉靖甲申春,萝石来游会稽,闻阳明子方与其徒讲学山中,以仗肩其瓢笠诗卷来访。入门,长揖上

---

① 吴震编校整理:《王畿集》,凤凰出版社2007年版,第636—637页。
② 束景南:《王阳明年谱长编》,上海古籍出版社2017年版,第1584页。

坐。……辞归两月，弃其瓢笠，持一缣而来……入而强纳拜焉。阳明子固辞不获，则许之以师友之间。"

（五）嘉靖四年（1525）

三月，董沄携其子董穀来学。

《明儒学案·浙中王门学案四·布衣董萝石先生沄（附子穀）》："董穀字石甫，嘉靖辛丑进士。历知安义、汉阳二县，与大吏不合而归。少游阳明之门，阳明谓之曰：'汝习于旧说，故于吾言不无抵牾，不妨多问，为汝解惑。'"①董穀《董阳碧里后集·达存下·跋许杞翁所藏阳明手墨卷》："穀少日，先子从吾翁命游云村先生之门，时闻教言，似举业之外，别有当讲者，穀已莫逆于心。日见先生言动异于他师，虽未有知识，然觉如是者之为是也。既长，随侍先子南游阳明夫子之门，得其书读之，益知俗学了无交涉，而孔、颜授受，虽儒先亦或未详。然后知先生与徐曰仁、朱白浦诸公，皆具豪杰，相与振起而羽翼之，无惑乎其践履之雅重云。"②

三 高足分教诸生

如上所说，晚年居绍兴时，四方来绍兴从王阳明受业学士众多，以至无法一一考证姓氏。如此众多的生徒，特别是初入门者，王阳明无法一一亲授，于是让高足分教诸生。

最早协助王阳明授学的当是其妹婿徐爱。由于徐爱英年早逝，相关资料较少，只得付以存疑。

晚年，王阳明较为得力的助手是王艮。王艮（1483—1541），泰州安丰场人。年轻时随父经商，自学成才。善经营，成为富户。闻王阳明之名，而远道来学。个性孤傲，好张扬，好发新说，多次受到王阳明严厉教导。因较为富有，故能一次次助王阳明构书院，以纳四方学子。王艮悟性好，成名早，故较早成为王阳明得力助手。张峰《王艮年谱》："（嘉靖）甲申，三年，四十二岁。春，正月，子补生，往会稽……文成每令先生传谕焉。""传谕"即传授生徒。董燧《王心斋先生年谱》："（嘉靖）

---

① 黄宗羲著，沈芝盈点校：《明儒学案》，中华书局1985年版，第290页。
② 董穀：《董汉阳碧里后集》，嘉靖四十四年（1565）董鲲刻本。

三年甲申,先生四十二岁。在会稽。是年春,四方学者聚会稽日众,请阳明公筑书院城中,以居同志。多指百姓日用以发明良知之学,大意谓:'百姓日用修理处,即是圣人条理处。圣人知便不失,百姓不知便会失。'同志惕然有省。未几,阳明公谢诸生不见,独先生侍左右,或有谕诸生,则令先生传授。"①

王阳明另外两位得力助手是钱德洪和王畿,二位也是阳明后学中浙中学派最为重要的代表人物。钱德洪和王畿皆为王阳明居绍兴后所收弟子,故入师门并不算早。二人傍于王阳明身边多年,故王阳明对二人颇为倚重。《年谱》:"(嘉靖五年四月)德洪与王畿并举南宫,俱不廷对,偕黄弘纲、张元冲同舟归越。先生喜,凡初及门者,必令引导,俟志定有入,方请见。每临坐,默对焚香,无语。"王畿《绪山钱君行状》:"丙戌,予与君同举南宫,不就廷试而归。夫子迎会……自是,四方来学者益众。或默究,或行歌,或群居诵读,或列坐讲解。予二人往来参究,提醒师门宗教,归之自得,翕然有风动之机。"② 徐阶《龙溪王先生传》:"乃不就廷试而还。其后,文成之门来学者日益众,文成不能遍指授,则属公与钱公等高弟子分教之。"③

如上所说晚年时来绍兴从王阳明求学的学子有一两百人,以至人满为患,居住都成问题。这么多学子,王阳明不可能一一授学,有不少当从王阳明高足受业,只不过文献少有记载罢了。

从以上可以看出,自阳明洞修炼之始,王阳明便开始在绍兴、杭州收生徒。后每次归绍兴,都有学子投其门下。特别是晚年居绍兴六七年间,王阳明一直讲学不辍,四方来学者甚多,以至无法一一传授,只能由高足代传。以上考证所得可能仅是一小部分,更多的生徒或因无闻等原因而无法考得。虽则如此,依然可见王阳明越地生徒的兴盛。

---

① 董燧:《王心斋先生年谱》,载四川大学古籍整理研究所编《儒藏·史部·儒林年谱》第19册,四川大学出版社2007年影印本,第828页。
② 吴震编校整理:《王畿集》,凤凰出版社2007年版,第585页。
③ 吴震编校整理:《王畿集·附录》,凤凰出版社2007年版,第824页。

第三节　王阳明越地论学

王阳明居越期间，除了讲学授生之外，还经常与友人、学子论学。王阳明与他们之间的关系在师与友之间，与一般的师生间问学不同，故单独做一梳理。

一　余姚、杭州等地论学

如上所说，王阳明一生有些时光是在余姚和杭州度过的，他在余姚和杭州接纳了一些门徒，同时王阳明在此二地有不少讲学、论学活动，现梳理如下。

（1）弘治十六年（1503）八月，王阳明居杭州养病，吾谨来访论学。

弘治十五年（1502），王阳明归绍兴，于阳明洞修炼数月。次年移病杭州。居杭州时，吾谨来访论学。吾谨《与王伯安先生书》：

> 往岁获见执事于杭城，款领道论，深觉洒然自得，以为执事德器温粹，言议精密，今世之君子论道义者，无如执事。惜再往欲竟其绪言，而执事行矣，怅然而归，至今且以为恨。谨少时嗜释、老之术，索其书读之，竟日不厌，悦其清虚高旷之论，见其同而不察其所以异，灰心死形，几至无救。……执事于其言每而疵之曰："此禅家语。"谨亦安敢自文也哉？……执事述程子之意，谓……是诚足以破释氏觉是性之说。①

吾谨，浙江开化人。《乾隆开化县志》卷七《文苑》："吾谨，字惟可，号了虚。……后与王伯安寻绎性命之学，□□有得，就试掇魁联第，馆试赋述怀诗，因告归，无意仕进。"吾谨，正德十二年（1517）中进士，正德十四年（1519）病卒。"掇魁联第"，表明其于正德十一年（1516）中举人，次年中进士。自弘治十五年（1502）至正德十一年

---

① 《光绪开化县志》，《中国地方志集成·浙江府县志辑》第 54 册，上海书店 1993 年影印本，第 870 页上栏—下栏。

(1516)间，王阳明有两次居杭州：一次是弘治十六年（1503），阳明洞修炼之后，移病杭州，居数月。另一次是正德二年（1507），赴龙场前，王阳明曾称病居杭州数月。弘治十六年（1503）时，王阳明先于阳明洞行道教内凡修炼术，后又迷于佛教学说，居杭时，来往于各佛寺之间。如上所说，此次居杭时，王阳明曾以种性论喝醒坐关修炼禅僧。王阳明以程子之说破吾谨所迷信的佛教知觉说，与其喝醒禅僧颇为相似。因此，吾谨与王阳明论性命之说，当在此时。① 正德二年（1507）居杭时，王阳明被贬谪之事缠身，只思如何逃避流放，故有诈沉江之举，而无心佛道，焉能与吾谨论释道之说呢？

（2）正德十六年（1521），王阳明归省余姚，与朱同芳、朱同蓁兄弟讲论经学。

《光绪余姚县志》卷十四《古迹》："授经堂，在龙泉山北。正德间，朱古岩同芳治《礼》，守斋同蓁治《书》，伯仲并魁乡榜，学有渊源。时王文成讲学授徒，剖二经之旨奥，必有两先生为专门，朝夕相订正，故题其馆曰授经堂。"②

（3）嘉靖六年（1527）九月，赴广西任，至杭州，张瀚偕诸生来访问学。

张瀚《松窗梦语》卷四《士人纪》："五年，③ 复起征思、田。时驻节武林，余为诸生，心景慕之，约同侪数人廷谒公，得觌风仪……求其指示，但云：'随事体认，皆可进步。为诸生，诵习孔、孟，身体力行。即举子业，岂能累人哉！所患溺于口耳，无心领神会之益，视圣贤为糟粕耳。'余聆公言，至今犹一日也。"④ 张瀚时为诸子，慕名前往拜访王阳明，王阳明因要务在身，无暇讲学，只教导数语。虽则如此，张瀚受益终身。

（4）嘉靖六年（1527）九月，钱德洪、王畿等送至富阳，王阳明再

---

① 束景南先生亦认为吾谨从王阳明论学在本年八月。参见束景南《王阳明年谱长编》，上海古籍出版社2017年版，第275—276页。
② 《光绪余姚县志》，《中国地方志集成·浙江府县志辑》第36册，上海书店1993年影印本，第510页上栏。
③ "五年"，为"六年"之误。
④ 张瀚著，盛冬铃点校：《松窗梦语》，中华书局1985年版，第70页。

发"四无教"与"四有教"。

邹守益《青原赠处》:"钱、王二子送于富阳。夫子曰:'予别矣,盍各言所学。'德洪对曰:'至善无恶者心,有善有恶者意,知善知恶是良知,为善去恶是格物。'畿对曰:'心无善而无恶,意无善而无恶,知无善而无恶,物无善而无恶。'夫子笑曰:'洪甫须识汝中本体,汝中须识洪甫工夫。二子打并为一,不失吾传矣。'"①

(5) 嘉靖六年(1527)九月,钱德洪、王畿追送至严滩,王阳明发"有心无心,有相无相"之说。

钱德洪《讣告同门》:"冬初,追送于严滩请益,夫子又为究极之说。"②《传习录下》:"先生起征思、田,德洪与汝中追送严滩,汝中举佛家实相幻相之说。先生曰:'有心俱是实,无心俱是幻;无心俱是实,有心俱是幻。'汝中曰:'有心俱是实,无心俱是幻,是本体上说工夫。无心俱是实,有心俱是幻,是工夫上说本体。'先生然其说。"王畿《绪山君行状》对此事亦有记载,与《传习录》大体相同。徐阶《龙溪王先生传》亦有记载,但较简。

二 早年居绍兴论学③

王阳明很早便迁居绍兴了,绍兴是王阳明的家乡,故成为王阳明讲学、授学的重镇。

(1) 弘治九年(1496)十月,山阴萧鸣凤来问学。

弘治九年,王阳明会试再次下第,于是归余姚,结诗社龙泉山寺。山阴萧鸣凤来问学。

萧鸣凤,山阴人。正德九年(1514)中进士。薛应旂《广东提学副使萧公鸣凤墓表》:"会稽之阴有大儒曰静庵先生者,禀赋不凡。少即颖异,甫逾十龄,修词艺文,已卓然成章。年十七,即厌弃之,从阳明先生游,讲明圣学,穷极指归,体认践履,不务口耳。在诸生中,甚为提

---

① 董平编校整理:《邹守益集》,凤凰出版社2007年版,第103页。
② 钱明编校整理;《徐爱钱德洪董沄集》,凤凰出版社2007年版,第216页。
③ 为了便于论述,将正德十六年(1521)以前称为"早年",此后居绍兴称为"晚年"。

学副使赵公宽所赏识。"① 据薛氏所作《墓表》，萧鸣凤卒于嘉靖甲午（1534）年，年五十五。以此推之，其当生于成化十六年（1480），至本年十七岁，故知其向王阳明问学之事当在本年。

至于萧鸣凤问学地点，史书无籍，学者多不论。如上所说，王阳明很早便迁居绍兴了。此次归余姚，一为省亲，二为散心。不久当归绍兴。次年，王阳明主要活动于绍兴。如二月作诗《春晴散步》云："孤吟动《梁甫》，何处卧龙冈。""卧龙冈"暗指绍兴的卧龙山，可见此时其正居绍兴。三月，王阳明与行人秦文游绍兴兰亭。其冬，王阳明又冒雪游会稽山。可见，结诗社于龙泉山后不久，王阳明便归绍兴了。王阳明时仅二十五岁，并无盛名在外，且会试下第，萧鸣凤不太可能到余姚去拜访他。因此，可以断定，萧鸣凤来从王阳明问学，时王阳明归居绍兴。萧鸣凤仅少王阳明八岁，因此与其说他向王阳明问学，不如说向学长讨教更为合适。

（2）弘治十五年（1502）九月，王思舆、许璋等人来阳明洞讲道论仙。

王阳明于本年九月归绍兴，居阳明洞修炼。《年谱》："一日坐洞中，友人王思舆等四人来访。"邹守益《阳明先生图谱》："王思裕四人自云门来访，先生命仆买果榖以候，历语其过洞摘桃花踪迹，四人以为得道。"② 关于王思舆、许璋等人，前文已做了详细考证，就不再重复了。

（3）弘治十五年（1502）九月，山阴朱节等来问学。

王阳明《陈处士墓志铭》："初，处士（陈泰）与同郡罗周、管士弘、朱张弟涎友，以善交称。成化间，涎以岁贡至京。某时为童子，闻涎道处士，心窃慕之。至是归，求其庐，则既死矣。涎侄孙节与予游，以世交之谊为处士请铭，且曰：'先生于处士心与之久矣，即为之铭，亦延陵挂剑之意耶！'予曰：'诺。'明日，与琢以状来请。"《全集》中《陈处士墓志铭》题注云："癸亥"，即于弘治十六年（1503）。弘治十五

---

① 焦竑：《焦太史编辑国朝献征录》，《四库全书存目丛书》史部第 105 册，齐鲁书社 1997 年版影印本，第 648 页下栏—649 页下栏。
② 邹守益：《王阳明先生图谱》，《四库未收书辑刊》4 辑第 17 册，北京出版社 2000 年影印清钞本，第 471 页下栏。

年（1502）九月归绍兴之前，王阳明一直居于京师，朱节无法与之游。故知朱节从王阳明受学当在本年九月（或稍后），故次年朱节前来请王阳明作墓志铭。季本《奉议大夫四川按察司提学佥事蔡公墓志铭》："时闻先师倡道阳明山中，乃偕守忠往受业焉。因与余姚徐君曰仁为三友，刊落繁芜，学务归一。"① 可见，徐爱、蔡宗兖和朱节可能一起来阳明洞向王阳明问学。

（4）正德八年（1513）八月，黄宗明来问学。

正德八年（1512）二月，王阳明归绍兴，居数月。期间，黄宗明来问学。王阳明《与黄诚甫书》："志于道者，功名不足以累其心；志于功名者，富贵不足以累其心。但近世所谓道德，功名而已；所谓功名，富贵而已。……临别数语，彼此暗然，终能不忘，乃为深爱。"据《全集》标注，此文作于本年。故知黄宗明本年来问学。

（5）正德八年（1513）九月，熊彰来问学。

王阳明《赠熊彰归》："门径荒凉蔓草生，相求深愧远来情。千年绝学蒙尘土，何处澄江无月明？坐看远山凝暮色，忽惊废叶起秋声。归途望岳多幽兴，为问山田待耦耕。"《全集》将此诗列入"滁州诗三十六首"，束景南先生认为误，并认为此诗作于正德八年（1513）王阳明居绍兴时。② 束先生所言甚是。如上所说，本年二月，王阳明归绍兴。此期间，除了外出游四明山外，王阳明有不少时间可能居于阳明洞。"门径荒凉蔓草生"，当指阳明洞，并非王阳明绍兴屋宅。"相求深愧远来情"，当指熊彰远来求学。"千年绝学"当指圣贤之学，即良知之学。"废叶起秋声"，表明时已近于秋天（可能秋天还未至）。故知此诗作于本年八九月间。此时，王阳明居于阳明洞，熊彰远道来访阳明洞，相询圣贤之道，王阳明有感，因赋此诗以送别。

三 晚年居绍兴论学

晚年居绍兴六七年间，是王阳明学术的巅峰时期，也是其讲学授业

---

① 季本：《季彭山先生文集》，《北京图书馆藏古籍珍本丛刊》第106册，书目文献出版社1990年版，第890页。

② 束景南：《王阳明年谱长编》，上海古籍出版社2017年版，第715页。

的鼎盛时期，四方来学者甚众，其讲学活动甚多，现简单梳理如下。

（一）正德十六年（1521）

八月，陆澄来书问良知之说，王阳明答书，大阐良知之说。《传习录中·答陆原静书》："良知者，心之本体，即前所谓恒照者也。心之本体，无起无不起，虽妄念之发，而良知未尝不在，但人不知存，则有时而或放耳。虽昏塞之极，而良知未尝不明，但人不知察，则有时而或蔽耳。……若谓良知亦有起处，则是有时而不在也，非其本体之谓矣。"钱德洪《跋答陆原静书》："《答陆原静书》出，读者皆喜。……师曰：……若信得良知，只在良知上用功，虽千经万典，无不吻合，异端曲学，不勘尽破矣……在座诸友闻之，惕然绵有醒悟，此学贵反求，非知解可入也。"①

十月，张岳复为行人，赴任途经绍兴，来访论学。张岳《小山类稿》卷六《与郭浅斋宪副》："明德亲民之说，往岁谒阳明先生于绍兴，如'知行''博约''精一'等语，俱蒙开示，反之愚心，尚未释然。"②《张襄惠公行略》："经术湛深，学术以程、朱为宗。……尝与王阳明论'明德亲民'之旨，阳明曰：'明德之功只在亲民，后人分为两事，非也。'岳曰：'"戒惧""慎独"皆未与"亲民"之功。如公言，又须立一亲民之本以补之。'阳明不能屈。"③

十月，薛侃赴铨，经绍兴来问学。薛侨《中离公行状》："辛巳冬，过越，适阳明公丁外艰，先生拉诸同门聚于会稽书院，讲学数月。"④

十二月，湛若水来书致贺，并论求放心之学。湛若水《寄阳明》："恭念执事以大功显受休赉，儒者之效，斯文共庆，甚幸，甚幸！……向送陈世杰求放心之说，正欲与高论互相发。迩闻渠报兄有辩说，恨不得一见以讲去我偏也。且兄又何嫌而不即示我耶！"

---

① 吴光等编校：《王阳明全集》，上海古籍出版社2012年版，第62页。
② 张岳著，林海权、徐启庭点校：《小山类稿》，福建人民出版社2000年版，第100—101页。
③ 张岳著，林海权、徐启庭点校：《小山类稿·附录》，福建人民出版社2000年版，第417页。
④ 陈椰编校：《薛侃集·附录三》，上海古籍出版社2014年版，第423页。

(二) 嘉靖元年（1522）

二月，霍韬、席书来信论大礼。王阳明《与霍兀崖宫端》："往岁曾辱《大礼议》见示，时方在哀疚，心善其说而不敢奉复。既而元山亦有示，使者必求复书，草草作答，意以所论良是，而典礼已成，当事者未必能改，言之徒益纷争，不若姑相与讲明于下，俟信从者众，然后图之。"

三月，黄宗明、应良来绍兴问学。王阳明《寄薛尚谦》："原中（应良）、宗贤（黄绾）、诚甫（黄宗明）前后去，所欲言者，想已皆能口悉。"①

三月，王艮来绍兴问学。董燧《王心斋先生年谱》："世宗嘉靖元年壬午，先生四十岁。时阳明先生以外艰家居，四方学者日众其门，道院僧房至不能容。于是先生为构书院，调度馆谷以居。"②

三月，周冲遣门人米子荣递书，来问良知之学。《传习录中·答周道通书》："吴、曾两生至，备道道通恳切为道之意，殊慰相念若道通，真可谓笃信好学者矣。……临别以此册（《传习录》）致道通意，请书数语，荒愦无可言者，辄以道通来书中所问数节，略下转语奉酬。"

五月，周冲赴新任，途经绍兴，来讨论《易学》。王阳明《与道通书》其一："古《易》近时忆有刻者……中间尽有合商量处，忧病中情思未能及，且请勿遽刊刻，俟二三年后，道益加进，乃徐议之，如何？《易》者，吾心之阴阳动静也；动静不失其时，《易》在我矣。"

七月，钱德洪赴杭州参加乡试，来辞别请益。《年谱》："是月，德洪赴省城，辞先生请益。先生曰：'胸中须常有舜、禹有天下不与气象。'德洪请问，先生曰：'舜、禹有天下而身不与，又何得丧介于其中？'"

八月，顾应祥寄来江西策问，有答书论"致知"之说。王阳明《与顾惟贤》："近得江西策问，深用警惕。……《易》曰：'知至至之。''知至'者，知也；'至之'者，致知也；此知行之所以合一也。若后世致知之说，止说得一知字，不曾说得致字，此知行所以二也。"

---

① 束景南、查明昊辑编：《王阳明全集补遗》，上海古籍出版社2018年版，第141页。
② 董燧：《王心斋先生年谱》，载四川大学古籍整理研究所编《儒藏·史部·儒林年谱》第19册，四川大学出版社2007年影印本，第827页。

九月，王阳明致书陆澄，劝其"无辩止谤"，再论知行合一说。陆澄《辨忠谗以定国是疏》："臣系守仁门生，知之最详，冤愤特甚，敢昧死一言。谨按守仁学本诚明，才兼文武，抗言时事……"① 王阳明《与陆原静》（其二）："'无辩止谤'，尝闻昔人之教矣，而今何止于是！……知行合一之学，吾侪但口说，何尝知行合一邪！推寻所自，则如不肖者为罪尤重。盖在平时徒以口舌讲解，而未尝体诸其身，名浮于实，行不掩言，已未尝实致其知，而谓昔人致知之说未有尽。"

十二月，郭庆来书问学，有答书。王阳明《与郭善甫》："朱生至，得手书，备悉善甫相念之恳切。……然致知格物之说，善甫已得其端绪。"

十二月，徐珊赴南宫春试，经绍兴，来问学。王阳明《书徐汝佩卷》："壬午之冬，汝佩别予北上，赴面宫试。已而门下有自京来者，告予以汝佩因南宫策问若阴诋夫子之学者，不对而出，遂浩然东归，行且至矣。予闻之，黯然不乐者久之。……他日，汝佩既归……汝佩曰：……始吾未见夫子也……及见夫子，亲闻良知之诲，恍然而大寤醒，油然而生意融，始处痛悔切责。吾不及夫子之门，则几死矣。"

十二月，石简赴南宫春试，经绍兴，来论良知之学。《泾野先生文集》卷九《赠石高州序》："玉溪子尝师阳明王公，阳明以致良知为教……玉溪子守其道而又济之以古礼。"② 石简于嘉靖二年（1523）中进士，其北上赴会试，途经绍兴，来从王阳明问学。

王阳明弟子本年赴京师参加会试者众，中进士者甚多，如石简、朱廷立、欧阳德、金克厚、郭弘化、黄直、薛宗铠、薛侨、王臣、魏良弼等，这些弟子北上赴会试时，大多途经绍兴，向王阳明求教论学。③

（三）嘉靖二年（1523）

正月，王艮来绍兴受教。董燧《王心斋先生年谱》："（嘉靖）二年癸未，先生四十一岁。春初，往会稽侍阳明公朝夕。"④

---

① 吴光等编校：《王阳明全集》，上海古籍出版社2012年版，第1206页。
② 吕柟：《泾野先生文集》，《续修四库全书》第1337册，上海古籍出版社2002年影印本，第646页上栏。
③ 参见束景南《王阳明年谱长编》，上海古籍出版社2017年版，第1503页。
④ 董燧：《王心斋先生年谱》，载四川大学古籍整理研究所编《儒藏·史部·儒林年谱》第19册，四川大学出版社2007年影印本，第827页。

正月，邹守益、黄宗明、马明衡复职北上，经绍兴，来问学。宋仪望《邹东廓先生行状》："明年癸未，复谒王公于越中，参订月余。既别，王公怅望不已。"① 霍韬《赠都察院右都御史礼部左侍郎致斋黄公神道碑铭》："辛巳，升工部屯田郎中，不起。癸未，补南京刑部四川司郎中。"② 詹仰庇《明文林郎山东道监察御史师山马公墓志铭》："二十三举荐书，越年第进士，官太常。时王文成倡学东南，侍御公往从讲业。及丁忠节公忧，服除，如京，复取道卒业文成，所酬往问质语，具载文成集中。"

正月，薛侃归养，经绍兴来问学。王阳明《与薛尚谦手札一》："所留文字，忧病中不能细看……修身以道，修道以仁，人生而静，天之性也。"③

正月，郭庆、吴良吉来绍兴问学。《传习录栏外书》："黄冈郭善甫挈其徒良吉，走越受学，途中相与辨论未合。既至，质之先生。"

二月，王阳明致书方献夫论学。王阳明《答方叔贤》其二："此学蓁芜，今幸吾侪复知讲求于此，固宜急急遑遑，并心同志，务求其实，以身明道学。"

三月，钱德洪、王畿南宫春试下第，来绍兴受学。吕本《绪山钱公墓志铭》："癸未下第归，晨夕在师侧。"④ 周汝登《王畿传》："嘉靖癸未，试礼部不第……立取京兆所给路券焚而归，卒业于师门。"⑤

三月，俞纯夫南宫春试下第，来绍兴受学。夏尚朴《夏东岩先生诗集》卷六《俞纯夫落第南归，得见阳明先生，遂焚引归，即岩居，其志可谓决矣。因次所诵阳明诗韵寄之，幸勿谓老生常谈见外也》。⑥

三月，朱廷立宫举进士，授诸暨宰，经绍兴，来问学。邹守益《炯然亭记》："炯然亭者，吾友武昌朱子礼之所作也。子礼为诸暨宰，受学

---

① 董平编校整理：《邹守益集·附录》，凤凰出版社2007年版，第1368页。
② 霍韬：《渭厓文集》，《四库全书存目丛书》集部第69册，齐鲁书社1997年影印本，第115页下栏。
③ 束景南、查明昊辑编：《王阳明全集补编》，上海古籍出版社2018年版，第147页。
④ 钱明编校整理：《徐爱钱德洪董沄集·附录》，凤凰出版社2007年版，第416页。
⑤ 吴震编校整理：《王畿集·附录》，凤凰出版社2007年版，第833页。
⑥ 夏尚朴：《夏东岩先生诗集》，《四库全书存目丛书》集部第67册，齐鲁书社1997年影印本，第396页下栏。

于阳明先生，闻焖然良知之教，以省其身，以修其职。"①

五月，薛宗铠授贵溪知县，经绍兴，来问学。王阳明《与薛子修书》："承远顾，忧病中别去，殊不尽情。……心之良知是谓圣，圣人之学，至此良知而已和。谓良知之外尚有可致之者，侮圣言者也，致知为尽矣。"②

六月，薛侃回京，有书来论学。王阳明《寄薛尚谦》："但知得轻傲处，便是良知；至此良知，除却轻傲，便是格物。"

七月，顾应祥携《大礼论》过绍兴，王阳明有书作答。顾应祥《静虚斋惜阴录》卷首《大礼论》："此论乃嘉靖二年考满赴京师途中所作，因畏避人讥干进，不曾敢出，止被江西士人抄录，传至王阳明先生处，故阳明有书云……"③ 束景南先生认为："其为阳明虔诚弟子，其由南昌赴京自必经绍兴来见阳明，将《大礼论》呈阳明审阅。"④ 所言甚是。

八月，杨鸾来书论学，王阳明有书答之。王阳明《与杨仕鸣》其三："此册乃直述仕鸣所得，反不失区区之见，可见学贵乎处故里也。古人谓'得意忘言'，学苟自得，何以言为乎？"

十月，欧阳德授六安知府，有书札来往论学。《年谱》："嘉靖癸未第进士，出守六安州。数月，奉书以为初政倥偬，后稍次第，始得与诸生讲学。先生曰：'吾所讲学，正在政务倥偬中，岂必聚徒而后为讲学耶？'"

十月，致书黄绾，论著察工夫，黄绾有书作答。黄绾《寄阳书先生书二首》其一："承示著察之教，警励何如！但能精切此志，不为他物所杂，则行必自著，习必自察。"⑤

十月二十日，黄绾携家过绍兴，访王阳明，居绍兴受学一月有余。黄绾《少谷子传》："予出升南京都察院经历，携家过越，闻少谷子升南京刑部郎中，未几改南京吏部郎中。有书期将至越访阳明先生，先生闻

---

① 董平编校整理：《邹守益集》，凤凰出版社2007年版，第325页。
② 束景南、查明昊辑编：《王阳明全集补编》，上海古籍出版社2018年版，第148页。
③ 顾应祥：《静虚斋惜阴录》，《四库全书存目丛书》子部第84册，齐鲁书社1997年影印本，第58页下栏。
④ 束景南：《王阳明年谱长编》，上海古籍出版社2017年版，第1536页。
⑤ 张宏敏编校：《黄绾集》，上海古籍出版社2014年版，第348页。

之嘉,留予候之,月余不至。"

十一月,在舟中,王阳明与张元冲论儒、佛、老三家异同。《年谱》:"见素林公自都御史致政归,道钱塘,渡江来访,先生趋迎于萧山,宿浮峰寺。……张元冲在舟中问:'二氏与圣人之学所差毫厘,谓其皆有得于性命也。……'"

十一月,编修黄佐南下道杭,来绍兴问学。黄佐《庸言》卷九:"癸未冬,予册封道杭……予即往绍兴见之……予留七日,食息与俱。始谈知行合一。"①

十二月,舒柏寄《诈说》来求教,王阳明作书答之。王阳明《答舒国用》:"来书足见为学笃切之志……又谓'敬畏为有心,如何可以无心?而出于自然,不疑其所行。'凡此皆带有所谓欲速助长之为病也。"

十二月,刘侯来书,有"入山养静"之问,王阳明作书答之。王阳明《与刘元道》:"来喻:'欲入坐穷山,绝世故,屏思虑,养吾灵明。必自验至于通昼夜不息,然后以无情应世故。'"

(四)嘉靖三年(1524)

二月,陈九川经绍兴,来问学。《罗洪先集》卷二十《明水陈公墓志铭》:"癸未,进礼部仪制员外郎,册封弋阳王。甲申,侍阳明公于越。"②

二月,杨月山来绍兴问学。季本《赠都阃杨君擢清浪参将序》:"又以甘泉公讲道南都,复不远千里自越过从,尽究其异同,而归宿于吾师致良知之说,于是学有定向矣。"

二月,张綖来绍兴问学,王阳明作书卷赠别。王阳明《寄张世文》:"执谦枉问之意甚盛。相与数月,无能为一字之益,乃今又将远别矣,愧负愧负……远别无以为赠,复申其立志之说。"

二月,汪尚和来问学。王阳明《与汪节夫书》:"足下数及吾门,求一言之益,足知好学勤勤之意……凡作文,惟务道其中心之实,达意而止,不必过求雕刻,所谓修辞立诚者也。"

三月,朱廷立来问政、问学。王阳明《书朱子礼卷》:"子礼为诸暨宰,问政。阳明子与之言学而不及政。……他日,又见而问政与学之要。

---

① 束景南、查明昊辑编:《王阳明全集补编》,上海古籍出版社2018年版,第190页。
② 徐儒宗编校整理:《罗洪先集》,凤凰出版社2007年版,第804—805页

阳明子曰：'明德、亲民，一也。'"

三月，周冲有书来论为学功夫，王阳明作书答之。王阳明《与道通书二》："但于良知二字，见得尚未透彻。今且只如所论工夫著实做去，时时于良知上理会，久之自当豁然有见，又与今日所论不同矣。"

四月，邹守益来绍兴受教一月。罗洪先《明故南京国子监祭酒致仕东廓邹公墓志铭》："未几，谪广德州判官。复入越，久而复行。"① 耿定向《东廓邹先生传》："甲申，复疏，上怒，下诏狱，谪广德州判官。取道于越，省王公而后履任。"②

五月，黄省曾来书论学，王阳明作书答之。王阳明《与黄勉之书》："屡承书惠，兼示述作……所示《格物说》《修道注》，诚荷不鄙之盛，切深惭悚，然非浅劣之所敢望于足下者也。且其为说，亦于鄙见微有未尽。"

六月一日，黄省曾来绍兴问学，王阳明作《自得斋说》赠之。王阳明《自得斋说》："黄勉之省曾氏，以'自得'名斋，盖有志于道者。请学于予而蕲为之说。予不能有出于孟氏之言也，为之书孟氏之言。嘉靖甲申六月朔。"

六月，董沄每日侍学反省，作自省录，王阳明一一批示，后编为《目省录》。《从吾道人语录·自省录》："余日自省，惧其忘也，每录之以请，先师一一批示。"③

八月，钱德洪携二弟钱德周仲实读书于绍兴城南，钱德洪父心渔翁亦来问学，王阳明作《心渔歌》赠之。《年谱》："德洪携二弟德周仲实读书城南。洪父心渔翁往视之。……家君疑未释，进问先生。"

八月，朱篪来问学，王阳明有书卷赠之。王阳明《书朱守谐卷》："守谐问为学，予曰：'立志而已。'问立志，予曰：'为学而已。'守谐未达。予曰……"

九月，钱德洪父钱蒙问学。《年谱》："德洪携二弟德周仲实读书城南，洪父心渔翁入视之。……家君疑未释，进问先生，先生曰……"

十一月，王荩来书问学，王阳明作书答之。王阳明《答王虞庵中

---

① 董平编校整理：《邹守益集·附录》，凤凰出版社2007年版，第1376页。
② 董平编校整理：《邹守益集·附录》，凤凰出版社2007年版，第1383页。
③ 钱明编校整理：《徐爱钱德洪董沄集》，凤凰出版社2007年版，第248页。

丞》:"仆已无所可用于世,顾其心痛圣学之不明,是以人心陷溺至此,思守先圣之遗训,与海内之同志者讲求切劘之,庶亦少资于后学,不徒生于圣明之朝。"

十一月,黄省曾来书问良知之学,王阳明作书答之。王阳明《与黄勉之书》其二:"来书云:'以良知之教涵泳之……'云云。此节论得已甚分晓。知此,则知致之外无余功矣。知此,则知所谓建诸天地而不悖……"

十一月,诸偁来绍兴问学,王阳明作书卷赠之。诸偁,王阳明妻侄。王阳明《书诸阳伯卷》:"妻侄诸阳伯复请学,既告之以格物致知之说矣。他日,复请曰……复告之曰……"

(五) 嘉靖四年 (1525)

正月,王襞诸子侄皆侍从来学。董燧《王心斋先生年谱》:"(嘉靖)四年乙酉……春正月,往会稽。先生奉守庵公如会稽,并诸子侄以从。"①

正月,邹守益来书论学,王阳明答书。王阳明《与邹谦之》其二:"近四方来游之士颇众,其间虽甚鲁钝,但以良知之说略加点缀,无不即有开悟,以是益信得此二字真吾圣门正法眼藏。"

正月,王臣有书来论学,王阳明作书答之。王阳明《与王公弼》:"前王汝止家人去,因在妻丧中,草草未以作书。人来,远承问惠,得闻动履,殊慰殊慰!书中所云……"

正月,魏良政、魏良器、黄弘纲、何秦皆来受学。王阳明《与王公弼》:"师尹(魏良政)师颜(魏良器)兄弟,久居于此。黄正之来此亦已两月余。何廷仁至亦数日。朋友聚此,颇觉有益。"

正月,南逢吉来问博文约礼之说,王阳明作《博约说》赠之。王阳明《博约说》:"南元真之学于阳明子也,闻致知之说而恍若有见矣。既而疑于博约先后之训,复来请曰……"

正月,童世坚来绍兴问学,讲论三月。王阳明作"良知"诗赠归。王阳明《复童克刚》:"春初枉顾,时承以八策见示,鄙意甚不为然……至于八策,断断不宜复留。"王阳明作有《咏良知四首示诸生》。

---

① 董燧:《王心斋先生年谱》,载四川大学古籍整理研究所编《儒藏·史部·儒林年谱》第19册,四川大学出版社2007年影印本,第828页。

二月，王阳明作书邹守益，批评湛甘泉"随处体认天理"之说。王阳明《寄邹谦之一》："'随得体认天理'之说，大约未尝不是，只要根究下落，即未免捕风捉影，纵令鞭辟向里，亦与圣门致良知之功尚隔一尘。若复失之毫厘，便有千里之谬矣。"

四月，南大吉建尊经阁成，王阳明作《稽山书院尊经阁记》，论经学即心学。王阳明《稽山书院尊经阁记》："经，常道也，其在于天谓之命，其赋于人谓之性，其主于身谓之心。心也，性也，命也，一也。……《六经》者非他也，吾心之常道也。"

四月，山阴县令吴瀛重修县学成，王阳明作《重修山阴县学记》，论圣学即心学。王阳明《重修山阴县学记》："夫圣人之学，心学也。学以求尽其心而已。……一于道心，则存之无不中，而发之无不和。"

五月，王正思来绍兴问学。王阳明为王正宪扇题辞，勉劝子侄辈谦恭毋傲。王阳明《书正宪扇》："故为子而谦，斯能孝；为弟而谦，斯能弟；为臣而谦，斯能忠。尧舜之圣，只是谦到至诚处，便是充恭克让，温恭允塞也。汝曹勉之敬之，其毋若伯鲁之简哉！"

六月，刘肇衮来问学，王阳明有答书。王阳明《答刘内重》："书来警发良多，知感知感！……不可以虚来意之辱，辄复书此耳。……夫学者既立有必为圣人之志，只消就自己良知明觉处朴实头致了去，自然循循日有所至，原无许多面折数也。"

六月，黄绾、应良经绍兴，来问学。王阳明《与黄诚甫三》："旬日前，元忠（应良）、宗贤（黄绾）过此，留数日北去。"

八月，薛侃来绍兴问学。董沄《乙酉中秋薛中离言旋适余病起诗以留之》："细听玉漏三更夜，静倚天泉一脉楼。月白炉峰瞻华岳，斗高银汉接沧州。"[1] 天泉楼、炉峰等表明董沄时居绍兴，从王阳明学。可见此时，薛侃曾来绍兴问学。

八月，王玑乡试落第，渡江来绍兴问学。王畿《中宪大夫都察院右佥都御史在庵王公墓表》："嘉靖乙酉，乡举业已中式，限数不及录名。……聚业万松书院，以考其成。万为阳明先师门人，与闻师说，即

---

[1] 钱明编校整理：《徐爱钱德洪董沄集》，凤凰出版社2007年版，第362页。

渡江禀学。先师一见，喜其悃质庞厚无他肠，外朴内炯，心授记焉。"①

八月，朱得之来绍兴问学，王阳明与门人详论致良知心宗旨。《康熙常州府志》卷二十三《人物》："朱得之，字本思，靖江人。幼学时，能于传注外，时出意见。好说《中庸》，疑晦庵先生格物之学，而未知所从入。有传阳明先生《传习录》至者，披阅连昼夜，走越贽焉。益究良知之旨，其归也，阳明书《修道说》贻之。"

九月，顾璘来书，质疑王阳明致良知心学，王阳明作书答辩。《传习录中·答顾东桥书》："来书云：'真知即所以为行，不行不足谓之知，此为学者吃紧立教，俾务躬行则可……'"

九月下旬，收到邹守益来书，批评湛甘泉之说。王阳明《寄邹谦之五》："适归余姚祭扫，遂不及相见，殊负深情也。……寄示甘泉《尊经阁记》，甚善甚善！其间大意亦与区区《稽山书院》之作相同。《稽山》之作，向尝以寄甘泉，自谓于此学颇有分毫发明。今甘泉乃谓之'今之谓阳明知觉，不必外求诸经者，不必呼而能觉'之类，则似急于立言，而未暇细察鄙人之意矣。"

十二月，杨鸾赴会试，途经绍兴，来问学。邹守益《祭杨士鸣文》："岁乙酉之严寒，探禹穴以东游。历桐川而上南雍，曰嘤鸣其可求。"②

闰十二月，魏良贵来绍兴问学。北上赴会试，王阳明作书卷赠之。王阳明《与魏师孟卷》："心之良知是谓圣。圣人之学，惟是致此良知而已。……南昌魏氏兄弟旧学于予，既皆有得于良知之说矣。其季良贵师孟，因其诸兄而来请。其资禀甚颖，而意向甚笃。然以偕计北上，不得久从于此。吾虽略以言之而未能悉也，故特书以遗之。"

闰十二月，裘衍来绍兴问学。王畿《鲁江草堂别言》："鲁江兄自嘉靖丙戌闻学已来，深信良知灵明变化为千圣传心正法，时时只从人情事变上理会。三十年来，未尝转念，遇有意欲未化，只在一念上照察……"③

闰十二月，朱守乾请学归，王阳明书"致良知"卷赠别。王阳明

---

① 吴震编校整理：《王畿集》，凤凰出版社2007年版，第636页。
② 董平编校整理：《邹守益集》，凤凰出版社2007年版，第939页。
③ 吴震编校整理：《王畿集》，凤凰出版社2007年版，第455—456页。

《书朱守乾卷》:"黄州朱守乾请学而归,为书'致良知'三字。夫良知者,即所谓'是非之心,人皆有之',不待学而有,不待虑而得者也。人孰无是良知乎?独有不能致之耳。"

(六)嘉靖五年(1526)

二月,季本与黄绾来绍兴问学。季本《说理会编》卷三:"予尝载酒从阳明先师游于鉴湖之滨,时黄石龙亦与焉。因论'戒慎不睹、恐惧不闻'之义,先师举手中箸示予曰……"①

二月,与门人朱得之、杨文澄论良知心学。朱得之《稽山承语》:杨文澄问:"意有善恶,诚这将何稽?"师曰:"无善无恶者心也,有善有恶者意也,知善知恶者良知也,为善去恶者格物也。"曰:"意固有善恶乎?"曰:"意者心之发,本自有善而无恶,惟动于私欲而有恶也。惟良知自知之,故学问之要曰致良知。"②

三月,董沄来绍兴问学,王阳明与之同游香炉峰,多有诗咏唱酬。王阳明《和董萝石菜花韵》《天泉楼夜坐和萝石韵》。

三月,资圣寺僧法聚随董沄来见,论道说禅。《补续高僧传》卷二十六《玉芝聚公传》:"法聚……闻王阳明倡良知之旨于稽山,同董从吾往谒之,言相契,阳明答以诗,然犹未脱然也。"③

三月,聂豹来绍兴讲学旬日,别后来书论学。《传习录中·答聂文蔚一》:"春间远劳迂途枉顾问证,惓惓此情,何可当也!……而公期俗绊,势有不能,别去极怏怏,如有所失。忽承笺惠,反覆千余言,读之无甚浣慰。"

四月,欧阳德来书论学,王阳明有书作答。王阳明《与欧阳崇一》:"正之诸友下第归,备谈在京相与之详。……得来书,自咎真切,论学数条,卓有定见,非独无退转,且大有所进矣。"

四月,欧阳德来书问良知,王阳明作书答之。《传习录中·答欧阳崇一》:"崇一来书云:师云:'德性之良知,非由于闻见。若曰多闻择其善

---

① 季本:《说理会编》,《续修四库全书》第 938 册,上海古籍出版社 2012 年版,第 610 页下栏。
② 束景南、查明昊辑编:《王阳明全集补编》,上海古籍出版社 2018 年版,第 211 页。
③ 释明河编:《续补高僧传》,《续修四库全书》第 1283 册,上海古籍出版社 2002 年影印本,第 354 页上栏—下栏。

者而从之，多见而识之，则是专求之见闻之末，而已落在第二义。'"

四月，季本赴弋阳县令，来书问学，王阳明作书答之。王阳明《答季明德》："然此又不但治病为然，学问之功亦当如是矣。承示：'立志益坚，谓圣人必可以学而至。兢兢焉，常磨炼于事为朋友之间……'"

五月，有友人来书，质疑知行合一之说与致良知说，王阳明有书作答辩。王阳明《答友人》："往年驾在留都，左右交谗于武庙。当时祸且不测，僚属咸危惧，谓群疑若此，宜图所以自解者。某曰……"王阳明《答友人问》："此事已言之屡屡。凡谓之行者，只是著实去做这件事，若著实做学问思辩的工夫，则学问思辩亦便是行矣。"

五月，与众生讲学，多论良知，直指心之本体。王阳明作《咏良知四首示诸生》《示诸生三首》《答人问良知二首》。

五月，王臣来书论学，王阳明作书答之。王阳明《与王公弼》其一："来书比旧所见益进，可喜可喜！……当弃富贵即弃富贵，只是致良知；当从父兄之命即从父兄之命，亦只是致良知。"

六月，林司训来问学，王阳明作书卷赠之。王阳明《书林司训卷》："林司训年七十九矣，走数千里，谒予于越。……于归也，不能有所资给，聊书此以遗之。"

七月，复初书院成，邹守益寄来《谕俗礼要》，请为择师，王阳明作书，详告祠堂位次祔祭之制。王阳明《寄邹谦之书二》："承示《谕俗礼要》，大抵一宗《文公家礼》而简约之，切近人情，甚善甚善！……古礼之存于世者，老师宿儒当年不能穷其说，世之人苦其烦且难，遂皆废置而不行。故今人为人上而欲导民于礼者，非详且备之为难，惟简切明白而使人易行之为贵耳。"

八月，邹守益寄来《广德新修复初书院记》与《论语讲章》，王阳明有答书。王阳明《寄邹谦》其三："兼示《论语讲章》，明白痛快，足以发朱注之所未及。诸生听之，当有油然而兴者矣。后世人心陷溺，祸乱相寻，皆由此学不明之故。"

十二月，毛宪书来问学，王阳明答书，论"致良知"与"体认天理"之异。王阳明《与毛古庵宪副》："亟承书惠……凡鄙人所谓致良知之说，与今之所谓体认天理之说，本亦无大相远，但微有直截迂曲之差耳。"

（七）嘉靖六年（1527）

二月，毛宪有书来问学。《古庵毛先生集》卷二《奉王阳明书二》："近同士大夫私议门下欲改《大学》'格'字，训为'正'，又病'敬'之一字为缀，岂其然乎？因风望示喻，以释此疑。"

三月，林大辂升江西按察副使，经绍兴，来访，后有书来信论学。王阳明《答以乘宪副》："此学不明于世，久矣。而旧闻旧习障蔽缠绕，一旦骤闻吾说，未有不非诋疑议者。然此心之良知，昭然不昧，万古一日。但肯平心易气，而以吾说反之于心，亦未有不洞然明白者。"

三月，魏良政来绍兴问学，携魏良弼书到，王阳明有答书。王阳明《答魏师说》："师伊至，备闻日新之功。兼得来书，志意恳切，喜慰无尽。……意与良在当分别明白。凡应物而起念处，皆谓之意。意则有是有非，能知得意之是与非者，则谓之良知。依得良知，即无有不是矣。"

三月，戚贤赴归安知县任，途经绍兴来问学。王畿《祭戚南玄文》："追惟丙戌岁，忝兄同榜，予阳明先生在越，图告南还。次年，兄出宰归安，与越邻壤。……兄未第时，尝见先师于南都，及官归安，复拜于越。先师尝有良知如白日之训，兄平生学问此为的。"①

三月，黄直贬归金溪，再来绍兴问学。《传习录下》："黄以方问：'博学于文，为随事学存此天理；然则谓"行有余力，则以学文"，其说似不相合。'先生曰……"

四月，马明衡来论学，王阳明有答书。王阳明《与马子莘》："连得所寄书，诚慰倾渴！……良知之说，往时亦尝备讲，不审迩来能益莹彻否？"

六月，欧阳德有书来问学，王阳明有答书。王阳明《与欧阳崇一》其三："远劳问惠，甚愧。……喻及持志养气，甚善。暴其气，亦只是不能持其志耳。释氏轮回变现之论，亦不必求之窈冥。今人不能常见自己良知，一日之间，此心倏焉而夷狄，倏焉而禽兽，倏焉而趋入悖逆之途，倏焉而流浪贪淫之海，不知几番轮回，多少发现，但人不自觉耳。"②

七月，泰州守王臣有书来问学，王阳明有书作答。王阳明《与王公

---

① 吴震编校整理：《王畿集》，凤凰出版社2007年版，第570、571页。
② 束景南、查明昊辑编：《王阳明全集补编》，上海古籍出版社2018年版，第169页。

粥》其二："老年得子，实出望外。承相在爱念，勤倦若此，又重之以厚仪，感愧何可当也。……来书'提醒良知'之说，甚善甚善！"

八月三十一日，周冲携书来绍兴问学，王阳明有批书详答。王阳明《与周道通答问书》："问：为今日之学者……（批）此段亦是好说话，只是欠下落……"①

九月八日夕，天泉桥上与钱德洪、王畿论学，是为"天泉证道"。《年谱》："是日夜分，客始散，先生将入内，闻德洪与畿候立庭下，先生复出，使移席天泉桥上。德洪举与畿论辩请问。先生喜曰……"

本年，黄梦星来学。《书黄梦星卷》："潮有处士黄翁保号坦夫者，其子梦星来越从予学。越去潮数千里，梦星居数月，辄一告归省其父，去二三月辄复来。如是者屡屡。"

当然来绍兴问学、论学的当然远不止这些。从以上可以看出，越地是阳明学传播的重镇，其对阳明学的发展影响极大。正如王畿所云："居越以后，所操益熟，所得益化。"②

第四节　阳明后学越地讲学

从以上可以看出，晚年居绍兴时，王阳明一直致力讲学授业活动，绍兴成为阳明学的"讲学重镇"③。王阳明亡后，越中弟子钱德洪、王畿、黄绾以及再传弟子张元忭、周汝登等，亦时常在越地讲学，绍兴依然是阳明学发展和传播的一个重要中心。

一　阳明弟子讲学

陈来先生曾指出："就嘉靖、万历时代而言，最重要、最有影响的讲会都与阳明学者有直接关系，可以说就是'王学讲会'。这些讲会在相当程度上成为理学发展的一种组织形式，并常常与地方风俗教

---

① 束景南、查明昊辑编：《王阳明全集补编》，上海古籍出版社2007年版，第173—174页。
② 王畿：《滁阳会语》，载吴震编校《王畿集》，凤凰出版社2007年版，第34页。
③ 吕妙芬：《阳明学士人社群：历史、思想与实践》，新星出版社2006年版，第201页。

化发生联系。"① 绍兴是钱德洪和王畿的故乡,二人居越时,曾多次讲学,讲会是其中重要形式之一。"讲会其先原于阳明之'惜阴会',阳明弟子如王龙溪、钱绪山诸人,推行尤力。"② 现将阳明弟子越地讲学情况简单梳理如下。

(一) 钱德洪、王畿绍兴讲学

王阳明亡后,钱德洪和王畿守丧三年。期间,二人不忘讲学传道。王畿《绪山钱君行状》:"及归越襄事……内讧外侮并作。君与予意在保孤宁家为急,遂不忍离,相与筑室于场,妥绥灵爽,约同志数人轮守夫子庐室,以备不虞。暇则与四方同志往来聚会,以广师门遗旨。"③ 吕本《绪山钱公墓志铭》:"癸未下第归,晨夕在师侧。四方来从游,如薛中离、邹东廓、王心斋、欧阳南野、黄洛村、何善山、魏水洲、药湖诸君,咸集馆下,及闻风而来者,无虑数百人。必令引导,以端从入之途,皆称公山中教授。"④

(二) 天真书院讲学

嘉靖九年(1530)五月,薛侃于杭州筑天真精舍,以祀王阳明,钱德洪与王畿依次居守,以接引四方来浙同志。每次祭祀,弟子都要聚会讲学。《年谱附录一》:"嘉靖九年庚寅五月,门人薛侃建精舍于天真山,祀先生。天真距杭州城南十里……侃奔丧,既终葬,患同门聚散无期,忆师遗志,遂筑祠于山麓。同门董沄、刘侯、孙应奎、程尚宁、范引年、柴凤等董其事,邹守益、方献夫、欧阳德等前且相役;斋庑庖湢具备,可居诸生百余人。每年祭期,以春秋二仲月仲丁日,四方同志如期陈礼仪,悬钟磬,歌诗,侑食。祭毕,讲会终月。""天真精舍的兴建与其所形成的讲会模式实为阳明学的后续发展奠定了重要的机制。"⑤ 嘉靖十五年(1536),张景、徐阶重修天真精舍。后钱德洪、王畿多次主讲于此。后渐衰微。王畿《约会同志疏》:"先师祠中旧有初八、廿三会期,频年

---

① 陈来:《明嘉靖时期王学知识人的会讲活动》,载陈来《中国近世思想史研究》,生活·读书·新知三联书店2010年版,第374页。
② 钱穆:《国史大纲》,商务印书馆1991年版,第805页。
③ 吴震编校整理:《王畿集》,凤凰出版社2007年版,第587页。
④ 钱明编校整理:《徐爱钱德洪董沄集·附录》,凤凰出版社2007年版,第416页。
⑤ 吕妙芬:《阳明学士人社群:历史、思想与实践》,新星出版社2006年版,第205页。

以来，不肖常出赴东南之会，动经旬月，根本之地反致荒疏，心殊恻然。"① 由此可见一斑。学者认为："天真讲会未能在后来史料上留下太多的记录，恐怕与其已'渐成故事'、缺乏讲学的生命力有关。"②

（三）中天阁讲会

嘉靖十四年（1535）冬，钱德洪丁内艰归余姚，于是重修中天阁之会。王畿《绪山钱君行状》："乙未冬，丁内艰，归越。与同志修复龙泉寺中天阁之会。"③

（四）董沄、王畿等人天池论道

王阳明卒后，法聚隐居武康（今德清市）天池，与王畿、蔡汝楠、唐枢、董沄父子共证儒释大同之旨。

（五）石龙书院论道

嘉靖二十一年（1542）秋，王畿至黄岩拜访致仕归里的黄绾。黄绾与王畿先于在北山石龙书院论学，后于雁山能仁寺再论学。黄绾《游雁山记》："嘉靖壬寅季秋，山阴王汝中、檇李沈静夫、余姚杨汝鸣访予澄江之畔……与论绝学未明之旨数晨夕。……夜过能仁寺宿，列草铺、烧地炉围坐，再论绝学，深辩儒释老精微不同之旨，皆深省。"④ 嘉靖二十八年（1549）秋，王畿至黄岩访问黄绾，看望王正亿，黄、王二人可能再次论道。

（六）王畿天真书院讲学

徐阶《龙溪王先生传》："又建天真书院，祀文成，像其中，有以馆四方之来学者。迄春秋仲丁之祭，无论及门私淑，胥以期集。祭毕，分席讲堂，呈所见于公取正焉。"⑤ 嘉靖二十一年（1542），王畿主持了杭州天真精舍的阳明春秋两祭，祭后进行讲学。嘉靖四十四年（1565），王畿作《颐闲疏》，驰告四方，自是不复远游，相期同志春、秋会于天真书院。

---

① 吴震编校整理：《王畿集》，凤凰出版社 2007 年版，第 53 页。
② 吕妙芬：《阳明学士人社群：历史、思想与实践》，新星出版社 2006 年版，第 205 页。
③ 吴震编校整理：《王畿集》，凤凰出版社 2007 年版，第 588 页。
④ 张宏敏编校：《黄绾集》，上海古籍出版社 2014 年版，第 291—292 页。
⑤ 吴震编校整理：《王畿集·附录》，凤凰出版社 2007 年版，第 825 页。

（七）王畿嵊县讲学

隆庆四年（1570），王畿赴嵊县讲学。革职之后，王畿勤于四处讲学。《明儒学案·浙中王门学案三·郎中王龙溪先生畿》："先生林下四十余年，无日不讲学，自两都及吴、楚、闽、越、江、浙，皆有讲舍，莫不以先生为宗盟。年八十，犹周流不倦。"① 赵锦《龙溪先生墓志铭》："车辙所至，会常数百人，讲舍遍于吴、闽、越，而江、浙为尤盛。"②

除了钱德洪、王畿、董沄、黄绾之外，张元冲、季本等，皆为王阳明亲传弟子。这些弟子越中讲学活动比较多，远远不限于以上列举的数例。

二　阳明再传弟子讲学

越中王阳明再传弟子较多，王畿门下高徒尤多，有张元忭、周汝登、赵锦等。这些再传弟子在越地讲学活动也比较多。现略举如下。

万历二十七年（1599），周汝登与陶望龄等数十人一同到阳明祠祭拜，并约定每月举行讲会。周汝登《周海门先生文录》卷二《越中会语》："越有阳明犹鲁有仲尼，龙溪一唯参也，今日正须得一孟子，而后仲尼之道益尊，谁其任之，各自力而已矣。"③ 此表现了其弘扬王阳明、王畿之学的决心。周汝登为弘扬阳明之学的确做了不少努力。周汝登《周海门先生文录》卷二《越中会语》："己亥季秋，先生同石匮陶公及郡友数十人共祭告阳明之祠，定为月会之期，务相与发明其遗教。"④

周汝登《周海门先生文录》卷二《越中会语》记载了他们在阳明府的集会：

　　辛丑中秋之夜，昏时微云稍翳，已而云净明朗，诸友迎先生

---

① 黄宗羲著，沈芝盈点校：《明儒学案》，中华书局1985年版，第238页。
② 吴震编校整理：《王畿集·附录》，凤凰出版社2007年版，第830—831页。
③ 周汝登：《周海门先生文录》，《四库全书存目丛书》集部第165册，齐鲁书社1997年影印本，第174页上栏。
④ 周汝登：《周海门先生文录》，《四库全书存目丛书》集部第165册，齐鲁书社1997年影印本，第173页下栏。

(周汝登),凡五十余人,宴于碧霞池之天泉桥。①

崇祯四年(1631),余姚人沈国模、史孝威、管宗圣与刘宗周等创立证人会。证人会后又分出一个证人小会。这样的会讲还有不少,只不过文献没有记载,或记载文献没有流传下来,导致无法一一考察(见表4—1)。

表4—1　　　　　　　　阳明学人讲会一览表②

地区	名称	时间	领袖及成员	聚会地点	资料来源
绍兴	阳明洞会	1521	王阳明及门人	阳明洞	《王阳明年谱》
绍兴		约1524	阳明学者	能仁寺等	《王阳明年谱》
绍兴	卧龙会	1524	阳明学者	稽山书院	《王阳明年谱》
余姚	龙山会	1525始	吴仁、应元,当地生员	龙泉寺中天阁	《王阳明年谱》
杭州	天真书院讲会	1530	阳明门人、当地生员	天真精舍	《王阳明年谱·附录一》
嵊县		16世纪90年代	周汝登主盟,地方士人		《东越证学录》
绍兴		1599始	周汝登、陶望龄主盟,地方士人	阳明祠	《周海门先生文录》
嵊县	证修会		周剥登主持,其门人		《陶文简公集》
余姚	证人会	1631始	刘宗周、陶奭龄主盟,地方士人	陶简公祠	《余姚县志》
余姚		1639	史孝威、沈国模主盟,地方士人	南友堂	《姚江书院志略》

董平先生认为:"明代中叶以后,书院的建立较前代为尤盛,且大多为阳明后所建立,社会影响广泛。"③ 从以上分析可以看出,阳明弟子和再传弟子继承了王阳明的讲学传统,努力于越地讲学,兴办书院、讲会等,有力地推动了阳明学的发展和传播。

---

① 周汝登:《周海门先生文录》,《四库全书存目丛书》集部第165册,齐鲁书社1997年影印本,第174页下栏。
② 本表参考吕妙芬《阳明讲会资料》,并做了修订、补充。吕妙芬:《阳明学士人社群:历史、思想与实践》,新星出版社2006年版,第376—377页。
③ 董平:《王阳明的生活世界——通往圣人之路》,商务印书馆2018年版,第90页注释15。

第 五 章

越地文化与浙中王学

王阳明死后，其传业弟子形成多个流派，《明儒学案》中把王阳明之后的王门分为七派，即浙中、江右、南中、楚中、北方、闽粤和泰州学派等。这些以地域命名的学派，虽有一些不合理之处，但足以表明王阳明之后王门的兴盛。浙中王门，是阳明后学中非常重要的一宗派，其代表人物有钱德洪、王畿、季本、黄绾、董沄等。① 这一宗派形成于越地，发展于越地，故多受越地文化影响。

第一节 越地文化与徐爱

徐爱为王阳明最早的入室弟子之一，其也是王阳明的妹夫。徐爱短暂的一生很好地见证了王阳明早期思想发展与成熟的轨迹。

一 徐爱生平

徐爱（1487—1517），字曰仁，号横山，浙江绍兴府余姚（今浙江余姚）人。因早亡等原因，现存有关徐爱的生平资料较少，唯《传习录》、王阳明《年谱》等对其活动有一些记载，萧鸣凤所撰《明故奉议大夫南京工部都水清吏司郎中徐君墓志铭》（后简称《徐君墓志铭》）是研究徐爱生平的最为重要的资料。《明史·儒林传》有传，但过于简略。

徐爱死后，其父徐玺收集其遗文，予之刊刻。但效果不佳，于是徐玺又请蔡宗充重新整理。蔡宗充做了一番整理，正其讹，补其缺，删其

---

① 《明儒学案》中《浙中王门学案》共五卷，收录十八人。

可删，分为上下集，附以亲友哀辞一卷，合为三卷。① 钱明先生以《横山遗集》为基础，加上补遗数篇，合为《徐爱集》，并加以校刊、标点。此本收集齐备，使用便利，是目前较好的整理本。②

徐爱曾祖父徐府君为生活所迫，从事商业活动，徐家由此逐渐发迹，人丁兴旺。徐爱父亲徐玺，字克用，号古真翁，曾为吏。因其性格耿介，不好为吏，最终弃仕归居。吕柟《古真先生传》："吾之不得取进士科也，吾终身憾之。"③ 于是古真翁将科举为官的希望寄托于其子徐爱。古真翁不仅很重视徐爱的教育，而且甚是严格。吕柟《古真先生传》载一逸事："爱六岁时，尝携行田间。爱有所指曰：'吾后必得之。'（古真翁）即厉声嗔曰：'小子即思黩货耶？'"④ 由此可见一斑。徐爱早年的许多事情，都是由其父精心策划、操办的。古真翁徐爱送入府学，让其成为诸生，有机会接触到更多的当地名流。

弘治十五年（1502），王阳明归绍兴，于阳明洞修炼数月。其间，徐爱可能受父教谕，⑤ 前来拜见王阳明。弘治十六年（1503）二月，王阳明病居钱塘，曾过萧山浮峰诗时，作《游牛峰寺四首》，⑥ 前二首用韵：峰、钟、踪、重。徐爱《浮峰次韵》用韵：峰、钟、踪、重。⑦ 可见徐爱和王阳明的诗韵。由此可以断定，徐爱当与王阳明同行。徐爱还作有《延寿寺次韵》，诗云"林露"，与《浮峰次韵》云"秋云"，二者时节一致，当是同时之作。⑧

---

① 参见钱明编校整理《徐爱钱德洪董沄集·编校说明》，凤凰出版社2007年版，第10—11页。

② 《横山遗集》原收有祭文一卷，钱明先生整理本将这些祭文移置末尾，称"附录"。本节引用这些祭文时依钱先生整理本，称"《徐爱集》附录"。

③ 钱明编校整理：《徐爱钱德洪董沄集·附录》，凤凰出版社2007年版，第392页。

④ 钱明编校整理：《徐爱钱德洪董沄集·附录》，凤凰出版社2007年版，第393页。

⑤ 徐爱后"以家君命"正式拜王阳明为师，此次拜见王阳明亦当出于其父教谕。

⑥ 《游牛峰寺四首》置于《归越诗三十五首》之首。《归越诗三十五首》题记："弘治壬戌年，以刑部主事告病归越并楚游作。"可见这些诗作大多为王阳明此次归绍兴阳明洞修炼前后所作。

⑦ 钱明编校整理：《徐爱钱德洪董沄集》，凤凰出版社2007年版，第19页。本节所引徐爱诗文皆据此本，后不再一一注明。

⑧ 在徐爱《横山遗集》中《延寿寺次韵》与《浮峰次韵》排在一起，前后相续，且延寿寺坐落于萧山浮峰。故二诗当为同时之作。惜王阳明之诗亡佚，无法对比。

弘治十六年（1503）十月，王华便道归省，携王阳明一起归余姚。后归绍兴，由赵宽推荐，王华择徐爱为婿。徐爱，余姚人，时为绍兴府学诸生。《半江赵先生文集》卷十五《半江赵先生实录》："擢升浙江副使，提督学校。先生在浙七年……余姚王公华将择婿于诸生中，先生曰：'得如徐爱者，其可也。'"① 赵宽于弘治十年（1497）至十七年（1504）任浙江按察副使。此数年间，王华一直任职于京师。此次由余姚归绍兴后，求婿于府学，方有赵宽荐徐爱一事。王华舍众论而择徐爱为婿，一方面因为徐爱长得英俊，另一方面他看上了徐爱的稳重。钱德洪《〈与徐仲仁〉跋》："海日翁为女择婿，人谓曰仁聪明不逮于其叔，海日翁舍其叔而妻曰仁。既后，其叔果以荡心自败，曰仁卒成师门之大儒。"②

结婚之前，徐爱为诸生，当居于学馆。结婚后，徐爱便迁居于绍兴。《姚江眉山徐氏宗谱》："（徐爱）娶王氏恭人，建宅马山后宜灌弄，墓在绍兴山阴迪埠山麓府南偏门外，有徐氏居焉。"③ 可见，结婚之后，古真翁为其子在绍兴置有宅屋，使其常居之。王华不久前往江淮祭神，次年（1504）六月，王阳明赴山东主考乡试。徐爱则依然居于绍兴，继续学习。本年徐爱参加乡试，不幸落第。王阳明寄书，予以教导和鼓励。《家书墨迹四首·与徐仲仁》：

> 北行仓率，不及细话。别后日听捷音，继得乡录，知秋战未利。吾子年方英妙，此亦未足深憾，惟宜修德积学，以求大成。寻常一第，固非仆之所望也。家君舍众论而择子，所以择子者，实有在于众论之外，子宜勉之！勿谓隐微可欺而有放心，勿谓聪明可恃而有怠志；养心莫善于义理，为学莫善于精专；毋为习俗所移，毋为物诱所引；求古圣贤而师法之，切莫以斯言为迂阔也。……虽吾子质美而淳，万无是事，然亦不可以不慎也。意欲吾子来此读书，恐未能遂离侍下，且未敢言此，俟后便再议。所以不避其切切，为吾子

---

① 赵宽：《半江赵先生文集》，《四库全书存目丛书》集部第42册，齐鲁书社1997年影印本，第375页上栏。
② 吴光等编校：《王阳明全集》，上海古籍出版社2012年版，第813页。
③ 参见钱明《浙中王学研究》，中国人民大学出版社2009年版，第174页[27]。

言者，幸加熟念，其亲爱之情，自有不能已也。①

"北行"，指王阳明赴山东主持乡试。"秋战未利"，表明徐爱此次乡试下第。王阳明劝徐爱以积学为主，勿以科试为念；为学在精专，切勿自暴自弃。信中云："家君舍众论而择子，所以择子者，实有在于众论之外，子宜勉之！"可见，王华对于徐爱寄予了相当的厚望。不久，徐爱作《九月晦舟中值阳明寿日赋以佑觞》：

> 水落江湖秋气清，仙舟忽动紫鸾笙。本来超出风尘客，漫道循环甲子更。绝学争新瞻北斗，瑶天更喜焕南星。天将兴道多情在，海岳还教起凤鸣。

"甲子"，指的是弘治十七年（1504）。时王阳明任职于京师，徐爱因乡试下第，作诗以抒情，表露出丝丝忧伤与归隐之情。

正德二年（1507）三月，王阳明赴谪至钱塘，隐居南屏养病。徐爱前往杭州求学，并正式拜为入门弟子。《年谱》："是时先生与学者讲授，虽随地兴起，未有出身承当，以圣学为己任者。徐爱，先生妹婿也，因先生将赴龙场，纳贽北面，奋然有志于学。"徐爱《同志考叙》："自尊师阳明先生闻道后几年，某于丁卯春，始得以家君命执弟子礼焉。于是门下亦莫有予先者也。"吕柟《古真先生传》："比谒选时，以伯安讲明濂洛之学，遂遣爱师事之。"② 随后数月，徐爱一直伴于王阳明身边。此期间，王阳明曾往南屏、胜果寺等处游观，作诗咏叹，徐爱皆有诗和之。王阳明作《南屏》，徐爱有《南屏次韵》，二者用韵相同。徐爱《忆观楼记》云："予昔从阳明先生游钱塘，乃居万松古刹，曰'胜果'。"王阳明作《移居胜果寺二首》，徐爱作《胜果次韵》。王阳明《移居胜果寺》其二与徐爱之诗用韵相同。可见，徐爱诗用的是王阳明的诗韵。

赴龙场驿之前，王阳明曾寄书徐爱，传授科试经验，鼓励其好好应试。王阳明《示徐曰仁应试》：

---

① 吴光等编校：《王阳明全集》，上海古籍出版社2012年版，第812—813页。
② 钱明编校整理：《徐爱钱德洪董沄集·附录》，凤凰出版社2007年版，第393页。

君子穷达，一听于天。但既业举子，便须入场，亦人事宜尔。若期在必得，以自窘辱，则大惑矣。入场之日，切勿以得失横在胸中，令人气馁志分，非徒无益，而又害之。场中作文，先须大开心目，见得题意大概了了，即放胆下笔，纵昧出处，词气宜条畅。……将进场十日前，便须练习调养。……务须绝饮食，薄滋味，则气自清；寡思虑，屏嗜欲，则精自明；定心气，少眠睡，则神自澄。……进场前两日，即不得翻阅书史，杂乱心目。每日止可看文字一篇以自娱。若心劳气耗，莫如勿看，务在怡神适趣。……每日闲坐时，众方嚣然，我独渊默，中心融融，自有真乐，盖出乎尘垢外而与造物者游。非吾子概尝闻之，宜未足以与此也。

王阳明指导细致入微，并且很有道理，现在看来亦多有借鉴意义。

本年（1507）秋，徐爱乡试中举人。次年（1508），徐爱中进士，时年二十二岁。① 次年（1509），出为祁州守。萧鸣凤《徐君墓志铭》："时乡邑在朝诸名公方为逆瑾所忌，乃著令姚人毋内除，君遂以己巳六月出知祁州。"②

正德四年（1509）七月，徐爱自京出发赴祁州，作诗《予得守祁秋七月十三日出京邑是夜宿良乡》。徐爱一路游观，作诗较多。到了祁州，徐爱勤于职务，用心治理。时值刘六、刘七之乱，地方多艰。萧鸣凤《徐君墓志铭》："祁近京，多巨珰执家，民贫于逋累，官校挟内批逮旁午。又大盗刘六等起内甸，风驰破郡邑。"③ 徐爱《赠光禄大夫卿郁君亮之死节传》："剧贼刘七等起河北、河南，骚然溃乱，予当其冲，倥偬干戈，日不暇给。"徐爱到任后，采取了一系列措施，改革陋政，并取得了

---

① 周汝登《圣学宗传》卷十三《徐爱传》："先生居夷三载，已超入圣城，（徐）爱朝夕门下。"钱明编校整理：《徐爱钱德洪董沄集·附录》，凤凰出版社2007年版，第388页。此类说法皆误。徐爱并没有随王阳明赴龙场驿，而是专心于科场，故正德二年（1507）秋中举人，正德三年（1508）春中进士。

② 钱明编校整理：《徐爱钱德洪董沄集·〈徐爱集〉附录》，凤凰出版社2007年版，第92页。

③ 钱明编校整理：《徐爱钱德洪董沄集·〈徐爱集〉附录》，凤凰出版社2007年版，第92页。

较好效果，深得民心，以至"去之日，州人刱生祠礼焉"。① 徐爱《与林巡抚粹夫书》中表露了自己这几年的艰辛："方今地方多难，事之可深忧者甚多，可急为者甚至多。……某叨守祁余三年矣，中间遭值奸危寇难，其脱死者屡矣。"

居祁期间，古真翁对其子不甚放心，特至祁州助之。吕柟《古真先生传》："爱举进士，出知祁州，适天下多故，廉能大闻于畿甸。而先生至祁，俭朴滋甚。人或语及贫富事。曰：'昔人教儿谄世且嗤之，吾将教儿贪耶？'"② 居祁期间，徐爱与王阳明多有书信往来。正德六年（1511），王阳明作书徐爱，论及徐母重病之事。王阳明《与徐曰仁书》："得书，惊惶莫知所措。固知老亲母仁慈德厚，福禄应非至此……急走请医……然有官事相绊，不得遽行……天道苟有知，应不俟渠至，当已平复。……来人与夏君先发，赵八舅和儿辈随往矣。"③

正德七年（1512）六月，三年祁州任满，徐爱赴京述职，归时途中作《西游归遇同年李逊卿于深泽相与饮啸闻其谈所学仙术诗以赠之》。《保定早起纪笑》："三年多艰经应得，自喜心田无不平。刘项名争空往事，蔺廉义让在苍生。间间疾苦谁先问，胥吏趋逢我未能。利害恩仇亦何有，梦回一笑即天明。"表达了自己离任的愉悦心情。至京，时王阳明在京任吏部考功清吏司郎中。于是王阳明、徐爱以及其他弟子聚于京，朝夕聚会，相与论道。是时，徐爱编定《传习录》。王阳明致书其父，呈上此书。王阳明《又上海日翁大人札》：

> 会稽易主簿来，得书，备审起居万福为慰。男与妹婿等俱平安。但北来边报甚急，昨兵部得移文，调发凤阳诸处人马入援，远近人心未免仓皇。男与妹婿只待满期，即发舟而东矣。……草草报平安。小录一册奉览，未能多寄。④

---

① 萧鸣凤：《徐君墓志铭》，载钱明编校整理《徐爱钱德洪董沄集·〈徐爱集〉附录》，凤凰出版社2007年版，第92页。
② 钱明编校整理：《徐爱钱德洪董沄集·附录》，凤凰出版社2007年版，第393页。
③ 束景南、查明昊辑编：《王阳明全集补编》，上海古籍出版社2018年版，第91页。
④ 束景南、查明昊辑编：《王阳明全集补编》，上海古籍出版社2018年版，第96页。

束景南先生认为："徐爱编定印刻《传习录》在十一月中，书中所云'小录'即指《传习录》，盖是录仅徐爱所记一卷（今《传习录》卷上前半，五千余字）故称'小录'。后乃陆续增补他人所记语录。此徐爱编定《传习录》一卷，可谓是阳明正德贬龙场驿以来思想之记录也。"① 束先生所言甚是。《年谱》所记，徐本《传习录》编定于正德八年（1513）初归越时，似不确。王阳明与徐爱俱在京师，故有"男与妹婿等俱平安"之语。时任职吏部，故能较快得到各类消息，"兵部得移文""调发凤阳诸处人马入援"等。这些都说明王阳明此家书作于本年十一月居京师时。"小录"指的是徐爱编的《传习录》。之所以称"小录"，一为篇幅较少，仅五千余言；二为谦称，与称人著作为"大作"类似。此时徐本《传习录》仅仅编录，故当仅有抄录本，尚未刊刻成书，故王阳明云"未能多寄"。后来《传习录》刊刻成书后，王阳明经常赠予他人。十二月八日，王阳明升南京太仆寺少卿。王阳明并没有马上赴南京任，而是便道省亲。十二月中旬，王阳明与徐爱同舟归绍兴，舟中论学。《年谱》："与徐爱论学。……与先生同舟归越，论《大学》宗旨。闻之踊跃痛快，如狂如醒者数日，胸中混沌复开。仰思尧、受舜、三王、孔、孟千圣立言，人各不同，其旨则一。"

正德八年（1513）二月，王阳明与徐爱至绍兴。居绍兴时，徐爱作《同志考叙》以明作《同志考》之本意。五月末，王阳明与徐爱同游四明山，至七月方归余姚。《年谱》："五月终，与爱数友期候黄绾不至，乃从上虞入四明，观白水，寻龙溪之源；登杖锡，至雪窦，上千丈岩，以望天姥、华顶；欲遂从奉化取道赤城。适久旱，山田尽龟拆，惨然不乐，遂自宁波还余姚。"徐爱《游雪窦因得龙溪诸山记》对这次郊游有较为详细的记载：

> 阳明先生久怀雪窦之游。正德癸酉夏，予从阳明北归，过龙泉，避暑于清风亭，王世瑞、许半圭、蔡希颜、朱守中偕自越来，矢遂厥游。……众遂泛江，而希颜疾，乃返棹。月夜，乘潮上通明。明日，达上虞，半圭、希颜辞去。……明日，叔宪、世瑞以误食石蟥

---

① 束景南：《王阳明年谱长编》，上海古籍出版社2017年版，第686—687页。

骨病结……乃下山，至大埠，买舟泛江而归。七月二日也。

此游历期间，徐爱与众人一路唱和，作诗甚多，有《游永乐次阳明先生韵》《游白水宫殿次王世瑞韵》《龙溪次世瑞韵》《至杖锡有怀诸友》《夜宿杖锡》《寺困侵诛因复次叔宪韵识感》《梦怀王世瑞朱守中次前韵》《㰉雪窦道中漫兴》《题雪窦》等。七月二日至余姚。徐爱回到了久别的故乡。徐爱作《游龙泉寺次韵》抒情怀：

> 十年尘土只怀归，长忆乡山梦里微。今日登临枫阁迥，新秋萧瑟竹林稀。江风海月皆无尽，云鸟川鱼各有依。拳石借眠堪我老，卜居差更问如韦。

正德八年（1513）八月，王阳明与徐爱等由余姚归绍兴。九月，徐爱离开绍兴，赴南京任，诸友送之，作《和诸友舟中写怀用韵》："岸菊行残霜九月，江枫坐落露三更。静穷妙道忘辞说，默识真文见日星。"颇有忧伤之感。

正德九年（1514）二月，作《应诏陈言"上下同心以更化善治"奏议》，论治理之道。本年四月，王阳明升南京鸿泸寺卿；五月，至南京。徐爱与黄绾等聚于师门，朝夕受学。《年谱》："自徐爱来南都，同志日亲，黄宗明、薛侃、马明衡、陆澄、季本、许相卿、王激、诸偁、林达、张寰、唐愈贤、饶文璧、刘观时、郑骝、周积、郭庆、栾惠、刘晓、何鳌、陈杰、杨杓、白说、彭一之、朱篪辈，同聚师门，日夕渍砺不懈。"任职期间，徐爱"尝行部江南，尽剔诸赋役之蠹"①。《送戴工部摧芜湖归序》："予督逋江湖，自信吉、彭蠡、洞庭、潇湘、荆汉诸巨商，所由靡不至。"四月，使过浙，遇黄宗科于杭州，作《王烈妇神异记》："甲戌四月，予使过浙，遇友人黄岩黄宗贤伯兄宗科于杭，语及王烈妇死节，叹述其神……"

正德十年（1515）正月，徐爱继续以"南曹督逋"（《洗心轩记》）

---

① 萧鸣凤：《徐君墓志铭》，载钱明编校整理《徐爱钱德洪董沄集·〈徐爱集〉附录》，凤凰出版社2007年版，第92页。

的身份,"督通江湖"(《送戴工部榷芜湖归序》),遂游江西、安徽、湖南、湖北诸地。正月,游湖南德山。《同游德山诗叙》:"正德乙亥春正月壬午,与予同游德山者十有四人。"游衡山时,徐爱做一不祥之梦,告之王阳明,王阳明作书劝解之。王阳明《祭徐曰仁文》:

> 记尔在湘中,尝语予以寿不能长久,予诘其故。云:"尝游衡山,梦一老瞿昙抚曰仁背,谓曰:'子与颜子同德。'俄而曰:'亦与颜子同寿。'"觉而疑之。予曰:"梦耳。子疑之,过也。"

自此,徐爱归隐之意愿更为强烈了。不幸此梦后来成验。二月,游湖北武当山。《追记武当之游》:"予于乙亥二月初,发自荆北,历郧、襄,皆山途。旬余抵草店,幸值久晴。……丙子春记。"秋九月,徐爱顺道归省,与王华游上虞之东山。《东江吊古纪》:"乙亥之秋,九月丁酉,内戚陈丈买舟载酒糇,邀予舅海日翁暨予游上虞东山。翁因拉所知章世杰、王世瑞、陈子中同游。陈丈亦以其侄女谟、子唐卿从。午发山阴,百里,夜抵蒿坝林。……"正德十年(1515)冬,任期满后,徐爱升为南京工部都水郎中。

正德十一年(1516)秋,续考,徐爱便道归省。过杭州,作《登严陵钓台二首》,其一:"愧我桑梓生,迟此扳秋要。江山千里驰,松柏万年森。"此次归省,徐爱便有归隐之意。此时归省,徐爱可能一直居于绍兴。

正德十二年(1517)二月,徐爱居绍兴,王阳明来信,述说自己入赣经历,同时嘱咐徐爱管理好其家务。《与徐曰仁书》:

> 正月三日,自洪都发舟。初十日次庐陵,为父老留再宿。十三日末,至万安四十里,遇群盗千余,截江焚掠,烟焰障天。……十六日抵赣州,齿痛不能寝食。前官久缺之余,百冗纷沓,三省军士屯聚日久,只得扶病莅事。连夜调发,即于二十日进兵。……过此幸无事,得地方稍定息,决须急求退。曰仁与吾命缘相系,闻此当亦不能恝然,如何而可,如何而可!行时见世瑞,说秋冬之间欲与曰仁乘兴来游……虽未知何日得脱网罗,然旧林故渊之想,无日不

切，亦须曰仁时去指督，庶可日渐就绪。山水中间须着我，风尘堆里却输侬。吾两人者，正未能千百化身耳，如何而可，如何而可！……趁曰仁在家，二弟正好日夜求益，二弟逸之！……正宪读书极拙，今亦不能以此相望……①

徐爱病归，有买田之意。周汝登《圣学宗传》卷十三《徐爱传》："丁丑告病归，与陆澄等同谋买田雪上（今湖州），为诸友久聚之计。"②《姚江书院志略》卷上《徐曰仁传》："丁丑请告，买田雪上，为诸友久聚计。时王子抚南赣，五月遗二诗以慰。"③ 王阳明《闻曰仁买田雪上携同志待予归二首》其一："见说相期雪上耕，连蓑应已出乌程。荒畬初垦功须倍，秋熟虽微税亦轻。雨后湖舡兼学钓，饷余堤树合闲行。山人久有归农兴，犹向千峰夜度兵。"其二："山中古洞阴萝合，江上孤舟春水深。"表明此二首诗作于春天。次年（1517）五月十七日，徐爱病卒于山阴寓馆，年仅三十一岁。

徐爱亡，王阳明非常伤心，前后多次作文祭之。王阳明《祭徐曰仁文》："维正德十二年七月十五日……"④ 王阳明《祭徐曰仁文》："维正德十二年八月十一日……呜呼！痛哉曰仁！吾复何言？尔言在吾耳，尔貌在吾目，尔志在吾心，吾终可奈何哉？……自得曰仁讣，盖哽咽而不能食者两日。……吾今无复有意于人世矣。……"⑤ 王阳明《祭徐曰仁文》："维正德十三年，岁次戊寅，四月己巳朔，越十有七日乙酉，寓赣

---

① 束景南、查明昊辑编：《王阳明全集补编》，上海古籍出版社2018年版，第116页。
② 钱明编校整理：《徐爱钱德洪董沄集·附录》，凤凰出版社2007年版，第387页。
③ 钱明编校整理：《徐爱钱德洪董沄集·附录》，凤凰出版社2007年版，第390页。束景南先生认为"五月"为"四月"之误。四月十七日，王阳明至汀州，遂作诗答之。参见束景南《王阳明年谱长编》，上海古籍出版社2017年版，第938页。
④ 钱明编校整理：《徐爱钱德洪董沄集·〈徐爱集〉附录》，凤凰出版社2007年版，第97页。《横山遗集》（即《徐爱集》）所收王阳明所作徐爱祭文较《王阳明全集》所收更为完备、完整。
⑤ 钱明编校整理：《徐爱钱德洪董沄集·〈徐爱集〉附录》，凤凰出版社2007年版，第101—102页。《王阳明全集》标明"戊寅"，即正德十三年（1518），不确。《横山遗集》中所收本文更完整，前有序："维正德十二年八月十一日……"显然更可信。

州王守仁,既器奠于旅次,复写寄其词……"① 王华对其后事做了妥善的安排。王华《祭文》:"我今葺理东边房屋数楹,以居汝妻,以奉养汝父母,庶几汝妻朝夕不离吾侧,汝父母朝夕可以相守以终余年。俟终丧之后,择立汝同宗子姓之质美者一人以为汝后。"② 徐爱为古真翁独子,其亡后,其父古真翁纳一妾,又生一子。王阳明《又祭徐曰仁文》:"呜呼曰仁!别我而逝兮,十年于今。葬兹丘兮,宿草几青。……我歌白云兮,谁再此音?"③ 王阳明十年祭未言及此事,可能由于各种原因而没有为其立后。

徐爱聪颖过人,勤奋专志,学术与功业当有所成。惜天不假年,英年早逝,实为憾事。

二 徐爱与《传习录》等

徐爱既是王阳明妹夫,更是王阳明最为忠实的弟子之一。徐爱于正德二年(1507)归于王阳明门下,是王阳明最早的入室弟子。徐爱多次长时间追随于王阳明身边。第一次是正德二年(1507)王阳明赴龙场驿前,居杭数月时。第二次是正德七年(1512)六月,徐爱知祁州任满,述职归京时,时王阳明任职于京师,于是徐爱追随于王阳明身边数月。期间,徐爱将自己所闻王阳明论学语录编成集子,即《传习录》。在《〈传习录〉题辞》中,徐爱对自己编《传习录》的动机做了详细说明:

> 先生明睿天授,然和乐坦易,不事边幅。人见其少时豪迈不羁,又尝泛滥于词章,出入二氏之学,骤闻是说,皆目以为立异好奇,漫不省究。不知先生居夷三载,处困养静,精一之功,固已超入圣域,粹然大中至正之归矣。

---

① 钱明编校整理:《徐爱钱德洪董沄集·〈徐爱集〉附录》,凤凰出版社2007年版,第106页。

② 钱明编校整理:《徐爱钱德洪董沄集·〈徐爱集〉附录》,凤凰出版社2007年版,第115页。

③ 吴光等编校:《王阳明全集》,上海古籍出版社2012年版,第790页。《王阳明全集》标明"甲申",即嘉靖三年(1524),不确。文中言"十年于今",以此推之,此文当作于嘉靖五年(1526),时王阳明居于绍兴,故有徐爱十年之祭。

> 爱朝夕炙门下，但见先生之道，即之若易，而仰之愈高；见之若粗，而探之愈精；就之若近，而造之愈益无穷。十余年来，竟未能窥其藩篱。世之君子，或与先生仅交一面，或犹未闻其謦欬，或先怀忽易愤激之心，而遽欲于立谈之间，传闻之说，臆断悬度。如之何其可得也？从游之士，闻先生之教，往往得一而遗二，见其牝牡骊黄，而弃其所谓千里者。故爱备录平日之所闻，私以示夫同志，相与考而正之，庶无负先生之教云。

因学子所记阳明夫子之言，往往不完整，并多误解。为了避免如此之误，徐爱将自己平日所闻，编成集子，以分享、考正于同志，以使阳明夫子圣学广而传之。

在《〈传习录〉序》中，徐爱记述了自己编定《传习录》的具体过程：

> 门人有私录阳明先生之言者。先生闻之，谓之曰："圣贤教人如医用药，皆因病立方，酌其虚实、温凉、内外而时时加减之，要在去病，初无定说。若拘执一方，鲜不杀人矣。今某与诸君不过各就偏蔽箴切砥砺，但能改化，即吾言已为赘疣。若遵守为成训，他日误己误人，某之罪过可复追赎乎？"爱既备录先生之教，同门之友有以是相规者。爱因谓之曰……今备录先生之语，固非先生之所欲，使吾侪常在先生之门，亦何事于此，惟或有时而去侧，同门之友又皆离群索居。当时之时，仪刑既远而规切无闻，如爱之驽劣，非得先生之言时时对越警发之，其不摧堕靡废者凡希矣。吾侪于先生之言，敬徒入耳出口，不体诸身，则爱之录此，实先生之罪人矣。使能得之言意之表，而诚诸践履之实，则斯录也，固先生终日言之之心也，可少乎哉。录成，因复识此于首篇以告同志。

王阳明反对弟子录其言语，徐爱不顾王阳明反对而录其言语，认为如果此类语录能够使习者"诚诸践履之实"，则斯录有功也。

在《〈传习录〉跋》中，徐爱进一步补充了自己的看法。《〈传习录〉跋》：

爱因旧说汨没，始闻先生之教，实是骇愕不定，无入头处。其后闻之既久，渐知反身实践，然后始信先生之学为孔门嫡传，舍此皆傍蹊小径、断港绝河矣！如说格物是诚意的工夫，明善是诚身的工夫，穷理是尽性的工夫，道问学是尊德情的工夫，博文是约礼的工夫，惟精是惟一的工夫；诸如此类，始皆落落难合，其后思之既久，不觉手舞足蹈。

正德七年（1512）徐爱编定《传习录》，此后他当又做了补充。《年谱》："与先生同舟归越，论《大学》宗旨。闻之踊跃痛快，如狂如醒者数日。仰思尧、舜、三王、孔、孟千圣立言，人各不同，其旨则一。今之《传习录》所载卷首是也。"这些内容当为后来补入。徐爱早亡，其所编《传习录》篇幅较小，但开了先河。此后钱德洪、薛侃、南大吉等，对《传习录》做了补辑完成，最终成为三卷本《传习录》。

正德八年（1513）春，与王阳明居越时，徐爱还做了一件重要的事情，便是编《同志考》。《同志考叙》：

乃癸酉春，侍先生自北来南，检简牍中，始观多皆未识者，乃重有感焉。……某叨先门下，责则奚辞？乃以义起此卷，奉留先生左右，俾将来者，皆得继书姓名于端。次纪字，便称谓也；次纪地，表厥自也；次纪年岁，以叙齿也；次纪及门时，志所始也。予前所纪数人无序者，追志者也。来者请续书，不必空次。间有知而为代书者，听，欲无遗也；欲番录者，听，示匪私也。然奚啻如斯而已？异日将有凭之指议之者，曰：某也诚，某也伪；某也成，某也坠；某也从，某也背；某也增光，某也重愧。呜呼！倘由是而益知所惧焉，则兹卷可独少耶？爱题其端曰"同志考"，而叙其由以告。

徐爱所编《传习录》（见今本《传习录上》）多载徐爱向王阳明问学之事。这些不仅是研究王阳明思想，也是研究徐爱思想的重要资料。

三　归隐情结

徐爱虽然英俊聪明，但体质较弱，抗压能力甚弱。陈杰等《祭文》：

"质敏而性懿，体弱而才强。气温而言不媚于流俗，貌恭而行不比于常情。"① 徐爱《送陆子清伯行序》："予尝病质懦，稍离师友，即颓堕不自胜，百邪袭而忧患生。"

徐爱体弱的一个表现是对名医较为敏感。正德八年（1513）春，在南京任职时作《复春为名医杜世荣题》，云："杜子耻同俗，择业居医术。闻风起良心，习静景贤迹。忍谓道艺分，昧此生理一。既负复春名，应求复春实。"对名医杜世荣充满赞颂，甚至羡慕之情。正德九年（1514），徐爱督捕江湖时，行至湘中，作《湘中感名医诊予疾非静养莫疗且谕身重名轻夜坐自叹》：

万里风霜一榻寒，青灯坐对雨声残。菜根已辨盘餐味，尘土谁开樽酒颜？多病未因清欲减，孤身深念老亲难。更怜卢鹊知人痼，笑我轻生博此官。

此诗可能作于正德九年（1514）年底。可能因四处奔波，导致其染病在榻。其病多因体弱而致，故医劝其多加静养。

徐爱体弱的另一个重要表现便是夜中多梦，并且多噩梦。其纪梦诗之多，在阳明弟子之中实属罕见。

正德八年（1513）六月，王阳明携徐爱及许世瑞、王琥、朱节等游四明山。后许世瑞、朱节等先离开，仅徐爱等人随王阳明。尽管王琥、朱节离开了，但徐爱依然梦与二位同游。《梦怀王世瑞朱守中次前韵》："清梦叫回松顶鸾，披衣静倚竹窗看。"本年年底作《癸酉腊月纪梦》，记其所做之噩梦：

垂岩瞰幽溪，侵崖出蠛路。石恶森剑戟，天昏骤风雨。溪涨乱激湍，病涉解衣屦。群弟先后从，一担师独举。王政忆盛行，班白不负戴。我兹念尊卑，固请释斯与。负之如不任，感激犹屡仆。宁更临绝壑，断桥东西去。涉浅差徒返，涉深为龙怒。徘徊望苍天，

---

① 钱明编校整理：《徐爱钱德洪董沄集·〈徐爱集〉附录》，凤凰出版社2007年版，第96页。

> 泪下迸如注。吾身亦如何,吾意良独苦。吾力苟自全,终当济艰楚。

此噩梦与徐爱心境密切相关。如上所说,王华和王阳明都对徐爱寄予的厚望,从弘治十七年(1504)王阳明写给徐爱的书信中可以看出来。后来,王阳明一直把徐爱当作自己的继承人加以培养。对于这样的重负,徐爱感觉自己力不能任,故总有一种心理焦虑。诗中"一担师独举""负之如不任""徘徊望苍天,泪下迸如注"等便是这种焦虑在梦中的展现。这种焦虑也是他晚期多梦的一个重要原因。

后又作《初梦友人告我过后认为亡侄东七感其勤意觉而纪之》:

> 故人入我梦,渐视昔日形。谆谆告我过,历历皆可听。心本知不拔,文章宁当轻?容貌未易忽,言笑须自明。……发病搜我根,令我面发颀。极知君意好,报曹为尽惩。临别三回首,缱绻如可矜。余意重莫宣,顾景欲灭灯。岂以幽明故,鄙陋遂尔惊。恍惚辨尔意,似以弱息应。我虽会心托,负尔欲言情。

这时噩梦与死亡、疾病等相关,可见徐爱身体已有不良症状。

正德九年(1514)、十年(1515)间,徐爱"督逋江湖"(《送戴工部摧芜湖归序》),遂游江西、安徽、湖南、湖北诸地。期间徐爱亦有不少纪梦诗。至上饶广信,作《在广信梦入阳明隐居师友皆有咏予亦和焉觉而书之》。至湖南衡阳,作《衡阳纪梦》。游衡山,徐爱做一噩梦:"尝游衡山,梦一老瞿昙抚曰仁背,谓曰:'子与颜子同德'。俄而曰:'亦与颜子同寿'。"[①] 正德十年(1515)三月,徐爱又作纪梦诗《三月丙寅纪梦》:

> 我拜甘泉堂,何时西泉来?阳明须臾至,偕登罗浮台。台高草堂春,尊酒同颜开。遥呼石龙子,如何滞天台?已挥孤云逆,更飞双凤催。童冠随杖屦,壶矢送盘杯。不必究所论,此乐已无涯。悬

---

① 王阳明:《祭徐曰仁文》,载吴光等编校《王阳明全集》,上海古籍出版社2012年版,第788页。

知还是梦，胡不谋徘徊？

不仅体弱，徐爱甚至多愁善感，晚年尤为如此。正德九年（1514），徐爱由绍兴归南京，友人送之。徐爱作《和诸友舟中写怀用韵》："岸菊行残霜九月，江枫坐落露三更。静穷妙道忘辞说，默识真文见日星。已得舟师操舵法，欲寻海窟看龙鸣。"对秋夜景观描写颇多忧伤之感。在南京任职时作《秦淮涉月有警》：

昔日秦淮今夜月，月明闻歌真怆神。月光寻常照无异，人心倏忽胡不仁。白马红尘送落日，长烟短柳生青春。深林静昼在何许？世路悠悠只老人。

"怆神""白马红尘""老人"，表明徐爱心有老去之感，甚至有厌世之感。

因为身体较弱，又常面临巨大的心理压力，使得他常有"不堪重负"之感，于是归隐、好仙成为徐爱心中永远挥不去的情怀。

再补充一点，徐爱归隐情结，与其绍兴友人王琥有一定关系。如上所说，王琥（世瑞）是王阳明居绍兴时的道友。王琥与王阳明交往甚好，王阳明在书信中多提及他。正德十二年（1517）二月，王阳明《与徐曰仁书》："行时见世瑞，说秋冬之间欲与曰仁乘兴来游。……世瑞、允辉。商佐、勉之、半珪，凡越中诸友，皆不及作书。"① 王琥是一位怀才不仕的隐士。徐爱同他交往甚多，二人关系较好。正德八年（1513）夏，徐爱和王琥皆随同王阳明一起游四明山，徐爱与王琥唱和诗作甚多，有《游白水宫殿次王世瑞韵》《龙溪次世瑞韵》等。另还作有《梦怀王世瑞朱守中次前韵》。徐爱出行，王琥多次为之送行、赠诗。徐爱作有《世瑞又送至湖复赠二律聊用和答》《世瑞又送至安吉赋一律赠别》《别张安吉五奎次世瑞韵》。正德十年（1515）九月，徐爱与王华等游上虞之东山，王琥亦随行。徐爱《东江吊古纪》："（海日）翁因拉所知章世杰、王世

---

① 束景南、查明昊辑编：《王阳明全集补编》，上海古籍出版社2018年版，第115—116页。

瑞、陈子中同游。"这些表明王琥与徐爱交往甚深。不知何故，徐爱亡后，众多友人撰有祭文，却不见王琥祭文。徐爱好归隐，与王阳明影响有关，当与王琥影响也有一定关系。

正德四年（1509）作《送黄宗贤谢病归天台五首》其一："送子归天台，天台深九重。一从主人出，赤城紫霞封。桃花美溪洞，猿鹤哀长松。今日倦游诣，仰首望归鸿。晨光虽已微，秋色还正浓。远迹匪沉寂，适意良自允。山风出幽谷，海月流澄空。美人吹玉笛，渺渺碧霄中。知君已仙举，羽翼亦有同。"其二云"送我到祁阳"，可知此组诗作于本年徐爱赴祁州任职时。诗中充满了道教神仙气息。本年，徐爱赴祁州（今河北）任，一路游观，作诗较多。这些诗作多以山水景物、佛寺道观为主，亦不乏仙道气息。《玉虚宫》："丹炉光闪闪，仙袂影翩翩。带月紫霄下，玉虚仍上天。"《白云寺次韵》："白云杳杳夜寻寺，清溜沉沉寒滴花。尘世老僧都莫问，澄心且共煮溪茶。"

正德七年（1512）秋，徐爱祁州任满，归京。《西游归遇同年李逊卿于深泽相与饮啸闻其谈所学仙术诗以赠之》："十日周游何所得，忽逢仙客倍开怀。百年踪迹原忙我，一片真心肯打乖。白日摧人还易晚，黄醪满店草停醝。许君识取眼前意，便是长生最上阶。""西游归"表明此诗作于正德七年（1512）徐爱祁州任满归京师时。列于本首诗之后的《保定早起纪笑》云："三年多难纪应得，自喜心田无不平。""三年多难"指的是祁州任。亦可证明此诗作于自祁归京途中。此诗中，归隐情怀胜于仙道情怀。

正德八年（1513）春，作《登玉岩次惟贤韵》："师友同真乐，幽探岂在山？身随尘土脱，心与野云闲。日落荒山外，烟横碧树间。徘徊凝望处，飞鸟倦初还。"徐爱归隐情怀表露无遗。本年与王阳明游四明山时，徐爱诗作中亦多归隐气息。《游白水宫殿次王世瑞韵》："白水岩根看瀑溜，刘仙祠下坐松寒。同心更喜麇群共，得意宁辞鸟道难？云壑岂徒乘兴到，结茆深住始身安。"《龙溪次世瑞韵》："性乖适俗耽林壑，况入名山眼更明。独有神龙潭底蛰，已无凡鸟树头鸣。""结茆深住始身安""性乖适俗耽林壑"等，皆表现出其好归隐之情。

正德九年（1514），徐爱督捕江、湖，行至湘中，听名医之劝说后，①其归隐情怀更为强烈。正德十年（1515）游湖北、湖南。徐爱《访象山书院有感》："古人此求道，我独欲逸身。何日阳明洞，结茆依古人。"徐爱明确表明，欲从古人归隐山林。正德十一年（1516）春所作《追记武当之游》：

> 乃登紫宵宫……每入门，则乐声琅琅而下，弥近，若闻天下，予亦喜以为仙游也。……晚始收，则现圆光，三备五色，而中莹影。人人暄拜，以为帝示神。……归则迁访五龙宫。先下南岩，帝昔炼修于此。……惟山盘数百里中，金碧相辉，绵延不绝，宫观可名者三十余……久而弥不能忘，郁郁予怀，因遂追思而记之。……况今追述而得遍摸之？倘所谓蓬莱、玉京者是耶？

武当之游，徐爱印象极深，以至不能忘怀而追记之。让其不能忘怀的不仅是武当山辉煌的道观，更重要的是其类于蓬莱、玉京般的仙境。

正德十二年（1517）病归，徐爱依然想归隐山林。周汝登《圣学宗传》卷十三《徐爱传》："丁丑告病归，与陆澄等同谋买田雪上（今湖州），为诸友久聚之计。"②尽管徐爱一生不忘归隐，一心想过上潇洒的隐士生活，但最终未能如愿。

钱明先生认为，"徐爱把为官、讲学与仙游、隐遁融合在一起，在很大程度上就是阳明影响的结果"③，是非常有道理的。

四　思想理论

徐爱可以说是王阳明的"颜回"，聪颖却不幸短寿。徐爱《横山遗集》最早由其父于徐爱亡后十八年所编，后经好友蔡宗充编校，"正其讹，删其可删，什存七八"，分为上下两卷，"附亲友哀辞一卷"。④今钱

---

① 参见徐爱《湘中感名医诊予疾非静养莫疗且谕身重名轻夜坐自叹》。
② 钱明编校整理：《徐爱钱德洪董沄集·附录》，凤凰出版社2007年版，第387页。
③ 钱明：《浙中王学研究》，中国人民大学出版社2009年版，第149页。
④ 蔡宗充：《刻徐横山集序》，转引自钱明编校整理《徐爱钱德洪董沄集·编校说明》，凤凰出版社2007年版，第10页。

明所编《徐爱集》，收集较为齐备。

由于资料缺乏等原因，各类著作皆较少言及徐爱思想，在此以钱明所编《徐爱集》为主要材料，对徐爱思想做一简单概说。

（一）哲学思想

《传习录上》保存了不少徐爱与王阳明论学片断。在《〈传习录〉跋》中，徐爱对王阳明学说做了高度评价："始闻先生之教，实是骇愕不定，无入头处。其后闻之既久，渐知反身实践，然后始信先生之学为孔门嫡传。"徐爱短暂的一生，主要是学习与传播王阳明的学说。《明史·儒林列传二·徐爱传》："良知之说，学者初多未信，爱为疏通辨析，畅其指要。"[①] 在一系列文章中，徐爱对良知说等做了阐释。《语录三则》其一：

> 曰仁云："心犹镜也。圣人之心如明镜，常人心如昏镜。近世格物之说，如以镜照物，照上用功，不知镜尚昏在，何能照！先生之格物，如磨镜而使之明，磨上用功，明了后亦未尝废照。"

徐爱认为心如镜，人有圣常之分，镜则有明昏之分。格物的功夫在于磨镜使明。为此徐爱对去私欲做了大力宣扬。《宜斋叙》："夫人所以不宜于物者，私害之也。……二私交于中，则我所以为应感之地者，非公平正大之体也。……夫天下之道，莫大于五伦；天下之恶，莫大于二私。"

徐爱此说与王阳明良知说颇有出入。此或为徐氏早年之说。《与余大行书》："盖欲其于此明本心之端。察义利之辨，使预知正学之切于人身，易知易行，而邪僻因不得而干也。"徐爱认为"本心""不得而干"。此更近于王阳明良知说，良知是天生的善德，不可弃，只可蔽。《送甘钦采西还叙》：

> 学者大患，其好名之心乎！……故自大贤以下至于涂人，皆不免此。其别则在深浅、大小、厚薄、通窒之分耳。其究至于无所不

[①] 张廷玉等：《明史》，中华书局1974年版，第7272页。

为，而其端则甚隐而微，欲有以察之，至精至密矣。古之学者，其立心之始，即务去此，而唯以全吾性命之理为心，故谓之为己。

此处"性命之理"即所谓良知，"全""性命之理"即所谓致良知。徐爱强调知行合一，行才是真知。《语录三则》其三：

先生曰："哑子吃苦瓜，与你说不得。你要知此苦，还须你自吃。"时曰仁在旁，曰："如此才是真知即是行矣。"时在座诸友皆有省。

徐爱强调理、性、心、知、行合一，不可机械拆分。《送陆子清伯行序》："不知理者，不可以言性；不知性者，不可以言心；不知心者，不可以言知；不知知者，不可以言行；不知行者，不可以言学。故知学则可以穷理，穷理则可以尽性，能尽其性则可以尽人之性、尽物之性，则可以参两间、赞造化，此岂依仿名迹私智小见者所能也？"

此外，《年谱》中载有徐爱向王阳明请教知行合一说。《年谱》："后徐爱因未会先生知行合一之训，决于先生。先生曰：'试举看。'爱曰：'如今人已知父当孝，兄当弟矣，乃不能孝弟，知与行分明是两事。'先生曰：'此被私欲隔断耳，非本体也。圣贤教人知行，正是要人复本体，故《大学》指出真知行以示人……'"

徐爱早亡，留下文章不多。从以上文章可以看出，徐爱从信奉圣人仁义之道，逐渐转变到信奉王阳明的良知说。虽然他对良知说理解不是非常深刻，但大体还是比较准确的。

（二）治世思想

徐爱是一位良吏，为官时间仅七八年，先后任祁州知府、南京兵部车驾员外郎、南京工部都水郎中等，却颇有政绩。据萧鸣凤所撰《徐君墓志铭》，徐爱为祁州知府时，采取了一系列措施减免苛税，打击豪强，复兴学校。

君下车，首革赋外岁羡以归诸民，禁抑势家使无朘削，询民所疾苦，如协济耕牛，买补站马，及草场之租、走递之役，悉奏下裁定之。军校乘时恣横，各有所附丽，君悉置于法。……间修武备以御贼，综理极周密，贼尝夜闯州境，遥闻号令，辄大惊驰去不复来，州以是独完。暇则率诸生讲学行礼，又为延置明师，于是科第久废而复兴。去之日，州人创生祠祀焉。①

为南京兵部车驾员外郎时，"尝行部江南，尽剔诸赋役之蠹。中使进奉往来，射利给艘恒十倍，君独节减之"。为南京工部都水郎中时，"留心出纳，岁省浮费以万计"②。

徐爱仅存政论文一篇《应诏陈言"上下同心以更化善治"奏议》（后简答《应诏陈言奏议》），其治世思想在此文中多得到很好的展现。

《应诏陈言奏议》作于正德九年（1514）二月，时任南京兵部车驾清吏司员外郎。《应诏陈言奏议》全文较长。在开篇，徐爱提出了治国之总纲：

> 是故先之以修君德、揽政柄、重宗本、轻计利、任忠贤者……次之以慎委托、重名器、革冗滥、去奢僭、立经制者……又次之以一政令、重守令、正赋役、崇教化、练兵恤远者。

接下来对以上总纲逐条展开论述。在论述之中，徐爱对时政弊端大加抨击，甚至对皇帝本人亦加以敲边鼓式的批评，并力谏皇帝革除此类陋政。如"轻计利"：

> 陛下富有天下，凡天地间人之所运，地之所生，孰非国家之利，岂必藏诸囊箧若匹夫者哉？窃闻陛下颇以哀积生财为事，臣未敢深信，或者群小欲藉口以行其私。然如官市、皇店之设，已涉嫌疑，害心之端，惟利为甚，伏望赐察而除去之。

---

① 萧鸣凤：《徐君墓志铭》，载钱明编校整理《徐爱钱德洪董沄集·〈徐爱集〉附录》，凤凰出版社2007年版，第92页。

② 萧鸣凤：《徐君墓志铭》，载钱明编校整理《徐爱钱德洪董沄集·〈徐爱集〉附录》，凤凰出版社2007年版，第92—93页。

徐爱指责武宗皇帝贪于敛财，劝谏皇帝以天下为心，革去宫市、皇店等陋政。

由此可见，徐爱更似一位良吏，他不仅有良好的政绩，而且治世理论既实用又易行。惜天不假其寿，否则他或许能像王阳明那样，建立更多的功业。

第二节　越地文化与钱德洪

钱德洪是王阳明最重要的弟子之一，与王畿齐名，合称"钱王"。正德十六年（1521），王阳明省祖茔归余姚，钱德洪方执贽入为弟子。虽然钱德洪入师门不算早，但自王阳明晚年居绍兴入师门后，直至王阳明出征广西，其间六七年，除参加会试等短时间外出之外，钱德洪一直侍于王阳明身边。王阳明死后，钱德洪为王阳明遗文的整理与刊刻做了大量的工作。不仅如此，钱德洪还是王阳明学说最为忠实的守望者之一。正因如此，故学者认为，其"在阳明学中的地位却是无人可比的"①。

一　钱德洪生平

由于各种原因，导致了其众多生平资料没有流传下来。《明史·儒林传》有传，但较为简略。《年谱》中对钱德洪生平事迹多有记载，可补史传之略。王畿所作《刑部陕西司员外郎特诏进阶朝列大夫致仕绪山钱君行状》（后简称《钱君行状》）对钱德洪的一生做了详细记叙，是研究钱德洪生平及思想的重要文献。另外，吕本《绪山钱公墓志铭》以及黄宗羲的《明儒学案》等，也是研究钱德洪生平及思想的重要资料。

钱德洪父钱蒙，三岁失明，"好古博学，能诗文"②。钱氏先居邓巷，后租居莫氏楼，即王阳明所出生的瑞云楼，钱德洪便出生于瑞云楼。钱德洪（1496—1574），初名宽，避先世讳，③ 以字行，改字为洪甫，浙江

---

①　钱明：《浙中王学研究》，中国人民大学出版社2009年版，第186页。
②　王阳明：《心渔歌为钱翁希明别号题·题记》，载吴光等编校《王阳明全集》，上海古籍出版社2012年版，第651页。
③　钱德洪为吴越武肃王钱镠的第十九世孙。

绍兴府余姚（浙江余姚）人。出生于龙泉山北麓瑞云楼。尝读《易》于灵绪山中，故自号绪山，① 人称绪山先生。钱德洪出生时亦有祥瑞。《绪山钱君行状》："母马孺人，梦天以祥云覆列，绮缯款款若聊，空中呼认太乙字，遂惊寤，君生。太乙，天之吉星也，意为传说列星之兆云。"② 钱德洪自幼端严，有若成年人。其外舅见之曰："奇哉！是儿貌庄质粹，有儒者气象。"③ 遂以女许聘焉。十五岁有志于学，博览群书。因过于勤奋，遂得危疾。于是循序渐进，积久贯通。正德十四年（1519）补邑庠弟子，举业日进，期在必中。不幸乡试下第，于是"遂轻进取，专心以学问为事"④。读《传习录》，与所学未契，疑之。

正德十六年（1521），王阳明省祖茔归归余姚，钱德洪不顾父老反对，率诸友数十人归之。《年谱》："先生归省祖茔……德洪昔闻先生讲学江右，久思及门……乃排众议，请亲命，率二侄大经、应扬及郑寅、俞大本，因王正心通贽请见。明日，夏淳……等凡七十四人。"于是请王阳明于天龙泉寺中天阁讲学，钱德洪等以所学请正。后随王阳明一起归绍兴，朝夕相伴于王阳明身边。

嘉靖元年（1522），王华卒，王阳明对弟子因才任使，以金克厚谨恪，使监厨。本年秋，钱德洪中举人。《年谱》："是年克厚与洪同贡于乡，连举进士，谓洪曰：'吾学得司厨而大益，且私之以取科第。'"七月，"德洪赴乡试，辞先生请益。先生曰：'胸中须常有舜、禹有天下不与气象。'德洪请问。先生曰：'舜、禹有天下而身不与，又何得丧介于其中？'"⑤

嘉靖二年（1523）二月，钱德洪会试下落归来，王阳明又加以鼓励。《年谱》："德洪下第归，深恨时事之乖。见先生，先生喜而相接曰：'圣学从兹大明矣。'德洪曰：'时事如此，何见大明？'先生曰：'吾学恶得遍语天下士？今会试录，虽穷乡深谷无不到矣。吾学既非，天下必有起而求真是者。'"归来后，钱德洪成为王阳明重要的助手。王畿《绪山钱

---

① 龙泉山古名绪山，又名灵绪山。
② 吴震编校整理：《王畿集》，凤凰出版社2007年版，第584页。
③ 吴震编校整理：《王畿集》，凤凰出版社2007年版，第584页。
④ 吴震编校整理：《王畿集》，凤凰出版社2007年版，第585页。
⑤ 《年谱》，载吴光等编校《王阳明全集》，上海古籍出版社2012年版，第1057页。

君行状》:"凡有来学者,夫子各以资之所近,分送会下,涤其旧见,迎共新纲,然后归之于师,以要其成,众中称为教授师。"①

嘉靖三年(1524)八月,钱德洪携弟读书于城南。《年谱》:"德洪携二弟德周仲实读书城南。洪父心渔翁往视之。"

嘉靖五年(1526)春,钱德兴与王畿并举面宫,俱不廷对而归。《年谱》:"德洪与王畿并举南宫,俱不廷对,偕黄弘纲、张元冲同舟归越。先生喜。"

归来后,钱德洪与王畿追随王阳明身边,助其授生徒。王畿《绪山钱君行状》:"丙戌,予与君同举南宫,不就廷试而归。夫子迎会……自是,四方来学者益众。或默究,或行歌,或群居诵读,或列坐讲解。予二人往来参究,提醒师门宗教,归之自得,翕然有风动之机。"② 徐阶《龙溪王先生传》:"乃不就廷试而还。其后,文成之门来学者日益众,文成不能遍指授,则属公与钱公等高弟子分教之。"③

嘉靖六年(1527),王阳明赴广西任前,将其子王正宪托付给钱德洪和王畿。王阳明《寄正宪男手墨二卷序》:"托正宪于洪与汝中,使切磨学问,以饬内外。"九月八日夜,王阳明将赴广西任前夕,钱德洪与王畿两人于王府天泉桥上向王阳明请教,王阳明发四句教:"无善无恶是心之体,有善有恶是意之动,知善知恶是良知,为善去恶是格物。"是为著名的"天泉证道"。王阳明赴广西任,钱德洪与王畿一路相送到钱塘严滩,二人复请。王畿《绪山钱君行状》:"夫子赴两广,予与君送至严滩。夫子复申前说,二人正好互相为用,弗失吾宗。"④ 是为"严滩复申"。

赴广西任期间,王阳明多次致书钱德洪和王畿。嘉靖六年(1527)九月,至衢。"因寄德洪、汝中,并示书院诸生(即《西安雨中诸生出候因寄德洪汝中并示书院诸生》)……德洪、汝中方卜筑书院,盛称天真之奇,并寄及之(即《德洪汝中方卜书院盛称天真之奇并寄及之》)。"⑤

---

① 吴震编校整理:《王畿集》,凤凰出版社2007年版,第585页。
② 吴震编校整理:《王畿集》,凤凰出版社2007年版,第585页。
③ 吴震编校整理:《王畿集·附录》,凤凰出版社2007年版,第824页。
④ 吴震编校整理:《王畿集》,凤凰出版社2007年版,第586页。
⑤ 《年谱》,载吴光等编校《王阳明全集》,上海古籍出版社2012年版,第1076页。

嘉靖六年（1527）十一月，至肇庆。先生寄书德洪、畿。《与钱德洪王汝中（丁亥）》，论及绍兴书院会讲之事，"德洪、汝中既任其责，当能振作接引，有所兴起"①。

嘉靖七年（1528）九月，致书二人，再次问及讲学之事："想卧龙之会，虽不能大有所益，得无法堂前今已草深一丈否？"② 十月，归途中，致书二人，讲述了自己平乱的大体情况："此间地方悉已平靖，只因二三大贼巢……积为民患者，心亦不忍不为一除剪，又复迟留二三月。"③ 在本年所作《答何廷仁》中，王阳明言及事成后，即归绍兴，"得与德洪、汝中辈一会聚"。

嘉靖七年（1528）冬，钱德洪与王畿与北上廷试。二人渡钱塘，将入京殿试。闻王阳明归，二人亦归。至严滩，闻王阳明讣。

嘉靖八年（1529）正月三日，二人迎丧于广信，讣告同门，迎丧归越。钱德洪与王畿等人庐于墓，服心丧三年。王阳明卒后，钱德洪等人极力帮助其师遗孤。王畿《绪山钱君行状》："及归越襄事，时权贵忌师德业之盛，尽革身后锡典。有司默承风旨，媒蘖其家。乡之恶少，行将不利于胤子，内讧外侮并作。君与予意在保孤宁家为急，遂不忍离。相与筑室于场，妥绥灵爽，约同志数人，轮守夫子庐室，以备不虞。暇则与四方同志往来聚会，以广师门教旨。"④

嘉靖九年（1530）五月，薛侃于杭州筑天真精舍，以祠阳明，钱德洪与王畿依次居守，以接引四方来浙同志。

嘉靖十年（1531）五月，钱德洪、王畿欲北上参加殿试。于是与时任南京礼部侍郎黄绾商量，黄绾将其女嫁与王正亿，并将王正亿接到南京居住。

嘉靖十一年（1532），钱德洪与王畿同中进士。钱德洪授苏学教授。嘉靖十三年（1534），聘主广东乡试。嘉靖十四年（1535）冬，母马氏去世，钱德洪归余姚守丧，与亲友修复龙泉寺中天阁。嘉靖十五年（1536）

---

① 《年谱》，载吴光等编校《王阳明全集》，上海古籍出版社2012年版，第1077页。
② 《年谱》，载吴光等编校《王阳明全集》，上海古籍出版社2012年版，第1088页。
③ 《年谱》，载吴光等编校《王阳明全集》，上海古籍出版社2012年版，第1090页。
④ 吴震编校整理：《王畿集》，凤凰出版社2007年版，第587页。

冬，服阕，补国子监丞。嘉靖十七年（1538），任刑部湖广司主事，后转陕西司员外郎。嘉靖二十年（1541），奏武定侯郭勋死罪，获罪，下锦衣狱。嘉靖二十二年（1543），革职为民，丁父忧。从此开始其三十余年的讲学生涯。①

嘉靖二十四年（1545），撰《慈湖书院记》。此后两年间，远游各地，参加各种讲学。嘉靖二十九年（1550），主事溧阳嘉义书院，撰《天成篇》。嘉靖三十七年（1558），主持怀玉书院教事。隆庆元年（1567），穆宗即位，钱德洪官复原位，进阶朝列大夫，不久致仕。万历元年（1573），神宗即位，钱德洪按例进一阶。万历二年（1574）十月二十七日卒于杭州，享年七十九岁。闰十二月初三，葬于余姚胜归山玉屏峰下。

二 整理王阳明文集等

钱德洪可谓王阳明最为忠实弟子之一。王阳明死后，钱德洪为师服丧三年。王畿《绪山钱君行状》："驰书心渔翁，具陈父子生师教，愿为服丧。翁曰：'吾贫，冀禄养，然岂忍以贫故，俾儿薄其师耶？'许之。"②此后，钱德洪花费了大量精力收集、整理和刊刻王阳明的著作。

钱德洪收集了王阳明在江西平宸濠时反间一事大量资料。钱德洪《征宸濠反间遗事》："先生殁后，搜录遗书七年，而奏疏文移始集。及查封月日，而后五征始末具见。独于用间一事，昔尝概闻，奏疏文移俱无所见。去年德洪主试广东，道经江西，访问龙光，始获间书、间牌诸稿，并所闻于同门者，归以附录云。时嘉靖乙未八月，书于姑苏之郡学。"③又作《平濠记》，做了些补充，并且加上了不少评语。

钱德洪花费数十年之功，不断收集、刊刻王阳明《传习录》《文集》等著作。现将钱德搜集、整理、刊刻王阳明著作的情况依年梳理如下。

嘉靖六年（1527）四月，钱德洪劝王阳明刊刻遗文。《年谱》："邹守益刻《文录》于广德州。守益录先生文字请刻。先生自标年月，命德

---

① 钱德洪讲学详情可参看钱明《浙中王学研究》第五章《浙中王门学派的实干家》第二节《绪山行实》，中国人民大学出版社2009年版，第193—199页。
② 吴震编校整理：《王畿集》，凤凰出版社2007年版，第587页。
③ 钱明编校整理：《徐爱钱德洪董沄集》，凤凰出版社2007年版，第229页。本节所引钱德洪著作凡据此本者，后不再一一注明。

洪类次，且遗书曰：'所录以年月为次，不复分别体类，盖专以讲学明道为事，不在文辞体制间也。'明日，德洪掇拾所遗请刻，先生曰：'此便非孔子删述《六经》手段。……若以爱惜文辞，便非孔子垂范后世之心矣。'德洪曰：'先生文字，虽一时应酬不同，亦莫不本于性情；况学者传诵日久，恐后为好事者搀拾，反失今日裁定之意矣。'先生许刻附录一卷，以遣守益，凡四册。"《刻文录叙说》："德洪复请不已，乃许数篇，次为《附录》，以遣谦之，今之广德板是也。"可见，邹守益所刻亦不过《传习录》及附录而已。

嘉靖八年（1529），钱德洪在《讣告同门》中建议收集王阳明文章："逾月之外，丧事少舒，将遣人遍采夫子遗言及朋友私录，以续成书。凡我同志，幸于夫子片纸只语，备录以示。嗣是而后，每三年则复遣人，一以衷吾夫子之教言不至漫逸，一以验朋友之进足为吾不肖者私淑也。"

嘉靖九年（1530），钱德洪刻《阳明先生诗录》于杭州胜果寺。钱德洪《阳明先生诗录序》："以滁阳后为正，而前附之，见吾夫子所学益精，辞益粹，诚之不可掩也。读是录者，以意逆志而有会焉，而兴焉，而求其所以精，得其所以粹，无以其辞焉而已矣。……嘉靖庚寅五月望日，门人钱宽谨识于钱塘胜果寺之中峰阁。"

嘉靖十一年（1532），钱德洪到苏州任职，恐后世学者误，开始搜集、整理、刊刻王阳明文集。徐阶《绪山钱公墓志铭》："壬辰，北上廷试，以亲老乞恩便养，得教授姑苏。"[①] 中进士后，钱德洪任姑苏教授，开始整理王阳明文集。

嘉靖十四年（1535），钱德洪与闻人诠谋刻《阳明文录》于姑苏。《年谱》："十四年乙未，刻先生《文录》于姑苏。先是洪、畿奔师丧，过玉山，检收遗书。越六年，洪教授姑苏，过金陵，与黄绾、闻人诠等议刻《文录》。洪作《购遗文疏》，遣诸生走江、浙、闽、广、直隶搜猎逸稿。至是年二月，鸠工成刻。"历经六年，《阳明文集》始刊成。在《阳明先生文录序》中，钱德洪对文集的编纂动机及编排体例做了些说明：

[①] 钱德洪编校整理：《徐爱钱德洪董沄集·附录》，凤凰出版社2007年版，第417页。

> 先生之言，世之信从者日众矣。特其文字之行于世者，或杂夫少年未定之论。愚惧后之乱先生之学者，即是先生之言始也，乃取其少年未定之论，尽删而去之。详披缔阅，参酌众见，得至一之言五卷焉。其余或发之题咏，或见之政事者，则厘为《外集》《别录》。复以日月前后顺而次之，庶几知道者读之，其知有所取乎！虽然，是录先生之言也，特入珍藏之扃钥也。珍藏不守，乃屑屑焉扃钥之是竟，岂非舍其所重而自任其所轻耶？兹不能无愧于是录之成云尔。

流传于世的王阳明遗文，或为少年未定之论。钱德洪怕这些文章会影响到学子对王阳明学说的理解，"尽删而去之"，并依据内容而将王阳明文章（包括诗赋）厘为《正录》《外集》和《别录》。

在《刻文录叙说》一文中，钱德洪对自己收集王阳明遗文的过程及编排体例做了更为详细的说明。

> 嘉靖丁亥四月……先生乃取近稿三分之一，标揭年月，命德洪编次……德洪复请不已，乃许数篇，次为《附录》，以遗谦之。今之广德板是也。……戊子年冬，先生时在两广谢病归，将下庾岭。德洪与王汝中闻之，乃自钱塘趋迎。……讣告同门，约每越三年遣人裒录遗言。……戒记书箧，故诸稿幸免散逸。自后同门各以所录见遗。既七年，壬辰，德洪居吴，始较定篇类。复为《购遗文》一疏……又获所未备。然后谋诸提学侍御闻人邦正，入梓以行。《文录》之外有《外集》《别录》，遵《附录》例也。……故《正录》书凡三卷，第二卷断自辛巳者，志始也。"格致"之辩莫详于《答顾华玉》一书，而"拔本塞源"之论，写出千古同体万物之旨与末世俗习相沿之弊。……《别录》成，同门有病其太繁者。德洪曰……故以文之纯于讲学明道者裒为《正录》，明其志也；继之以《外集》，尽其博也；终之以《别录》，究其施也。而文稽其类以从，时也。识道者读之，庶几知所取乎？此又不肖者之意也。问难辩诘，莫详于书，故《正录》首书，次记，次序，次说，而以杂著终焉。讽咏规切，莫善于诗赋，故《外集》首赋，次诗，次记，次序，次说，次杂著，而传志终焉。《别录》则卷以事类，篇以题别，先奏疏而后公

移。刻既成,惧读者之病于未察也,敢敬述以求正。乙未年正月。

可见,钱德所编《阳明先生文录》包括《文录》(即《正录》)、《外集》和《别录》三大部分。邹守益《阳明先生文录序》对此事有简单记载:"钱子德洪刻先师《文录》于姑苏,自述其衷次之意,以纯于讲学明道者为《正录》,曰明其志也;以诗赋及酬应者为《外集》,曰尽其全也。以奏疏及文移为《别录》,曰究其施也。于是先师之言灿然聚矣。……嘉靖丙申春三月。"①

嘉靖二十七年(1548),钱德洪等人开始编纂《王阳明年谱》。罗洪先《阳明先生年谱考订序》:"嘉靖戊申(1548),先生门人钱洪甫聚青原,言《年谱》,佥以先生事业多在江右,而直笔不阿,莫洪先若,遂举丁丑以后五年相属。又十六年(1564),洪甫携《年谱稿》二三册来,谓之曰:'戊申青原之聚,今几人哉!洪甫惧,始坚怀玉之留。'明年四月,《年谱》编次成书,来践约,会滁阳。……于是《年谱》可观。"②

嘉靖二十九年(1550),钱德洪主事溧阳嘉义书院,于是,重刻《山东甲子乡试录》于嘉义书院。《年谱附录一》:"重刻先生《山东甲子乡试录》。《山东甲子乡试录》皆出于师手笔,同门张峰判应天府,欲番刻于嘉义书院,得吾师继子正宪氏原本刻之。"同年,钱德洪谋修《王子年谱》于嘉义书院。《姚江书院志略》卷上《钱绪山传》:"时谋修《王子年谱》,钱子分年得王子始生至谪龙场。越十年,接续其后,得三分之一,丁丑(1517)以后五年,属罗子洪先。"③

嘉靖三十一年(1552),钱德洪后增录并刊刻《朱子晚年定论》。《增刻〈朱子晚年定论〉序》:"《朱子晚年定论》,吾师尝有手录,传刻于世久矣。……洪为增刻,得二卷焉。……嘉靖壬子(1552)夏五月,后学余姚钱德洪撰。"④ 钱德洪《〈朱子晚年定论〉引言》:"《定论》首刻于南、赣。"初刻本仅一卷,钱德洪增定为三卷。《年谱附录一》:"(嘉

---

① 吴光等编校:《王阳明全集·附录序跋序说》,上海古籍出版社2012年版,第1300、1301页。
② 吴光等编校:《王阳明全集·年谱附录二》,上海古籍出版社2012年版,第1121页。
③ 钱明编校整理:《徐爱钱德洪董沄集·附录》,凤凰出版社2007年版,第404页。
④ 朱炯点校整理:《钱德洪集》,宁波出版社2019年版,第47—48页。

靖二十九年）增刻先生《朱子晚年定论》。《朱子定论》，师门所刻止一卷，今洪增录二卷，共三卷，际令其孙致詹梓刻于书院。"《年谱》成于嘉靖四十二年（1563）。十余年后，钱氏将增刻本时间系于嘉靖二十九年（1550），显然误记。

嘉靖三十三年（1554）秋，钱德洪于水西精舍刊刻《传习续录》。钱德洪《续刻〈传习录〉序》：

> 吾师阳明先生，平时论学，未尝立一言……此师门之宗旨，所以未易与绎也。洪在吴时，为先师裒刻《文录》。《传习录》所载下卷，皆先师书也。既以次入《文录》书类矣，乃摘《录》中问答语，仍书南大吉所录以补下卷。后采陈惟濬诸同志所录，得二卷焉，附为《续录》，以合成书。适遭内艰，不克终事。去年秋，会同志于南畿，吉阳何子迁、初泉刘子起宗，相与商订旧学，谓师门之教，使学者趋专归一，莫善于《传习录》。于是刘子归宁国，谋诸泾尹丘时庸，相与捐俸，刻诸水西精舍，使学者各得所入，庶不疑其所行云。时嘉靖甲寅夏六月，门人钱德洪序。

嘉靖三十五年（1556），钱德洪游学蕲州崇正书院，编纂、刊刻《传习续录》。《〈传习录〉下跋》：

> 今年夏，洪来游蕲，沈君思畏曰："师门之教久行于四方，而独未及于蕲。蕲之士得读《遗言》，若亲炙夫子之教；指见良知，若重睹日月之光；惟恐传习不博，而未以重复之为繁也。请裒其所逸者增刻之，若何？"……复取逸稿（《续传习录》），采其语之不背者，得一卷；其余影响不真，与《文录》既载者，皆削去，并易中卷为问答语，以付黄梅尹张君增刻之。庶几读者不以知解承而惟以实体得，则无疑于是录矣。嘉靖丙辰夏四月，门人钱德洪拜书于蕲之崇正书院。

本年，钱德洪与友人议修《王阳明年谱》。邹守益《天真书院改建仰止祠堂记》："嘉靖丙辰，钱子德洪例聚青原、连山之间，议修阳明先师年谱。"①

嘉靖三十八年（1559），吕怀请钱德洪为怀玉书院《朱子晚年定论》重刻本作序（江西广信）。《怀玉书院重刻〈朱子晚年定论〉引》："嘉靖戊午冬，怀玉书院工告成……于是黄君命上饶丞章子经，纠工锓梓，置板院局，以惠诸士，乞洪书其事。洪尝增刻《定论》于南畿，因兹请，乃复为引其端云。嘉靖己未夏仲端阳日，后学余姚钱德洪书。"②

嘉靖四十一年（1562）十一月，钱德洪至广信怀玉书院，与罗洪先考订《阳明年谱》稿。

嘉靖四十二年（1563）四月，谱成。《年谱附录一》：

> 四二十年癸亥四月，先师年谱成。师既没，同门薛侃、欧阳德。黄弘纲、何性之，王畿、张元冲谋成年谱，使各分年分地搜集成囊，总裁于邹守益。越十九年庚戌，同志未及合并。洪分年得师始生至谪龙场，寓史际嘉义书院，具稿以复守益。又越十年，守益遗书曰……洪复寓嘉义书院具稿，得三之二。壬戌十月，至洪都，而闻守益讣。遂与巡抚胡松吊安福，访罗洪先于松原。洪先开关有悟，读《年谱》若有先得者，乃大悦，遂相于考订。促洪登怀玉，越四月而谱成。

可见，《年谱》编纂始有分工，后因邹守益亡故，故钱德洪承担了更多的工作。在钱德洪的多方努力之下，《年谱》方得以成书。王畿《绪山钱君行状》对此事亦有记载："先是，阳明夫子《年谱》三纪未就，念庵遗书促之。登怀玉山，四月而《谱》成。复与予泊念庵，校而梓之，期于传信而已。同志见示云……"③

钱德洪《阳明先生年谱序》对《年谱》编纂历程有更为详细的记载：

> 嘉靖癸亥夏五月，《阳明先生年谱》成，门人钱德洪稽首叙言

---

① 董平编校整理：《邹守益集》，凤凰出版社2007年版，第382页。
② 朱炯点校整理：《钱德洪集》，宁波出版社2019年版，第46—47页。
③ 吴震编校整理：《王畿集》，凤凰出版社2007年版，第591页。

曰……师既没，吾党学未得止，各执所闻以立教。仪范隔而真意薄，微言隐而口说腾。且喜为新说奇诵秘之说，凌猎超顿之见，而不知日远于伦物。甚者认知见为本体，乐疏简为超脱，隐几智于权宜，蔑礼教于任性，未及一传而淆言乱众，甚为吾党忧。迩年以来，亟图合并，以宣明师训，渐有合异统同之端，谓非良知昭晰，师说之尚足征乎？《谱》之作，所以征师言耳。始谋于薛尚谦，顾三纪未就，同志日且凋落，邹子谦之遗书督之，洪亦大惧湮没，假馆于史恭甫嘉义书院，越五月，草半就，趋谦之，而中途闻讣矣。……及读《谱》，则喟然叹曰……遂相与刊正。越明年正月，成于怀玉书院，以复达夫。此归，复与王汝中、张叔谦。王新甫、陈子大宾、黄子国卿、王子健互精校阅，曰："庶几无背师说乎！"命寿之梓，然其事则核之奏牍，其文则禀之师言，罔或有所增损。若夫力学之次，立教之方，虽因年不同，其旨则一，洪窃有取而三致意焉。噫，后之读《谱》者，尚其志逆神会，自得于微言之表，则斯道庶乎其不绝矣！僭为之序。

嘉靖四十五年（1566），钱德洪刻王阳明《文录续编》六卷并《家乘》（后为《世德纪》）三卷于嘉兴。《年谱附录一》："师《文录》久刻于世。同志又以所遗见寄，汇录得为卷者六。嘉兴府知府徐必进见之曰：'此于师门学术皆有关切，不可不遍于。'同志董生启予征少师存斋公序，命工入梓，名曰《文录续编》，并《家乘》三卷行于世云。"徐阶《阳明先生文录续编序》："余姚钱子洪甫既刻《阳明先生文录》以传，又求诸四方，得先生所著《大学或问》《五经臆说》、序、记、书、疏等若干卷，题曰《文录续编》，而属嘉兴守六安徐侯以正刻之。刻成，侯谋于范例甫及王子汝中，遣郡博张编、海宁诸生董启予问序于阶。"①

嘉庆六年（1572）九月，钱德洪协助浙江巡按谢廷杰将自己所删定的《传习录》上、中卷，以及当时已各自为书，单行于世的《传习续录》《文录》《别录》《文集》《外集》《续编》《年谱》和《世德纪》，合梓以传。把《朱子晚年定论》附于后。钱德洪《〈文录续编〉序》：

---

① 吴光等编校：《王阳明全集·附录序说序跋》，上海古籍出版社2012年版，第1304页。

德洪茸师《文录》，始刻于姑苏，再刻于越，再刻于天真，行诸四方久也矣。……同门唐子尧臣佥宪吾浙，尝谋刻未遂。今年九月，虬峰谢君来按吾浙，刻师《全书》，检所未录尽刻之，凡五卷，题曰《文录续编》。师胤子王正亿尝录《阳明先生家乘》凡三卷，今更名《世德纪》，并刻于《全书》末卷云。隆庆壬申一阳日，德洪百拜识。

钱德洪《〈朱子晚年定论〉引言》亦载此事："隆庆壬申，虬峰谢君廷杰刻师《全书》，命刻《定论》附《语录》后，见师之学与朱子无相谬戾，则千古正学同一源矣。并师首叙与袁庆麟跋凡若干条，洪僭引其说。"

在整理王阳明文集过程中，钱德洪加深了对阳明师及其学说的理解。《年谱》："洪昔茸师疏，《便道归省》与《再报濠反疏》同日而上，心疑之……至《谏止亲征疏》，乃叹古人处成功之际难矣哉！"钱德洪对平定宸濠叛乱时王阳明的处境有了更深刻的理解。再如："洪先因订《年谱》，反覆先生之学，如适途者颠仆沉迷泥淖中，……久之，得小蹊径，免于沾途，视昔之险道有异焉……久之，得大康庄，视昔之蹊径又有异焉。"①

从以上分析可以看出，钱德洪的确"曾为阳明著作的收集编纂作出了不可磨灭的贡献"。② 不仅如此，钱德洪坚持四处讲学，坚守王阳明学说，为王学的传播起着十分重要的作用。

三 钱德洪思想

钱德洪卒后，其子钱应乐编有《绪山会语》，其弟子徐用检编有《绪山先生续训》，其后学王金如编有《钱绪山先生要语》等，惜这些著作均佚。今人钱明编有《钱德洪集》，该书将钱德洪语录、诗文集于一编，加以标点。钱氏辑本是目前收录齐备，且使用便利的较好辑本。由于原始文献缺失等原因，钱德洪研究较为滞后，众多著作往往论述王阳明天泉证道歧义时，顺便论及其与王畿观点之异，而较少对其思想做专门研究。

---

① 罗洪先：《阳明先生年谱考订序》，载吴光等编校《王阳明全集·年谱附录二》，上海古籍出版社2012年版，第1121页。

② 钱明：《浙中王学研究》，中国人民大学出版社2009年版，第186页。

在此以钱明所编《钱德洪集》为主要材料，对钱德洪思想做一简要论说。

（一）心体

钱德洪为人稳重，其为学则严守其师学说，少做创造性发挥。《明儒学案·浙中王门学案一·员外钱绪山先生德洪》："先生不失儒者之矩矱……先生则把揽放船，虽无大得，亦无大失耳。"① 此实为中肯之论。

心性、心体是心学的核心论题与理论基础。王阳明对心性、心体以及心与理、心与物、心与性等做了大量论述。钱德洪对其师说做了继承与发展。钱德洪认为心能感知万物，故为人之主宰。

> 先生曰："学者小视其心，自丧其真耳。今且试与诸君言之：尔目尽万物之色，目之明与天地有穷尽否？耳尽万物之声，耳之聪与天地有穷尽否？心思尽天地古今之变，尔之智慧与天地古今穷尽否？"（《语录》）

> 波荡亦从自心起，此心无所牵累，虽日与人情事变相接，真如自在，顺应无滞，更无波荡可动。所谓"动亦定，静亦定"也。……此正不思动与不动，只在自心，不在事上拣择。致知格物工夫，只须于事上职取，本心乃见。心事非二，内外两忘，非离却事物，又有学问可言也。（《答傅少岩》）

> 思虑是人心生机，无一息可停。但此心主宰常定，思虑所发，自有条理。造化只是主宰常定，故四时日月往来，自不纷乱。（《语录》）

心之体虚寂而合于人情。

> 此以气质言性，非性之真也。性也者，维天之命，人人之所同知而同行者也。其体也虚而寂，而未尝离乎人情庶物之感也；其用也顺而则，而未尝不本于念虑之微也。（《贺黎蛟池序略》）

心之本体至善。

---

① 黄宗羲著，沈芝盈点校：《明儒学案》，中华书局1985年版，第226页。

> 心之本体，纯粹无杂，至善也。(《语录》)
>
> 人之心体一体也，指名曰"善"可，曰"至善"可也，曰"至善无恶"亦可也。曰"无至无恶"亦可也。……至善之体，恶固非其所有，善亦不得而有也。至善之体，虚灵也，犹目之明、耳之聪也。虚灵之体不可先有乎善，犹明之不可先有乎色，聪之不可先有乎声也。……今之论至善者，乃索之于事事物物之中，先求其所谓定理者，以为应事宰物之则，是虚灵之内先有乎善也。……心患不能虚，不患有感不能应。(《复杨斛山书》)
>
> 吾人自性自明，本来具足，只因诸缘积习流注，覆盖本来真面目，不得发见流行。当下屏息诸缘，此便是回天续命的手段，更有何法可得？(《语录》)

心之恶皆为意之动。

> 意也者，以言乎其感应也。物也者，以言乎其感应之事也。而知则主宰乎事物是非之则也。意有动静，此知之体不因意之动静有明暗也。物有去来，此知之体不因物之去来为有无也。(《语录》)

正心之功在于体悟本体。《语录》："故正心之功不在他求，只在诚意之中，体当本体明彻，止于至善而已矣。"

在《天成篇》中，钱德洪对心的重要性做了详细论述。

> 其能以宰乎天地万物者，非吾心乎？心何以能宰天地万物也？……是天地万物之声非声也，由吾心听，斯有声也。……然则天地万物也，非吾心则弗灵矣。……故曰："人者，天地之心，万物之灵也，所以主宰乎天地万物者也。……"故曰："圣人可以学而至，谓吾心之灵与圣人同也。然则非学圣人也，能自率吾天也。"……灵也者，心之本体也，性之德也。……必率是灵而无间于欲焉，是天作之，人复之，是之谓天成，是之致知之学。

钱德洪对心的把握前后期不甚一致，早期往往认为心体至善，晚期

方信从其师"无善无恶心之体"之说。

(二) 良知

致良知是王阳明学说核心思想之一。在一系列著述之中,钱德洪也对良知做了不少论说。钱德洪沿袭师说,认为良知是天生的善性,其无处不在,至微至显。

> 良知者,至善之著察也。良知即至善也。(《语录》)
> 良知至微至显,故知微可与入德矣。(《语录》)
> 物者非外也,良知一念之微,从无声无臭中著见出来。(《语录》)

钱德洪对良知做了不少形象的描述,认为良知是虚明,是灵窍。

> 良知精明,肫肫皓皓,不沾带一物。(《语录》)
> 至变而无方,至神而无迹者,良知之体也。(《语录》)
> 充天塞地间只有此知。天只此知之虚明,地只此知之凝聚,鬼神只此知之妙用,四时日月只此知之流行,人与万物只知之合散,而人只此知之精粹也。(《语录》)
> 天地间只此灵窍。在造化统体而言,谓之鬼神;在人身而言,谓之良知。惟是灵窍,至微不可见,至著不可掩,使此心精凝纯固,常如对越神明之时,则真机活泼,上下昭格,何可掩得?若一念厌致,即恍惚散漫矣。(《语录》)

良知是人之主宰,恶则是人自为之。

> 良知者,事物之纲也,良知得而天下之理得矣。良知是天命之性,性体流行,通彻无间,机不容己。(《语录》)
> 譬之操舟,良知即是舵柄。善操者得此舵柄入手,随波上下,顺逆纵横,无往不济。(《语录》)

钱德洪就致良知做了不少论说。

致知之功，只从见在心体上取证。(《语录》)

戒惧即是良知，觉得多此戒惧，只是工夫生。(《语录》)

曰："舍此有何法可入？"曰："只教致良知。良知即是真面目。良知明，自能辨是与非，自能时静时动，不偏于静。"(《语录》)

从总体而言，钱德洪的良知说，基本上是对其师说的沿袭，只不过做了一些更为具体的论说，致良知时更强调功夫。

(三) 功夫

钱德洪与王畿对王阳明晚年"四句教"的理解不太一致，总体而言，王畿重感悟，颇类顿悟；而钱德洪则重工夫，颇类渐悟。重工夫，重修行，在钱德洪学说中占有重要的地位。钱德洪为学注重"为善去恶"的修炼功夫，对"天泉四句教"有独到见解。

钱德洪认为致良知全在功夫。

> 故学者初入手时，良知不能无间，善恶念头杂发难制，或防之于未发之前，或制之于临发之际，或悔改于既发之后，皆实功也。由是而入微，虽圣人之知几，亦只此功夫耳。(《复何吉阳》)
>
> 格物之学，实良知见在功夫，先儒所谓过去未来，徒放心耳。见在功夫，时行时止，时默时语，念念精明，毫厘不放，此即行著习察实地格物之功也。于此体当切实，著衣吃饭，即是尽心至命之功。(《与陈两湖》)

钱德洪强调实践，强调笃行，而不是空谈玄悟。

> 先生立教皆经实践，故所言恳笃若此。自揭良知宗旨后，吾党又觉领悟太易，认虚见为真得，无复向里著己之功矣。故吾党颖悟承速者，往往多无成，甚可忧也。(《语录》)
>
> 昔者吾师之立教也，揭诚意为《大学》之要，指致知物为诚意之功，门弟子闻言之下，皆得入门用力之地。用功勤者，究极此知之体，使天则流行，纤翳无作，千感万应，而真体常寂，此诚意之极也。故诚意之功，自初学用之即得入手，自圣人用之精诣无尽。

(《语录》)

钱德洪认为,致良知亦是一念功夫。

> 曰:"知得良知是一个头脑,虽在千百人中,工夫只在一念微处,虽独居冥坐,工夫亦只在一念微处。"(《语录》)
> 致知之功,在究透全体,不专在一念一事之间。但除却一念一事,又更夫全体可透耳。①

钱德洪亦强调慎独功夫。

> 致中和工夫,全在慎独。所谓隐微显见,已是指出中和本体,故慎独即是致中和。(《语录》)

从以上分析可以看出,钱德洪对其师王阳明学说继承者多,发挥者较少,故其当属王门后学中守成派。虽则如此,其努力维护师学之纯正,传播师学之真谛,远在其他弟子之上。正如学者所云:"钱德洪对阳明思想的整体把握可谓相当真切,因而对王学的传播亦起到十分重要的作用。"②

第三节 越地文化与王畿

王畿是王阳明的另一位高足,越中阳明后学的杰出代表。其融禅机于心学,促进了心学的发展,在中晚明时期产生了重大的影响,对后世哲学的发展也有着较大的影响。

一 王畿生平

王畿(1498—1583),字汝中,号龙溪,浙江山阴(今浙江绍兴)人,

---

① 黄宗羲著,沈芝盈点校:《明儒学案》,中华书局1985年版,第230页。
② 董平:《浙江思想学术史——从王充到王国维》,中国社会科学出版社2005年版,第239页。

王阳明同郡宗人，故世称龙溪先生。时人徐阶受其子委托，作有《龙溪王先生传》，其弟子赵锦作有《龙溪王先生墓志铭》。《明史·儒林传》有传。这些都是研究王畿生平的重要资料。

王畿生于明孝宗弘治十一年（1498），略小于同门钱德洪。王畿出生于一个较为殷实的仕宦家庭，其祖父王理曾为山东临沂县令，其父王经，曾为御史，后出任贵州按察副使。王畿为王经少子，其兄王邦早亡，留下遗孤，由王畿抚养。王畿年幼时体弱多病，但聪颖过人。正德十四年（1519），便中乡试，① 惜次年会试下第。

时王阳明功成身退，辞朝廷封爵，还乡省亲。王畿为王阳明族人，且与王阳明相邻，但其不好阳明之学，常诋毁之。王阳明知其为大器，故设计使其入彀，终纳为门人。《明儒学案·江右王门学案四·处士魏药湖先生良器》："良器字师颜，号药湖。洪都从学之后，随阳明至越。时龙溪为诸生，落魄不羁，每见方巾中衣往来讲学，窃骂之。居与阳明邻，不见也。先生多方诱之。一日，先生与同门友投壶雅歌，龙溪过而见之，曰：'腐儒亦为是耶？'先生答曰：'吾等为学，未尝担板，汝自不知耳。'龙溪于是稍稍昵就，已而有昧乎其言，遂北面阳明。"② 王阳明约嘉靖元年（1522）所作《与王汝中》："经者，径也，所由以入道之径路也。圣人既已得道于心，虑后人之或至于遗忘也，笔之于书，以诏后世。故六经者，吾人之记借也。汉之儒者，泥于训诂，徒诵其言，而不得其意，甚至屑屑于名物度数之求，其失也流而为支；及佛氏入中国，以有言为谤，不立文字，惟只指人心以见性，至视言为葛藤，欲从而扫除之，其失也流而为虚。支与虚，其去道也远矣。"③

嘉靖二年（1523）下第后，王畿反思后叹道："学贵自得，吾向者犹种种生得失心，然则仅解悟耳。""立取京兆所给路券焚之，而请终身受业于文成。"④

---

① 赵锦：《龙溪王先生墓志铭》："先生以正德己卯领乡荐，年甫弱冠。"吴震编校：《王畿集·附录》，凤凰出版社2007年版，第830页。
② 黄宗羲著，沈芝盈点校：《明儒学案》，中华书局1985年版，第465页。
③ 束景南、查明昊辑编：《王阳明全集补编》，上海古籍出版社2018年版，第147页。
④ 赵锦：《龙溪王先生墓志铭》，载吴震编校《王畿集·附录》，凤凰出版社2007年版，第823页。

嘉靖四年（1525），王阳明归余姚省祖茔，讲学于龙泉寺中天阁。时王畿侍坐。《传习录下》："王汝中、省曾侍坐。先生握扇命曰：'你们用扇。'省曾起对曰：'不敢。'先生曰：'圣人之学，不是这等捆缚苦楚的，不是装作道学的模样。'汝中曰：'观"仲尼与曾点言志"一章略见。'先生曰：'然。'"

嘉靖五年（1526），当复会试，王阳明命王畿前往，王畿不答。王阳明曰："吾非欲以一第荣子，顾吾之学，疑信者犹半，而吾及门之士，朴厚者未尽通释，颖慧者未尽敦毅。觐试，仕士咸集，念非子莫能阐明之，故以属子，非为一第也。"① 正月，王畿乃与同志同行，入京参加会试。这次他与钱德洪同时高中，但二人皆不廷试而归。《年谱》："德洪与王畿并举南宫，俱不廷对，偕黄弘纲、张元冲同舟归越。""夫子迎会，笑曰：'吾设教，以待四方英贤，譬之店主开行，以集四方之货，奇货既归，百货将日积，主人可以无乏行之叹矣。'"② 归来后，钱德洪与王畿追随王阳明身旁，助其授生徒。徐阶《龙溪王先生传》："乃不就廷试而还。其后，文成之门来学者日益众，文成不能遍指授，则属公与钱公等高弟子分教之。"③

嘉靖六年（1527）王阳明赴广西任前，将其子正宪托付给钱德洪和王畿。九月八日夜，出征征思、田前夕，王阳明与钱德洪、王畿论道天泉桥，是谓"天泉证道"。与钱德洪送至严滩，于是再次请教，是为"严滩复申"。去广西途中，王阳明多次致书钱德洪和王畿。九月，至衢州时，致书二人，讨论筑天真书院之事。十一月至肇庆，致书二人，论绍兴书院讲学之事。

嘉靖七年（1528）在广西时，王阳明多次致书钱德洪和王畿。九月，致书二人，再讲卧龙之会。十月，归途中再致书二人，再论讲学及归绍等事。在广西时，王阳明写信劝王畿与钱德洪入京参加殿试，二人从之。

---

① 徐阶：《龙溪王先生传》，载吴震编校《王畿集·附录》，凤凰出版社2007年版，第823页。

② 王畿：《绪山钱君行状》，载吴震编校《王畿集·附录》，凤凰出版社2007年版，第585页。

③ 吴震编校整理：《王畿集》，凤凰出版社2007年版，第824页。

是年冬，北上。闻王阳明归，二人旋归，遂迎至严滩。① 闻讣，二人遂迎丧于广信。归越，二人庐于墓，心丧三年。嘉靖九年（1530），薛侃于杭州建天真精舍，钱德洪与王畿轮流居于此，以迎四方同志。王畿于杭州建金波园，后常居于此。丧服期满，钱、王二人以将王阳明之子王正亿托于黄绾，后方北上参加殿试。嘉靖十一年（1532），王畿和钱德洪获得了六年前便该属于他们的进士资格。及第后，王畿为翰林院任庶吉士，安排在吏部"观政"。

嘉靖十二年（1533），王畿三次拒绝了首辅张璁的拉拢。后迁为南京兵部职方司主事的闲职。嘉靖十三年（1534），王畿赴南京任职。嘉靖十六年（1537），王畿因病乞归。嘉靖十八年（1539），病愈后王畿又回到南京任职，迁为兵部武选清吏司郎中。归乡养病时，王畿又拒绝了权贵夏言的拉拢，因而得罪了夏言。嘉靖二十年（1541），皇宫太庙大火，皇帝求直言。戚贤等荐王畿，夏言用其权力打压戚贤等。次年（1542）王畿被革职，时年四十五岁。

本年秋，王畿至台州黄岩拜访了致仕归里的黄绾。归来后，王畿主持了杭州天真精舍举行的阳明春秋两祭，祭后进行讲学。嘉靖二十四年（1545），王畿与万表游嘉兴龙渊寺。嘉靖二十六年（1547），王畿有黄岩之行，再次访问黄绾。嘉靖二十七年（1548）十二月，至海宁访钱薇于秦溪草堂。嘉靖二十九年（1550），王畿居杭州金波园，与居杭州养病的万表多有来往。嘉靖三十年（1551），周怡来访，相与至绍兴游观，探禹穴，登龙山，游兰亭。嘉靖三十五年（1556），万表卒于杭州，王畿作《骠骑将军南京中军都督府都督佥事前奉敕提督漕运镇守淮安地方总兵鹿园万公行状》。同年，王畿赴新安斗山之会，作有《斗山会语》。

嘉靖三十四年（1555），欧阳德弟子胡宗宪按察浙江，受欧阳德遗命，改建杭州天真阳明祠于天真上院。嘉靖三十六年（1557）春，王畿与钱德洪建议胡宗宪重刻阳明先生文录，冬刊刻完成。王畿作《〈重刻阳

---

① 《年谱》："先是德洪与畿西渡钱塘，将入京殿试，闻先生归，逆迎至严滩。闻讣，正月三日成丧于广信，讣告同门。"钱德洪《谢江广诸当道书》："冬暮，宽、畿渡钱塘，将趋北上。适广中有人至，报父师阳明先生以病告，沿途待命，将逾庾岭矣。即具舟南迎，至兰溪，忽闻南安之变。"徐阶《龙溪王先生传》："公方偕钱公赴廷试，抵彭城，闻讣，即同驰还迎榇，经纪丧事。"钱、王二人得信后，定当南归，不必等讣至方归。徐氏《龙溪王先生传》误。

明先生文录〉后序》。嘉靖四十二年（1563）五月，钱德洪与王畿共校阅《阳明先生年谱》，最终审定后，刻于杭州天真书院。是年，王畿作《天泉证道》，阐释"四无说"。

嘉靖四十三年（1564）春，李材访王畿于杭州金波园，论学，相与游西湖。嘉靖四十五年（1566）仲春，赴会杭州天真书院。隆庆二年（1568），南京右佥都御史提督吴时来访王畿与杭州金波园，相与论学。本年六月，王阳明子王正亿袭伯爵，王畿作《袭封行》。隆庆三年（1569）夏，曾同享至杭访王畿，二人晨夕共聚，相与论学。别时，王畿作《别曾见台漫语摘略》。

隆庆四年（1570），赴嵊县讲学。隆庆五年（1571），因妻张氏卒（1568），加上家宅大火（1570），王畿心情忧郁，约两年不曾远游讲学。

隆庆皇帝崩后，万历皇帝即位（1573），时年仅十岁。王畿编了一部名为《中鉴录》的史学教材，欲以此教诲皇帝身边的大小宦官。

万历三年（1575）十月，钱德洪卒于杭州。十二月，王畿作《刑部陕西司员外郎特诏进阶朝列大夫致仕绪山钱君行状》。万历五年（1577）八月，因邓以赞来访，王畿归金波园。

万历七年（1579），皇帝下令禁讲学。王畿虽然依然讲学，但讲学范围大大缩小。数年后，万历十一年（1583），王畿卒，年八十六岁。

自嘉靖二十一年（1542）革职之后，王畿勤于四处讲学。《明儒学案·浙中王门学案二·郎中王龙溪先生畿》："先生林下四十余年，无日不讲学，自两都及吴、楚、闽、越、江、浙，皆有讲舍，莫不以先生为宗盟。年八十，犹周流不倦。"① 赵锦《龙溪王先生墓志铭》："车辙所至，会常数百人，讲舍遍于吴、闽、越，而江、浙为尤盛。"②

王畿以其才华和声誉，大大扩大了阳明学的影响，其勤于讲学之举，有力地促进了阳明学的传播，王畿可谓阳学后学的中坚和重要传承者。

二 王畿思想

王畿是明代著名的思想家，浙中王学最为杰出的代表。王畿著作广

---

① 黄宗羲著，沈芝盈点校：《黄宗羲全集》，中华书局1985年版，第238页。
② 赵锦：《龙溪王先生墓志铭》，载吴震编校《王畿集·附录》，凤凰出版社2007年版，第830页。

博，思想丰富，为阳明学的发展做出了巨大的贡献。

（一）心性论

王阳明对心性、心体做了较多的论述。在继承的基础之上，王畿吸纳了不少佛、道二家理论，对心体做了更为广泛而深入的论说。

王畿认为心性是天生的，根于天。《赠邑博诸元冈迁荆王府教授序》：

> 千古圣学，惟在理会心性。心性者，根于天，取诸固有而盎然出之，无所假于外。外上而学者，谓之异学。高者蔽于意见，卑者溺于利欲。虽所趋不同，其为无补于心性，一也。夫心性者，所谓自立之根，而读书则取其发育长养之助而已。……不本于心性，而专务读书，虽日诵六经之文，亦不免于玩物丧志，明道所以规上蔡也。①

王畿认为心的本体是寂然虚静的。

> 静者心之本体。濂溪主静，以无欲为要。一者无欲也，无欲则静虚动直。主静之静，实兼动静之义。动静，所遇之时也，人心未免逐物，以其有欲也。无欲，则虽万感纷扰而未尝动也；从欲，则虽一念枯寂而未尝静也。（《答中淮吴子问》）
>
> 虚寂者，心之本体。（《别曾见台漫语摘略》）
>
> 人心无一物，原是空空之体。形生以后，被种种世情牵引填塞，始不能空。（《九龙纪诲》）

王畿还对心体的特征做了多方面的描述。王畿认为心之本体是无欲的，是至善的。

> 无欲者，心之本体。（《南雍诸友鸡鸣凭虚阁会晤》）
>
> 心之本体原是至善而无欲，无欲则止，有欲则迁。（《《大学》首

---

① 吴震编校整理：《王畿集》，凤凰出版社2007年版，第383—384页。本章所引王畿文章著述皆据此本，后不再一一注明。

章解义》)

> 至善者，心之本体。天命之性，粹然无欲，其虚而灵者，皆其至善之发见。(《〈大学〉首章解义》)

因此，良知者心之本体。《答退斋林子问》："知者，心之本体，孟子所谓'是非之心，人皆有之'者也。是非本明，不须假借，随感而应，莫非自然。"

王畿认为乐是心之本体。

> 乐者心之本体。人心本自和畅，本与天地相为流通，才有一毫意必之私，便与天地不相似；才有些子邪秽渣滓搅此和畅之体，便有所隔碍而不能乐。(《愤乐说》)
>
> 乐是心之本体，本是活泼，本是脱洒，本无挂碍系缚。尧舜文周之兢兢业业、翼翼乾乾，只是保任得此体不失，此活泼脱洒之机，非有加也。戒慎恐惧是祖述宪章之心法，孔之蔬饮，颜之箪瓢，点之春风沂咏，有当圣心，皆此乐也。(《答南明汪子问》)

王畿认为直是心之本体。《与邵缨泉》："人之生也直，直是心之本体。"淡是心之本体。

> 淡，原是心之本体，有何可厌？……只是淡到极处，立心为己，便是达天德根基。(《冲元会纪》)
>
> 予谓："谈是性体。凡处至亲骨肉之间，轻重缓急，自有天则，一毫不容加减。才著意处，便是固必之私，便是有所，便不是真性流行。"(《书见罗卷兼赠思默》)

王畿主张性命合一，尽性以致命。

> 性与命，本来是一。孟子论性，盖本于《系辞》"继善成性"之说，"继之者善"，是天命流行；"成之者性"，人生而静以上不容说，才有性之可名，即已属在气，非性之本然矣。(《性命合一说》)

是故尽性以致命者，圣人之学也；修命以复性者，学者之事也。及其成功一也。(《寿史玉阳年兄七十序》)

从以上可以看出，在继承王阳明学说的基础之上，王畿对心性论做了较多的发展。一方面其继承的传统心性说的先天性、善性等说法，另一方面，又大量引禅入心学，使其心性论呈现出明显的禅化、玄化的倾向。

（二）良知论

自从王阳明提出良知说之后，良知成为阳明学的一个核心理论，良知亦是王畿的一个核心理论。

王畿极其推崇王阳明的良知说。《太极亭记》："阳明先师倡明良知之教，以觉天下，而心极之义复大明于世。"在继承的基础之上，王畿对良知的特性、功用以及致良知等都做了较为丰富的论说。

1. 良知本体性

如上所说，王阳明的"良知"不仅内涵多元，而且具有丰富特性。在继承的基础之上，王畿明对良知的内涵及特征等做了创造性的发挥与阐释。

王畿继承王阳明学说，认为良知是天生的，是与生俱有的善性。

良知不学不虑，本来具足。(《与阳和张子问答》)

良知者，本心之明，不由学虑而得，先天之学也。(《致知议略》)

良知者，仁体也，以其爱无不周，而恻然不容已也，而谓之仁；以其端有所发，而炯然不容昧也，而谓之知，天之所以与我，而与天地万物同具，而无不足者也。(《贺中丞新源江公武功告成序》)

良知是心之本体。《南游会纪》："良知是心之本体。"《答吴悟斋》："为何良知是心之本体？良知者，性之灵，性无不善，故知无不良。"《留都会纪》："良知是性之灵……良知是天然之灵窍。"

良知是性命之宗。《致知议略》："良知即是天命之性。良知二字，性命之宗。"《亡室纯懿张氏安人哀辞》："良知，性之灵，心之觉体。"

良知是明德。《大象义述·乾卦》："良知者，气之灵，谓之乾知，亦谓之明德。"良知是至善。《自讼问答》："良知无善无恶，谓之至善；良知知善知恶，谓之真知。"

良知是是非之则。

> 良知者，本心之明，是非之则也。(《赠绍坪彭侯入觐序》)
> 予曰："……良知者，是非之心。"(《册付丁宾收受后语》)
> 良知者，好恶之机，是非之则也。(《与邹仰蘧》)

可见，王畿赋予了良知更多的内涵，逐渐将其提升至本体论的高度。

2. 良知特性

对于良知的特性，王阳明已做了不少论述，王畿在继承的基础之上做了更多的发挥与阐释。

王畿认为良知常静。

> 寂然不动者，良知之体；感而遂通者，良知之用。常寂常感，忘寂忘感，良知之极则也。(《太极亭记》)
> 良知是性之灵窍，本虚本寂。虚以适变，寂以通感，一毫无所假于外。(《与莫中江》)

良知是一念。

> 良知本明，无待于悟，只从一念之微识取。(《龙溪会语·书同心册后语》)
> 良知者……其机存乎一念。发一念而安，即是是；发一念而不安，即是非。(《册付丁宾收后语》)

可见，王畿之良知多带有禅学空灵之特性。

3. 良知功用

对于良知的地位与功用，王畿做了不少论述。

王畿认为良知是圣学之精要。

诚致良知，所谓太阳一出，魍魉自消，此端本澄源之学，孔门之精蕴也。（《与阳和张子问答》）

良知……此千圣之学脉也。（《欧阳南野文选序》）

圣贤之学，只是良知一路，一是百是，一勘百破，更遮瞒些子不得。（《答洪觉山》）

王畿盛赞其师良知说。

老师良知宗旨，虚灵寂照，乃是万劫不坏真性。（《与吕沃州》）

大抵我师良知两字，万劫不坏之元神，范围三教大总持。（《与魏水洲》）

良知是主宰。

一时不致良知，视便妄视，听便妄听，喜便妄喜、怒便妄怒，便不是格物之学。推之一切应感、食息、动静、出处、去就无不皆然。良知即天，良知即帝。顺天之命者，顾此也；顾帝之则者，顺此也。（《南游会纪》）

良知是破邪习之利刃。《尚贤以德说》："良知者，破除习气之利刀，纵有窃发，一照即破。"

良知是三教之宗。

大抵我师良知两字，万劫不坏之元神，范围三教大总持。良知是性之灵体，一切命宗作用只是收摄此件，令其坚固，弗使漏泄消散了，便是长生久视之道。（《与魏水洲》）

阳明先师良知两字，乃是范围三教之宗，是即所谓历劫不坏先天之元神。养生家一切修命之术，只是随时收摄，保护此不坏之体，不令向情境漏泄耗散，不令后天渣滓搀和混杂，所谓神丹也。（《与潘笠江》）

为了很好地阐释"良知",王畿还对"良知"与"认知"二"知"做了细致的区分。《欧阳南野文选序》:

> 良知本无知,凡可以知,知可以识,识是知识之知,而非良知也。良知本无不知,凡待闻而择之从之、待见而识之,是闻见之知,而非良知也。是皆不能信其良知,疑其不足以尽天下之变,而有所待于外也。……果能自悟,不滞于法,知是良知之知,识是良知之识,闻见即良知之闻见,原未尝有内外之可分也。

此外,王畿还力图将良知与气、性、道等合为一体,将儒道合为一体。《易测授张叔学》:

> 良知之主宰,即所谓神;良知之流行,即所谓气。尽此谓之尽性,立此谓之立命。良知先天而不违,天即良知也;良知后天而奉时,良知即天也。故曰:"知之一字,众妙之门。"伏羲之画,象此者也;文王之辞,象此者也;周公之爻,效此者也;孔子之易,赞此者也。魏子谓之丹,邵子谓之丸。致良知,即所谓还丹,所谓弄丸。知此谓之知道,见此谓之见《易》,乃四圣之密藏,二子之神符也。

4. 致良知

对于如何致良知,王畿亦做了不少论述。

> 良知者,性之灵,天之则也。致知,致吾心之天则也。(《复颜冲宇》)
>
> 人人有个圣人,一念良知不容毁灭,便是圣人真面目。致此良知,洁洁净净,不为功利所滑扰,不为见解所凑泊,便是学圣人真工夫。(《书顾海阳卷》)

虽然王畿强调悟,但对致良知的功夫难易,王畿亦做了一些论说。

致良知工夫不拘不纵,自有天则,自无二者之病,非意象所能加减,所谓并行不相悖也。(《南游会纪》)

人之根器不同,功夫难易亦因以异。从先天立根,则动无不善……从无后立根,则不免有世情之杂,生灭牵扰,未易消融,而致知之功难。(《陆五台赠言》)

其实本体功夫须有辨。自圣人分上说,只此知便是本体,便是功夫,便是致;自学者分上说,须用致知的功夫,以复其本体,博学、审问、慎思、明辨、笃行,五者废其一,非致也。(《冲元会纪》)

致良知之功,王畿强调二入,渐悟合一。《松原晤语寿念庵罗丈》:

夫圣贤之学,致知虽一,而所入不同。从顿入者,即本体以为功夫,天机常运,终日兢业保任,不离性体,虽有欲念,一觉便化,不至为累,所谓性之也。从渐入者,用功夫以复本性,终日扫荡欲根,祛除杂念,求以顺其天机,不使为累,所谓反之也。若其必以去欲为主,求复其性,则顿与渐未尝异也。

二入之法,王畿更重悟,主张一念便是学。

即本体以为工夫,圣人之学也。(《〈大学〉首章解义》)

良知在人,千古一日,一念自反,即得本心。此是挽回世界大机括。(《孟子告子之学》)

致知无巧法,无假外求,只在一念入微处讨真假。一念神感神应便是入圣之机。(《与陶念斋》)

一念灵明,便是入圣真种子,便是做人真面目。时时保守此一念,便是熙缉真脉络,无待于外求也。(《桐川会约》)

王畿"一念自反作为'即本体工夫',实质上便已然替代了阳明'致良知'之实践系统"①。

王畿过于强调悟入，进而认为减尽工夫，即是圣人。

> 古人之学，只求日减，不求日增，减得尽，便是圣人。一点虚明，空洞无物，故能备万物之用。（《南游会纪》）
>
> 无工夫中真工夫，非有所加也。工夫只求日减，不求日增。减得尽，便是圣人。后世学术，正是添的勾当，所以终日勤劳，更益其病。果能一念惺惺，泠然自然，窥其用处，了不可得，此便是究竟语。（《与存斋徐子问答》）

王阳明讲致良知时，依然比较重视功夫，而王畿虽言本体与功夫合一，但其更多强调悟，从而使致良知成为一种禅悟。正如学者所言："当王畿将良知'本有'转化为'现成'的过程中，他实际上已经抽取了使'本有'转化为'现成'的必要条件。"②

王畿亦论知行合一。《华阳明伦堂会语》："知行有本体，有功夫。如眼见得是知，然已是见了，即是行；耳闻得是知，然已是闻了，即是行。要之，只此一个知，已自尽了。……知非见解之谓，行非履蹈之谓，只从一念上取证。知之真切笃实即是行，行之明觉真察即是知。知行两字，皆指功夫而言，亦原是合一的。"但这些并不是其致良知说的主流思想。

总而言之，王畿将良知"现成"化，倡导"现成良知"，这种做法一方面降低了良知的品位，使得良知沦为一般认知；另一方面，其简化、淡化，甚至淡出致良知功夫，于是将致良知等同于日常行动。这样虽然易于"致良知"，但也使得"致良知"并未能很好实现"致良知"之功效，这样的"致"与"不致"又有何区别呢？可见，王畿的良知说，更多是佛教成佛说的翻版。黄宗羲云："至龙溪，直把良知作佛性看，悬空期个悟，终成玩弄光景。"③"王畿的良知现成说在某种意义上的确为阳明

---

① 董平：《浙江思想学术史——从王充到王阳明》，中国社会科学出版社2005年版，第248页。

② 董平：《浙江思想学术史——从王充到王阳明》，中国社会科学出版社2005年版，第243—244页。

③ 黄宗羲著，沈芝盈点校：《明儒学案·师说·王龙溪畿》，中华书局1985年版，第9页。

良知说的歧出，而在很大程度上融入了佛学的内容，大有认良知作佛性的意思。"①

三　王畿与天泉证道

王阳明晚年天泉证道，提出四句教，以解说钱德洪与王畿的分歧。如上所说，对于天泉证道，《传习录》《年谱》略有小异，但无大碍。王畿《天泉证道纪》与《传习录》《年谱》所说有较大出入。

《传习录》和《年谱》所记，叙事清晰，络脉分明，而《天泉证道纪》所记远较前二者详细。

> 阳明夫子之学，以良知为宗，每与门人论学，提四句为教法……学者循此用功，各有所得。绪山钱子谓："此是师门教人定本，一毫不可更易。"先生谓："夫子立教随时，谓之权法，未可执定。体用显微只是一机，心意知物只是一事。若悟得心是无善无恶之心，意即是无善无恶之意，知即是无善无恶之知，物即是无善无恶之物。盖无心之心则藏密，无意之意则应圆，无知之知则体寂，无物之物则用神。……"绪山子谓："若是，是坏师门教法，非善学也。"先生谓："学须自证自悟，不从人脚跟转。若执著于师门权法以为定本，未免滞于言诠，亦非善学也。"
>
> 时夫子将有两广之行，钱子谓曰："吾二人所见不同，何以同人？盍相与就正夫子。"晚坐天泉桥上，因各以所见请质。夫子曰："正要二子有此一问。吾教法原有此两种：四无之说，为上根人立教；四有之说，为中根以下人立教。上根之人……即本体便是工夫，易简直截，更无剩欠，顿悟之学也。中根以下之人……汝中所见，我久欲发，恐人信不及，徒增躐等之病，故含蓄至今。此是传心秘藏，颜子、明道所不敢言者也。今既已说破，亦是天机该发泄时，岂容复秘？然此中不可执著。……若能互相取益，使吾教法上下皆通，始为善学耳。"自此海内相传天泉证悟之论，道脉始归于一云。

---

① 董平：《浙江思想学术史——从王充到王阳明》，中国社会科学出版社2005年版，第246页。

钱、王二人对王阳明"四句教"理解有些偏差。钱德洪认为"四句教"是阳明学"教人定本",丝毫不可更改。王畿则主张权变,不可拘于定规。王畿以心体论为基础,认为"心意知物"四者皆一事,皆是无善无恶的。继而提出"四无"说:"心是无善无恶之心,意即是无善无恶之意,知即是无善无恶之知,物即是无善无恶之物。"王畿进而对自己的观点做了论说。

> 天命之性,粹然至善,神感神应,其机自不容已,无善可名。恶固无本,善亦不可得而有也。是谓无善无恶。若有善有恶,则意动于物,非自然之流行,著于有矣……意是心之所发,若是有善有恶之意,则知与物一齐皆有,心亦不可谓之无矣。(《天泉证道纪》)

王畿认为天命之性是"至善",但不可名善,固无所谓善恶。这颇似于老子所言"道可道,非常道;名可名,非常名"。善恶是"意动于物"的结果,是外物作用的结果,并非"意"本身有善恶。并进一步做反证:意从心而出,心无善无恶,意焉能有善有恶?王畿此说显然与王阳明"有善有恶是意之动"相悖。于是钱德洪责备他"坏师门教法,非善学也"。王畿则主张创新,反对墨守成法:"学须自证自悟,不从人脚跟转。若执著于师门权法以为定本,未免滞于言诠,亦非善学也。"可见在为学态度上,钱、王二人差异很大,钱德洪主张严守师法,而王畿则主张自悟创新。

接下来王阳明对二人"四有"与"四无"之说做了评说。王阳明认为"四无"和"四有"是两种教法。"四无"适合于上根之人。上根之人"悟得无善无恶心体,便从无处立根基",明了意与知、物,皆为无。故能一了百当,本体即功夫,易简直截。"四有"则适合于中根以下人。中根以下人,没有悟得本体,故只能立根于有善有恶,在为善去恶上用功。然后"渐渐入悟,从有以归于无,复还本体"。二种教法最终"归于一"。

《天泉证道纪》以上所记,与《年谱》和《传习录》有详略之别,但并无大碍。值得注意的是,《天泉证道纪》的立场与《年谱》和《传习录》迥异。在《传习录》中,王阳明是反对王畿之说的,"人有习心,不教他在良知上实用为善去恶功夫，只去悬空想个本体，一切事为俱不着实，不过养成一个虚寂。此个病痛不是小小，不可不早说破"。在《年谱》中，王阳明反对王畿的简易说，而赞同钱德洪的功夫说，并教导二人要严守"四句教"。《年谱》："上根之人，世亦难遇。……此颜子、明道不敢承当，岂可轻易望人？二君已后与学者言，务要依我四句宗旨。"①但《天泉证道纪》则截然不同。在王畿《天泉证道纪》中，王阳明对王畿之说大力赞颂："汝中所见，我久欲发，恐人信不及，徒增躐等之病，故含蓄至今。此是传心秘藏，颜子、明道所不敢言者也。今既已说破，亦是天机该发泄时，岂容复秘？"《传习录》和《年谱》均为王阳明弟子所撰，且均经过钱德洪、王畿等人的审阅，所载较不可信。而《天泉证道纪》全为王畿弟子门人所撰，其难免对其师有恭维之语。

广西之行，钱、王等人送至严滩，王阳明于严滩所作《复过钓台跋》云："时从行进士②钱德洪、王汝中、建德尹杨思臣及元材，凡四人。"③钱德洪《讣告同门》："冬初，追送于至严滩请益，夫子又为究极之说，由是退与四方同志更相切磨。"④可见严滩请益实有其事。《传习录下》对此做了详细的记载。

> 先生起征思、田，德洪与汝中追送严滩，汝中举佛家实相幻相之说。先生曰："有心俱是实，无心俱是幻，无心俱是实，有心俱是幻。"汝中曰："有心俱是实，无心俱是幻，是本体上说工夫。无心俱是实，有心俱是幻，是工夫上说本体。"先生然其言。洪于是时尚未了达，数年用功，始信本体工夫合一。

王畿《绪山钱君行状》对此记载更为详尽。

> 夫子赴两广，予与君送送严滩。夫子复申前说，二人正好互相

---

① 《年谱》，载吴光等编校《王阳明全集》，上海古籍出版社2012年版，第1075页。
② 此时钱德洪和王畿虽然通过会试，但未参加最后的殿试，不可称为"进士"。王阳明称二人为"进士"实为美言。
③ 吴光等编校：《王阳明全集》，上海古籍出版社2012年版，第656页。
④ 钱明编校整理：《徐爱钱德洪董沄集》，凤凰出版社2007年版，第216页。

为用，弗失吾宗。因举"有心是实相，无心是幻相；有心是幻相，无心是实相"为问，君拟议未及答，予曰："前所举是即本体证功夫，后所举是用功夫合本体。有无之间，不可以致诘。"夫子莞尔笑曰："可哉！此是究极之说，汝辈既已见得，正好更相切磨，默默保任，弗轻漏泄也。"二人唯唯而别。

《传习录》虽保存了此说，但似乎不赞同王畿此说："但先生是时因问偶谈，若吾儒指点人处，不必借此立言耳！"在王畿《绪山钱君行状》中，王阳明显然对王畿之说颇多赞同。

至于"四无"之论、严滩请益等，时人还能明晰始末，可至王畿卒之后，人们对此便不能明辨了。徐阶《龙溪王先生传》：

> 于是闻者知公所谓"权法"，真得文成之秘，而其教学始不滞于有，不沦于无矣。既而有叩玄理于文成者，文成以"有心无心，实相幻相"诏之。公从旁语曰："心非有非无，相非实非幻。才著有无实幻，便落断常二见。譬之弄丸，不著一处，不离一处，是谓玄机。"文成亟俞之。……文成曰："吾有向上一机，久未敢发，近被王汝中拈出，亦是天机该发泄时。吾方有兵事，无暇为诸君言，但质之汝中，当有证也。"其为师为所重如此。①

此传应王畿之子王应吉之请而作，其多取材于王畿之子。此处所说，多不合于《传习录》和《年谱》等早期史料。如文中将天泉证道与严滩复申相互混淆等。

王畿弟子赵锦《龙溪王先生墓志铭》则全据徐阶《龙溪王先生传》，其所说亦是如此。

> 无何，阳明过江右，邹东廓、欧阳南野率同志百余人出谒。阳明谓之曰："吾有向上一机，久未敢发，今被汝中拈出，亦是天机该发泄时。吾方有兵事未暇，诸君质之汝中，当必有证也。"其善发阳

---

① 吴震编：《王畿集·附录》，凤凰出版社2007年版，第824—825页。

明之蕴,而为其所重也如此。①

在《绪山钱君行状》一文中,王畿还记有南浦请益之事。

> 过江右,东廓、南野、狮泉、洛村、善山、药湖诸同志二三百人候于南浦请益。夫子云:"军旅匆匆,从何处说起?我此意畜之已久,不欲轻言,以待诸君自悟。今被汝中拈出,亦是天机该发泄时。吾虽出山,德洪、汝中与四方同志相守洞中,究竟此件事。诸君只裹粮往浙,相与聚处,当自有得,待予归,未晚也。"

南浦请益不过是对严滩复申的补充罢了。南浦送别其事当有,但这番话语不见于其他史料,其可信性待考。

不管是天泉证道,还是严滩复申,突出的都是王畿的"四无"思想。"四无"说典型地体现了王畿的本体论与功夫论思想。如上所说,钱德洪强调的修改功夫,强调的渐修。而王畿则正好相反,如同南禅,王畿强调的是明心见性,强调的是顿悟。《答中淮吴子问》:

> 先师"无善无恶"之旨,善与恶对;性本无恶,善亦不可得而名,无善无恶是为至善。……世之言性者纷纷不同,性无善无不善,似指本体而言;可以为善为不善,似指作用而言;有性善有性不善,似指流末而言。斯三者,各因其所指而立言,不为无所见,但执见不忘,如群盲摸象,各得一端,不能观其会通,同于日用之不知。……先师"性无善恶"之说,正所以破诸子之执见,而归于大同,不得已之苦心也。

王畿还多次重申心无善恶,良知无善恶。

> 心之良知,本无善恶,本无是非。譬之明镜之鉴物,妍媸黑白,皆其所照之影,应而无迹,过而不留。(《原寿篇赠存斋徐公》)

---

① 吴震编:《王畿集·附录》,凤凰出版社2007年版,第829页。

> 譬之虚谷之答响,明镜之鉴形,响有高下,形有妍媸,分别炽然,而谷与镜未尝有心以应之也。良知知是知非,而实无是无非,知是非者,不坏分别之相,无是非者,无心之应也。(《从心篇寿平泉陆公》)

可见,王畿认为善恶不过是本体所产生的幻影,而本体原本是无善恶的。

王畿强调本体无善无恶,其并非完全否认后天功夫,而是在于启发世人超越后天的善恶,以期重显原本具有的无善无恶之先天本体,并以此指导人们的行动。《自讼问答》:

> 良知无善无恶,谓之至善;良知知善知恶,谓之真知。无善无恶则无祸福,知善知恶则知祸福。无祸福是谓与天为徒,所以通神明之德也;知祸福是谓与人为徒,所以类万物之情也。天人之际,其机甚微,了此便是彻上彻下之道。

在此,王畿虽然不废"知是无善无恶"之论,但又非常强调知善知恶,努力引导人们知善知恶,以达到通神明之德。

同时,王畿亦不废功夫之说,《答季彭山龙镜书》:

> 圣人学者本无二学,本体工夫亦非二事。圣人自然无欲,是即本体便是工夫,学者寡欲以至于无,是做工夫求复本体。故虽生知安行,兼修之功未尝废困勉;虽困知勉行,所性之体未尝不生而安也。舍工夫而谈本性,谓之虚见,虚则罔矣;外本体而论工夫,谓之二法,二则支矣。

讲功夫时,王畿主张顿渐二法,合而用之。

> 天泉证道大意,原是先师立教本旨,随人根器上下,有悟有修。良知是彻上彻下真种子,智虽顿悟,行则渐修。(《答程方峰》)
> 夫圣贤之学,致知虽一,而所入不同,从顿入者,即本体以为

功夫，天机常运，终日兢业保任，不离性体，虽有欲念，一觉便化，不至为累，所谓性之也。从渐入者，用功夫以复本性，终日扫荡欲根，祛除杂念，求以顺其天机，不使为累，所谓反之也。若其必以去欲为主，求复其性，则顿与渐未尝异也。（《松原晤语念寿庵罗丈》）

灵知在人，本然完具，一念自反，即悟本心，无待于修。无始以来，习气乘之，汨于嗜欲，不可不加澄涤之功。才得见性，当下无心，药病俱忘。修所以征悟也。（《祭陆与中文》）

从以上分析可以看出，王畿四无之说，是对王阳明晚年学说的发挥，其更重本体，更重顿悟，主张顿悟见性。此皆是受到禅学影响的结果。对于王畿做法，后世学者多有批判。"王畿另著《天泉证道纪》，对四句教作了翻案文章，这才开启了日后的争端。"①

第四节 越地文化与董沄

董沄，不仅是浙中王门中的异类，也可以说是整个王门中的异类。董沄年长王阳明十余岁，却坚持执贽为弟子。如同王阳明，董沄也很迷信释老，以致王阳明死后，再次归于释老。通过对董沄的研究，不仅可以透视释老对阳明学的影响，也"有助于深入把握阳明学在浙西的传播与发展"②。

一 董沄生平

董沄（1457—1534），字复宗，一字子寿，号萝石。父董鉴居海宁钱山，至董沄时迁海宁澉浦。董沄隐居乡间，以工诗而闻名。"初学为诗，不解随俗营生业，独好吟咏，遇时序之更，风物之变，古迹奇踪，幽岑远壑及夫人情世态之可叹、可哀、可骇、可愕、可慨、可庆，一于诗以

---

① 吴光：《吾心自有光明月：王阳明的生平事功与思想学说简介》，载吴光等编校《王阳明全集》，上海古籍出版社2012年版，第21页。
② 钱明：《浙中王学研究》，中国人民大学出版社2009年版，第292页。

寓之。家徒四壁，一毫不入于心。时名诗能诗者，吴下沈周、关西孙一元、闽中郑善夫，皆与游，往来赓唱。"① "与其乡之业诗者十数辈为诗社，旦夕操纸吟呜，相与求句字之工，至废寝食、遗生来。时俗共非笑之，不顾，以为是天下之至乐矣。"② 早年居海宁时，董沄经常与好友结社作诗。《五亩山海月堂雅集》（序）："在社者，孙朴居、吴南溪、徐豊厓、东滨、刘海村、钟西皋、朱西邨、陈勾溪、朱南野、沈紫峡、释石门、石林与余十有三人，分题得水仙花。"③

正德七年（1512），董沄作《林文贵》（序）："正德壬申，海宁千户吕忠战死华埠，麾下林文贵被俘，贼叱其跪，不从，□□□矢射之，骂不绝口而死。吁！文贵之□□□灭于忠而无传者，节义岂以贵贱□。"本年又作《忆剑舞》："夜从陶侯观剑谱，岁记壬申二月五。"

正德十三年（1518）中秋，董沄与友游澉湖，作《戊寅中秋九杞山人携孙太白澉湖泛月并东山勾溪紫峡与余》。九月十一日，携诸老游澉湖，作《九月十一日偕西村石门诸老游澉湖》。

正德十五年（1520），董沄作《感事和吴宿威太守二首》："（序）正德庚辰之□□"。

嘉靖元年（1522），董沄筹金造钟楼，以保佑一方平安。《澉川钟楼图跋》："乃同信士胡瓒辈，礼请禅师法聚图之，结集众缘，铢积寸累，六年而始有成。"董沄《与吴南溪先生论水利书》："戊子年建一钟楼，以挽回风水。"可见钟楼始造于本年。

嘉靖三年（1524）三月，董沄来绍兴从王阳明受学。王阳明《从吾道人记》："嘉靖甲申春，萝石来游会稽，闻阳明子方与其徒讲学山中，以杖肩其瓢笠诗卷来访。入门，长揖上坐。阳明子异其气貌，且年老矣，礼敬之。"不久归去。六月，董沄再来绍兴，正式拜为弟子。王阳明《从吾道人记》："辞归两月，弃其瓢笠，持一缣而来。……入而强纳拜焉，阳明子因辞不获，则许之以师友之间。"在绍兴受学时，董沄每日反省，

---

① 黄绾：《萝石翁传》，载张宏敏编校《黄绾集》，上海古籍出版社2012年版，第436页。
② 王阳明：《从吾道人记》，载吴光等编校《王阳明全集》，上海古籍出版社2012年版，第209页。
③ 钱明编校整理：《董沄集》，凤凰出版社2007年版，第332页。本节所引董沄文章皆据此本，后不再一一注明。

写自省录，王阳明一一批示。董沄《日省录》："余日自省，惧其忘也，每录之以请，先师一一批示。"此集早佚。《王阳明全集》卷五《答董沄萝石》收录王阳明与董沄对答五条，系从《日省录》编改而来。《王阳明全集》题注"乙酉"，认为作于嘉靖四年（1525），显然误。钱明先生辑《从吾道人语录》共9条。① 八月十五日，王阳明宴弟子门人于碧霞池上，董沄亦参与其间。《宿天泉楼》："高阁凝香夜色深，四檐星斗喜登临。雪垂须发今何幸，春满乾坤见道心。冉冉光风回病草，瀼瀼灏气足青林。浴沂明日南山去，拟向炉峰试一吟。"王阳明作《天泉楼夜坐和萝石韵》。冬十月，王阳明携董沄、王艮等弟子游秦望山。王阳明作《嘉靖甲申冬二十一日再登秦望自弘治戊午登后二十七年矣将下适董萝石与二三子来复坐久之暮归同宿云门僧舍》。董沄作《游会稽次韵时同游者王心斋何善山王洛村徐三溪王明谷》："朱帘画舫出城来，尊俎冠裳晓日开。禹穴腾光南斗下，炉峰倒影大江隈。身边礼乐东南盛，目极风云西北回。笑把青藜临绝顶，贺家湖面小如杯。"十一月，董沄归去，王阳明作诗赠别，希望其不久当归来。王阳明《书扇赠从吾》："君家只在海西隈，日日寒潮去复回。莫遣扁舟成久别，炉峰秋月望君来。"

嘉靖四年（1525）三月，董沄携子董穀来学。《明儒学案·浙中王门学案四·布衣董萝石先生沄》："董穀字石甫，嘉靖辛丑进士。历知安义、汉阳二县，与大吏不合而归。少游阳明之门，阳明谓之曰：'汝习于旧说，故于吾言不无抵牾，不妨多问，为汝解惑'。"② 王阳明《和董萝石菜花韵》："油菜花开满地金，鹁鸠声里又春深。"这些表明本年春，董沄又来绍兴受学。八月初，董沄卧病天泉楼。董沄《乙酉中秋薛中离言旋适余病起诗以留之》："卧病兼旬不出游，采薪刚值桂花秋。细听玉漏三更夜，静倚天泉一脉楼。月白炉峰瞻华岳，斗高银汉接沧州。正须诣益中离子，未许春风属去丹。"八月二十三日，王阳明携董沄、王艮等秋游，游禹穴、香炉峰、鉴湖等地。王阳明《从吾道人记》："与之探禹穴，登炉峰，陟秦望，寻兰亭之遗迹，徜徉于云门、若耶、鉴湖、剡曲。萝

---

① 《从吾道人语录》，载钱明编校整理《徐爱钱德洪董沄集》，凤凰出版社2007年版，第248—250页。

② 黄宗羲著，沈芝盈点校：《明儒学案》，中华书局1985年版，第290页。

石日有所闻，益充然有得，欣然乐而忘归也。"《从吾道人语录·日省录》："嘉靖乙酉八月二十三日，从先师往天柱峰，转至朱华岭。……行过朱华岭四五里余，始得净尽。"这次郊游，董沄印象极为深刻。《哭阳明夫子》："览胜心犹在，从游兴未央。云门磨石刻，禹庙访梅梁。萝月朱华麓，松泉道士庄。东山同燕集，南镇风徜徉。惜我攀云树，多时候石泷。鉴湖看戴笠，曲水命浮觞。"这次郊游，王阳明和董沄作诗多首，有《登香炉峰次萝石韵》《观从吾登炉峰绝顶戏赠》等。九月，董沄归海盐，王阳明作《从吾道人记》赠之。《从吾道人记》："萝石逾耳顺而始知从吾之学，毋自以为既晚矣。充萝石之勇，其进于化也何有哉？呜呼！世之营营于物欲者，闻萝石之风，亦可以知所适从也乎！"

嘉靖五年（1526）春，董沄携资圣寺法聚来论道。释明河《补高僧传》卷二十七《玉芝聚公传》："法聚，字月泉，嘉禾富氏子。始去俗，从师于海盐资圣寺，矢志参学。……闻王阳明倡良知之旨于会稽山，同董从吾往谒之，言相契，阳明答以诗，然犹未脱然也。"① 四月，王阳明为董沄诗集《湖海集》作序。《湖海集序》："萝石董兄自海盐来越，年已六十有八矣，出其旧日诗，属余为之叙。……爰为序以归之。时在丙戌孟夏朔日，阳明王守仁序。"② 六月，法聚别去，王阳明作诗赠之，《寄题玉芝庵》："尘途骏马劳千里，月树鹪鹩足一枝。身既了时心亦了，不须多羡碧霞池。"董沄可能不入亦归海宁。除夕，董沄来访，因共守除夕。王阳明《守岁诗并序》："嘉靖丙戌之除，从吾道人自海宁渡江来访，因共守岁。人过中年，四方之志益倦。客途岁暮，恋恋儿女室家，将舍所事走千里而归矣。道人今年已七十，终岁往来湖山之间，去住萧然，曾不知有其家室。其子榖又贤又孝，谓道人老矣，出辄长跪留请。道人笑曰……是夜风雪，道人有作，予因次韵为谢。……阳明山人王守仁书。"③ 董沄《丙戌除夕》："南渡江现乐有余，广堂守岁即吾庐。二三千个同门聚，六十九年今夜除。文运河图呈象日，寒梅禹穴见花初。阳明

---

① 释明河编：《续补高僧传》，《续修四库全书》第 1283 册，上海古籍出版社 2002 年影印本，第 354 页上栏—下栏。
② 束景南、查明昊辑编：《王阳明全集补编》，上海古籍出版社 2018 年版，第 170 页。
③ 束景南、查明昊辑编：《王阳明全集补编》，上海古籍出版社 2018 年版，第 55 页。

甲第春风转，老我明朝□曳裾。"

嘉靖六年（1527）春，董沄在绍兴。董沄《怀王惟中》："一春假榻阳明洞，无数黄精与紫芝。夜来梦见乐阳子，借我青城一鹤骑。""一春"表明整个春天。《答九杞山人》："耶溪把酒仙舟共，花明禹穴春云动。月明昨夜会稽山，分明又入萝翁梦。"自嘉靖三年（1524）入王门以来，董沄每年年底都要归海宁，次年春再来绍兴。唯嘉靖五年（1526）除夕在绍兴度过，可知次年春依然在绍兴。九月，王阳明赴广西任后，董沄便归海宁了。

嘉靖七年（1528）正月，董沄游至海上，作《海上吟》："戊子新年方二日，出游殊觉老怀宽。"居海宁时，董沄始筹钱铸楼，以为压镇，以保一方平安。至此年钟楼始成。董沄《澉川钟楼图跋》："一自钟楼前后二次倒废，先出侏儒，后患黄肿，十年九旱，灾难相仍。……余恻然于此，虽以衰暮之年，欲为地方成此胜事。乃同信士胡瓒辈，礼请禅师法聚图之，结集众缘，铢积寸累，六年而始有成。"董沄《与吴南溪先生论水利书》："戊子年建一钟楼，以挽回风水。"

嘉靖八年（1529）正月，获王阳明讣告后，董沄非常伤痛，即赴绍兴吊，并作《哭阳明夫子》："昔日歌邪水，今晨哭浙江。死生知不异，忧乐竟无常。远道惊归榇，衰迟临驿航。尚思求指示，那意服心丧。犬马年何久，龙蛇数却当。哲人成萎逝，斯道堕微茫。……览胜心犹在，从游兴未央。……实愧山林质，虚叨弟子行。教言深□□，□泪下残阳。"这次，董沄在绍兴待的时间可能比较长。《阳明洞有感》："侍讲季季龙瑞宫，再来愁绝海边翁。山中下马英灵在，海内伤麟涕泗同。"当作于本年。王阳明死后，董沄归乡。许相卿《董先生墓志铭》："先生末复究心内典，忽若有悟，喟然叹曰：'乃今客得归矣。'"①

嘉靖九年（1530）五月，门人薛侃建精舍于天真山，祀阳明先生。董沄、刘侯、孙应奎等人董其事。在杭州时，董沄作《书胜果寺壁次阳明先生韵》。董沄从邹守益学，月余归。董沄作《留别邹东郭先生》："西水从东郭，江干更若邪。春风虽一月，到处是吾家。却病黄连酒，降魔紫笋茶。虽离真不易，奈此夕阳斜。"邹守益作《赠董萝石用韵二首》其

---

① 钱明编校整理：《徐爱钱德洪董沄集·附录》，凤凰出版社2007年版，第472页。

一："昔登天泉楼，获读从吾篇。千里想高标，福气已修然。矧此熏风舟，一月款幽言。再拜沉瀣惠，炎歊涤新悆。"①

居海宁时，董沄与僧玉芝等结莲社于海门精庐，故又号"白塔山人"。许相卿《董先生墓志铭》："于是援匡庐故事，与聚纠诸缁同俗同志，结莲社于海门精庐，遂又号'白塔山人'。"② 董沄作《悼钱子》："（序）钱汝冲进士，筮仁威县，屡寄声于余，欲约郑室甫游阳明之门，余为之喜。既而先师告逝，钱甚懊悔，随亦不起，余重伤焉。"

嘉靖十年（1531）春，董沄作《与胡生》。《与胡生》："（序）胡生瓒，从予游尝为众建言，大杖几死，又助余建钟楼，后赞总戎开通水门，要为难得。今年春，在余潮音精舍，□□□之。汝家住近青山下，东浦寒潮旦暮生。自喜渔□通海市，人惊飞观倚孤城。乌台建白开民义，春社追随见道情。问我玄机无可说，和光忍辱是真经。"《与吴南溪先生论水利书》："嘉靖九年，军余胡瓒，为众建言，被责几死，竟亦无成。"钟楼于嘉靖七年（1528）建成，嘉靖九年（1530）胡瓒为民请愿而受杖。故知董沄《与胡生》当作于本年春。

嘉靖十二年（1533），董沄作《别唐一庵》："老夫七十七，见君才两度。"董沄生于天顺元年（1457），至本年七十七岁。

嘉靖十三年（1534），董沄作《澉川钟楼图跋》以记之。《澉川钟楼图跋》："六年始有成。又请于总戎杨侯中夫，开通水门，以泄雍滞，而助生金气。于是自戊子至甲午，岁岁丰熟，病者亦痊。"又作《与吴南溪先生论水利书》，劝吴南溪开河渠、造桥："戊子年建一钟楼，以挽回风水，今经六稔，果见军民稍乐，病者获痊，信非诬也。……自岁丙子移文，经今十有八年，竟成画饼，言之可叹。……年年刷卷，只作故纸，奈之何哉！夫以百六十年大患，屡经勘准，而竟抑而不行者，其故何欤？……窃惟先生于此一十八之间，虽于当道屡尝言之，终以宦辙四方，有志未究。今则解组于家，优游绿野，克终初议，兹非其时邪？矧先生名誉，天下心切颠连，有闻必举，沄安敢以老自诿，不以闻于左右哉？"本年，董沄卒，年七十八岁。临终前作《绝笔》三首：《自诀》《示儿》

---

① 董平编校整理：《邹守益集》，凤凰出版社2007年版，第1147页。
② 钱明编校整理：《徐爱钱德洪董沄集·附录》，凤凰出版社2007年版，第472页。

《示孙》。卒后，好友许相卿为之作《祭董萝石文》和《董先生墓志铭》，同门黄绾作有《萝石翁传》。

董沄入王门较晚，且有年龄较大，性格孤傲，① 有一种特立独行"不合群"之感。王阳明去世后，董沄很少参加王阳明学派的集体活动。《年谱》中对董沄较少记载。一方面，与其早亡有关；另一方面与他与王门其他人交往较少有关。董沄仅与王畿、邹守益、王明谷等人有来往。董沄曾偕王畿游华津洞，作《偕钱炉峰王龙溪游华津洞》。在绍兴时，董沄、王明谷曾一同随王阳明游会稽山。后董沄与王谷明多有交往。《宿韬光次王明谷》："看山意不尽，信信宿禅家。"《招明谷墨山游西湖》："我探遗迹宛然在，君亦高怀胡不来？"

二　董沄与越地佛道

焦竑称其为"真奇士"②。钱明认为董沄"奇"的是精神气质，③ 可谓灼见。董坛一生的主要活动在浙江，故其多受越地道教与佛教影响。

（一）董沄与越地道教

钱明先生认为："董沄成为阳明弟子中道家或道教气息最为浓厚者之一，几乎可与王畿等人同齐观。"④ 此说是非常有道理的。

由于性格等原因，董沄颇好庄子。董沄《老怀慰子柬虚堂少林知己》："平生自爱庄周达，此日何□□栗贵。"《把卷录》："吾读庄生，非迂者也，执天之机，明于天下之故者也。"在他的著作中，常引庄子语。《把卷录》："庄子曰：'贼莫大乎德有心而心有眼。'又云：'尽其所受乎天而无见得。'至哉言乎！"《把卷录》："据庄子'金椎空颐'之言，至于作贼，则当时儒者之弊已极。"他亦多受老子影响，好以"虚无"论事。《求心录》："遭大难如无事，当大任如无为，具大智如无知，成大功如无能，受大谤如无闻，消大怨如无迹，施大恩终不言，引后进若不及，

---

① 王阳明《从吾道人记》："入门，长揖上坐。阳明子异其气貌，且年老矣，礼敬之。又询知其为董萝石也，与之语连日夜。萝石辞弥谦，礼弥下，不觉其席之弥侧也。"可见，其初见王阳明时颇为自负，后愈变愈谦卑。
② 焦竑撰，刘剑雄点校：《焦氏笔乘》，上海古籍出版社1986年版，第79页。
③ 钱明：《浙中王学研究》，中国人民大学出版社2009年版，第291页。
④ 钱明：《浙中王学研究》，中国人民大学出版社2009年版，第310页。

处富贵若无与，混大道无于名，示至教于常经，密心学于无声，泯至乐于不形。此先师阳明之所以为大也。"董沄对具有道教风范的人物多有赞赏。《把卷录》："五柳之眉，非等闲攒也；百世而下，当有子云。"

董沄先自号"从吾道人"，后又改为"白塔山人"，这些名号显然与道教密切相关。董沄一生与隐居之士交往最多，其中不乏一些道士与道教信徒。现据其诗文略作梳理如下。

1. 碧虚道士

《同里湖赠碧虚道士》："仙人碧虚子，草履芙蓉冠。……神剑蛟龟泣，羽衣风露寒。"

2. 虞道士

《题虞道士龙所》："安湖道人云绕堂，箬冠藕履荷衣裳。……神物蛇蜒千丈光。把剑坐来秋□□，□虚声里月苍苍。"

3. 太白山人

《太白山人化去》："蟋蛄□□又黄叶，老鹤去庭空白云。胸次平生祢□□，文章今世谪仙文。道场山远何由到，短杖南屏□夕曛。""化去""老鹤""道场"等表明太白山人是一位道士。

4. 乐阳子

《送乐阳子南还》："道妙应长在，家山莫漫耽。明春碧霞馆，还拟共玄谈。""碧霞馆""共玄谈"表明乐阳子是一位道士。

另外，还有一些"山人""翁""居士"之类，很难确定其是否为道士，故不作罗列。

董沄诗歌中多仙道之趣。"读董沄的诗，给人的感觉几乎是置身于'真君''真境''还丹''玄谈'的神仙世界。"[1] 现略举数例如下。

一春假榻阳明洞，无数黄精与紫芝。[2] 夜来梦见乐阳子，借我青城一鹤骑。（《怀王惟中[3]》）

---

[1] 钱明：《浙中王学研究》，中国人民大学出版社2009年版，第310页。
[2] 黄精和紫芝皆为长生服食之物。
[3] 王惟中是董沄好友，隐居舜峰，董沄多次作诗赠之，有《舜峰赠王惟中》《访舜峰王惟中》等。

仙人袖出白芙蕖，笑倚青霞索我书。(《纪梦》)

山中乌道士，头上鹿皮冠。……鬼愁符墨烂，龙泣剑光寒。许我还丹诀，中秋月下看。(《霞石楼》)

何代仙人宅，棠陵又复来。……凭谁唤龙客，吹籥此登台。(《石屋次棠陵》)

仙人碧虚子，草履芙蓉冠。泛月同里湖，礼斗□真坛。神剑蛟龟泣，羽衣风露寒。约余服石□，□笛卧君山。(《同里湖赠碧虚道士》)

来□□□乌文耀，却梦仙人王子乔。(《宿乌师山房》)

却谢妻儿并爵禄，去调龙虎学神仙。药瓢满贮金光草，碧洞时分玉井莲。何日长藤偕尔往，吐吞云月华山巅。(《赠唐侯》)

铁龙仙馆枕鸥洲，三弄真成此夜游。……白沙老子无忘助，黄鹤仙人亦去留。(《宿铁龙仙馆闻笛》)

修月天仙袖玉尘……白石心游共古人。(《赠九杞山人①》)

华津合是长生液，转汲须凭济世才。(《偕钱炉峰王龙溪游华津洞》)

自魏晋南北朝以来，两浙道教一直较为盛行，出现了像魏伯阳、陆修静、顾欢、张伯瑞、莫月鼎等高道。② 在这样的氛围中，董沄多受道教影响是很自然的事。

(二) 董沄与越地佛教

自王阳明亡后，董沄潜心佛、道，佛教对其思想有不少的影响。

董沄一生交往的僧侣甚多，现据其诗文做简单梳理如下。

1. 法聚

如上所说，嘉靖五年（1526）春，董沄偕资圣寺法聚来论道，不合，法聚不久归去。法聚（1491—1563），字月泉，号玉芝，姓富氏，嘉兴

---

① 九杞山人，即许相卿，董沄好友。黄绾《萝石翁传》："其子举人縠以予与萝石尝有一日之雅，乃以九杞山人许仲所为《志》寄王宗范，请予为传。""许台仲所为《志》"指的是许相卿为董沄所作的《董先生墓志铭》。董沄多次作诗赠之，有《答九杞山人》《九杞山人笠子》《次九杞山人》等。

② 详情参见孔令宏、韩松涛、王巧玲《浙江道教史》，中国社会科学出版社 2015 年版。

人，十四岁出家海盐资圣寺。释明河《补高僧传》卷二十七《玉芝聚公传》："法聚，字月泉，嘉禾富氏子。始去俗，从师于海盐资圣寺，矢志参学。……后于萝居禅师一掌下，沿彻源底，即入武康天池山构精舍，颜曰'玉芝'。"①董沄诗文中多次提及法聚。《题湖海山居》："玉芝道人清净禅。"②"玉芝"即法聚。《澈川钟楼图跋》："礼请禅师法聚图之。"王阳明卒后，法聚隐居武康（今德清市）天池，与王畿、蔡汝楠、唐枢、董沄父子共证儒释大同之旨，后又与徐渭交往甚多，往来于镜湖之滨，时时以诗简唱酬。《玉芝和尚内集》卷下《与董两湖先生书》："某忝缔交于公（董穀），逾三十年张，往复论议，未尝不以究明心学为务。"

2. 法舟

法舟，名道济，嘉兴人。年十岁出家海盐资圣寺。董沄卒，作《闻董萝石讣》："数年不见寄诗篇，此夕闻君了世缘。想得去来心已断，藤萝依旧石门前。"③

3. 释石门、石林

《五亩山海月堂雅集》："（序）在社者……释石门、石林与余十有三人，分题得水仙花。"《石林僧舍对雨》："蜡屐投僧舍，江云正作阴。"《答石门道人》："肉身已绝云来念，法侣同熏知见香。几劫与师缘未了，三年招我句先将。定向紫峡参公案，不见头陀归石床。"此处"石门道人"显然指的是释石门。

4. 白云和尚

《赠白云山师》："白云和尚不云游，只向西湖看水流。坐卧宋元双大树，更凭何物纪春秋。"

5. 梅谷和尚

《赠梅谷道人》："万千庵院万千灯，云水高间见一僧。留得梅花伴明月，夜深还看《法华经》。""庵""僧""《法华经》"等表明，梅谷道人是一和尚，并非道士。《与石林访梅师于山中不遇》："梅翁乞食春城去"，

---

① 释明河编：《续补高僧传》，《续修四库全书》第1283册，上海古籍出版社2002年影印本，第354页上栏—下栏。

② 董沄诗文中"道人"并不一定指道士，而是指有道之人，其中有不少"道人"指的是和尚。

③ 钱明编校整理：《徐爱钱德洪董沄集·附录》，凤凰出版社2007年版，第483页。

此处梅师即梅谷和尚。

6. 月空山人

《送月空山人还五台》:"五台月明万方同,妙湛游来处处通。……九天云尽秋成片,万里僧归影亦空。""五台"指五台山,中国四大佛教名山之一。"五台""僧"表明月空山人是一和尚。

7. 僧一峰

《送作务僧一峰往峨眉》:"去来无锡亦无瓶,谁识寒山与国清?……谈经海上鱼龙听,作伴终南虎豹行。明日峨眉山顶去,一峰秋月信长盈。"

8. 端师

《梅花庵问端师病》:"我爱端师不外寻,一龛跌坐只求心。湖湘别久无乡梦,海怪时来听梵音。……缘知真宰无生死,偈误浪浪向客吟。""跌坐""梵音""偈"等表明端师是一位和尚。

9. 安师

《吊安师》:"题诗水槛记吾会,木榻疏帘白发僧。化去已知冰即水……春香豆豉余斋饭。""僧""斋饭"表明安师是一位和尚。

10. 东溪、云东

《送东溪云东二师游天台》:"雪窦虎迎锡,海门龙问禅。……无明犹有住,有约竟无缘。""锡(即锡杖)""问禅""无明""无缘"等表明东溪、云东二师是两位和尚。

11. 宾山和尚

《云居看云赠灵谷宾山》:"云居一间屋,僧得半间住。僧尝笑白云,□□□何意。……何如老僧绝去来,坐对青山事无事。"

12. 释雪江

释雪江《卜居胜果招董萝石》:"游人不到处,古木万峰回。胜概天留兴,闲云我自来……"①

另外,还有一些"山人""庵""居士"之类,很难确定其是否为和尚,故不做罗列。从以上可以看出,董沄交往的和尚数量较道士为多。

---

① 《释雪江集》,《盛明百家诗前编》,《四库全书存目丛书》集部306册,齐鲁书社1997年影印本,第635页下栏。

董沄不仅多与僧侣交往，而且其学说多受佛学影响。董沄著有《湖海集》，"湖海"源于其所居的湖海山居。《题湖海山居》（序）："湖海山居，自余种松，忽丈余矣。山居星汉边，湖海望中连。鹤立冲潮石，僧看挂壁泉。本非修福侣，聊记种松年。了了无文字，惟应卦画前。"董沄以"僧"自称。"修福"，源自佛教。佛教倡导修善行，积福积德，"不修今生修来生"。"无文字"，源于禅宗。禅宗倡导不立文字，以心传心，所谓"无字禅"。此首抒情怀之作足见佛教对其影响了。

禅宗强调悟，所谓"迷则众生悟则佛"，"立地成佛"。董沄亦以悟论道。《求心录》："未悟真机气闷时，谁知气闷即真机。要离气闷求无闷，却是穿衣更觅衣。"董沄强调悟，"穿衣更觅衣"不过是禅宗所谓"骑驴觅驴"说法的翻版。佛教强调空，主张"一切皆空"，"万法皆空"。董沄亦以"空"论性。《求心录》："性火真空，性空真火；性水真空；性空真水；古人造语之妙如此。盖理胜则文自奇矣，不分体用显微。"佛教以"空"说"色"，"空即是色，色即是空"，"空"与"色"相辅合一，不可切分。董沄以"空"说"性"，虽有几分道理，却不免给人牵强之感。

王阳明倡导三教合一，以儒为主，释道为辅。董沄亦主张三教合一。《求心录》："或有问儒释同异于余者，余答之曰：'公未得其同，先议其异，乌乎可？苟得其同矣，以之事君父，蓄妻子，存发淡肉，乌乎不可？象山云：公先理会同的一端，则凡异乎此者，皆谓之异端。噫，异端多矣，岂必西方哉？'"董沄强调三教之同，只有先认知其大同，方才能辨其小异。如果过于强调异，则将二教视为异端，反倒不利于儒学。《明儒学案·浙中王门学案四·布衣董萝石先生沄（附子穀）》："先生晚而始学，卒能闻道。其悟道器无两，费隐一致，从佛氏空有而入。然佛氏终沉于空，此毫厘之异，未知先生辨之否耶？"① 显然，黄宗羲对董沄以佛教"空有"论道，持否定态度。由于董沄从王阳明时间较短，加上其思想的复杂性，一些说法不甚圆满，亦是情理之中的事。

---

① 黄宗羲著，沈芝盈点校：《明儒学案》，中华书局1985年版，第290页。

三 董沄思想

由于董沄从王阳明受学时间不长,前后仅四年,且时断时续,加上其他原因,董沄的学术成就不甚高,在王门中的地位亦是如此。董沄是浙西人,从地域的角度而言,其从学经历、思想等具有一定的地域代表性,① 值得做深入的研究和探讨。

(一) 思想三变

从以上可以看出,董沄一生可以分为三个时期:早期隐居时期,师从阳明时期和后期隐居时期。这三个时期,其思想有着较大的差异。姚士驎《合刻从吾道人集跋》:"从诗而儒,自友而师,该玩颠底,诚理学人群一大豪杰。"② 好友许相卿在《董先生墓志铭》中对其学术变化做了较好的论说。③

> 吾见先生始专于诗,遗其家,甚难之;晚志于道,遗其诗,甚愧之;终入于佛,嗒然自遗也。予愈益怪之,莫能窥已。观乎(法)聚之言曰:"先生在先劫中,殆业蓥龙,气相感召,近可远,大可小,有可无,虚实相因,动静相体。若有类焉。"盖先生学三变,归于空,而自所谓吾者,且见为妄矣。④

许相卿在《祭董萝石文》中对此亦有简单论说:

> 公壮僻诗,登坛建旗;公老知学,敛衽讲帷;宗事阳明,岁晏忘罢。良知用别,于佛得师;悟妙入玄,安事拘拘。二氏异同,世

---

① 钱明先生认为:"董沄虽是浙西人,但思想旨趣却就应归入浙东王门的王畿之序列。"钱明:《浙中王学研究》,中国人民大学出版社2009年版,第291页。
② 钱明编校整理:《徐爱钱德洪董沄集·附录》,凤凰出版社2007年版,第383页。
③ 许相卿(1479—1557),字伯台,号黄门,海宁人。正德十二年(1517)中进士。其淡泊于仕途,居隐紫云山四十年,与董沄交善。
④ 许相卿:《董先生墓志铭》,载钱明编校整理《徐爱钱德洪董沄集·附录》,凤凰出版社2007年版,第472页。

学聚疑。公径良捷,予路何迂?①

对于董沄早期迷于诗的原因,董沄自己做了解说。王阳明《从吾道人记》:"(董沄)退,谓阳明子之徒何生秦曰:'吾见世之儒者支离琐屑,修饰边幅,为偶人之状;其下者贪饕争夺于富贵利欲之场,而尝不屑其所为,以为世岂真有所谓圣贤之乎,直假道于是以求济其私耳!故遂笃志于诗,而放浪于山水。'"可见,董沄不满于俗儒之说,而又找不到更好的精神寄托,只能寄情于诗歌与山水。入王门之后,听良知之说,使之茅塞顿开,有拨云见日之感。王阳明《从吾道人记》:"(董沄云)今吾闻夫子良知之说,而忽若大寐之得醒,然后吾向之所为,日夜弊精劳力者,其与世之营营利禄之徒,特清浊之分,而其间不能以寸也。幸哉!吾非至于夫子之门,则几于虚此生矣。吾将北面夫子而终身焉,得无既老而有所不可乎?"于是坚持行弟子礼,终身北面事阳明夫子。

可惜王阳明早逝,董沄失去了依赖,于是只得在佛道之中寻找精神出路。如上所论,王阳明死后的数年间,董沄一直频繁交往于僧侣、道士,便源于此。黄绾《萝石翁传》:"且读内典,遂究心释老,忽若有悟,乃喟然曰:'今日客得归矣。'于是援庐山故事,与海门僧法聚者,集诸缁俗,结计寺之丈室,又号'白塔山人'。……若萝石翁者,始嗜吟诗,习之垂老,晚乃执弟子礼于阳明先生之门,欲为儒学,既而又逃释老,遂以殁世。吾诚不知其何志、何为、何品者也?虽然,就其所至而言,则萝石者实可谓超然斯世,锱铢不入,乐善无求,其贤于人也何如哉!"②

从以上可以看出,入王门导致董沄思想一变,王阳明之死导致了其思想之二变。此足见王阳明对董沄思想影响之深刻了。

(二) 诗化哲学

如上所说,在入王门之前,董沄"以能诗闻江湖间"③,可谓有一定名气的诗人。因为董沄具有浓郁的诗人气质,故在阳明门下显得独具一

---

① 许相卿:《祭董萝石文》,载钱明编校整理《徐爱钱德洪董沄集·附录》,凤凰出版社2007年版,第472—473页。
② 张宏敏编校:《黄绾集》,上海古籍出版社2014年版,第437页。
③ 王阳明:《从吾道人记》,载吴光编校《王阳明全集》,上海古籍出版社2012年版,第209页。

格。"在阳明门下,董沄算是个具有代表性的诗人哲学家。"① 入王门以后,董沄接受王阳明的良知等理论,但其不善于论说,② 故他依然以其一贯的诗学思维来体悟阳明学,用诗论道,使之思想具有浓郁的诗化气息。董沄以诗论道的例子不少,这在《求心录》中最多。

> 敬次先师韵求教:为学尝从一念真,莫将闻见骇时人。要知静默无为处,自有圆虚不测神。谷种滋培须有事,镜光拂拭反生尘。藏而后发无方体,听取江门碧玉陈。(《求心录》)

这首诗比较长,讲的是静默处体真,强调本性自足,不须外求。

> 安心处所须无欲,近道工夫在省言。农事不忘苗不揠,不期多谷自逢年。(《求心录》)
>
> 未悟真机气闷时,谁知气闷即真机。要离气闷求无闷,却是穿衣更觅衣。(《求心录》)

第一首诗强调修道在无欲无言,贵在自然,不能急于求成。第二首诗以气闷来形象地说明"悟真"。再如,

> 分明一座上天梯,手手攀援步步跻。今日恍然天上坐,却嫌一向被梯迷。却嫌一向被梯迷,不用攀援不用跻。自是从来天上坐,何尝间隔一毫丝。(《求心录》)

诗人以形象的比喻阐释的王阳明的天生良知理论。以缘梯登天,比较于心外求良知。一朝悟"良知自有,不须外求",如同从来"天上坐"。

> 吁嗟此学太无端,竟作肥羊细酒看。只贵口中多咀嚼,更夸舌上有甜酸。千年白骨枯遏便,一□山泉淡且寒。我道此中真味在,

---

① 钱明:《浙中王学研究》,中国人民大学出版社2009年版,第305页。
② 从钱明先生编校整理的《董沄集》来看,其中大半是诗,文不过数篇,更无论道之文。

持来争奈赠人难。(《求心录》)

诗人以形象的比喻来说明悟道，众人过于追求味，反倒失其真，其实平平淡淡才是真。

《万物会》完全是一首论道诗。

> 天地一父母，万物皆子女。形气父母成，何物不中处。所经横渠翁，专言物吾与。达士剖藩篱，何尝分尔汝。有物即吾侪，无物不吾侣。原之本吾同，招之岂吾拒。有飞亦有潜，无散亦无聚。有动亦有植，无今亦无古。物我无间时，仰见物之祖。陶然吾庐中，无宾亦无主。泉语山解赓，鸟歌花为舞。光风流几筵，霁月照尊俎。草木乃文章，元气为酒脯。区区恩怨徒，屑屑奚足数。

诗中全以诗的形象思维，对世界本源、物我之分辨等进行了形象的论说。董沄诗文中多次提入陈献章（白沙），如《次白沙韵》，"白沙先生曰""白沙先生诗云"等。可见董沄多受陈献章影响，故有学者称其为"白沙式的诗人哲学家"①。

（三）心体虚无

心性是中国传统哲学的核心主题之一，也是王阳明哲学的核心主题。董沄亦多论及心性。

在《求心录》中，董沄多论心之体。"心无体也，纲常伦理，形质器用，与心为体。拾万象无太虚矣，拾万事无心矣。分之则为物，合之则为心。见物便见心，离物便离心，亦是见鬼。此艮背行庭之义也。"认为"心"与形而下的"物"合一，不可强作分割。

> 心官不可旷职去能心、胜心、傲心、妄心、贪心、妒心、欺心、嗔心、怠心。(《求心录》)

> 胜心，世人之通病，我慢、嗔、贪、佞、傲、夸、竞、邪、暴诸欲，皆起于此。(《求心录》)

---

① 钱明：《浙中王学研究》，中国人民大学出版社2009年版，第305页。

心无不思时，皆吾心之变化自然如此，不必惧也。(《求心录》)

此皆论"心"形而下的具体表现。

《日省录》："余尝疑于先儒性论……并录以呈先师。先师批曰：'二子异同之论，皆是说性，非见性也。见性者，无异同之可言矣'。"可见，董沄早先仅从形而下的角度体悟性，故论性有异同，王阳明认为从形而上的角度而言，性则无异同，即所谓"无善无恶是心之体"。

由于受到道家影响，董沄好作"虚无"论，以"虚无"阐释心学理论。董沄认为虚为道之源。《求心录》："虚者道之原也，万有所自出之地也。作《守虚赞》曰：'至虚至实相，至静至动机。本来无一物，灵变且玄微。安排障断室生白，即是万有之根基。混然中处不可见，廓然大公一以归。自今以往，吾将从事于斯。'"又大谈"虚灵"。《求心录》："虚灵之道，操则存，存则事为不苟。常令此心在无物处，故虚灵。"董沄将佛、道合于一体，以论虚为万物之源。

在董沄看法，"虚"是形而上的，"无"则颇似形而下。《求心录》："吾所谓无，即濂溪无极之无，非末世邪禅之所谓无也。作《无赞》曰：'无真无非凡无凡，无不有真无不无，惟其不无为万有，炉知其有守其无。静专动直，造化在吾，于乎名其为物无可似，又何以庖羲之画，茂叔之图也邪？'"董沄虽言"无"为"无极之无"，但似更具形而下意味。董沄又将"无"转换为形而下的"无视"。《求心录》："遭大难如无事，当大任如无为，具大智如无知，成大功如无能，受大谤如无闻，消大怨如无迹，施大恩终不言，引后进若不及，处富贵若无与。混大道于无名，示至教于常经，密心学于无声，泯至乐于不形。此先师阳明之所以为大也。"

从以上分析可以看出，董沄对心体、虚无的理解比较驳杂，融三教之说于一体，又不甚圆融，给人以杂乱之感。

(四) 良知格物

良知说是王阳明学说中最为重要的核心理论。董沄盛赞王阳明良知说。《求心录》："先师提出'良知'二字教人，何等平实，何等易晓，克得尽时，便是圣人。"从《日省录》佚文可以看出，王阳明多以良知之说解董沄之惑。"此等事于良知亦自有不安。""知得自以为得为非宜，只此便是良知矣。""录善人以自勉，此亦多闻多见而识，乃是致良知之功。"在《求心录》中，董沄多论良知。"良知最易知，最难致其要，只是改过而已。""知过即是良知，改过即是致知。"

董沄认为良知为心之本体，不杂人欲；所谓致知，便是去欲。《求心录》：

> 答许宣仲问致知云：心之良知谓之圣。良也者，无一毫人欲之杂之谓也；知也者，智也，虚明灵觉，无一事不察之谓也，此即心之本体也。故先师夫子提出"良知"二字以示人，盖谓心之本体最善于知，欲人易识其本体，而一切依凭之以行也。所谓致者，知得如此。即须如此行之，务极其至也。惟恐人之行，有不能尽其良知之所知，是故务在静虚，以养其未发之中，时时反观内照，不容己私少障，此即所谓致知也。

因良知本有，不杂欲望，故"有心为恶，其过莫大；有心为善，是亦为罪"。

董沄认为良知即天理。"天理在何处？即是吾心本有之良知也。今人遇事接物，只因不肯放出天理处之，不得其宜，自昧其心，即是良知不尽。"董沄又将先天良知与礼法合一，主张"依得良知"。"今人不依良知，即异端也。""但依得良知，礼法自在其中矣。"

对于格物致知，董沄也有一些论说。《求心灵》：

> 若能自家心中觉得理当如此，即便依此理去处此事，谓之正物。物正于外，而尽于内矣，此正是合内外之道。故曰致知在格物，物格而后知至也。……故云知至而后意诚。……故曰意诚而后心正。心正即中，身修即和。
>
> 夫致知者，格物之主意也；格物者，致知之工夫也。故先师尝曰："不本于致知而徒以格物者，谓之妄。"故君子之学能致力于知。致良知，则于凡天下之事无不能处，而吾心之体无不尽矣。此便是圣人之道也。

董沄认为"致知"与"格物"是一致的,二者不可分开;"格物"是主意,"致知"是工夫,强调知行合一。

从以上可以看出,董沄的良知格物理论基本源自王阳明,并没有太多的发展。

四 董毂思想

董沄之子董毂亦曾从王阳明受业,"对阳明学在浙西的发展也作出了不小的贡献"[1]。

董毂,字石甫,号两湖公,因居溦浦碧里山,又自号碧里山樵。嘉靖二十年(1541)中进士,仕至汉阳守,故又自称"汉阳归叟"。其精于理学,有《四存稿》行世。《四存稿》,即《碧里疑存》一卷,经解也;《碧里杂存》一卷,说部也;《碧里鸣存》一卷,诗也;《碧里达存》二卷,文也。合称《碧里四存全稿》,又称《碧里后集》(附《豢龙子》一卷)。[2]

如同其父,董毂深受佛、道影响。《豢龙子》:

> 理之成形则为物,物非真有也,此理之幻化而成也。心之成形则为事,事非真有也,此心之幻化而成也。[3]

> 有无迹耳。理通极于无,万有皆无也,万无皆有也。今人有谓理之所无者然乎。

董毂对真幻、有无的理解多带佛学"空色"论气息。

> 或问天地有始乎?曰:无始也。天地无始乎?曰有始也。未达曰:自一元而言之,有始也。自元元而言之,无始也。(《豢龙子》)
> 万象即太虚,舍万象欲得太虚,犹之空中觅天也。天亦太虚之

---

[1] 钱明:《浙中王学研究》,中国人民大学出版社2009年版,第298页。
[2] 参见钱明《浙中王学研究》,中国人民大学出版社2009年版,第332页注释[59]。
[3] 董毂:《董汉阳碧里后集》,嘉靖四十四年(1565)董鲲刻本。本小节所引董毂文章皆据此本。此本为刻印本,无卷数和页码。

别名，万象即天也，外天而求象，犹之外水以言冰。(《豢龙子》)

董毂对始、虚的论说多带道家气息。

受其父实干精神影响，董毂治学强调体用实学，反对空谈之学。董毂《与杨秋泉参将书》：

> 君子之学，用其心于万事之中，而置于其身于万事之外。视万事之于吾身也，犹浮云之过于太虚也。视吾身之于万事也，犹勤予之经理其家也。此之谓体用之实学。若徒崇尚清虚，谈空说有，而无实用，在吾儒之死汉，在释氏为之顽空。岂惟晋人之风流，虽宋人之理学，亦多有之矣。诚何益于事哉？又况并清谈而无之者乎？

董毂主张学以致用，而非空谈无实，对魏晋玄学及宋代理学空谈之风大为反感。再如：

> 本体要虚，工夫要实；合着本体，方是工夫；做就工夫，无非本体。有见于虚，而无实工，谓之顽空；虽有工夫，而异于本体，谓之错用。不外于人伦日用而一毫不染，方是真空；动合乎无方无体而一物不遗，方为妙用。晋人之清虚，徒窥其体而无其用，谓之顽空，则并其体皆非矣。宋儒之格致，徒事于外而遗其内，是错用也，而亦何益之有哉？(《豢龙子》)

> 夫子致良知之说，合工夫、本体而一贯者也。(《跋许杞翁所藏阳明手墨卷》)

在此，董毂进一步强调了知行合一，本体与工夫合一，反对虚而无用的顽空和异于本体的错用。

如同其父，董毂思想亦较为驳杂，且并没有形成一定的体系。后世学者对其评价甚是不一。焦竑对董毂评价甚高。焦竑《明儒王东厓先生遗集卷首》："国朝理学开于阳明先生，从游者几遍天下，至以学世其家者，独有两人，心斋、萝石而已。心斋子五人，东厓为其仲，学尤邃。萝石子两湖，其见地具《汉阳集》中，学者盛传之。余观两湖自得之味深,东厓弘道之力大。"① 黄宗羲对其评价较低:"少游阳明之门,阳明谓之曰:'汝习于旧说,故于吾言不无抵牾,不妨多问,为汝解惑。'……信如斯言,则莫不堕于恍惚想象,所谓求见本体之失也。学者读先生之书,以为尽出于阳明,亦何怪疑阳明之为禅学乎?"② 二者虽有偏于一端之陋,但亦不无一定道理。

第五节 越地文化与黄绾

浙中王门中还有一位比较特殊的人物,那就是黄绾。黄绾与王阳明及阳明学之间关系较为复杂多变。黄绾很早就结识了王阳明,二人处于亦师亦友之间,直至王阳明晚年居绍兴时,黄绾才执贽为弟子。王阳明死后,为了保护王阳明子嗣,黄绾嫁女于王正亿。早年黄绾极力维护王阳明学,王阳明死后,他又大力批判阳明学。虽则如此,不管对王阳明本人,还是对阳明学发展,黄绾都做出了不可忽视的贡献。

一 黄绾生平

黄绾(1480—1554),字宗贤,号石龙,自号久庵山人,人称久庵先生,浙江台州府黄岩(今台州市黄岩区)人。祖父黄孔昭,曾任吏部文选司郎中、通政司右通政、南京工部右侍郎等职。父黄俌,与王华同年中进士,授职方主事,后迁吏部文选司主事、吏部文选司郎中等。谢家与黄家系世交,故十二岁时,黄绾从谢铎受学。十三岁,承祖父荫,为国子监生员。十六岁时,始习举业。十九岁时黄绾与钟氏完婚。弘治十四年(1501),黄绾居黄岩,用功于圣贤之学,作经学著作《礼经》一种。

弘治十六年(1503),在京师时,黄绾再受业于谢铎,谢铎将自己毕生诗文集最后定稿《桃溪类稿》日后刊刻之事托付黄绾。是年,黄绾师从时任礼部尚书兼文渊阁大学士的李东阳受学。

---

① 王艮著,陈祝生等点校:《王心斋全集》,江苏教育出版社2001年版,第205页。
② 黄宗羲著,沈芝盈点校:《明儒学案》,中华书局1985年版,第290—291页。

弘治十八年（1505），黄绾隐居紫霄山，用功于六经。正德元年（1506）三月，父黄俌卒。

正德四年（1509）冬，黄绾以母之命出仕，即随例赴部听选。正德五年（1510）正月，黄绾被授后军都督府都事。十月，王阳明入觐，黄绾与王阳明结识。黄绾《阳明先生行状》："是岁冬，（王阳明）以朝觐入京，调南京刑部主事，馆于大兴隆寺。予时为后军都事……予因慕公（王阳明），即夕趋见。……明日，公令人邀予至公馆中，会湛公，共拜而盟。"①《年谱》："先生（王阳明）入京，馆于大兴隆寺，时黄宗贤绾为后军都督府都事，因储柴墟巏请见。……明日引见甘泉，订与终日共学。"

正德六年（1511）三月，黄绾与王阳明、徐爱、方献夫等人于京郊郊游。是年，王阳明作《答黄宗贤应原忠》，与黄绾、应良论心体与工夫。又作《与黄宗贤（辛未）》其一，论仁恕。

正德七年（1512）秋，黄绾任后军都督府都事职满后，以疾告归。离开南京时，王阳明作《别黄宗贤归天台序》，论心体之蔽。又作诗《赠别黄宗贤》。徐爱有《送黄宗贤谢病归天台五首》和《送黄宗贤谢病归天台诗叙》《和友人黄守贤漫兴二绝》。是年十二月，王阳明与徐爱归绍兴。

正德八年（1513），黄绾隐居于紫霄山。秋，王阳明欲游天台、雁荡，访黄绾，未果，作《与黄宗贤（壬申）》其二。② 是年年底，王阳明至滁阳督马政，作《与黄宗贤（癸酉）》其三。

正德九年（1514），黄绾居黄岩。黄绾在灵岩作二亭"阳明公亭""甘泉公亭"，并称"二公亭"。是年，阳明学遭到宗朱学的魏校等人批判，黄绾努力从中调停，以维护师说和圣贤之学。

正德十年（1515），黄绾居黄岩。九月，王华九十寿辰，受徐爱之托，黄绾作《实翁先生寿序》。是年，王阳明与王道之间"有隙"，黄绾

---

① 张宏敏编校：《黄绾集》，上海古籍出版社2014年版，第460页。本节所引黄绾文章皆据此本，后不再一一注明。

② 张宏敏认为此文作于正德八年（癸酉），而非《王阳明全集》所标识"壬申"（正德七年）。参见张宏敏《黄绾生平学术编年》，浙江大学出版社2013年版，第67页注释②。此从之。

作书王阳明论此书,王阳明作《与黄宗贤(癸酉)》其五答之。①

正德十一年(1516),黄绾居黄岩。七月,李东阳卒,黄绾作《祭西厓先生文》。是年,受徐爱之请,为其先祖徐廷玉作《徐府君墓志铭》。

正德十二年(1517),黄绾居黄岩。五月,徐爱卒。秋,黄绾于紫霄山建成读书处——石龙书院。

正德十三年(1518),黄绾居黄岩。正德十四年(1519),黄绾居黄岩。

正德十五年(1520),黄绾居黄岩。闰八月中秋前,黄绾至绍兴访董玘,又至余姚访朱节、蔡宗兖。黄绾《与郑继之书三首》其一:"仆(黄绾)辞执事,即同南洲至白洋,会蔡、朱二兄,留数晨夕。所论学问,互有警发。"中秋,黄绾与应良、郑善夫、朱节、王琥荡舟镜湖。闰八月二十二日,黄绾、应良和郑善夫共祭徐爱墓,黄绾作《祭徐曰仁文》。

正德十六年(1521),黄绾在黄岩。八月,王阳明归居绍兴。黄绾来绍兴拜会王阳明。黄绾《与郑继之书三首》其三:"近至越,会阳明,其学大进。所论格致之说,明白的实,于道方有下手,真圣学秘传也。"王阳明《寄薛尚谦》:"原中(应良)、宗贤(黄绾)、诚甫(黄宗明)前后去,所欲言者,想已皆能口悉。"② 王阳明携黄绾、季本一同游鉴湖。季本《说理会编》:"予尝载酒从阳明先师于鉴湖之滨,时黄石龙亦与焉。"③冬,黄绾偕友人游雁荡山,作《游石佛记》《游散水岩记》等。

嘉靖元年(1522)二月,王华卒,黄绾作《祭实翁先生文》。三月,黄绾至绍兴,请益问学,遂执贽称门弟子。《年谱》:"宗贤至嘉靖壬午春,复执贽称门人。"钱德洪《论年谱书四》:"黄久庵宗贤见师于京师,友也;再闻师学于越,师也,非友也,遂退执弟子礼。"④《明儒学案·浙中王门学案三·尚书黄久庵先生绾》:"阳明归越,先生过之,闻致良知之教,曰:'简易直截,圣学无疑,先生真吾师也,尚可自处于友乎!'

---

① 张宏敏认为此文作正德十五年(乙亥),而非《王阳明全集》所标识"癸酉"(正德十三年)。参见张宏敏《黄绾生平学术编年》,浙江大学出版社 2013 年版,第 77 页注释②。此从之。

② 束景南、查明昊辑编:《王阳明全集补编》,上海古籍出版社 2018 年版,第 141 页。《王阳明全集补编》将此文系于正德十六年(1521)。可知本年黄绾曾来绍兴拜会王阳明。

③ 季本:《说理会编》,《续修四库全书》第 938 册,上海古籍出版社 2012 年版,第 610 页下栏。王阳明携黄绾游鉴湖,当在居父丧之前。

④ 钱明编校整理:《徐爱钱德洪董沄集》,凤凰出版社 2007 年版,第 208 页。

乃称门弟子。"① 秋，在御史朱节举荐下，黄绾出任南京都察院经历司。黄绾《南台经历司壁记》："予不才，病废山谷，缪为当道论荐，来补兹司。"施沛《南京都察院志·黄绾传》："嘉靖元年，诏征遗逸，御史朱节特疏荐起，升南京都察院经历。"② 十一月，黄绾至绍兴拜会了王阳明。离绍兴后，黄绾游历了杭州胜果寺、冯园等地。十二月三十日抵达南京。

嘉靖二年（1523）正月，黄绾任南京都察院经历司经历。秋，山东监察御史朱节卒，黄绾悲痛万分，作《哭朱白浦侍御》，又作《奠朱白浦侍御文》。十月，王阳明致书黄绾，论著察工夫，黄绾有书作答。黄绾《寄阳书先生书二首》其一："承示著察之教，警励何如！但能精切此志，不为他物所杂，则行必自著，习必自察。"十月二十日，黄绾携家过绍兴，访王阳明，居绍兴受学月余。黄绾《少谷子传》："予出升南京都察院经历，携家过越，闻少谷子升南京刑部郎中，未几改南京吏部郎中。有书期将至越访阳明先生。先生闻之喜，留予候之，月余不至。"王阳明作《与黄宗贤》（癸未）。

嘉靖三年（1524）正月二十一日，"大礼议"再起。二月十二日，黄绾继张璁、桂萼之后，向嘉靖皇帝上奏疏议大礼，是为《一上大礼疏》。二十八日，黄绾再上奏疏，是为《二上大礼疏》。三月二十九日，黄绾再上奏疏，是为《三上大礼疏》。四月十九日，黄绾又与张璁、桂萼及黄宗明合疏，奏请嘉靖帝当明父子之大伦，"继统不继嗣"，称孝宗为"皇伯考"、孝宗皇后为"皇伯母"，去掉兴献帝"本生皇考"中"本生"二字。奏入，帝大悦。数月之后诏下，大礼乃定。"（黄）绾自是大受帝知。"③ 四月，黄绾将自己议礼三疏寄给居绍兴的王阳明，王阳明以为黄绾之议甚明。五月，黄绾将自己关于大礼议的看法，编成《大礼私议》。八月，黄绾将自己议礼奏疏辑成《知罪录》三卷，并刊刻之。

嘉靖四年（1525）六月，黄绾上《谏止献帝入太庙疏》。六月，黄绾、应良经绍兴，来问学。王阳明《与黄诚甫》其三："旬日前，元忠（应良）、宗贤（黄绾）过此，留数日北去。"

---

① 黄宗羲著，沈芝盈点校：《明儒学案》，中华书局1985年版，第280页。
② 张宏敏编校：《黄绾集·附录二》，上海古籍出版社2014年版，第739页。
③ 张廷玉等：《明史》卷一百九十七《黄绾传》，中华书局1974年版，第5219页。

嘉靖五年（1526）正月，黄绾升为南京工部营缮司员外郎。春，黄绾托病离开南京，返家乡黄岩时，路经绍兴，拜会业师王阳明。

嘉靖六年（1527）正月，由于席书推荐，黄绾命为《大礼全书》（后称《明伦大典》）纂修官之一。黄绾致书王阳明，询问是否出仕。春，黄绾听从王阳明建议，赴京就任。赴京时，路经绍兴，拜会了王阳明。六月，黄绾升为光禄寺少卿，入史馆修书。夏，王阳明有书寄黄绾，商议自己出征广西一事。八月，黄绾上《明军功以励忠勤疏》（即《议江西军功疏》），为王阳明所受不公平待遇鸣冤，极力推荐召王阳明来京辅政。九月，黄绾改任大理寺左少卿。十月，改为詹事府少詹事，兼翰林院侍讲学士。十二月，黄绾再次举荐王阳明入京，未果。《与黄宗贤（丁亥）》："若良知一提醒时，即如白日一出，而魑魅自消矣。"

嘉靖七年（1528）十一月，黄绾由詹事兼翰林院侍讲学士升为南京礼部右侍郎。十一月二十九日，王阳明卒于江西南安府。

嘉靖八年（1529）二月，王阳明丧至绍兴。黄绾作《祭阳明先生文》，并积极投入阳明丧事办理之中。二月，朝臣桂萼、杨一清力诋毁王阳明学问与事功，黄绾上《明是非定赏罚疏》（亦称《辨王守仁理学疏》），极力为王阳明辩护。十月十八日，黄绾上《沥忠乞休疏》，请求致仕。嘉靖帝下诏："绾素秉忠诚，其安心于位。"① 十一月十一日，黄绾由南京到绍兴参加王阳明葬礼，作《祭阳明先生墓文》。

嘉靖九年（1530），南京任职。

嘉靖十一年（1532）正月，黄绾以南京礼部右侍郎身份入京考绩。与方献夫、欧阳德、王畿、钱德洪等王门弟子四十余人，定日会聚于庆寿山房。三月，黄绾返南京。九月，王阳明之子王正聪至南京。《年谱》："（嘉靖五年）十一月庚申，子正亿生。……初命名正聪，后七年壬辰，外舅黄绾因时相避讳，更今名。"钱德洪《〈岭南寄正先男〉跋》："正亿初名聪，师之命名也。嘉靖壬辰秋，依其舅氏黄入庵寓留都，值时相（张璁）更名（张孚敬）于朝，责洪为文告师，请更今名。"②

嘉靖十二年（1533）七月，升礼部左侍郎。七月，黄绾作《寄甘泉

---

① 参见张宏敏《黄绾生平学术编年》，浙江大学出版社2013年版，第197页。
② 钱明编校整理：《徐爱钱德洪董沄集》，凤凰出版社2007年版，第202页。

宗伯书》，讲述收养王阳明遗孤正亿的经过及其不得已的苦衷。九月十五日，黄绾等甄选、编录的《阳明先生存稿》刊行，黄绾作《阳明先生存稿序》。与钱德洪意见不一。黄绾作《与钱洪甫书二首》其一，又作《与钱洪甫书二首》其二。

嘉靖十三年（1534）七月，黄绾以钦差礼部左侍郎身份抚赈大同，兼体察军情，勘明功罪。八月，完成抚勘大同任务，回京。是年，历经六年（1529—1534）的《阳明先生行状》定稿。

嘉靖十四年（1535）二月，前往南京贡院，充知贡举官。帝特命黄绾主掌江南贡举考试。三月，母亡。五月，南归丁忧。

嘉靖十六年（1537）秋冬之时，王正宪偕郑邦端自越来访黄绾及王正亿于黄岩紫霄山。嘉靖十八年（1539）二月，升为礼部尚书兼翰林院学士。五月，奉诏至京。闰七月，黄绾罢。八月，南归黄岩。自此一直隐居于黄岩。

嘉靖二十四年（1545）中秋，黄绾至绍兴访王畿。黄绾作《中秋洗心亭与王汝中观月》。应王畿之请，作《洗心亭记》："王汝中免官归越，作肥遁之园于谢公桥之东。"是年王畿归隐，四处讲学。

嘉靖二十五年（1546）正月，江右王门陈九川一行来访黄绾、王正亿。王正亿持黄绾所编《阳明先生行状》请湛若水作墓志铭，湛若水作《阳明先生墓志铭》。

嘉靖二十八年（1549）秋，王畿来访，黄绾与王畿、沈静夫以及王正亿等同游雁荡山。

嘉靖三十三年（1554）黄绾病卒于黄岩，年七十五岁。

从以上可以看出，黄绾并没有像一般的学子，从科试入仕，而是由祖荫入仕。入仕之后，黄绾凭借自己的才能，几经波折，终于获得嘉靖皇帝赏识，故仕途较为通达。黄绾虽然为人处世较为圆滑，但还是有一定原则的，故无论在官场还是在师门，与同僚、同门的关系处理得还是比较好的。从某种角度而言，黄绾更像一位官僚士大夫，而不是一位学者。

二　黄绾与阳明师门

黄绾可谓王阳明最早的一批弟子。早在正德五年（1510），王阳明在京师时，黄绾便与王阳明有交往。此后近二十年间，黄绾追随在王阳明身边的时间较短，合计不过数月而已，其多次有意拜会王阳明。黄绾是"阳明学说的坚定追随者"①，其对王阳明及王学的发展都做出不少贡献。

（一）维护王学

众所周知，王阳明是在批判程朱理学的基础之上建立起自己的学说体系的，其学说与程理学多有不同，故与程朱理学捍卫者多有矛盾。

早在正德九年（1514），王阳明在南京讲学时，便遭到宗朱学的魏校批判，于是王阳明门人与魏校门人之间展开了论辩。时黄绾归居家乡黄岩。黄绾与魏校不曾相识，其南京好友邵锐与魏校有交往，黄绾于是作书邵锐，请其从中调解，劝魏校摒弃门户之见，与王阳明一同倡导圣学。《答邵思抑书》："又闻魏君子才学行绝出，仆极倾仰，但与阳明时有门户之驰，浅陋念此，不堪忧怅，惟恨无由一讯其故。……如昔朱陆门人以自快一时，却不知此道塞天地、亘古今，无物不该、无人不同，可独为阳明、子才（魏校）之私，象山、考亭之有也？吾兄明烛几微，身居其间，何不据理一言，以使共学。"王阳明和魏校之间的学术之争传至北京，京师友人致信远在黄岩的黄绾。在京师时，黄绾结识了魏校之师李逊庵。时李逊庵任职杭州，黄绾致书李逊庵，希望李逊庵从中调解，愿魏校放弃门户之见，共倡圣学。《复李逊庵书》："子才素讲于公，学问根本宜无不同，盖皆朋友用功未力，好起争端，添驾为疑，以至有此，诚可慨也。……倘得一言子才，只以天地为度，各通其志，各尽其力，斯道之幸何如！"时在南京任职的王阳明门人王道受到魏校、邵锐影响，与阳明心学隔膜日深。王道两次致书黄绾，告知自己对阳明学的疑惑，希望黄绾就王阳明与魏校之间的学术异同发表看法。黄绾写了两封书信给王道，表明自己的态度。黄绾作《复王纯甫书二首》其一："今若不求其至，不究其是，妄立门户以为异，自矜功能以夸耀，各相离合以为党，圣人之学决不如此，吾人又可以此谓之学哉？"王道未作回复。黄又作《复王纯甫书二首》其二："阳明向与吾辈所讲，先此用力而已，自谓元无不同。子才以为不同，谅子才必自有说，吾兄必得之深矣。便中乞不

---

① 董平：《浙江思想学术史——从王充到王国维》，中国社会科学出版社2005年版，第251页。

惜详教,使仆得究所以同、不同之实,以俟'同人于野',彼此之益何如?"黄绾有力地维护了阳明学。

嘉靖八年(1529)二月,王阳明刚死,朝臣桂萼、杨一清便诋毁王阳明学问与事功,黄绾上《明是非定赏罚疏》(亦称《辨王守仁理学疏》),极力为王阳明辩护。在文中,黄绾先言王阳明之功,平宸濠之乱,平赣、闽之交叛乱,平田州、思恩叛乱,平八滕峡等叛乱;后论王阳明之学,"守仁之学,其要有三:其一曰致良知……其二曰亲民……其三曰知行合一"。黄绾的辩护,在一定程度上回击了权贵对王阳明的诋毁。

(二)发展王学

嘉靖二年(1523),黄绾任南京都察院经历司经历。在南京任职时,黄绾"引接同志",获王阳明赞赏。王阳明《与黄宗贤》:"闻接引同志孜孜不怠,甚善甚善!但论议之际,必须以谦虚简明为佳。"是年,黄绾致书女婿高洵,希望高洵与小儿黄承文,一同前往绍兴,从王阳明学。黄绾《寄婿高洵书》:"明年必当与小儿同往一拜,以为终身依归。"冬,黄绾与南京刑部郎中黄宗明共讲圣贤之学。黄绾《送黄诚甫序》:"岁癸未之冬,予复同官金陵,方晨夕聚首,以讲圣贤之学。"嘉靖十一年(1532)正月,黄绾以南京礼部右侍郎身份入京考绩,与方献夫、欧阳德、王畿、钱德洪等王门弟子四十余人,定日会聚于庆寿山房。

黄绾对王阳明文集的整理、刊刻也做了一些贡献。嘉靖十二年(1533)九月十五日,黄绾等甄选、编录的《阳明先生存稿》刊行,黄绾作《阳明先生存稿序》:"惜乎天不憖遗,不获尽见行事大被斯世,其仅存者唯《文录》《传习录》《居夷集》而已,其余或散亡及传写讹错。抚卷泫然,岂胜斯文之慨!乃与欧阳崇一、钱洪甫、黄正之率一二子侄,检粹而编订之,曰《阳明先生存稿》。洪甫携之吴中,与黄勉之重为厘类,曰《文录》、曰《别录》,刻梓以行,庶传之四方,垂之来世,使有志之士知所用心,则先生之学之道为不亡矣。"在整理王阳明文集时,黄绾与钱德洪意见颇有些不一。黄绾《与钱洪甫书二首》其一:"阳明先生文集必如此编辑,使学者观之,如入丛山,如探渊海,乃见元气之生、群材众类,异物奇品,靡所不有,庶足以尽平生学问之大全。随其所好而择之,皆足以启其机而克其量。"又《与钱洪甫书二首》其二:"仆谓必于有讲固非,必于不讲亦非,但当随其分量浅深,因其语默之宜,有以投之,则无不得。"

嘉靖十三年（1534）二月，钱德洪在《阳明先生存稿》的基础之上新编《阳明先生文录》刻成。钱德洪所编《阳明先生文录》体例大体同于《阳明先生存稿》，可见其大体还是接受了黄绾的建议的。

（三）救助遗孤

如上所说，王阳明刚亡，便遭到了权臣桂萼、杨一清的诋毁，恤典被撤销，爵位被收回，遗孤王正聪处境非常危险。由于钱德洪、王畿等人的极力保护，总算没有出什么大乱子。但钱、王二人也不可能保护王正聪一辈子，再说二人尚未被授官，能力有限。嘉靖十年（1531），钱德洪和王畿欲北上，参加来年的殿试。二人与时在南京任礼部右侍郎的黄绾商量。黄绾以幼女妻王正聪，并将其接到南京居住。《阳明先生行状》："予以女许公之子，盖悯其孤而抚之。"嘉靖十一年（1532）正月，黄弘纲、钱德洪、王畿等，为王阳明胤子正亿（正聪）请婚。九月，王阳明子王正聪至黄绾处寻求庇护。《年谱附录一》："十年辛卯五月，同门黄弘纲会黄绾于金陵，以先生胤子王正亿请婚。……弘纲以洪、畿拟冬赴京殿试，恐失所托。适绾升南京礼部侍郎，弘纲问计。绾曰：'吾室远莫计，有弱息，愿妻之。情关至戚，庶得处耳。'……于是同门王艮遂行聘礼焉。"《年谱》："（嘉靖五年）十一月庚申，子正亿生。……先生初命名正聪，后七年壬辰，外舅黄绾因时相避讳，更今名。"钱德洪《〈岭南寄正先男〉跋》："正亿初名下聪，师之命名也。嘉靖壬辰秋，依其舅氏黄六庵寓留都，值时相（张璁）更名（张孚敬）于朝，责洪为文告师，请更今名。"①

嘉靖十二年（1533）七月，黄绾作书湛若水，讲述收养王阳明遗孤王正亿的经过及其不得已的苦衷。《寄甘泉宗伯书》："绾去岁自京归，至维杨，崇一诸友以书邀于路，云阳明先生家事甚狼狈，有难处者，欲绾至越一处。绾初闻，不以为然，至金陵细询，方知果有掣肘难言之情。又踌躇数日，方托王汝止携取孤儿至此教养。……且绾居黄岩海滨，去越几六百余里，而重山阻隔，儿女远适，岂人情得已哉！或者反佐伯显为浮言，是可慨也！不审先生亦曾闻否？"可见，黄绾收养王正亿还受到了流言攻击。后王正亿一直居于黄岩。

---

① 钱明编校整理：《徐爱钱德洪董沄集》，凤凰出版社2007年版，第202页。

（四）与王畿关系

王畿为王阳明最为著名的弟子之一，浙中王学的代表人物。王畿是王阳明晚年居绍兴时的弟子，居绍兴时，王畿一直追随在王阳明身边。嘉靖元年（1522）春，黄绾至绍兴拜会王阳明，执贽称门弟子。二人当于此时便相识。此后，二人多有交往。嘉靖十三年（1534），王畿离开京师，至南京任职方主事，黄绾作《赠王汝中序》。在此文中，黄绾对禅学化儒学多加批判，并希望王畿用心于圣贤之学。《赠王汝中序》：

> 至于宋儒学之始皆假禅为入门，高者由其上乘，下者由其下乘。夫禅乃出世寂灭之事，视吾圣人经世之道，不啻天渊之悬绝。盖圣人之道，皆准天地之生生自然不爽者为之建立，故其言本体也，则曰……然禅皆以空为本，故其言本体也，则曰……此学者之所由缪也……汝中苟于此不爽，则吾人之学真足以传天下百世，以俟圣从而不惑。其于先生之道，岂不有光哉！

黄绾可能感觉到王畿之学的禅学化气息，故有此说。嘉靖二十一年（1542），黄绾居于黄岩。九月，王畿落职回绍兴，后携沈静夫、杨汝鸣至黄岩访黄绾，探视王阳明子王正亿。黄绾在北山石龙书院接待他们，二人就为学宗旨、学术分歧展开辩论。《与王汝中沈静夫曾明卿叶敬之冯子都杨汝鸣婿王正亿儿承式承忠同游雁荡山忆往年与郑继之应元忠赵弘道弟约同游继之元忠弘道久已鬼录三首》："昔年踪迹半凋零……三十年来又一游。"《游雁荡山记》："嘉靖壬寅秋，山阴王汝中、檇李沈静夫、余姚杨汝鸣访予澄江之浒，临海冯子通先在馆，与入北山，启石龙书院居焉，与论绝学未明之旨数晨夕。王、沈欲游雁山，予婿王正亿、儿承式、承忠隶而从之。"

嘉靖二十四年（1545）中秋，黄绾至绍兴访王畿。黄绾作《中秋洗心亭与王汝中观月》。又应王畿之请，黄绾作《洗心亭记》。后黄绾和王畿等人一起游镜湖，黄绾作《同守中世瑞元忠继之乘月泛镜湖忆阳明二首》。是年王畿归隐，四处讲学。

嘉靖二十八年（1549），黄绾居于黄岩。秋，王畿来访，黄绾与王畿、沈静夫以及王正亿等同游雁荡山。

黄绾虽然与王畿交往甚多，但二人学术见解大相径庭，以至多有相互不合之处。由于文献散佚，黄、王二人两次辩论的内容不可得而知。但从二人的书信中，依可窥见二人学说之异。黄绾《复王汝中书》：

> 仆不敢佞，于此不得不尽言以告。此盖诸兄习闻禅学之深，一时未能顿舍，且从来未暇致思圣学故也。夫圣学所以经世，故有体则必有用，有工夫则必有功效，此所以齐家而治国平天下也。禅学所以出世……虽是妙说巧持，只是禅宗落空，于圣学何与哉！……不然，空无适莫，及至临事，意从境起，不为庄周、田子方之猖狂自恣，则为墨氏之兼爱，否则为杨氏之为我，否则是非不明、贤否无别、赏罚不当，而天下解体矣，将何与于经世哉！

可见，黄绾非常强调圣贤之学的经世之功用，而极力反对禅宗的空虚与出世。

董穀《阳明先师赞》："古之人与，其不可得传者往矣，然则今之讲者，其先生之糟粕也夫。"[①] 或许与黄绾所言有一致之处。

三 黄绾思想

与浙中派的王畿、钱德洪不同，黄绾学仕并重，更像一个士大夫，而非单纯的学者，故其思想在浙中王学中显得颇为不合群。

（一）良知说

良知说是王阳明学说的一个重要核心。黄绾早年不仅接受了王阳明的良知说，而且对良知说非常信服。《久庵日录》卷一：

> 予昔年与海内一二君子讲习，有以致知为至极其良知，格物为格其非心者。又谓格者，正也，正其不正以归于正；致者，至也，至极其良知，使无亏缺障蔽。以身、心、意、知、物，合为一物，而通为良知条理；格、致、诚、正、修，合为一事，而通为致良知工夫。又云克己工夫全在格物上用，克其己私，即格其非心也。……予始未之

---

① 董穀：《董汉阳碧里后集·达存下》，嘉靖四十四年（1565）董鲲刻本。

信，既而信之。

黄绾早年认为，格物亦即致良知，即去欲从善。《良知说》：

> 夫良知云者，人人自足，圣愚皆同。但气习之来有浅深，故学问之工有难易，故有安、有利、有勉之或异，而良知则无不同也。学者苟能专心笃志，察之于隐微独知之中，以循天然自有之则，是是非非，毫发不欺，则私意一无所容而天理纯矣。……良知固无不知。然蔽于气习，故知善而不能存、知恶而不能去。……无时而非存善，无时而非去恶，皆所以慎独而致吾之良知也……今有人焉，舍其良知，徒事闻见以为知，故谓之支离而非学。亦有知求良知，溺志忘情，任其私意以为知，故谓之虚妄而非学。此圣人之道所以不明不行也。

黄绾非常强调良知的去恶为善之功用，如果不知或知而不行，则皆谓"非学"也。黄绾主张通过工夫来实现致知。但后来黄绾逐渐认识到良知说的一些不足，从而进行了修正。

(二) 源古说

黄绾一方面强调经世致用，另一方面又坚守圣贤之学，以古经为据，从古经中寻找发展之依据。

王阳明作《大学古本傍释》《大学古本原序》，借"古本"来阐发自己的学说。黄绾继承此法，认为《五经》皆有"古本"。黄绾作《易经原古》《书经原古》《诗经原古》《礼经原古》《春秋原古》《四书原古》《大学古本注》《中庸古本注》等。[①] 这些著作多不可考。从今存的序文中，可管窥见黄绾借古言今的思想。《诗经原古序》：

> 《诗》合于《乐》，古之教也。夫子定《乐》合于《诗》，当时在门弟子莫不知之。夫子没而微言绝，七十子丧而大义乖，则知之者鲜矣。……《周南》《召南》，文王后妃之德，周、召二化之化……其他十三国皆九州之旧域，皆有古圣贤之遗教。……故夫子

---

① 参见张宏敏《黄绾生平学术编年》，浙江大学出版社2013年版，第386—387页。

特举其籍而讨论之,皆因其旧,去其重复,正其紊乱,明其善恶,以为万世教化之本。予少学者,白首方知其故。故敢以《南》《雅》《颂》合乐者,次第于先,乃退《十三国》于后,去其"国风"之名,谓之"列国",亦因其旧也。鲁之有《颂》,实僭天子礼乐。……今黜之于"列国",以明天子之志,庶几《诗》《乐》之两全,他诗之不杂,总名之曰《诗经原古》,以俾审音、讽志之有考,陶镕、孚格、劝戒之有法,以俟学《诗》、学《乐》者之两得也。

为了实现《诗》《乐》合一和更好地发挥《诗》教之用,黄绾对《诗》各部分进行重新排列:将二《南》、正《雅》及《周颂》《商颂》合编,置于前,而将十三国《国风》置于后,将《鲁颂》黜为风,而置于后。黄绾此举显然违背了孔子之旨。这典型地体现了黄绾借古言今,以经论道的风格。

另外,黄绾还著有《读易九首》《读诗十九首》《读春秋二首》,都是其读经书的心得体会。现略引数例如下:

> 《易》者,天地之道,圣人之心法也,其用至广,无所不该,故圣人用之以卜筮,非颛为卜筮设也。世儒以卜筮目之,何小《易》之甚也!欲学以尽圣人之道,舍《易》则无造矣。(《读易》)
> 《颂》乃宗庙乐歌……鲁而有《颂》,其为僭王,明矣。……夫子,鲁之臣子,不欲显正其失,姑仍其旧,岂删修之义哉!(《读诗》)
> 孔子作《春秋》,所以正君臣、父子之大伦也。……后之读《春秋》者,于此不明,此《春秋》之旨所以晦也。(《读春秋》)

(三) 艮止执中说

有感于王阳明良知说的一些不足,黄绾晚年提出艮止、执中说。① 吴国鼎《明道编跋》:"予尝与阳明、甘泉日相砥砺,同升中行。然二公之学,一主于致良知,一主于体认天理,于予心尤有未莹,乃揭艮止、执

---

① 《宋明理学史》下;"这是他晚年为'救正'王学而提出来的。"侯外庐等主编:《宋明理学史》下,人民出版社1987年版,第389页。

中之旨，昭示同志，以为圣门开示切要之诀，学者的确工夫，端在是矣，外是更无别玄关可入也。"①

"艮"源于八卦。《久庵日录》卷一：

> 伏羲、尧舜以艮止、执中之学相传。伏羲之学具于《易》，尧舜之学具于《书》。《易》之微言，莫要于艮止；《书》之要旨，莫大于执中。自是圣圣相承，率由是道。至仲尼出而大明厥韫，以"知止"之"止"指心体，以致知示工夫，以格物示功效，以克己为致知之实，以复礼为格物之实，皆艮止、执中之正脉。

黄绾认为《易》之要在艮止，《书》之要在执中，艮止、执中，圣学之正脉。黄绾非常强调艮止、执中的重要性。

> 尧舜执中之学，即伏羲艮止之学也。……而失圣人艮止、执中之本，可胜言哉！（《久庵日录》卷一）
>
> 盖自伏羲以来，以"艮止"启存心之法，至尧以"允执厥中"示由道之要，至舜、禹以"人心道心""危微精一""安止几康"明"允执厥中"之要，至汤、文、武以"钦止艮背"明"建中缓极"之要，其实皆艮止也。苟得其要，虽在数千载之下，可见数千载之上。（《书经原古序》）
>
> 人为学若不知止，则必流于禅。（《久庵日录》卷一）

黄绾认为，艮止，并非完全静止，而是行于当行，止于当止。

> 吾学之要，在于知止。"止"字之义，本于《易》之《艮》。《艮》之义，原于伏羲、文王而发于孔子。孔子曰："艮其止，止其所也。"止知其所，则气理兼备，体用俱全，圣学之本在此矣。知其本则知所存心……故孔子又曰："时止则止，时行则行，动静不失其时，其道光明。"（《久庵日录》卷一）

---

① 张宏敏编校：《黄绾集·附录一》，上海古籍出版社2014年版，第723页。

黄绾强调止，其实是为了强调功夫。

> 《易》曰："艮其止"者，言《艮》之德在于止也。曰"止其所"者，止得其所也。《大学》曰"知止"者，知其止之所也。凡物之止，皆不可强，皆有自然之止，况心之神明出入无时，非知其出之所，能得其自止乎？故曰："知止而后有定，定而后能静，静而后能安。"(《久庵日录》卷三)
>
> 予以艮止存心，以执中为志，以思为学，时止时行，无终食之间违仁，兢兢业业，无一言敢妄，一行敢苟，欲寡其过，恒惧不能，贤犹未及，焉敢云圣。(《久庵日录》卷一)

从以上可以看出，其"艮止"说即包括其学旨，也包括其为学方法和功夫，强调"学与思"，容纳了程、朱为学的"实地工夫"。① 黄绾借助《易》《书》提出艮止说。由于经书形成时间不一，理论时有互异，甚至矛盾之处。黄绾借用经书的一些术语，做发挥性的阐释，难免捉襟见肘之嫌。故有学者认为："很坦率地说，黄绾之'艮止'说在理论上是粗俗而不严密的。"②

(四) 批判阳明后学

如上所说，早年黄绾对王阳明学说是非常信服、崇拜的。王阳明死后，其后学提出了一系列的理论，发展了阳明学，但有些理论却将阳明学引上歧途。故晚年，黄综对阳明后学多有批判。

黄绾对阳明后学的批判主要集中于晚年所作《明道编》。③ 在《明道编》第一卷中，黄绾对"今之君子""今日君子""今日学者"多加不遗余力地批判。学者研究表明，"《明道篇》共所批评和与之争论的主要对

---

① 侯外庐等主编：《宋明理学史》下，人民出版社1987年版，第389页。
② 董平：《浙江思想学术史——从王充到王国维》，中国社会科学出版社2005年版，第254页。
③ 黄绾《明道编》有刘厚祜、张岂之整理本，中华书局1959年版。张宏敏编校《黄绾集》中收录有《久庵日录》六卷，即《明道编》。本书所引《久庵日录》皆依据张宏敏编校《黄绾集》。

象是王畿等人"①。

如上所说，黄绾与王畿个人关系还是比较好的，但二人学说上差异很大。在谈论和书信之中，黄绾对王畿的批判还是比较客气的。但在《明道编》中，黄绾的批判则比较尖锐。

黄绾对王畿等人以正统自居，对打击异己之言行做了批判。

> 每见今之学者，动以圣居，其徒皆以圣尊称之，稍有不称，辄肆攻讦，予诚不知其何心谓何为也。（《久庵日录》卷一）

> 今日又有一大病，在于好胜矜傲，故士友略谈学问，即自高以空人，遂有俯视天下之心，略无谦下求益之意，始古人所谓"以能问于不能，以多问于寡，有若无，实若虚"者，或有不足，及至有失，辄以智术笼络，大言欺人，皆逢以为良知妙用如此。或至私与之人，甚至污滥苟且，人不齿录，亦称同志，曲为回护，使人疾为邪党，皆自以为"一体之仁"如此。或在同类，偶有一言非及良知，其人本虽君子，亦共使排斥，必欲抑之，使无所容，皆自为卫道之力如此，而不知此实好胜矜傲之病，不可以入道。（《久庵日录》卷一）

黄绾对空疏之学风作了批判。

> 流传至今所谓学者，其论德性存养之工，不入上乘之空无，则必入下乘之驴橛，其论礼制，皆溺于汉会之附会，而根本于叔孙通之缪妄，其论经济，皆出于后世之杂王杂霸，而源流于管商之术数，乃以遏性绝情为本体、以私心好恶为察理。（《与人论学书三首》其一）

认为这种空疏的学风，甚至不如朱子之学。

> 今日学者，皆云晦庵之学未得圣人之传。……盖晦庵虽云未得

---

① 侯外庐等主编：《宋明理学史》下，人民出版社1987年版，第389页。

圣人之传，然教人皆在实言、实行上做工夫，又皆有兢兢业业之意付嘱，又皆勉之勤励古训，所以自立比今日不同。（《久庵日录》卷一）

黄绾批判王畿等人违背了圣贤之学的宗旨。

圣人之学不明久矣，论心性则必入于释老，论经世则必流于功利。此习溺人已深，诚所谓如油入面，虽豪杰明智，谁能脱此？（《答应石门书二首》其一）

其弊或堕入墨学，或堕入佛老学。

审如此言，则圣人之所谓"亲亲而仁民，仁民而爱物，情有亲疏，爱以差等"者，皆非矣。实不知其说已堕于墨氏之兼爱，流于空虚，荡无涯涘。由是好名急功利之徒，因藉其说以为是，而得以行其欲。残忍刻薄者，因反其言以为非，而得以骋其私。（《久庵日录》卷一）

今之君子，有谓仙、释与圣学同者，传于人则多放肆拘检。或问其故。予曰：无他，只为见其本来无物顿悟上乘之旨，有以入其心而不知收。不思仙、释为学之初，全在持戒，苟持戒不严，则有不可胜言之弊矣。况圣学乎？（《久庵日录》卷一）

黄绾对王畿等人引禅入儒、以禅论道之举做了大力批判。

予言宋儒及今日朋友禅学之弊，实非得已，盖因年来禅学之盛，将为天下国家之害，尝痛辩之，皆援先儒为据，皆以朋友为难言，故于其根本所在，不得不深明之，世有君子，必知予之不得已也。（《久庵日录》卷一）

又令看《六祖坛经》，会其本来无物，不思善、不思恶，见本来面目，为直超上乘，以为合于良知之至极。又以《悟真篇后序》为得圣人之旨。以儒与仙、佛之道皆同，但有私心已、同物之殊，以孔子《论语》之言，皆为下学之事，非直超上悟之旨。予始未之信，既而信之，又久而验之，方知空虚之弊，误人非细。信乎"差之毫厘，谬以千里"，可不慎哉！（《久庵日录》卷一）

此乃《观音经》所谓"四大非有，五蕴俱空"、《六祖坛经》所谓"本来无一物"之旨，非吾圣人之旨也。近日海内学者多宗此说，皆自为得圣人之嫡传，殊不知"差之毫厘，谬以千里"。（《与人论学书三首》其三）

从以上可观看出，黄绾对阳明后学的弊端的认知还是比较深刻的，其对后学弊端的批判也是比较合理的。可见，在思想上，黄绾还是比较保守的，坚守圣贤之学，主张经世致用，反对空疏不实、虚无无据的禅化心学。

结　　语

　　王阳明生于余姚，后迁居绍兴，其一生约三分之一的时间是在越地度过的。余姚是他的故乡，绍兴是他的家乡。王阳明与越地文化结下了不解之缘，博大精深的越地文化孕育和培养了王阳明学说，王阳明学说反过来又发展和丰富了越地文化。

　　王氏家族原本居于绍兴山阴，后迁于余姚。王氏家族一直具有儒道兼容、博学致用的良好学术传统，特别是父亲王华，无论是在文章，还是在理学方面，都对王阳明产生了很大的潜移默化的影响。

　　王阳明出生于余姚瑞云楼，年十岁，因父亲高中状元而迁居绍兴。后一直随父居京师。二十六七岁时，王阳明曾住绍兴年余，游历会稽山、秦望山诸地，寻找隐逸修习之所。三十一岁时，王阳明因病归绍兴，居会稽山阳明洞修炼。这次阳明洞修炼，不仅是身体的原因，更是思想的原因。王阳明习圣人之道时，遇到一次次危机，于是转而求助于佛、老之学。阳明洞修炼便是其思想上转向佛、道的一个重要标志。王阳明于阳明洞先修道教内丹修炼术，后又转向佛学，于是移病钱塘，往来于净慈、虎跑诸寺之间，沉迷于佛典。经过这番折腾，王阳明终于悟得三教互通之道。于是他再次回到圣贤之道，甚至能以种性说喝醒坐关禅僧。再经龙场之变，王阳明终于摆脱困惑，而创立新说。可见，阳明洞修炼，是王阳明思想发展的一个重要转折点，也是其形成自己思想体系的起点，故学者多认为绍兴为王阳明思想的发祥地，即"首善之地"。

　　晚年，王阳明居于绍兴长达八七年。此期间，王阳明努力远离政治（实际上是无法完全做到），而致力于传道授业。居绍期间，四方来学者非常多，执贽入门为弟子者也不少，其中不少人后来都成为王阳明后学的重要代表人物,如钱德洪、王畿、黄绾等。在与友人、生徒的论道辩说之中,王阳明学说得到了更大的发展。故晚年居绍兴时,王阳明思想变得更为成熟、圆通,绍兴可谓其思想"所操益熟"之地。广西思、田乱起,朝廷命王阳明出征平乱。再三推辞不得,王阳明只得带病出征。在出征前夜,王阳明在其府内天泉桥与钱德洪、王畿论道,是为"天泉证道"。"天泉证道"提出的"四句教"是王阳明学说的进一步发展与提升,开启了后来众多纷争,也开启了后来众多派系。从这一角度而言,"天泉证道"可谓王阳明学说的终结点,也是阳明学的新起点,王阳明未竟之事业,留给了他的学生来完成。

  自古越国以来,越地便形成了地域色彩鲜明的地域文化——越地文化。早期越地文化以巫鬼信仰而闻名。到了魏晋以降,越地宗教文化非常发达,涌现了像魏伯阳、慧皎、张伯瑞等高僧名道。王阳明自幼便接触到了各类民间信仰,这些民间信仰、方术,如卜筮、相面、释梦、求雨等,对王阳明有不少影响,在后来的政治生活和军事生活之中,王阳明对此颇有采用。魏伯阳的《周易参同契》融内丹与外丹于一体,被誉为"万古丹经王"。越地奇山秀水,会稽山被称为"第十一洞天"。王阳明既迷恋神仙道教的神仙之境,将其作为自己归隐的理想场所;王阳明亦好内丹之学,欲以其强身壮体。虽然王阳明后来基本上抛弃和否定了内丹学,但对静修等方面依然较为迷信。元明时期的越地佛教,倡导三教合一、三教圆融。王阳明的良知说、行知说等,实乃是援释道入儒、以儒统释道的产物。

  越地是王阳明传道授业的重镇之一。王阳明最早的一批弟子,便是其阳明洞修炼时入门的,如徐爱、蔡宗兖、朱节等。后来王阳明奔波四方,先后于贵州、南昌等地驻足、讲学。晚年,王阳明一直居于绍兴。其间,两次省祖茔余姚,钱德洪兄弟等人得以入师门。居绍兴时,四方来学者甚多,王阳明不得一次次拓其房屋,以纳四方学子。后建伯爵府,造屋数十间,以居四方学子。不仅如此,王阳明及其弟子还建稽山书院等,以纳学子,传道论。晚年居绍兴时,四方来学的学子以浙江省内居多,而绍兴本土的学子则更多,从而后来形成了一个重要的流派——浙中王学。后来钱德洪、王畿等人继承了王阳明的讲学传统,他们四处讲学,为阳明学的传播与发展做出了较大的贡献。越地的稽山书院、龙山书院、天真书院，是阳明后学讲学的重要场所。后再传弟子周汝登、张元忭，以及刘宗周等，皆好讲学，当是受其先师影响的结果。

王阳明晚年居绍兴时，本地入门弟子甚多，有钱德洪、王畿、黄绾、季本、董沄、张元冲等。这些越中弟子后来形成一个重要的阳明学流派——浙中王门。浙中王门多为浙江学子，他们多生于越、长于越，故多受越地文化影响。徐爱，是王阳明最早弟子之一，也是王阳明妹夫。徐爱与王阳明颇有相似之处。徐爱聪颖，但身体较弱，于是迷于道教，向往归隐。钱德洪为王阳明最忠实的弟子之一，一生花费大量时间与精力收集、刊刻王阳明文集，编撰《王阳明年谱》等。在学理方面，其更强调功夫，强调知行合一。王畿天赋极高，对阳明学做了不少发展。王畿继承王阳明引禅入儒做法，但走得过远，使得良知说禅化，强调顿悟。董沄因思想苦闷而投入王阳明门下，王阳明使得他在思想方面获得"新生"。但其入门较晚，追随王阳明不过三四年。王阳明亡后，其再度陷入思想困境，最后再次回到佛、道之中去了。黄绾与王阳明相交甚早，二人关系处于亦师亦友之间。直到王阳明晚年居绍兴时，黄绾才正式执贽入师门。黄绾因信服王阳明学说而入师门，为维护师门、帮助遗孤，黄绾做了大量贡献，如嫁女王正亿，并将其接到自己家中抚养成人。但后来，黄绾却大力批判阳明后学（主要是王畿），并以"艮止执中"说修正阳明后学。

一句话，王阳明生于越地，长于越地，葬于越地，越文化孕育和培育了王阳明及其学说。

附 录

王阳明年谱简编*

明宪宗（1472—1487）

1472 年　成化八年　一岁　居余姚

九月三十日（1472 年 10 月 31 日），王阳明出生于会稽余姚莫氏楼（后改名瑞云楼），取名云。《年谱》："是为九月三十日。太夫人郑娠十四月。祖母岑梦神人衣绯玉云中鼓吹，送儿授岑，岑警寤，已闻啼声。祖竹轩公异之，即以云名。乡有传其梦，指所生楼曰'瑞云楼'。"

1473 年　成化九年　二岁　居余姚

1474 年　成化十年　三岁　居余姚
秋，王华乡试下第。

1475 年　成化十一年　四岁　居余姚
王华赴祁阳为子弟师三年。

1476 年　成化十二年　五岁　居余姚
王阳明始开口说话，改王云为王守仁。《年谱》："先生五岁不言。一日与群儿嬉，有神僧过之曰：'好个孩儿，可惜道破。'竹轩公悟，更今

---

* 本年谱以王阳明越地事迹为主，非越地事迹仅做简单记叙；为了力求简洁，本年谱一般不做烦琐的考证。

名，即能言。"

1477 年　成化十三年　六岁　居余姚
王华归，赴浙江乡试，下第。

1478 年　成化十四年　七岁　居余姚

1479 年　成化十五年　八岁　居余姚
竹轩翁授以《曲礼》。邹守益《王阳明先生图谱》："十五年己亥，先生八岁，大父竹轩翁授以《曲礼》，过目成诵。"

王华携王阳明外出任子弟师，王阳明寓居资圣寺，作诗《资圣寺杏花楼》。

1480 年　成化十六年　九岁　居余姚
秋，王华赴浙江乡试，中第二名。

1481 年　成化十七年　十岁　迁绍兴
三月，王华赴京参加会试，中第一甲第一名（状元）。三月二十四日，王华授翰林院修撰。

《年谱》："十有七年辛丑，先生十岁，皆在越。"

1482 年　成化十八年　十一岁　居京师
邹守益《王阳明先生图谱》："十八年壬寅，竹轩公以龙山公辛丑及第，携先生至京。"

1483 年　成化十九年　十二岁　居京师

1484 年　成化二十年　十三岁　居京师
王阳明母郑氏卒。

1485 年　成化二十一年　十四岁　居京师
王华娶继室赵氏,侧室杨氏。

1486 年　成化二十二年　十五岁　居京师

1487 年　成化二十三年　十六岁　居京师

明孝宗（1488—1505）

1488 年　弘治元年　17 岁　居余姚
王阳明归余姚。《年谱》:"孝宗弘治元年戊申,先生十七岁,在越。七月,亲迎夫人诸氏于洪都。"
王阳明居南昌时,偶入铁柱宫,与道士谈养生之术,忘归。

1489 年　弘治二年　18 岁　居南昌
《年谱》:"十二月,夫人诸氏归余姚。"祖父王伦卒。

1490 年　弘治三年　19 岁　居余姚
王阳明受学于王华,读经史子书。《年谱》:"明年,龙山公以外艰归姚,命从弟冕、阶、宫及妹婿牧相相与先生讲析经义。先生日则随众课业,夜则搜取诸经子史读之,多至夜分。"

1491 年　弘治四年　20 岁　居余姚

1492 年　弘治五年　21 岁　居余姚
八月,王阳明赴浙江乡试,中乡举第六名。
居京师,王阳明格竹多日,不得其理,劳思致疾。

1493 年　弘治六年　22 岁　居京师
春会试,王阳明下第。

1494 年　弘治七年　23 岁　居京师

1495 年　弘治八年　24 岁　居京师

1496 年　弘治九年　25 岁　归余姚
二月，王阳明会试再次下第。《年谱》："归余姚，结诗社龙泉山寺。"

1497 年　弘治十年　26 岁　居绍兴
三月，王阳明与行人秦文游绍兴兰亭。
冬大雪，王阳明游会稽山。《来雨山雪图赋》："昔年大雪会稽山，我时放迹游其间。"

1498 年　弘治十一年　27 岁　居绍兴
二月，王阳明游秦望山、云门山、峨嵋山等，作诗《登秦望山用壁间韵》。
八月，叔父王衮卒，王阳明归余姚哭祭。

1499 年　弘治十二年　28 岁　居京师
二月会试，王阳明中南宫第二人，赐二甲进士出身第六人。

1500 年　弘治十三年　29 岁　居京师
六月，王阳明授刑部云南清吏司主事。

1501 年　弘治十四年　30 岁　居京师
八月，王阳明奉命往直隶、淮安等府审决重囚。
九月，王阳明游九华山，访道士蔡蓬头，谈仙论道。

1502 年　弘治十五年　31 岁　居绍兴
二月，王阳明过丹阳，登三茅山，探华阳洞。
五月，王阳明回京，过劳成疾。

八月，王阳明告病归越。

九月，王阳明归至绍兴，于阳明洞中修炼。《年谱》："遂告病归越，筑室阳明洞中，行导引术。久之，遂先知。"

十二月，王阳明于阳明洞中思念亲人。《年谱》："已而静久，思离世远去，惟祖母岑与龙山公在念，因循未决。"

1503 年　弘治十六年　32 岁　居杭州

三月，王阳明移病钱塘，居南屏净慈寺，往来南屏、虎跑诸寺之间。

王阳明以种性说喝醒坐关禅僧。

九月，王阳明自杭州归绍兴，居家养病。

绍兴守佟珍来问求雨术，王阳明作《答佟太守求雨》。

王阳明前往南镇庙求雨，作《南镇祷雨文》。

十月，王阳明与父王华归省余姚。

王华择婿徐爱。

1504 年　弘治十七年　33 岁　居绍兴

四月，王阳明居阳明洞。王阳明《别友诗》："千里来游小洞天……□年来访予阳明洞天，其归也。赋首尾韵，以见别意。弘治甲子四月朔，阳明山人王守仁书。"

六月，王阳明赴山东主考乡试。

九月下旬，自济南归京师，改除兵部武选清吏司主事。

1505 年　弘治十八年　34 岁　居京师

四月，王阳明有自悔溺于神仙之叹。王阳明《书扇赠扬伯》："扬伯慕伯阳，伯阳竟安在？大道即吾心，万古未尝改。长生在求仁，金丹非外待。缪矣三十年，于今吾始悔。诸扬伯有希仙之意，吾将进之于道也。于其归，书扇为别。阳明山人伯安识。"

十月，王阳明由词章之学转向心性之学。

明武宗（1506—1521）

1506 年　正德元年　35 岁　居京师

十一月，王守仁抗疏救戴铣等，获罪，下锦衣狱。

十二月，王阳明谪贵州龙场驿丞。

1507 年　正德二年　36 岁　居杭州

三月，王阳明赴谪至钱塘，隐居南屏养病。

八月中旬，王阳明诡托投江，南遁，至武夷山，再遇铁柱宫道士。

十一月，王阳明归居绍兴。

1508 年　正德三年　37 岁　居龙场

正月初一，王阳明启程，赴龙场驿。

三月上旬，王阳明至龙场驿。

三月，王阳明得东峰东洞，遂改名阳明小洞天，移居之。

王阳明龙场悟道。《年谱》："忽中夜大悟格物致知之旨，寤寐中若人语之者，不觉呼跃，从者皆惊。始知圣人之道，吾性自足，向之求理于事物者误也。"

1509 年　正德四年　38 岁　居贵州

闰九月，王阳明升庐陵知县。

十二月，离龙场，赴庐陵任。

1510 年　正德五年　39 岁　居庐陵

三月十八日，王阳明到庐陵任。

十月，王阳明升南京刑部四川清吏司主事。

十一月，王阳明至南京赴刑部任。

十二月，王阳明升吏部验封清吏司主事。

十二月下旬，王阳明自越赴京师。

1511 年　正德六年　40 岁　居京师

二月中旬，王阳明至京师。

三月，王阳明选为会试同考试官，亲录邹守益、毛宪、万潮、应良、梁谷多人。

十月，王阳明升文选清吏司员外郎。

1512 年　正德七年　41 岁　居京师

三月，王阳明升吏部考功清吏司郎中。

十一月，徐爱升南京兵部员外郎，编定《传习录》（今之上卷）成。

十二月八日，王阳明升南京太仆寺少卿。

十二月中旬，王阳明归省，与徐爱同舟返绍兴。

1513 年　正德八年　42 岁　居绍兴

二月，王阳明归至绍兴，居阳明洞。王阳明《祭郑朝朔文》："君遂疾苦，我亦南行。君与世杰，访予阳明。君疾亦笃，遂留杭城。"

五月，王阳明偕徐爱赴余姚。

六月，王阳明偕弟子入四明山游观。

七月二日，王阳明一行自宁波归余姚。

七月，王阳明自余姚归绍兴。

十月二十二日，王阳明至滁州任，督马政。

1514 年　正德九年　43 岁　居南京

四月二十一日，王阳明升南京鸿胪寺卿。

五月，王阳明在南都，来受学者众。

1515 年　正德十年　44 岁　居京师

四月，南京太常寺卿张芮致仕，王阳明作《悟真篇》二诗赠之。

七月，王阳明有书致方献夫，论释、老之学。

本年四月、八月、九月，三次上疏乞归，不允。

十一月初一，王阳明《朱子晚年定论》成，序定之。

十一月，王阳明拟上《谏迎佛疏》，中止。

1516 年　正德十一年　45 岁　居京师

八月十九日，王琼荐，升都察院左佥都御史，巡抚南、赣、汀、漳等处。

九月十四日，升迁文书到南京，王阳明上疏辞新任，乞以旧职致仕。

十月，王阳明归省至绍兴。

十一月十四日，兵部再催赴任，王阳明遂扶病启程，至杭州待命。

十二月初二，兵部再催赴任；三日，王阳明自杭州启程赴任。

1517 年　正德十二年　46 岁　居江西

正月十六日，王阳明至赣州，开府于虔。

二月十九日，王阳明往平漳乱。四月十三日，班师。五月八日，归至赣州。

五月十七日，徐爱卒。

十月七日，出师攻横水、左溪。十二日破横水、左溪。王阳明提出"破山中贼易，破心中贼难"。十月二十八日，进兵攻桶冈。十一月十三日破桶冈，平茶寮。十二月九日，班师回赣。

1518 年　正德十三年　47 岁　居江西

正月三日，出征三浰。正月七日，破三浰。正月八日，进兵九连山。三月三日，平九连山。三月八日，班师回军。三月十五日，归至赣州。

六月十八日，升都察院右副都御史，荫子锦衣卫，世袭百户。

七月，刻《朱子晚年定论》。

八月，薛侃刊刻《传习录》三卷于虔。

1519 年　正德十四年　48 岁　居江西

二月，宁王国师刘养正来赣，欲相邀结，不合而返。

四月，王阳明始发"良知"之说，妙悟"良知"之秘。

六月十四日，朱宸濠反。十五日，王阳明闻宸濠反，遂返吉安起集义兵。七月一日，朱宸濠统兵发南昌，直趋安庆。十三日，王阳明发兵吉安。二十日攻拔南昌。二十一日，兵出南昌。二十六日，擒朱宸濠。二十七日朱宸濠乱平。

八月，王阳明再大阐"良知"之学，作《论良知心学文》以明之。

八月二十二日，武宗南征发京师。九月十一日，王阳明献俘发南昌。十月初，将囚付张永，后养病西湖净慈寺。十月中旬，发杭州，迎驾南都，受阻。十一月中旬，还至南昌。

十二月二十六日，武宗至南京。江彬、张忠、许泰谗诬王阳明必反。

1520 年　正德十五年　49 岁　居江西

正月初一，使至，遂与使"献俘"发南昌，再赴南都。八日，江彬、张忠拒之，乃遁入九华山。二十三日，锦衣卫来九华山侦伺王阳明，再召赴南都。二十六日，至南京，不得见武宗，遂返江西。二月一日，归至南昌。

二月，武宗命张永、张忠、许泰、朱晖审问朱宸濠，朱宸濠反诬王阳明。监察御史章纶等诬奏王阳明与朱宸濠私通。

1521 年　正德十六年　50 岁　居江西

三月十四日，武宗崩。四月二十二日，世宗即位。

四月二十五日，录王阳明赣州功，荫子锦衣卫副千户。

七月下旬，王阳明至钱塘。二十八日，升南京兵部尚书。

八月上旬，敕书至钱塘，王阳明上疏，乞便道省葬，获准。

八月下旬，王阳明归至绍兴。

九月中旬，归余姚省祖茔，讲学于龙泉山之中天阁。

九月下旬，自余姚归绍兴。

十一月九日，叙平宸濠功，封王阳明新建伯，兼南京兵部尚书。

明世宗（1522—1528）

1522 年　嘉靖元年　51 岁　居绍兴

二月十二日，父王华卒。

丁忧中，来问学者日众，乃揭帖于壁。

九月十日，有司劾王阳明党恶，学术不正。
十月二十三日，学禁自是兴矣。

1523 年　嘉靖二年　52 岁　居绍兴
三月，会试策士以心学为问，阴明众多弟子举进士。
三月，徐珊编校王阳明《居夷集》行世。
时四方来受学者众。

1524 年　嘉靖三年　53 岁　居绍兴
正月，筑阳明书院。
二月，绍兴守南大吉来学，辟稽山书院，聚众讲学。
四月，余姚知县丘养浩刊刻徐珊编校之《居夷集》。
中秋，宴门人于天泉桥。
十月，门人南大吉刊《续刻传习录》（今之中卷）于绍兴。

1525 年　嘉靖四年　54 岁　居绍兴
正月，夫人诸氏卒。《年谱》："正月，夫人诸氏卒。四月，祔葬于徐山。"
八月二十三日，王阳明偕董沄、王畿诸门人秋游。
九月，归余姚省祖茔，讲学于龙泉寺中天阁。

1526 年　嘉靖五年　55 岁　居绍兴
十二月十二日，继室张氏生子正亿。
十二月，刘邦采、刘晓合安福同志为会，名曰"惜阴会"，王阳明作《惜阴说》。

1527 年　嘉靖六年　56 岁　居绍兴
四月，邹守益刊刻《文录》于广德州。
五月十一日，诏王阳明兼左都御史，总制两广、江西、湖广军务，征思、田叛乱。
九月八日夜，王阳明与钱德洪、王畿论道于天泉桥，是为"天泉证道"。

十二月二十六日，王阳明抵达南宁。

1528 年　嘉靖七年　57 岁　居广西
正月二十七日，卢苏、王受率众来降。

二月八日，思、田平定。

四月十日破断藤峡。二十八日破八寨。

八月二十七日，自南宁启程，赴广城待命。

十一月一日，疾甚，离广州北行。

十一月二十九日（1529 年 1 月 9 日），卒于江西南安府青龙铺。

1529 年　嘉靖八年
正月初一，丧发南昌。

二月四日，丧至绍兴。

十一月葬于山阴洪溪（今绍兴县兰亭乡）。

主要参考文献

一 古代典籍（包括今人辑校、注释、今译等）

吴光、钱明等编校：《王阳明全集》上、下，上海古籍出版社1992年版。

吴光、钱明等编校：《王阳明全集》上、中、下，上海古籍出版社2012年版。

束景南、查明昊辑编：《王阳明全集补编》，上海古籍出版社2018年版。

施邦编，王晓昕、赵平略校点：《阳明先生集要》，中华书局2008年版。

湛若水：《湛甘泉先生文集》，《四库全书存目丛书》集部第56册，齐鲁书社1997年版影印本。

黄明同主编：《湛若水全集》，上海古籍出版社2020年版。

钱明编校整理：《徐爱钱德洪董沄集》，凤凰出版社2007年版。

朱炯点校整理：《钱德洪集》，宁波出版社2019年版。

吴震编校整理：《王畿集》，凤凰出版社2007年版。

董平编校整理：《邹守益集》，凤凰出版社2007年版。

徐儒宗编校整理：《罗洪先集》，凤凰出版社2007年版。

张宏敏编校：《黄绾集》，上海古籍出版社2014年版。

季本：《季彭山先生文集》，《北京图书馆古籍珍本丛刊》第106册，书目文献出版社1990年影印本。

董毅：《董汉阳碧里后集》，嘉靖四十四年（1565）董鲲刻本。

董毅：《碧里杂存》，《四库全书存目丛书》子部第240册，齐鲁书社1997年影印本。

王艮著，陈祝生等点校：《王心斋全集》，江苏教育出版社2001年版。

钱明编校：《张元忭集》，上海古籍出版社2015年版。

周汝登：《周海门先生文录》，《四库全书存目丛书》集部第 165 册，齐鲁书社 1997 年影印本。

张梦新、张卫东点校：《周汝登集》，浙江古籍出版社 2015 年版。

吴光主编：《刘宗周全集》，浙江古籍出版社 2007 年版。

邹守益：《王阳明先生图谱》，《四库未收书辑刊》第 4 辑第 17 册，北京出版社 2000 年版影印清钞本。

董燧：《王心斋先生年谱》，载四川大学古籍整理研究所编《儒藏·史部·儒林年谱》第 19 册，四川大学出版社 2007 年影印本。

黄宗羲著，沈芝盈点校：《明儒学案》，中华书局 1986 年版。

萧良幹、张元忭等纂编：《万历绍兴府志》，《四库全书存目丛书》史部第 200—201 册，齐鲁书社 1997 年影印本。

萧良幹、张元忭等纂编，李能成点校：《万历绍兴府志》，宁波出版社 2012 年版。

《乾隆绍兴府志》，《中国地方志集成·浙江府县志辑》第 39—40 册，上海书店 1993 年版。

《光绪余姚县志》，《中国地方志集成·浙江府县志辑》第 36 册，上海书店 1993 年版。

《嘉庆山阴县志》，《中国地方志集成·浙江府县志辑》第 37 册，上海书店 1993 年版。

二　今人研究论著（依音序为序）

陈坚：《黄绾的"艮止"心学：兼谈黄绾心学的天台佛学性格》，《周易研究》2012 年第 6 期。

陈来：《明嘉靖时期王学知识人的会讲活动》，载陈来《中国近世思想史研究》，生活·读书·新知三联书店 2010 年版。

陈来：《宋明理学》，华东师范大学出版社 2004 年版。

陈来：《〈天泉证道纪〉之史料价值》，载陈来《中国近世思想史研究》，生活·读书·新知三联书店 2010 年版。

陈来：《王阳明与阳明洞——王阳明越城活动考》，《孔子研究》1988 年第 2 期。

陈来：《〈遗言录〉与〈传习录〉》，载陈来《中国近世思想史研究》，生活·读书·新知三联书店 2010 年版。

陈来：《有无之境——王阳明哲学的精神》，人民出版社 1991 年版。

陈荣富：《浙江佛教史》，华夏出版社 2001 年版。

陈时龙：《明代中晚期讲学运动 1522—1626》，复旦大学出版社 2005 年版。

陈永革：《阳明学派与晚明佛教》，中国人民大学出版社 2009 年版。

邓志峰：《王学与晚明的师道复兴运动》，社会科学文献出版社 2004 年版。

董平：《王阳明的生活世界——通往圣人之路》，商务印书馆 2018 年版。

董平：《浙江思想学术史——从王充到王国维》，中国社会科学出版社 2005 年版。

多洛肯：《明代浙江进士研究》，上海古籍出版社 2004 年版。

方远志：《旷世大儒——王阳明》，河北人民出版社 2000 年版。

方祖猷：《王畿评传》，南京大学出版社 2001 年版。

冯晓霞：《书院教学与阳明学传播》，《宁波通讯》2017 年第 13 期。

傅振照：《绍兴思想史》，中华书局 2004 年版。

傅振照：《王阳明与绍兴》，《浙江学刊》1988 年第 4 期。

傅振照：《王阳明哲学思想通论》，中国国际广播出版社 1993 年版。

顾鸿安：《阳明学及其传播》，浙江大学出版社 2015 年版。

侯外庐等主编：《宋明理学史》下，人民出版社 1987 年版。

胡栋材：《钱德洪》，陕西大学出版社 2017 年版。

华建新：《论冯梦友笔下的王阳明文学形象》，《宁波广播电视大学学报》2010 年第 3 期。

柯兆利：《徐爱思想小议》，《孔子研究》1988 年第 3 期。

孔令宏、韩松涛、王巧玲：《浙江道教史》，中国社会科学出版社 2015 年版。

李丕洋：《心学巨擘：王龙溪哲学思想研究》，中国社会科学出版社 2016 年版。

李栅栅、何善蒙：《浙江的阳明祠与阳明学传播》，《贵阳学院学报》2015 年第 6 期。

梁艳阳：《王阳明的"终教"与"究极之说"——天泉证道与严滩问答通诠》，博士学位论文，中山大学，2015 年。

林洪兑：《王阳明四句教研究》，博士学位论文，中国人民大学，2001年。
刘聪：《阳明学与佛道关系研究》，巴蜀书社2009年版。
柳存仁：《王阳明与道教》，载《和风堂文集》中，上海古籍出版社1991年版。
吕妙芬：《阳明学士人群体：历史、思想与实践》，新星出版社2006年版。
彭国翔：《良知学的展开——王龙溪与中晚明的阳明学》，生活·读书·新知三联书店2005年版。
彭国翔：《王畿与道教：阳明学者对道教内丹学的融摄》，《中国文哲研究集刊》2002年第21期。
钱茂竹：《"王阳明在绍兴"考释》，《绍兴文理学院学报》1999年第3期。
钱明：《儒学正脉——王守仁传》，浙江人民出版社2006年版。
钱明：《试论王畿对王守仁学说的发展》，《宁波大学学报》1988年第2期。
钱明：《王阳明的道教情结——以晚年生活为主线》，《杭州师范学院学报》2004年第2期。
钱明：《王阳明及其学派论考》，人民出版社2009年版。
钱明：《王阳明迁居山阴辨考——兼论阳明学之发端》，《浙江学刊》2005年第1期。
钱明：《阳明学的形成与发展》，江苏古籍出版社2002年版。
钱明：《"浙学"的现代呈现：以绍兴知识群的阳明情结为例》，《浙江社会科学》2014年第4期。
钱明：《浙中王学研究》，中国人民大学出版社2009年版。
秦家懿：《王阳明》，台湾东大图书出版有限公司1987年版。
秦家懿：《王阳明与道教》，载《秦家懿自选集》，山东教育出版社2004年版。
邵秋艳：《论黄绾对王学的继承与修正》，硕士学位论文，南开大学，2006年。
邵显侠：《禅宗的"本心"论与王阳明的"良知"说》，《社会科学战线》1994年6期。
束景南：《王阳明年谱长编》，上海古籍出版社2017年版。
束景南：《王阳明佚文辑考编年》，上海古籍出版社2015年版。

束景南：《阳明大传："心"的救赎之路》，复旦大学出版社 2020 年版。
王诗棠：《王阳明世系及遗存在绍兴》，载钱明主编《阳明学新探》，中国美术学院出版社 2002 年版。
吴从祥：《六朝会稽贺氏家族研究》，中国社会科学出版社 2015 年版。
吴从祥：《上下阳明：绍兴思想信仰史》，中国社会科学出版社 2019 年版。
吴从祥：《王充经学思想研究》，中国社会科学出版社 2012 年版。
吴道赟：《至善无善之辨——四句教与阳明学之再诠释》，硕士学位论文，云南师范大学，2013 年。
吴震：《明代知识界讲学活动系年 1522—1602》，学林出版社 2003 年版。
吴震：《阳明后学研究》，上海人民出版社 2003 年版。
杨国荣：《王学通论：从王阳明到熊十力》，上海三联书店 1990 年版。
杨国荣：《心学之思：王阳明哲学的阐释》，中国人民大学出版社 2009 年版。
俞樟华：《王学编年》，吉林大学出版社 2010 年版。
张宏敏：《黄绾道学思想研究》，中国社会科学出版社 2018 年版。
张宏敏：《黄绾生平学术编年》，浙江大学出版社 2013 年版。
张明：《王阳明弟子徐爱"黔中之行"辩正——对阳明学术史上一个错误观点的追问与考证》，《贵州大学学报》2015 年第 2 期。
张实龙：《阳明心学传播者钱德洪研究》，上海交通大学出版社 2019 年版。
张卫红：《邹东廓年谱》，北京大学出版社 2013 年版。
张祥浩：《王守仁评传》，南京大学出版社 1997 年版。
张炎兴：《王阳明在越》，《贵州大学学报》2015 年第 5 期。
赵平略：《王阳明居黔思想及活动研究》，中华书局 2017 年版。
郑洪晓：《王龙溪心学思想研究》，九州出版社 2011 年版。
朱红：《黄绾"艮止"思想及其对王畿近禅化的批评》，《浙江社会科学》2013 年第 7 期。
朱红：《黄绾思想研究》，博士学位论文，浙江大学，2013 年。
朱晓鹏：《儒道融合视域中的阳明心学建构》，商务印书馆 2019 年版。
朱晓鹏：《王阳明与道家道教》，中国人民大学出版社 2009 年版。
朱晓鹏：《王阳明家族中儒道互补的文化传统及其成因探析》，《浙江学刊》2007 年第 1 期。

诸焕灿:《为王阳明寻根》,载秦家伦、王晓昕主编《王学之路》,贵州民族出版社2000年版。

邹建锋:《阳明夫子亲传弟子考》,中国社会科学出版社2017年版。

左东岭:《王学与中晚明士人心态》,人民文学出版社2000年版。

[美]杜维明:《青年王阳明(1472—1509):行动中的儒家思想》,生活·读书·新知三联书店2013年版。

[日]冈田武彦:《王阳明大传——知行合一的心学智慧》,钱明审校,杨田译,重庆出版社2014年版。

[瑞士]耿宁:《人生第一等事:王阳明及其后学论"致良知"》,商务印书馆2014年版。